सातवाँ रंग

सातवाँ रंग

देवेन्द्र राज अंकुर

राजकमल प्रकाशन

ISBN : 978-81-267-1929-7

मूल्य : ₹ 895

पहला संस्करण : 2010
आवृत्ति : 2025

प्रकाशक : राजकमल प्रकाशन प्रा.लि.
1-बी, नेताजी सुभाष मार्ग, दरियागंज
नई दिल्ली-110 002
शाखाएँ : अशोक राजपथ, साइंस कॉलेज के सामने, पटना-800 006
पहली मंजिल, दरबारी बिल्डिंग, महात्मा गांधी मार्ग, प्रयागराज-211 001
1, अनमोल सोराबजी सन्तुक लेन, धोबी तलाव, मरीन लाइंस, मुम्बई-400 002
वेबसाइट : www.rajkamalprakashan.com
ई-मेल : info@rajkamalprakashan.com

मुद्रक : बी.के ऑफसेट
नवीन शाहदरा, दिल्ली-110 032

SATWAN RANG
by Devendra Raj Ankur

उषा बहन
और
मंजू बहन
की
स्मृति को।

भूमिका

समसामयिक और बहुविध स्वतन्त्र रंग चिंतन के आलेखों की यह मेरी आखिरी पुस्तक है, या कहूँ कि यह मेरी कामना है कि इस श्रृंखला में यह मेरी आखिरी पुस्तक हो और आगे मैं विषय-विशेष पर केंद्रित पुस्तकों-परियोजनाओं पर काम करूँ। भरत के *नाट्यशास्त्र* पर आधारित *दूसरे नाट्यशास्त्र की खोज* शीर्षक से मेरी आने वाली पुस्तक इस दिशा में मेरा पहला क़दम होगा।

संकलित आलेखों और टिप्पणियों के जिस सिलसिले में सातवीं कड़ी यह पुस्तक है, उसकी पहली कड़ी का शीर्षक *पहला रंग* था। इरादा यह था कि उसके बाद आने वाली पुस्तकों को दूसरा, तीसरा, चौथा रंग कहते हुए आगे बढ़ूँगा, लेकिन कुछ मित्रों ने सचेत किया कि यह एकरस हो जाएगा। इसलिए *पहला रंग* के बाद वाली पुस्तकों को विषय की प्रमुखता के मद्देनजर अलग-अलग नाम दिए गए। होते-होते इस क्रम में छह पुस्तकें आ गईं; और जितना स्वागत पाठकों ने इन पुस्तकों का किया, वह मेरे लिए लगभग अचम्भे की बात थी। इससे मुझे लगातार लिखते रहने की प्रेरणा मिली; बाक़ी पत्र-पत्रिकाओं के सम्पादकों का आग्रह, कि कलम को कभी विराम नहीं मिला।

लेखन की इस प्रक्रिया का मेरी व्यावहारिक रंग-सक्रियता के साथ अन्योन्याश्रित रिश्ता बनता है। जो करता हूँ, उसकी एक नई समझ लिखते हुए बनती है, जो अगली परियोजना में काम आती है। इसी क्रम में अब यह पुस्तक पाठकों के सामने है। इसमें विभिन्न नाटकों की प्रस्तुति-प्रक्रिया, नाट्य-पुस्तकों की समीक्षाएँ, थिएटर के अलग-अलग पहलुओं पर कुछ विमर्शात्मक लेख आदि के साथ मेरे दो साक्षात्कार भी शामिल हैं।

इस संकलन की तैयारी में जिन साथियों ने मुझे सहयोग दिया, मैं उन सबका आभार व्यक्त करता हूँ। सामग्री-संयोजन आदि में सहायता के लिए प्रकाश झा, टंकण के लिए कुलभूषण शर्मा और संपादन में सहयोग के लिए आर. चेतनक्रान्ति और समय-समय पर विभिन्न मुद्दों पर गम्भीर-विचार विमर्श के लिए राष्ट्रीय नाट्य विद्यालय में अपने सहयोगियों, मित्र महेश आनन्द और पुस्तक-प्रकाशन के लिए राजकमल के अशोक महेश्वरी का विशेष आभार।

दिनांक : 01 मार्च, 2010

—देवेन्द्र राज अंकुर

अनुक्रम

भारतीय रंगमंच की विविधवर्णी तस्वीर

हमारे देश में संगीत, नृत्य, चित्रकला, मूर्तिकला और साहित्य जैसी कलाओं के साथ-साथ नाटक और रंगमंच की परम्परा भी कम-से-कम पाँच हज़ार वर्ष पुरानी है। सिन्धु घाटी और मोहनजोदड़ो की सभ्यताओं के अवशेषों में मिले प्रमाणों से यह बात बहुत पहले साबित की जा चुकी है। कहना तो यह चाहिए कि पहले नाटक और रंगमंच की शुरुआत हुई और बाद में दूसरी कलाओं और विधाओं का जन्म हुआ। शुरू से ही हमारी परम्परा में *रामायण* और *महाभारत* जैसे महाकाव्यों को गाकर सुनाने की परम्परा के संकेत मिलते हैं। लव और कुश जैसे दो कथावाचकों का नाम हमेशा से लिया जाता रहा है जो बाद में कुशीलव जैसे शब्द के जन्म का कारण बने जिसका अर्थ नट और अभिनेता से भी लिया जाता है। कथावाचन की यही परम्परा बाद में अभिनटन के माध्यम से धीरे-धीरे रंगमंच में परिवर्तित होती चली गई। जहाँ तक लिखित इतिहास का प्रश्न है तो उसके प्रमाण भी कम-से-कम ढाई हज़ार साल पहले से मिलने शुरू हो जाते हैं। अश्वघोष जैसा नाटककार और भरत मुनि का *नाट्यशास्त्र* जिसकी समय-सीमा चौथी शताब्दी ईसवी पूर्व से लेकर चौथी शताब्दी के बीच तक निश्चित की जाती रही है, इसके उदाहरण हैं। ज़ाहिर है कि *नाट्यशास्त्र* जैसा ग्रन्थ तभी लिखा जा सकेगा जब उससे पहले रंगमंच की एक लम्बी परम्परा मौजूद रही हो जिसका अध्ययन करने के बाद भरत मुनि ने एक वक़्त में अपने *नाट्यशास्त्र* की रचना की होगी। इसे हम दूसरे शब्दों में यूँ भी कह सकते हैं कि सिद्धान्त अथवा शास्त्र की रचना तभी की जा सकती है जब उससे सम्बन्धित कला व्यावहारिक रूप में चलन में रही हो। बहरहाल, यह देखना और उसके बारे में जानना हमारे पाठकों को काफ़ी रोचक लगेगा कि आख़िर पिछले दो हज़ार वर्षों में हमारे रंगमंच की क्या-क्या छवियाँ रहीं और उनमें समय के साथ-साथ क्या बदलाव आते चले गए!

सबसे पहले हमारा साक्षात्कार शास्त्रीय नाट्यपरम्परा से होता है जो लगभग एक हज़ार ईसवी तक नियमित स्तर पर सक्रिय रही। इसका नाम शास्त्रीय इसीलिए पड़ा क्योंकि यह *नाट्यशास्त्र* जैसे एक लिखित ग्रन्थ पर आधारित है अर्थात् यह वह परम्परा है जो मुख्य रूप से *नाट्यशास्त्र* में उल्लिखित रूढ़ियों, नियमों और व्याकरण का अनुसरण करती है। यह शास्त्रीय परम्परा संगीत और नृत्य के क्षेत्र में भी देखी जा

सकती है। रंगमंच में इसके उदाहरण नाट्यलेखन के रूप में भास, कालिदास, शूद्रक, हर्ष, विशाखदत्त और भवभूति जैसे नाटककारों की रचनाओं में देखे जा सकते हैं। यह सभी नाटक मूल रूप से संस्कृत में लिखे नाटक हैं लेकिन साथ-साथ तत्कालीन बोलियों और उप-भाषाओं का प्रयोग भी करते हैं जैसे कि पालि और प्राकृत। ऐसा भी नहीं कि इन सभी नाटककारों ने सम्पूर्णता में *नाट्यशास्त्र* का अनुसरण किया। जब-जब किसी नाटककार को लगा कि वह *नाट्यशास्त्र* के नियमों से परे जाकर भी कुछ नया कर सकने की क्षमता रखता है तो उसने उन नियमों को तोड़ने में कोई संकोच नहीं किया। भास का *उरुभंग,* शूद्रक का *मृच्छकटिक* और विशाखदत्त का *मुद्राराक्षस* इसके सबसे बड़े उदाहरण हैं। मज़े की बात यह है कि स्वयं *नाट्यशास्त्र* भी रचनाकार अथवा प्रयोगकर्ता को इस बात की खुली छूट देता है कि यदि वह चाहे तो स्वयं अपनी रूढ़ि और नियम बना सकते हैं।

एक हज़ार ईसवी के बाद देश के राजनीतिक परिदृश्य के बदलते ही रंगमंच पर भी उसका असर पड़ा। यह वह समय है जब अगले आठ सौ वर्षों तक हमारे यहाँ बाहर से आए हुए शासकों की सत्ता रही जो मुख्यतः खिलजी, तुग़लक, लोधी वंशों से होती हुई मुग़लों की सत्ता तक देखी जा सकती है। इसी दौर में देश में अलग-अलग धर्मों और सम्प्रदायों के संस्थापक गुरुओं के माध्यम से भक्ति-युग का भी प्रादुर्भाव हुआ। कबीरदास, गुरु नानक, शंकराचार्य, सूरदास, तुलसीदास जैसे बड़े-बड़े सन्तों ने जन्म लिया और अपनी शिक्षाओं का प्रचार-प्रसार किया और इसके लिए उन्होंने संस्कृत भाषा की बजाय उस वक़्त जन्म लेती नई-नई बोलियों और भाषाओं का सहारा लिया। नतीजा यह हुआ कि इससे पहले जहाँ संस्कृत पूरे देश की एकमात्र भाषा थी, अब हर हिस्से की अपनी अलग-अलग भाषा का जन्म और विकास हुआ और इसी के साथ एक नए तरह के रंगमंच ने भी जन्म लिया जिसे हम लोक रंगमंच के नाम से जानते हैं। यह लोक इस अर्थ में है कि यह किसी लिखित शास्त्र पर आधारित न होकर मौखिक परम्परा के माध्यम से विकसित हुआ है। जैसा कि हम अभी-अभी बता चुके हैं कि जब स्वयं भाषाओं का ही नया जन्म हो रहा था तो शुरू में ही उनमें लिखित रचनाओं की कोई सम्भावना नहीं होती, इसीलिए लोकनाट्य परम्परा में नाटक भी मौखिक है और उसको प्रस्तुत करने की रूढ़ियाँ और नियम भी परम्परा के भीतर से ही विकसित हुए जो पीढ़ी-दर-पीढ़ी चलते चले आए।

देश के अलग-अलग हिस्सों में इन लोकनाट्य शैलियों को अलग-अलग नामों से जाना जाता है, जैसे—उत्तर भारत में *भाँड़, स्वाँग* और *नौटंकी, रासलीला, रामलीला,* पश्चिमी भारत में *तमाशा* और *भवई,* पूर्वी भारत में *पाला, जात्रा, कीर्तनिया* और *अंकिया नाट* और दक्षिणी भारत में *तेरूकुत्तु, कथकलि, यक्षगान* आदि। यों कहने को आज भी यह अपने-अपने क्षेत्रों में गतिशील हैं लेकिन समय के साथ-साथ इनमें लगातार परिवर्तन होते चले गए हैं। ऊपर से देखने पर सभी शैलियाँ भाषायी अन्तर

को छोड़कर लगभग एक जैसी जान पड़ती हैं, लेकिन थोड़ा गहराई में जाएँ तो एक बहुत बड़ा अन्तर यह दिखाई पड़ेगा कि जहाँ उत्तर भारत की तमाम लोकशैलियाँ ज़्यादातर गायन पर आधारित हैं वहाँ दक्षिण भारत में दृश्यात्मक तत्त्वों का ज़्यादा योगदान दिखाई पड़ता है। इसका ऐतिहासिक कारण यही है कि दक्षिण भारत के मुक़ाबले उत्तर भारत इस पूरे दौर में लगातार बड़ी-बड़ी लड़ाइयों में उलझा रहा। अतः देश के इस भाग में ऐसी शैलियों को विकसित करने का समय ही नहीं मिला जिनमें दृश्यात्मकता का प्राधान्य हो।

भारतीय रंगमंच का एक तीसरा दौर, जो लगभग 1850 से 1950 के बीच देखा जा सकता है—पारसी-रंगमंच के नाम से जाना जाता है। यह दौर इसलिए पारसी रंगमंच कहलाया क्योंकि इसको शुरू करनेवालों में उन पारसी व्यापारियों का बहुत बड़ा हाथ था जो धन कमाने के लिए पर्शिया से हिन्दुस्तान आए और मुख्यतः गुजरात प्रदेश में समुद्र के किनारे के तटीय प्रदेशों में बस गए। तब तक भारत में ईस्ट इंडिया कम्पनी के माध्यम से अंग्रेज़ों के शासन की भी नींव पड़ चुकी थी। वे लोग अपने लोगों के मनोरंजन के लिए वहाँ से नाटक मंडलियों को निमन्त्रित करते थे जिनमें हमारे यहाँ के लोगों को प्रवेश की अनुमति नहीं थी। इसके विरोध में पारसी लोगों ने अपनी व्यावसायिक नाटकमंडलियाँ बनाईं जिनमें नाटककारों, अभिनेताओं और निर्देशकों को व्यावसायिक रूप से अनुबन्धित किया और उर्दू-हिन्दी भाषा में नाटकों के मंचन की शुरुआत की जो शास्त्रीय और लोक रंगमंच से बिलकुल अलग थी। यद्यपि यहाँ भी गीत, संगीत, नृत्य मौजूद था लेकिन इसके साथ पहली बार पश्चिम से आयातित पृष्ठभूमि के रूप में रंगीन परदों का चलन भी शुरू हुआ। इस परम्परा के तीन बड़े नाटककार—आग़ा हश्र काश्मीरी, नारायण प्रसाद बेताब और राधेश्याम कथावाचक थे जिन्होंने देशी-विदेशी नाटकों को अपने यहाँ के मुहावरे में पेश किया। आग़ा हश्र काश्मीरी को तो इंडियन शेक्सपीयर भी कहा जाता है। लेकिन इसी बीच रेडियो और फ़िल्मों जैसे माध्यमों के जन्म के साथ ही पारसी नाटक और रंगमंच पृष्ठभूमि में चला गया। इसका एक कारण तो यही है कि जिस तरह के हैरतअंगेज़ कारनामों को पारसी रंगमंचवाले अपने नाटकों में दिखा सकते थे, उनको फ़िल्मों में कैमरा ट्रिक के माध्यम से प्रदर्शित करना बहुत आसान हो गया। दूसरे, फ़िल्मों के शुरुआती अभिनेताओं में वही अभिनेता उपलब्ध थे जो उस दौरान पारसी रंगमंच से जुड़े हुए थे और यह स्वाभाविक था कि ज़्यादा पैसे और शोहरत की तलाश में वे फ़िल्मों की तरफ़ मुड़ गए। तीसरा और सबसे बड़ा कारण स्वयं दर्शकों का फ़िल्म जैसे एक नए माध्यम के प्रति रुझान था जिसकी तरफ़ वे तुरन्त खिंचे चले गए—विशेष रूप से फ़िल्मों में 1930 के आसपास आवाज़ आने के बाद।

दूसरी तरफ़ जो दूसरा सबसे बड़ा बदलाव रंगमंच में आया उसके पीछे रेडियो जैसे माध्यम का हाथ है। अपनी मूल प्रकृति में मात्र ध्वनि पर आधारित होने के

कारण रेडियो ने वाचन, सम्भाषण और संवाद की एक ऐसी शैली को जन्म दिया जो हमारे रोज़मर्रा के जीवन में व्यवहार में आने वाली शैली पर आधारित है अर्थात् एक यथार्थवादी शैली। और यहीं से भारतीय रंगमंच में भी शास्त्रीय, लोक, पारसी जैसी परम्पराओं के साथ यथार्थवादी नाट्यपरम्परा की शुरुआत होती है, जिसके कुछ संकेत उन्नीसवीं शताब्दी के उत्तरार्ध में स्वयं भारतेन्दु के नाटकों में मिलने शुरू हो जाते हैं लेकिन अपने पूरे रंग में यह शैली रेडियो और फ़िल्मों के आगमन के बाद और काफ़ी हद तक पश्चिमी रंगमंच के प्रभाव में बीसवीं शताब्दी के आख़िरी सत्तर-अस्सी सालों में दिखाई पड़ती है। ज़ाहिर है कि इस शैली के चलते जहाँ भारतीय रंगमंच में एक नई अभिनय शैली का भी विकास हुआ जो सिर्फ़ संवादों में ही नहीं अपने हावभाव, मुद्रा और चाल-चलन में भी पूरी तरह से दिन-प्रति-दिन के व्यवहार पर निर्भर है। इसके साथ-साथ यह उस गीत, संगीत और नृत्य से भी अलग है जो बाक़ी सारी परम्पराओं में भरपूर दिखाई पड़ता है। आधुनिक भारतीय रंगमंच में इस शैली को पश्चिमी रंगमंच का ही प्रभाव माना गया और इसके विरोध में स्वयं अपनी-अपनी परम्परा की और अपने देश की नाट्यशैली की खोज की दिशा में लगातार प्रयास किए जाने लगे जो आज भी जारी हैं और आज जो तस्वीर दिखाई पड़ती है वह प्रयोगशील रंगमंच की एक ऐसी तस्वीर है जिसमें कभी पश्चिमी, कभी लोक, कभी पारसी, कभी यथार्थवादी, कभी दूसरे माध्यमों, जैसे—फ़िल्म, चित्रकला, वीडियो के मेल से कुछ-न-कुछ नया रचने की छटपटाहट दिखाई पड़ती है। यह छटपटाहट बीसवीं शताब्दी के आख़िरी दो दशकों से शुरू होकर इक्कीसवीं शताब्दी के पहले दशक में भी जारी है।

भारतीय रंगमंच की अंतिम रूप से भावी तस्वीर क्या उभरकर सामने आएगी इसके बारे में आज कुछ भी अन्तिम रूप से कह पाना बहुत मुश्किल है। हाँ, इतना ज़रूर है कि वह तस्वीर जो भी होगी, जैसी भी होगी, उसमें नाटककार और अभिनेता की भूमिका केन्द्र में रहेगी।

रंग निर्देशों के बदलते रूप

कहानी, उपन्यास, कविता, संस्मरण, रिपोर्ताज़ इत्यादि और एक नाटक के आलेख में क्या अन्तर होता है! इन सारी विधाओं के आलेख आमने-सामने रखने पर एक अन्तर की तरफ़ तो तुरन्त ध्यान चला जाता है कि जहाँ नाटक मात्र संवादों के माध्यम से रची जानेवाली विधा है वहाँ बाक़ी सारी विधाओं के लिए संवाद कोई बहुत ज़रूरी घटक नहीं। यदि उसकी ज़रूरत है तो वह यथानुसार प्रयोग में लाया जाता है अन्यथा सारी विधाएँ वर्णित के माध्यम से ही आगे बढ़ती हैं। इसको दूसरे शब्दों में यूँ भी कहा जा सकता है कि जहाँ बाक़ी सारी विधाएँ मूलतः पढ़ी जानेवाली विद्याएँ हैं और ज़्यादा-से-ज़्यादा यदि उनके क्षेत्र का विस्तार होता भी है तो वह सुने जाने के रूप में अनुभूत की जा सकती हैं, जबकि नाटक मुख्यतः देखी जानेवाली विधा है। यह सही है कि उसे हम प्रदर्शन के दौरान सुनते भी हैं, लेकिन यह सुनना अपने स्वतन्त्र रूप में न होकर अन्ततः देखने के एक अंग के रूप में ही घटित होता है।

अभिनेता बोलने से पहले यदि नाटक को पढ़ेगा नहीं तो बोलेगा कैसे। लेकिन उसका पढ़ना उस रूप में नहीं है जिस रूप में एक पाठक कहानी या उपन्यास को पढ़ता है, वरन् वह नाटक की तैयारी के दौरान शुरुआत के दिनों में उसके उस पाठ से जुड़ा हुआ है जो निर्देशक उनके साथ आयोजित करता है। इसीलिए हमारे यहाँ नाटक को दृश्य-काव्य की संज्ञा दी गई अर्थात् पहले वह दृश्य है और उसके साथ-साथ उसमें काव्य यानी साहित्य भी शामिल है जिसे मूलतः पढ़ा या सुना जाता है। और नाटक में पढ़ना या सुनना कहीं अलग रूप से घटित नहीं होता वरन् वह उसकी प्रस्तुति का ही एक अंग होता है।

लेकिन कहानी और नाटक में एक और बहुत ही महत्त्वपूर्ण अन्तर यह है कि जहाँ कहानी में कोई कोष्ठक नहीं होता, वहाँ नाटक के हर दृश्य के आरम्भ में, बीच में, अन्त में और नाटककार चाहे तो कहीं भी वह कोष्ठक अपनी उपस्थिति दर्ज कर सकता है। कहानी में कोष्ठकों का न होना और नाटक में बार-बार कोष्ठकों का प्रयोग दोनों विधाओं में क्या अन्तर पैदा कर देता है, यदि इस पर थोड़ा विचार किया जाए तो हम पाएँगे कि कहानी में कोष्ठक इसलिए नहीं आते, क्योंकि वह पूरी तरह से रचनाकार का अपना माध्यम है और उसके पास वर्णन करने की पूरी छूट और स्पेस

एक साथ उपलब्ध है। कहानी या उपन्यास की लम्बाई कितने पृष्ठों में समाएगी, इसकी कोई निश्चित सीमा नहीं होती। कहने का तात्पर्य यह है कि पढ़े जानेवाले माध्यम होने के कारण हमें उनका पाठ करने में घंटों लग जाएँ तो भी कोई परेशानी की बात नहीं। यहाँ तक कि हम उन्हें पढ़ते-पढ़ते बीच में ही छोड़ सकते हैं, कभी भी दोबारा पढ़ना शुरू कर सकते हैं और इस तरह से टुकड़ों-टुकड़ों में पढ़कर हो सकता है कि किसी कहानी या उपन्यास को महीनों अथवा सालों में ही पढ़ा जा सके। लेकिन नाटक जैसा माध्यम हमें ऐसी कोई सुविधा प्रदान नहीं करता। जैसा कि पहले ही कहा जा चुका है कि उसे मूलतः देखा जाता है इसलिए उसकी लम्बाई की सीमा लगभग निश्चित होती है क्योंकि उसे एक ही बैठक में शुरू से लेकर आख़िर तक देखा जाना होता है और यह देखा जाना पूरी तरह से हमारी शारीरिक क्षमता के व्यावहारिक पक्ष से जुड़ा हुआ है। इसलिए अधिक-से-अधिक दो-तीन घंटे के भीतर उसे घटित होना होता है।

यह अलग बात है कि कभी प्रयोग के तौर पर पीटर ब्रुक की नौ घंटे लम्बी प्रस्तुति भी एक दिन में अथवा तीन दिनों में विभाजित करके देखी जा सकती है। स्वयं हमारे यहाँ कभी लोक नाटक सारी-सारी रात खेले जाते थे और शायद आज भी उस स्थिति में कोई परिवर्तन नहीं हुआ है। लेकिन इसके अपने समाजशास्त्रीय कारण हैं जो प्राचीन लोगों की जीवन-पद्धति से बड़े गहरे जुड़े हुए हैं। इसलिए नाटक में रंग-निर्देशों की उपस्थिति उसके शिल्प और संरचना का बहुत ही ज़रूरी हिस्सा है, क्योंकि कोष्ठकों में दिए गए यह रंग-निर्देश नाटक के उन पक्षों से सम्बद्ध होते हैं, जिन्हें दिखाया जाना होता है। इसीलिए उनका पाठक अथवा दर्शक से पढ़े जाने के रूप में कोई रिश्ता नहीं होता। यदि कोई उन्हें पढ़ता भी है तो वह अभिनेता या निर्देशक और देखा जाए तो शायद उसके लिए भी उतना ज़रूरी नहीं है क्योंकि अभिनेता या निर्देशक अपनी नई दृश्य परिकल्पना के लिए पूरी तरह से स्वतन्त्र होते हैं। यूँ भी रंगमंच के इतिहास में लगभग दो हज़ार साल तक रंग-निर्देशों की कोई अहम भूमिका कभी रही ही नहीं।

आज हमें ग्रीक, शेक्सपीयर, मौलियर और संस्कृत नाटकों के आलेखों में यदि रंग-निर्देश मिलते भी हैं तो वह अपने समय में उनकी मंच-प्रस्तुतियों के बाद नाटक में जोड़ दिए गए। यदि हमें कहीं से उन नाटकों के मूल आलेख मिल जाएँ, और शेक्सपीयर के नाटकों के प्रायः मिलते भी हैं, तो हम पाएँगे कि उनमें कहीं भी कोई रंग-निर्देश नहीं होता था। यदि मिलते भी हैं तो कभी भी एक पंक्ति अथवा कुछ शब्दों से ज़्यादा के नहीं होते। इसका कारण यही है कि नाटक सीधे कार्य-व्यापार से शुरू होता था, जिसके लिए कोई भी पृष्ठभूमि तैयार करने की आवश्यकता नहीं होती थी। पृष्ठभूमि को आना भी होता हो तो वह नाटक में कभी भी संवादों के माध्यम से सामने आ सकती थी। ग्रीक नाटक इसका सबसे सफल उदाहरण हैं, जिनमें नाटक की तीन-चौथाई पृष्ठभूमि पात्रों के संवादों के माध्यम से दर्शकों को पता चलती है। ऐसी

ही स्थिति संस्कृत अथवा शेक्सपीयर के नाटकों में भी देखी जा सकती है। दो हज़ार सालों तक नाटकों में रंग-निर्देशों के न होने के और भी कई कारण ढूँढ़े जा सकते हैं। उनका प्रदर्शन स्थल हर नाटक के मंचन के लिए एक ही रहता था और उनमें परिवर्तित होते दृश्यबन्धों की सूचना भी चरित्रों के संवादों के माध्यम से ही दर्शकों को मिलती थी। इतना ही नहीं, ज़्यादातर नाटकों की कहानियाँ दर्शकों की पहले से ही परिचित हुआ करती थीं, इसलिए उनके विषय में रंग-निर्देशों के माध्यम से अलग से जानकारी देने की कोई अनिवार्यता नहीं थी।

जिज्ञासा यह होती है कि जो रंग-निर्देश इतने लम्बे समय तक नाटक अथवा रंगमंच में कभी भी इतने महत्त्वपूर्ण नहीं रहे वे अचानक पिछले डेढ़ सौ-दो सौ वर्षों में इतनी प्रमुखता कैसे ग्रहण करने लगे! मैं समझता हूँ कि इसके पीछे साहित्य और दूसरी कलाओं में यथार्थवाद के प्रादुर्भाव को एक बहुत बड़े कारण के रूप में देखा जा सकता है। विशेषतः नाटक और रंगमंच की दुनिया में जब यथार्थवाद का यह दौर आया तो उसके लिए मंच पर हर बार एक नया परिवेश रचने की आवश्यकता महसूस हुई। अब रंगमंच पर पहले से मौजूद एक बने-बनाए फ्रेम से काम चलनेवाला नहीं था, क्योंकि इन नाटकों के कथानक चिर-परिचित क़िस्से-कहानियों से सम्बन्धित नहीं थे वरन् रोज़मर्रा की ज़िन्दगी से जुड़े हुए चरित्रों के जीवन की कहानी को प्रस्तुत कर रहे थे। इसलिए इन कथानकों को चाहिए था कि हर बार एक नया वातावरण, एक नया परिवेश हो जिसका स्थापत्य रंग-निर्देशों के माध्यम से दर्शक के लिए एक नई पृष्ठभूमि तैयार करता है। अब नाटक अभिनेता और दर्शक के बीच सीधे संवाद न होकर चरित्रों के आपसी संवाद के रूप में घटित होने लगा था और उस संवाद के लिए एक निजी परिवेश की ज़रूरत थी। अतः यह अकारण नहीं है कि ज़्यादातर इस दौर के नाटक घर के भीतर घटित होते हैं और यदि कभी-कभार बाहर आते भी हैं तो भी वे बाहरी परिवेश की बजाय चरित्रों के अन्तरंग को ही अभिव्यक्त और व्याख्यायित करते हैं। एक तरह से अब भीतरी अथवा बाहरी परिवेश मात्र परिवेश न रहकर चरित्रों के मनोविज्ञान की सूक्ष्म अभिव्यक्ति से ज़्यादा जुड़ने लगा था। ऐसे में यदि यथार्थवादी नाटकों में रंग-निर्देशों की उपस्थिति संवाद से पहले और संवादों के बीच में भी ज़ोरदार ढंग से आई तो कोई आश्चर्य नहीं। मैं समझता हूँ कि यदि इस परिप्रेक्ष्य में हम इब्सन, चेखव, मोहन राकेश, सुरेन्द्र वर्मा, भीष्म साहनी के साथ-साथ इस दौर के और बहुत सारे नाटककारों को पढ़ें तो रंग-निर्देशों की इस भूमिका का पूरा चित्र हमारे सामने उपस्थित हो जाएगा।

रंग-निर्देशों के बदलते रूप के इस क्रम में यदि और आगे बढ़ा जाए तो हमें एक बहुत ही नया परिवर्तन दिखाई देता है जिसके जन्मदाता जर्मनी के सुप्रसिद्ध नाटककार ब्रेष्ट कहे जा सकते हैं। यह परिवर्तन है कि जो रंग-निर्देश अब तक रंगमंच के पूरे इतिहास में या तो बहुत संक्षिप्त हुआ करते थे या बहुत लम्बे-लम्बे, लेकिन यह निश्चित था कि उनका पाठक या दर्शक से कोई सीधा सम्बन्ध नहीं होता था और वे

मात्र अभिनेता और निर्देशक की सम्पत्ति हुआ करते थे, उनको ब्रेष्ट ने पूरी तरह से दर्शक के अनुभव का हिस्सा बना दिया और वह इस रूप में कि हर दृश्य से पहले वे रंग-निर्देश बैनर के रूप में, स्लाइड्स के रूप में, प्ले कार्ड के रूप में दर्शकों के सामने लाए जाते हैं, ताकि वे पहले उन्हें पढ़ लें और उसके बाद उनसे जुड़े हुए दृश्य को देखें। इसके पीछे ब्रेष्ट की अवधारणा यही थी कि जब दर्शक रंग-निर्देशों में प्राप्त सूचनाओं की पहले से जानकारी प्राप्त कर लेगा तो वह उनसे जुड़ी घटनाओं को देखने के दौरान पूरी तरह से जागरूक और सचेत रहेगा और यथार्थवादी नाटकों के अनुभव की तरह से उनके साथ बह नहीं जाएगा। उसने रंग-निर्देशों के इस तरह के प्रयोग के द्वारा रंगमंच पर यथार्थवादी नाटक द्वारा रचे जाने वाले भ्रम को तोड़ने का प्रयास किया। कई बार उसके नाटकों में यह निर्देश लिखित रूप में अथवा चित्रित रूप में न होकर गीत और संगीत के माध्यम से भी प्रस्तुत किए जाते हैं, लेकिन इनका मुख्य उद्देश्य भी वही होता है जो ब्रेष्ट दर्शक से उसके रंगमंचीय अनुभव में अपेक्षा करते हैं। इसीलिए वह संगीत भी ऐसा निश्चित करते थे, जो लय व सुर में गाया जानेवाला मधुर संगीत नहीं, वरन् बोले जानेवाले शब्दों और उनकी धुनों के माध्यम से एक टिप्पणी प्रस्तुत करता हो।

इधर के रंगमंच में रंग-निर्देशों की उपस्थिति के बढ़ने और विशेष रूप से रेखांकित किए जाने का एक और बड़ा कारण उभरकर सामने आया है और वह इसलिए कि आजकल अधिकांश निर्देशक नाटक का आलेख स्वयं लिखने लगे हैं। परिणाम यह हुआ है कि वे आलेख कम और प्रस्तुति-आलेख ज़्यादा नज़र आते हैं, क्योंकि निर्देशक के दिमाग़ में प्रस्तुति का नक्शा पहले से तैयार रहता है और उसके अनुसार वह आलेख की रचना करता है। इस प्रक्रिया पर काफ़ी हद तक फ़िल्म विधा का प्रभाव देखा जा सकता है जहाँ संगीत और धुनों की रचना पहले कर ली जाती है और उसके अनुसार शब्द और गायक के स्वर बाद में आते हैं। फ़िल्म क्योंकि कैमरे का माध्यम है, अतः उसमें यह सुविधा पूरी तरह से उपलब्ध है कि आप फ़िल्म की वास्तविक रूप में रचना करने से पहले उसे काग़ज़ पर उसी रूप में देख सकते हैं जैसी वह अन्ततः परदे पर दिखाई देगी। यह फिर भी सम्भव है कि फ़िल्म बनाते वक़्त उसमें निर्देशक कुछ बदलना चाहे तो बदल सकता है, लेकिन एक बात यहाँ भी निश्चित है कि दर्शक फ़िल्म के आलेख में लिखे गए निर्देशों को देखता भर है। वह उनको पढ़ने के अनुभव में शामिल नहीं है।

इस प्रकार नाटक और रंगमंच के लम्बे इतिहास में जैसे-जैसे नाटक का स्वरूप बदला है, उसी के अनुसार उनमें उपलब्ध रंग-निर्देशों के भी नए-नए रूप बनते चलते गए हैं। लेकिन उनकी भूमिका हमेशा एक रही है और वह यही कि उन्होंने नाटक का बाक़ी सारी साहित्यिक विधाओं से अलग अपना एक स्वतन्त्र शिल्प, संरचना और व्यक्तित्व विकसित और निश्चित किया, जिसकी बराबरी और कोई माध्यम नहीं कर सकता।

कहाँ हैं नाटककार और अभिनेता

पिछले कुछ महीनों में दिल्ली रंगमंच पर प्रदर्शित कुछ नाट्य प्रस्तुतियों को देखने के बाद एक सवाल बहुत शिद्दत के साथ उभरकर आया है कि आख़िर इन सब प्रस्तुतियों में नाटककार और अभिनेता कहाँ खोते जा रहे हैं? ऐसा नहीं है कि यह पहली बार हो रहा है। रंगमंच के तीन प्रमुख तत्त्व—नाटककार, अभिनेता और निर्देशक हमेशा एक-दूसरे से होड़ की स्थिति में रहे हैं। कभी शुरू में नाटककार केन्द्र में था, पर वही अभिनेता और निर्देशक भी हुआ करता था, फिर कभी यह केन्द्रीय भूमिका अभिनेता को मिली और अन्ततः निर्देशक के पास चली गई और पिछले दो दशकों में तो पूरी तरह से उसी के पास सिमटकर रह गई है। यही कारण है कि अच्छी से अच्छी नाट्यप्रस्तुतियों में भी नाटककार और अभिनेता पर कहीं फोकस नहीं होता और पूरी प्रस्तुति की समीक्षा, रिपोर्ट और प्रतिक्रियाएँ, उसके तकनीकी पक्षों और निर्देशकीय पक्षों पर ही केन्द्रित हो गई हैं।

कुछ प्रस्तुतियों के नाम सहज रूप से सामने आ जाते हैं। अभिलाष पिल्लै की *भूतगाड़ी*, आमाल अल्लाना की *नटी विनोदनी*, अनुराधा कपूर की *स्वीट बर्ड ऑफ यूथ* और कीर्ति जैन की *बग़दार बार्निंग*। यहाँ मक़सद इन प्रस्तुतियों की गुणवत्ता पर चर्चा करना नहीं है वरन् इस बात का आकलन करने की ज़रूरत है कि आख़िर ऐसा क्या है इन प्रस्तुतियों में कि आलेख अथवा अभिनेता हाशिए पर रहे और हर तरह से निर्देशक ही प्रस्तुति में सर्वत्र दिखाई पड़ता है चाहे वह आलेख हो, मंचसज्जा हो, प्रकाशसज्जा हो और यहाँ तक कि अभिनेता का अभिनय भी। कहा तो यहाँ तक जा सकता है कि बेशक यहाँ भी आलेख और उसके अभिनय के रूप में रचनाकार/नाटककार और अभिनेता मौजूद हैं लेकिन उनकी उपस्थिति निर्देशक के लिए एक साधन से ज़्यादा अहमियत नहीं रखती, ठीक उसी अर्थ में जैसे कि लेखक के लिए कलम, चित्रकार के लिए रंग और कैनवास और मूर्तिकार के लिए छैनी और हथौड़ी।

यदि हम थोड़ा गहराई से विचार करें तो उन कारणों को पकड़ा जा सकता है जिनकी वजह से नाटककार और अभिनेता को प्रस्तुति में तलाशना पड़ता है। मुझे लगता है कि धीरे-धीरे नाट्यप्रस्तुति की वह यात्रा खत्म होती जा रही है जहाँ पहले से एक लिखित आलेख हुआ करता था और अभिनेता और निर्देशक के माध्यम से

मंच पर उसका पुनर्जन्म हुआ करता था। आज स्थिति यह है कि निर्देशक सीधे पहले प्रस्तुति के मुहावरे में सोचता है अथवा शुरुआत करता है और तब वह उसी के अनुसार अभिनेता और आलेख का चुनाव अथवा लेखन करता है। दूसरे शब्दों में कहें तो आज का रंग-निर्देशक मंच पर नाटक की प्रक्रिया से ज़्यादा दूरदर्शन और फ़िल्म की निर्माण प्रक्रिया के भीतर से अपनी प्रस्तुति तैयार करता है अर्थात् वह या तो स्वयं आलेख की रचना उसी रूप में करता है जिस रूप में उसे अन्ततः प्रस्तुति में दिखाना है अथवा उसी के अनुसार किसी दूसरे से लिखवाता है। एक तरह से उसका आलेख दूरदर्शन अथवा फ़िल्म की उस स्क्रिप्ट की तरह है जिसे उन माध्यमों का निर्देशक परदे से पहले काग़ज़ पर शूट करता है। नतीजा यह होता है कि रंगमंच के निजी तत्त्व यानी आलेख और अभिनेता के स्थान पर दूसरे माध्यमों के तकनीकी पक्ष ज़्यादा फोकस में चले आते हैं। इसी तरह से अपरोक्ष रूप से रंगमंच के निर्देशक की एक लड़ाई आज बाज़ार में उपलब्ध सभी तकनीकी सुविधाओं और विकल्पों से भी होने लगती है और वह उनके समानान्तर अभिनेता को खड़ा करने की प्रक्रिया में उलझता चला जाता है। इसीलिए नाटक देखते समय दर्शकों को टेक्नोलॉजी और यान्त्रिकता से उत्पन्न सारी चकाचौंध तो बहुत साफ़-साफ़ दिखाई पड़ती है लेकिन उसके भीतर से उभरकर अपनी निजी और अलग पहचान दिखाता अभिनेता कहीं दिखाई नहीं पड़ता। ऐसा इसलिए भी हो सकता है कि जिस अनुपात, गति और तेजी से टेक्नोलॉजी का विकास और आक्रमण हमारी ज़िन्दगी के सभी पक्षों पर हो रहा है उसकी तुलना में अभिनेता अभी पूरी तरह से तैयार नहीं है और इसीलिए वह इस तकनीकी मायाजाल के चक्रव्यूह से बाहर निकलकर आने में असमर्थ हो जाता है। ऐसी स्थिति में क्या यह ज़्यादा सही नहीं होगा कि हम पहले अभिनेता को पूरी तरह से नई पद्धति में प्रशिक्षित करें और तब उस पर इन सारी बाहरी चीज़ों को आरोपित करें?

थोड़ी देर के लिए हम नाटक से रंगमंच तक की उस सम्पूर्ण यात्रा को याद करने की कोशिश करें तो हम पाएँगे कि यदि हमारे पास पहले नाटक लिखित रूप में मौजूद हैं तो अभिनेता के लिए भी, निर्देशक के लिए भी अनन्त सम्भावनाएँ खुली रहती हैं जिन्हें वह मंच पर साकार कर सकता है। इसके विपरीत आज की स्थिति में जब उसका साकार रूप फ़िल्म और दूरदर्शन की तरह पहले से उसके सामने निश्चित है तब फिर रचनाकार के लिए भी और अभिनेता के लिए भी अलग से कुछ करने की गुंजाइश नहीं रहती। यह प्रक्रिया कुछ इस प्रकार की है कि संगीत निर्देशक पहले धुन तैयार कर ले और फिर गीतकार से उसके अनुसार गीत लिखने को कहा जाए और अन्ततः गायक से उसे गवा दिया जाए। ज़ाहिर है कि इस प्रक्रिया में रचनाकार और गायक की भागीदारी रचनात्मक उतनी नहीं है जितनी कि यान्त्रिक।

यहाँ आलेख में अपने अनुसार निर्देशक द्वारा मनचाहे परिवर्तन करने अथवा अभिनय की नई-से-नई अभिनय शैली खोजने की प्रक्रिया की दिशा में काम करने के

उसके अधिकार पर प्रश्नचिह्न नहीं लगाया जा रहा है किन्तु इस बात की अपेक्षा अवश्य की जा रही है कि प्रस्तुति में नाटककार और अभिनेता दिखाई देने बन्द न हो जाएँ।

इस बात को दोहराने की कोई ज़रूरत नहीं कि अन्ततः हम प्रेक्षागृह में आलेख और अभिनय के बहाने से एक ऐसे जीवन्त अनुभव को जीने जाते हैं जो हमारे भीतर स्फूर्ति और सिहरन पैदा करे। क्या हम अपनी व्यक्तिगत ज़िन्दगी में चौबीसों घंटे कम्प्यूटर, ए.सी., रेडियो, टेलीविज़न, फ़िल्म, बाज़ारीकरण और उससे जुड़ी तमाम यान्त्रिकताओं के बीच जीते हुए भी उतने ही भावनात्मक और संवेदना के स्तर पर नहीं जीते? यदि हमारे रंग-निर्देशक इस दिशा में थोड़े से भी सचेत हों तो निश्चय ही वह नाटककार, अभिनेता और उनके भीतर से बनती-बिगड़ती प्रस्तुति को लेकर पुनर्विचार करेंगे।

जब नई पीढ़ी कुछ नया रचती है

यदि हम कला, रंगमंच, फ़िल्म और साहित्य के लम्बे इतिहास पर नज़र डालें तो जो बात सभी जगह समान रूप से दिखाई पड़ती है वह यही है कि आपकी पहली रचना ने यदि कोई कीर्तिमान अथवा प्रतिमान स्थापित किया था तो वह आपकी उम्र के युवा काल में ही सम्भव हुआ था। प्राकृतिक दृष्टि से भी युवा काल हमारे जीवन का ऐसा सन्धि काल है जो बचपन और बुढ़ापे के बीच एक पुल का काम करता है और इसीलिए सबसे ज़्यादा मानसिक, शारीरिक और रचनात्मक ऊर्जा की ऊँचाइयाँ इसी काल के आसपास दिखाई पड़ती हैं। याद करने की कोशिश करें कि जब *नई कहानी* की पहचान हुई तो उससे जुड़े ज़्यातातर रचनाकार उम्र के किस पड़ाव पर थे। जर्मन नाटककार जार्ज बुख़नर ने अपना महान नाटक *दांतोंज़ डेथ* महज़ 24 साल की उम्र में लिखा था। फ्रांज काफ़्का की जितनी भी रचनाएँ आज उपलब्ध हैं वे कब लिखी गई थीं, क्योंकि 41 के आसपास वह इस दुनिया को छोड़कर जा चुके थे। क्या यही बात चेखव जैसे नाटककार के बारे में नहीं कही जा सकती? ख़ुद हमारे यहाँ हंसकुमार तिवारी ने महज़ 19-20 साल की उम्र में कला के सौन्दर्यशास्त्र पर एक ऐसी पुस्तक रच डाली थी जो आज भी अपनी जगह पर अडिग है। रांगेय राघव का विशाल लेखन भंडार महज़ 39 वर्षों के अन्तराल में फैला हुआ है और उसमें भी शुरू के 15-20 साल शायद छोड़ने ही पड़ेंगे।

यह तो हुआ साहित्य का एक विहंगावलोकन। यदि हम इसी संसार के समानान्तर चित्रकला, संगीत, फ़िल्म और यहाँ तक कि विज्ञान की दुनिया में भी झाँकें तो भी हमारे हाथ वही तथ्य और सूचनाएँ लगेंगी जिन्हें हमने साहित्य की दुनिया में उल्लेखित किया है। गुरुदत्त जैसे फ़िल्मकार ने अपनी पहली फ़िल्म कब बनाई थी; क्योंकि महज़ 39 साल की छोटी-सी उम्र में उन्होंने आत्महत्या कर ली थी। जब लियोनार्दो विंची ने *मोनालिसा* जैसे चित्र की रचना की तब क्या वह 50 पार कर चुके थे? के. आसिफ़ ने जब *मुग़ले आज़म* बनाई तो वह भी उम्र के इसी दौर से गुज़र रहे थे जिसे हन युवा के अन्तर्गत रखते हैं। यदि विज्ञान की दुनिया में झाँकें तो जेम्स वॉट के सामने जब भाप की शक्ति का रहस्य खुला था तब उसकी उम्र मुश्किल से 13 साल के आसपास थी। लूई ब्रेल ने नेत्रहीनों के लिए लिपि का आविष्कार अपनी किशोरावस्था में ही कर

लिया था जबकि वह स्वयं भी दृष्टिहीन थे। टॉमस-एल्वा-एडिसन ने बल्ब, टेलिफ़ोन जैसी रोज़मर्रा की ज़िन्दगी में काम आनेवाली चीज़ों का आविष्कार अपने बाल्यकाल में ही करना शुरू कर दिया था।

युवा पहचान से जुड़ी विभिन्न विधाओं पर एक विहंगम दृष्टिपात करने के बाद हम रंगमंच की तरफ़ लौटकर आएँ तो हमारी अवधारणाओं और स्थापनाओं को और ज़्यादा ठोस आधार मिलता है। अपनी मूल प्रकृति में रंगमंच पूरी तरह से युवाओं का माध्यम है क्योंकि एक युवक के लिए ही यह सम्भव है कि वह जब चाहे बच्चा बन सकता है और जब चाहे बूढ़ा बन सकता है। यूँ भी नाटक जैसी विधा हमेशा वर्तमान काल में घटित होती है और इस वजह से भी रंगमंच सीधे-सीधे वर्तमान पीढ़ी अर्थात् युवी पीढ़ी से ही जाकर जुड़ता है। इस दृष्टि से रंगमंच खेलों से भी काफ़ी हद तक समानता रखता है क्योंकि जिस तरह की मानसिक ऊर्जा, शारीरिक स्फूर्ति, क्षमता और शक्ति दोनों माध्यमों के लिए चाहिए वह युवा काल में ही ज़्यादा से ज़्यादा मात्रा में आदमी में उपलब्ध होती है। इसीलिए ठीक ही कहा गया है कि खिलाड़ी और कलाकार की उम्र बहुत कम होती है। इसका अर्थ यही है कि उनके अपने माध्यम की प्रकृति के कारण उनके काम करने की उम्र बहुत थोड़ी होती है। क्या इसीलिए ज़्यादातर रंगमंडलों में कलाकार एक स्थायी व्यवस्था की बजाय अनुबन्धित तौर पर लिये जाते हैं जो अधिक-से-अधिक छह वर्ष से आठ वर्ष तक की अवधि का हो सकता है। ठीक यही बात खिलाड़ियों पर भी लागू होती है।

अतः यह सहज स्वाभाविक है कि वे कलाकार इसी अवधि में अपना सर्वश्रेष्ठ दे पाते हैं। हम अपनी बात को कुछ ठोस उदाहरणों के साथ पुष्ट करने की कोशिश करेंगे। जब इब्राहिम अलकाज़ी ने राष्ट्रीय नाट्य विद्यालय के निदेशक की भूमिका में शुरुआत की थी तो उनकी आयु महज़ 37 साल थी। आज इस बात को दोहराने की ज़रूरत नहीं कि अपनी उम्र के उस ऊर्जावान दौर में उन्होंने आनेवाले वर्षों में जिस तरह के प्रशिक्षण पाठ्यक्रम की परिकल्पना की और उसे व्यावहारिकता के स्तर पर जाँचा-परखा उसके परिणाम आज हम सब लोगों के सामने हैं। मोहन राकेश ने अपना पहला बड़ा नाटक *आषाढ़ का एक दिन* जब लिखा और प्रकाशित कराया तब वह तैंतीस के आसपास थे। आज यह सत्य किसी से छिपा हुआ नहीं है कि भारतीय रंगमंच में *आषाढ़ का एक दिन* ने आधुनिक हिन्दी रंगमंच के लिए वही ठोस, नए और ऊँचे प्रतिमान स्थापित किए जो इससे कुछ ही समय पहले हिन्दी साहित्य में नई कहानी ने स्थापित किए थे और ये तो सभी जानते हैं कि नई कहानी के तीन सूत्रधारों में से एक स्वयं राकेश थे। गिरीश कारनाड ने जब अपने पहले बड़े नाटक *तुग़लक* की रचना की तो उनकी उम्र मुश्किल से 20-22 साल थी। बाद में अपनी ऐतिहासिक पृष्ठभूमि के बावजूद *तुग़लक* ने समकालीनता की जो छाप छोड़ी उससे हम सभी अच्छी तरह से परिचित हैं।

1952 में धर्मवीर भारती का *अन्धा युग* छपकर आया था और ठीक उसी साल बैकेट का *वेटिंग फॉर गोदो*। दोनों ही रचनाकार लगभग एक ही उम्र के और निश्चित रूप से अपने युवा काल में थे। हिन्दी रंगमंच की दो सिद्धहस्त और संवेदनशील अभिनेत्रियों सुरेखा सीकरी तथा उत्तरा बावकर ने मंच पर जितनी भी यादगार भूमिकाएँ कीं, वे उम्र के इसी दौर में। क्या हम ओम शिवपुरी और मनोहर सिंह को भूल सकते हैं जिन्होंने दुनिया भर के नाटकों में जितनी भी विविधता भरी भूमिकाएँ हो सकती हैं, वे सब अपनी जवानी के दिनों में ही कर डाली थीं। यही बात भारतीय रंगमंच की दूसरी भाषाओं के लगभग सभी बड़े-बड़े अभिनेताओं और अभिनेत्रियों के बारे में निःसंकोच कही जा सकती है। बांग्ला में शम्भु मित्र, मराठी में डॉ. श्रीराम लागू, हिन्दुस्तानी में हबीब तनवीर—किसे रखा जाए, किसे छोड़ा जाए, तय करना मुश्किल हो जाता है। लौट-लौटकर इस तथ्य को दोहराना पड़ता है कि हमारी उम्र का युवा काल हमारे भूत से प्रेरणा ग्रहण करके हमारे भविष्य के लिए हमेशा एक नई शुरुआत करता है। इसीलिए यह काल सबसे ज़्यादा प्रय़ोगशील काल भी माना जाता है। आज के भारतीय रंगमंच में जो युवा पहचान तेज़ी से उभरकर सामने आ रही है, वह पिछली सदी के आठवें दशक में पैदा हुई और लगभग दसवें दशक में उसने अपना रंगकर्म शुरू किया।

कहने का तात्पर्य यही है कि युवा रंगमंच का जो भी आकलन किया जाना है, वह पिछले दस-पन्द्रह साल के दौरान काम कर रहे रंगकर्मियों के आधार पर ही किया जा सकता है। यह वह समय था जब सातवें-आठवें दशक में भारतीय रंगमंच की अपनी जड़ों की तरफ़ लौटने की दौड़ अपने उत्कर्ष पर थी। आधुनिक रंगमंच में यथार्थवाद के विरोध में शास्त्रीय और लोक तत्त्वों को लेकर बहुत से प्रयोग मात्र नाट्यरचना के स्तर पर ही नहीं, बल्कि नाट्यप्रस्तुति की दृष्टि से भी किए जा रहे थे। *बकरी, रसगन्धर्व, हयवदन, घासीराम कोतवाल, जो-कुमारस्वामी* जैसे नाटक और उनकी अलग-अलग भाषाओं में प्रस्तुतियाँ इसी दौड़ की देन हैं। यही वह समय है जब राजनीतिक स्तर पर भी हमारे यहाँ काफ़ी कुछ बदलाव आए। सन् 62 में चीनी आक्रमण, 65 में पाकिस्तान के साथ युद्ध, 67 में पहली बार बहुत-सी पार्टियों की मिली-जुली सरकारों का जन्म, 71 में बांग्लादेश का जन्म, 75 में इमर्जेंसी और 77 में जनता पार्टी की सरकार—एक के बाद एक तेज़ी से घटती इन घटनाओं ने भारतीय मानस को ज़बर्दस्त ढंग से झकझोर कर रख दिया। ज़ाहिर है कि उस वक़्त की युवा पीढ़ी का रंगकर्म भी इन सारी स्थितियों से अछूता न रह सका। नतीजा यह हुआ कि तत्कालीन युवा पीढ़ी बहुत-सी विधाओं में एकसाथ संचरण कर रही थी। रंगमंच और साहित्य, रंगमंच और चित्रकला, रंगमंच और नृत्य, रंगमंच और फ़िल्म—कितने ही क्षेत्रों में आपसी आवाजाही शुरू हो चुकी थी और उनके भीतर से उभकर बहुत से प्रयोग सामने आ रहे थे। नौवें दशक तक आते-आते इन प्रयोगों में एक ठहराव आ

गया था। इस तरह आज जिस युवा पीढ़ी के रंगकर्म पर हम विवेचन करनेवाले हैं, उससे पहले ये सारे प्रयोग, जिनका कि ऊपर ज़िक्र किया गया, सम्पन्न हो चुके थे और एक प्रकार की पृष्ठभूमि वर्तमान युवा पीढ़ी को विरासत में मिली, जो उनके आज के रंगकर्म में बराबर दिखाई पड़ती है, चाहे वह केरल के एम. ज्योतिष हों, मुम्बई के मानव कौल हों, गुजराती के सौम्य जोशी हों, पंजाबी के केवल धालीवाल, हिन्दी रंगमंच के अभिलाष पिल्लै, अजय कुमार, विजय कुमार, आसिफ़ अली, असमिया रंगमंच से रबिजिता गोगोई, गुणाकर देव गोस्वामी हों, मणिपुरी से थानिन, ये कुछ नाम सहज ही ज़ेहन में उभर आते हैं जिनके काम को भी देखने का भरपूर अवसर मिला है। यह तो साफ़ ज़ाहिर है कि ये सभी युवा रंगकर्मी अपने प्रयोगकाल से गुज़र रहे हैं और अपने अन्तिम पड़ाव पर पहुँचने में इन्हें थोड़ा वक़्त और लगेगा। फिर भी इधर हाल के वर्षों में इन लोगों के रंगकर्म से यह विश्वास पैदा होता है कि आगे चलकर इनमें से कुछ लोगों की अपनी एक अलग पहचान स्थापित होगी।

यहाँ सुविधा के लिए मैं मात्र तीन युवा रंगकर्मियों को अपने आकलन का आधार बनाऊँगा। संयोग से तीनों रंगकर्मी हिन्दी क्षेत्र से हैं और उससे भी ज़्यादा दिलचस्प बात यह है कि वे एक राज्य बिहार से सम्बद्ध हैं। यूँ भी यहाँ बिहार के बारे में यह मिथ कम-से-कम साहित्य और संस्कृति के क्षेत्र में पूरी तरह से टूट जाना चाहिए कि जैसे वहाँ ग़रीबी, अशिक्षा, बेरोज़गारी, हिंसा और अपराध का वातावरण है, उसी के समानान्तर साहित्य और संस्कृति भी लगभग शून्य के कगार पर है। यदि सीधे-सीधे आँकड़ों की बात की जाए तो हिन्दी पत्र-पत्रिकाओं के सबसे ज़्यादा पाठक, हिन्दी रंगमंच की मंडलियाँ और उनसे जुड़े सबसे ज़्यादा रंगकर्मी और यह रंगकर्म भी मात्र एक शहर पटना तक सीमित न होकर आरा, गया, दरभंगा, बेगूसराय, भागलपुर, मधुबनी, मुजफ़्फ़रपुर, सहरसा, कटिहार, पूर्णिया आदि न जाने कितने शहरों में फैला हुआ है। सिर्फ़ हतना ही नहीं कि रंगकर्म हो रहा है वरन् उसे देखनेवाले भी बड़ी तादाद में मौजूद हैं। यहाँ इस तथ्य को भी दर्ज किया जाना चाहिए कि नुक्कड़ नाटक की जितनी अहम भूमिका बिहार में दिखाई पड़ती है, वह शायद और कहीं नहीं मिलती। यह भूमिका जितनी रचनात्मकता के स्तर पर है, उससे कहीं ज़्यादा हिंसा और अपराध के विरोध को लेकर भी है। पटना में *प्रेमचन्द रंगशाला* की अव्यवस्था को लेकर किया गया विरोध हो अथवा प्रवीण कुमार जैसे युवा रंगकर्मी की हत्या का मामला हो, हर तरह से अपनी उपस्थिति को रंगकर्मी बार-बार दर्ज करते रहे हैं।

इन सारी सूचनाओं के परिप्रेक्ष्य में इन तीनों रंगकर्मियों के काम पर गहराई से चर्चा हो जाती। सबसे पहले तो यह जानना ज़रूरी है कि तीनों ही अलग-अलग वर्षों में राष्ट्रीय नाट्य विद्यालय से निकले हुए स्नातक हैं और तीनों ने अभिनय में विशेषज्ञता हासिल की है। सबसे पहले हम विजय कुमार को लें। वह बिहार के पटना के पास एक छोटे से गाँव *कोपा* में पैदा हुए और वहीं उन्होंने अपनी आरम्भिक

शिक्षा-दीक्षा ग्रहण की। स्कूली शिक्षा के बाद सीधे दिल्ली आ पहुँचे और पढ़ाई के साथ-साथ यहाँ की कई नाट्यसंस्थाओं और निर्देशकों के साथ काम करने का मौक़ा मिला। अन्ततः 91 में राष्ट्रीय नाट्य विद्यालय में प्रवेश लिया और 94 में अभिनय में प्रशिक्षित होकर निकले। विद्यालय द्वारा प्रदत्त एक-वर्षीय फ़ेलोशिप योजना के अन्तर्गत एकल अभिनय परम्परा पर कार्य किया और हरिशंकर परसाई की सुप्रसिद्ध कहानी *हम बिहार में चुनाव लड़ रहे हैं* की मंचप्रस्तुति के साथ अपना खाता खोला। इस प्रस्तुति का दर्शकों ने इतना ज़ोरदार स्वागत किया कि वह आज तक लगातार इसके प्रदर्शन करते आ रहे हैं। बाद में विजय कुमार को चार्ल्स वालेस छात्रवृत्ति योजना के तहत लन्दन के सेंट्रल स्कूल ऑफ़ स्पीच और ड्रामा में *आवाज़ और रंगभाषण* में विशेष प्रशिक्षण प्राप्त करने का मौक़ा मिला। इसी बीच उन्होंने पुणे फ़िल्म इंस्टीट्यूट में छह महीने तक फ़िल्म अभिनय का भी एक पाठ्यक्रम पूरा किया। साथ ही संस्कृति मन्त्रालय द्वारा दी जानेवाली दो वर्षीय फ़ेलोशिप योजना का लाभ उठाते हुए कहानियों की मंच प्रस्तुति के सिलसिले में विशेष कार्य किया।

विजय कुमार के रंगानुभव में तरह-तरह के प्रयोग शामिल हैं। सबसे पहले तो आवाज़ और रंगभाषण को लेकर प्राध्यापक के तौर पर नेहरू सेंटर, खैरागढ़ विश्वविद्यालय और राष्ट्रीय नाट्य विद्यालय द्वारा बहुत से रंगशिविरों में हिस्सेदारी, बच्चों के साथ देशभर के स्कूलों और नाट्य मंडलियों के साथ अलग-अलग भाषाओं में किया गया रंगकर्म, और अन्त में अपनी संस्था *मंच* के माध्यम से पहले पटना और फिर मुम्बई में एक के बाद एक कई प्रस्तुतियाँ, जिनमें *राग दरबारी* और *ये आदमी ये चूहे* विशेष रूप से चर्चित रहीं। इसे संयोग ही कहा जाएगा कि दोनों प्रस्तुतियों ने अलग-अलग वर्षों में विद्यालय के भारत रंग महोत्सव में शिरकत की और अपनी विशेष पहचान रेखांकित की। ये दोनों प्रस्तुतियाँ आज भी उनकी संस्था द्वारा अलग-अलग शहरों में मंचित होती रहती हैं। संख्या की दृष्टि से भले ही विजय कुमार और उनकी संस्था *मंच* ने बहुत ज़्यादा काम नहीं किया, लेकिन इसके बावजूद उन्होंने दो-तीन काम ऐसे ज़रूर शुरू किए, जिनका उल्लेख किया जाना बेहद ज़रूरी है। एक तो पिछले वर्षों से पटना में नियमित रूप से *पावस नाट्य समारोह* का आयोजन, जिसमें अपनी संस्था के साथ-साथ कुछ स्थानीय और कुछ बाहर से आनेवाली नाट्यमंडलियों के प्रदर्शन आमन्त्रित किए जाते हैं। यह सारा आयोजन पटना के कालिदास रंगालय में बिना किसी सरकारी सहायता के स्वयं अपने और संस्था के अथक प्रयासों से ही सम्भव होता है। दूसरी कोशिश, जो उनके काम में अलग से दिखाई पड़ती है वह है उपन्यास अथवा नाटक के मूल आलेख के साथ-साथ हिन्दी कविता की चाशनी, जिसके कारण प्रस्तुति का आस्वाद एकदम से बदल जाता है। यद्यपि यह कोई नई चीज़ नहीं है लेकिन जिस तरह से यह एक अंग्रेज़ी नाटक के साथ घुल-मिलकर अपने खाँटीपन को बरक़रार रखते हुए आती है, तो उसका अनुभव बिलकुल दूसरा हो जाता है। दरअसल

विजय कुमार के रंगकर्म की ख़ासियत ही यही है कि मुम्बई और पटना जैसे शहरों में काम करते रहने के बावजूद उन्होंने अपने गाँव से, उसकी ज़मीन से, उसके गीत-संगीत से और उसके संस्कारों-व्यवहारों से गहरा सम्बन्ध बनाए रखा है। यहाँ एक बात और कही जा सकती है कि उनकी प्रस्तुतियों नें व्यक्ति से ज़्यादा समूह पर ज़ोर रहता है। इसीलिए मंच हर समय ज़िन्दगी से भरा-पूरा दिखाई देता है। वह न तो अतिरिक्त मंचीय तामझाम में उलझते हैं और न ही अब तक *बिदेसिया* के फ़ॉर्मूले में फँसे हैं लेकिन शायद यह अर्थ भी नहीं है कि उनकी प्रस्तुतियों में मंच एकदम ख़ाली रहता है। इसकी कोशिश शायद यही होती है कि प्रस्तुतियों को थोड़े-बहुत साज़ो-सामान के द्वारा इस हद तक मोबाइल बना लिया जाए कि जब चाहे कहीं भी सुविधापूर्वक यात्राएँ की जा सकें और इसमें उन्हें सफलता भी मिली है। ज़ाहिर है कि अभी विजय कुमार के काम में कोई अन्तिम शैली, स्वरूप अथवा दर्शन उभरकर नहीं आया है, और शायद यह एक तरह से अच्छा है क्योंकि उनका रंगकर्म किसी निश्चित फ़ॉर्म अथवा फ़ॉर्मूले से अलग हमेशा एक ताज़गी भरा अनुभव देता है।

आसिफ़ अली ख़ान और अजय कुमार राष्ट्रीय नाट्य विद्यालय में एक साथ दाख़िल हुए और सन् 2000 में अभिनय में प्रशिक्षित होकर बाहर निकले। दोनों ही पटना शहर से ताल्लुक रखते हैं लेकिन अलग-अलग संस्थाओं के साथ। आसिफ़ अली वहाँ इप्टा से जुड़े हुए थे तो अजय कुमार एक बाल अभिनेता के रूप में *सफ़रमैना* के साथ और बाद में कुछ समय तक भोपाल में *विदूषक* के साथ बंसी कौल के निर्देशन में काम करते रहे। राष्ट्रीय नाट्य विद्यालय से प्रशिक्षण के बाद दोनों ही यहाँ के रंगमंडल से अगले तीन सालों तक सम्बद्ध रहे। इन तीन सालों में रंगमंडल की विभिन्न प्रस्तुतियों में इन्होंने अलग-अलग रंग-रूप और शैली की महत्त्वपूर्ण भूमिकाएँ अभिनीत कीं। लेकिन अभिनय से ज़्यादा जिन दो अलग क्षेत्रों में इन दोनों युवा रंगकर्मियों का काम सामने आया उसकी चर्चा विशेष रूप से की जानी चाहिए। आसिफ़ अभिनय अथवा निर्देशन से ज़्यादा लेखन के माध्यम से चर्चित हुए और अभी हाल में संगीत नाटक अकादेमी के युवा नाट्यलेखन सम्मान से पुरस्कृत हुए। लेखन के क्षेत्र में उनका दो तरह का काम ध्यान खींचता है। एक तो विदेशी नाटकों अथवा उपन्यासों के नाट्यरूपान्तर जिनमें इब्सन के नाटक *पियर जिंट* का *गोपी गोप गोपंगम दास* के नाम से किया गया नाट्यरूपान्तर जिसे रंगमंडल ने प्रस्तुत किया था और दूसरा सर्वांतीस के उपन्यास *डॉन किग्जोट* का रूपान्तर जिसे राष्ट्रीय नाट्य विद्यालय के तृतीय वर्ष के छात्रों ने प्रस्तुत किया था। संयोग से दोनों ही प्रस्तुतियों का निर्देशन बंसी कौल ने किया था। इसके साथ-साथ जो दूसरी तरह का लेखन है वह इससे भी ज़्यादा महत्त्वपूर्ण है और वह है मौलिक नाट्य लेखन। इस दृष्टि से *काफ़्का* की ज़िन्दगी के अन्तिम कुछ समय पर आधारित उनके आलेख *काफ़्का : एक अध्याय* ने निश्चित रूप से एक युवा रचनाकार के रूप में उनकी निजी और विशिष्ट पहचान

बनाई। यह और भी अच्छी बात रही कि उस आलेख की उतनी ही सुन्दर और कल्पनाशील प्रस्तुति राष्ट्रीय नाट्य विद्यालय रंगमंडल के अभिनेताओं ने सुरेश शर्मा के निर्देशन में तैयार की। कहना होगा कि जिस तरह से आसिफ़ रंगकर्म के दूसरे पक्षों के साथ-साथ नाट्य लेखन को लेकर गम्भीर और क्रियाशील हैं, इसके और भी ज़्यादा ठोस परिणाम और उपलब्धियाँ आनेवाले दिनों में देखने को मिलेंगी।

और अन्त में अजय कुमार। सही है कि वह अभिनेता के रूप में ही सक्षम हैं और इसीलिए अपनी अलग-अलग भूमिकाओं के लिए चर्चित भी हुए हैं। लेकिन यहाँ हम उनके जिस काम की चर्चा करने जा रहे हैं, वह अभिनय की दुनिया से बिलकुल अलग है और वह है रंगमंच में कविताओं की वाचिक और दृश्यात्मक मंचप्रस्तुति। मेरे विचार में शायद वही अकेले ऐसे युवा रंगकर्मी हैं जो इस दिशा में नए-नए प्रयोगों के साथ सामने आ रहे हैं, जब वह 2003 तक रंगमंडल में कार्यरत थे तभी उन्होंने अपने इस काम के संकेत देने शुरू कर दिए थे। तब उन्होंने *वाचिक* शीर्षक से भारतेन्दु से लेकर आज की हिन्दी कविता तक का एक मंचीय कोलाज प्रस्तुत किया था। कभी गायन, कभी वाचन और कभी थोड़े-बहुत अभिनय के साथ एक स्वरूप देने की कोशिश की थी। तब से लेकर आज तक कभी किसी एक कवि की कविताओं को लेकर और कभी बहुत से कवियों को एक साथ जोड़कर वह एक नई रंगभाषा रचने की दिशा में प्रयोगशील रहे हैं। सबसे बड़ी बात यह भी है कि वह कविताओं की प्रस्तुतियों में स्वयं एक अभिनेता की हैसियत से शिरकत करते हैं और बहुत सी ज़िम्मेदारियाँ एक साथ निभाते हैं। चाहे वह सूत्रधार हो, कोई विशेष पात्र हो अथवा कोरस के रूप में हो। यह निःसंकोच कहा जा सकता है कि *कहानी का रंगमंच* के समानान्तर अजय ने *कविता का रंगमंच* रचने की शुरूआत की है। इसके अन्तर्गत उनकी योजना कुछ लम्बी कविताओं की मंच प्रस्तुति करने की है, जैसे कि निराला की *राम की शक्तिपूजा*। ज़ाहिर है कि एक लम्बी कविता की मंच प्रस्तुति उनके इस रंगकर्म की एक नई तस्वीर लेकर सामने आएगी।

स्पष्ट है कि युवा रंगकर्मियों की एक लम्बी कतार में ये तीनों रंगकर्मी अलग-अलग विशेषताओं के कारण निश्चय ही अपने रंगकर्म की तरफ़ ध्यान आकर्षित करने में सफल हुए हैं। आशा करनी चाहिए कि ये लोग इस निरन्तरता को बनाए रखेंगे।

रंगमंच और इन्स्टॉलेशन

भारतीय रंगमंच के आदिग्रन्थ *नाट्यशास्त्र* के पहले अध्याय के 48वें श्लोक में इस बात की चर्चा की गई है कि ऐसा कोई ज्ञान, ऐसा कोई शिल्प, ऐसी कोई विधा, ऐसा कोई योग (सम्मिश्रण) तथा ऐसा कोई कर्म नहीं है जो नाट्य में न हो। यह श्लोक स्वयं में ही इस बात का प्रमाण है कि हमारे यहाँ नाट्यकला को शुरू से ही एक ऐसी विधा माना गया है जिसमें संगीत, नृत्य, चित्रकला, मूर्तिकला और स्थापत्य जैसी सभी कलाओं का समागम समाहित है। यही कारण है कि नाट्यकला को लेकर एक दूसरा विवाद भी कहीं-न-कहीं उठाया जाता रहा है कि इस कला को एक शुद्ध कला माना जाए अथवा एक मिश्रित कला? यह अपने आप में एक अन्तर्विरोध जान पड़ता है कि जहाँ संगीत, नृत्य, चित्रकला, मूर्तिकला, स्थापत्य और यहाँ तक कि साहित्य जैसी विधाओं और माध्यमों की भी अपनी एक निजी, विशिष्ट और पूरी तरह से स्वतन्त्र प्रकृति है वहाँ नाटक और रंगमंच के विषय में ऐसा निश्चित मत नहीं दिया जा सकता।

इधर बीसवीं सदी में विकसित फ़िल्म, दूरदर्शन, वीडियो और कम्प्यूटर जैसे माध्यमों ने भी महज़ सौ-सवा सौ साल के अन्तराल में अपनी एक अलग भाषा और व्याकरण केवल विकसित ही नहीं किया है वरन् उसमें भी नित्य नए-नए प्रयासों के भीतर से गुज़रते हुए उस भाषा और व्याकरण को और आगे बढ़ाते जा रहे हैं। ऐसी स्थिति में इस सवाल अथवा जिज्ञासा का उठाया जाना बहुत ही स्वाभाविक जान पड़ता है कि अन्ततः रंगमंच के कौन से ऐसे तत्त्व गिनाए जा सकते हैं जिन्हें रंगमंच का नितान्त अपना हिस्सा कहा जा सके? कहानी की बात करें तो वह सभी कलाओं नें मौजूद है। परिवेश की बात करें तो वह भी सर्वत्र उपस्थित है। गीत, संगीत, प्रकाश, ध्वनि इत्यादि की बात करें तो ये चीज़ें भी कमोबेश हर माध्यम में अपने-अपने हिसाब से आवाज़ाही करती रहती हैं लेकिन फिर भी रंगमंच का कम-से-कम एक तत्त्व ऐसा है जो और किसी भी विधा में अनिवार्य नहीं है और इसी के रास्ते से हम रंगमंच को भी अपने आपमें पूरी तरह से स्वतन्त्र कला के रूप में स्थापित कर सकते हैं। वह तत्त्व है एक जीवन्त अभिनेता और प्रस्तुति के दौरान मंच पर लगातार उसकी जीवन्त उपस्थिति जो और किसी कला, विधा और माध्यम में कतई सम्भव नहीं है। वहाँ तो स्थिति यह हे कि पहले तो आदमी की जीवन्त उपस्थिति दिखाई ही नहीं देती। और

यदि संगीत या नृत्य में वह दीखती भी है तो भी अभिनेता के साथ उसकी कोई तुलना नहीं की जा सकती। कई बार तो हमें संगीत और नृत्य का रसास्वादन करने के लिए उस जीते-जागते आदमी की भी ज़रूरत नहीं पड़ती और फ़िल्म, रेडियो, दूरदर्शन फोटोग्राफी में तो उसका दूर-दूर तक कहीं कोई नामोनिशान नज़र नहीं आता। कहा भी जाता है कि रंगमंच से बाक़ी सारे तत्त्व हटा भी दिए जाएँ तो भी अभिनेता जैसा एक तत्त्व ऐसा है जिसके बिना रंगमंच की कोई कल्पना नहीं की जा सकती और उसी के कारण रंगमंच बाक़ी सारे माध्यमों को बहुत पीछे छोड़ देता है।

यदि रंगमंच में अभिनेता सबसे प्रमुख कारक तत्त्व है तो फिर उसे बाक़ी माध्यमों के सहारे की ज़रूरत क्यों पड़ती है? इसका दो-टूक जवाब यही है कि ये सही है कि दूसरी कलाएँ रंगमंच में हस्तक्षेप करती रहती हैं लेकिन एक बात निश्चित है कि उनका यह हस्तक्षेप रंगमंच की शर्तों पर निर्भर करता है न कि उनके अपने माध्यम की मूल प्रकृति पर। उदाहरण के लिए संगीत जब रंगमंच का हिस्सा बनता है तो वह संगीत न रहकर रंग-संगीत हो जाता है। यही बात नृत्य और चित्रकला के बारे में खुलकर कही जा सकती है। रंगमंच के इतिहास में आज तक कभी ऐसा नहीं हुआ कि किसी मंचप्रस्तुति में मात्र नृत्य और संगीत को रेखांकित किया गया हो और उसके अभिनय पक्ष पर कोई टिप्पणी न की गई हो। हमारा आशय केवल इतना है कि रंगमंच पर जब-जब दूसरी कलाएँ आती हैं तो उनका एक मोटा उद्देश्य अभिनेता की कला को आगे बढ़ाना होता है न कि उसके ऊपर हावी होकर मात्र अपनी पहचान को स्वतन्त्र रूप से प्रतिष्ठित करना।

नाट्यशास्त्र के ही पहले अध्याय के अनुसार जब समुद्र-मन्थन की घटना पर आधारित नाटक, *अमृत मन्थन* का मंचन भरतमुनि ने प्रस्तुत किया और उसे देखने के लिए ब्रह्मा, विष्णु, महेश समेत सभी देवताओं को आमन्त्रित किया तो उन्होंने प्रदर्शन के बाद प्रस्तुति की प्रशंसा तो की लेकिन साथ ही आग्रह किया कि इसमें कुछ ऐसे तत्त्व और डाले जाएँ जो दर्शकों को ज़्यादा-से-ज़्यादा लुभा सकें। ज़ाहिर है कि उनका आशय गीत, संगीत, नृत्य और रंग-बिरंगी वेशभूषा से था जिन्हें बाद में भरत ने अपनी दूसरी प्रस्तुति *त्रिपुरदाह* के मंचन में जोड़ा भी। इससे भी स्पष्ट है कि रंगमंच अपने प्राथमिक रूप में मात्र अभिनेता की कला के रूप में ही प्रतिष्ठित था। दूसरी कलाओं के तत्त्व तो उसमें बाद में जुड़ते चले गए और वे अभिनय और अभिनेता के प्रभाव को बढ़ाने के लिए ही रखे जाते थे। हम संस्कृत नाटकों, लोक नाटकों, पारसी नाटकों, यूनानी नाटकों, शेक्सपीयर के नाटकों, मौलियर के नाटकों के मंचन के लम्बे इतिहास पर नज़र डालें तो हमेशा अभिनेता ही नाटक का केन्द्र-बिन्दु रहा है। यहाँ तक कि इब्सन, चेख़व, स्ट्रिंगबर्ग जैसे यथार्थवादी नाटककारों और बैकेट, कामू, शात्र एल्बी, आयनेस्को, ज्यां जैने जैसे एब्सर्ड नाटककारों के नाटकों में भी रची गई नई रंगभाषा और संरचना ने पुनः अभिनेता को भी एक नए रूप में रेखांकित किया।

लेकिन इसी का एक दूसरा समानान्तर पक्ष भी सक्रिय था और वह इस रूप में कि पिछले लगभग दो सौ वर्षों में रंगमंच और दूसरी कलाओं में जिस यथार्थवाद ने बहुत ही ज़ोर-शोर से अपने आगमन की सूचना दी, उसने यदि एक तरफ़ अभिनेता को ही सम्बोधित और केन्द्र में रखने की ज़बर्दस्त कोशिश की, वहीं यह भी उतना ही सच है कि उसी के कारण धीरे-धीरे अभिनेता मौन होने लगा और दूसरे तत्त्व उस पर हावी होते चले गए। इस बात को इब्सन और चेख़व के नाटकों में समाहित काव्यात्मक यथार्थवाद और एमिल जोला द्वारा प्रतिपादित प्रकृत अथवा फ़ोटोग्राफ़िक यथार्थवाद के चित्रण से बखूबी समझा जा सकता है।

यूँ विकास क्रम की दृष्टि से इन्स्टॉलेशन का दख़ल रंगमंच से पहले चित्रकला के क्षेत्र में बीसवीं सदी के आख़िरी दौर में शुरू हुआ था। देखा जाए तो इसके संकेत भी म्यूरल कला में पाए जा सकते हैं जहाँ दीवारों, भित्तियों पर बनी पेंटिंग के साथ-साथ उसके कुछ हिस्से ठोस रूप और आकार में जैसे दीवार से बाहर निकलने को तैयार रहते थे। आज जिस रूप में चित्रकला में इन्स्टॉलेशन का दौर दिखाई दे रहा है वह उत्तर-आधुनिक युग की देन है। यही बात रंगमंच में इन्स्टॉलेशन को लेकर भी कही जा सकती है। इसकी शुरुआत के बीज भारतीय रंगमंच में स्वतन्त्रता आन्दोलन के दौरान इप्टा आन्दोलन के जन्म या क्रियाकलापों में देखे जा सकते हैं जब सारी विधाओं के कलाकार एक साथ आकर जुड़ें। ऐसी स्थिति में यह होना ही था कि अलग-अलग कला माध्यमों का एक दूसरे के ऊपर प्रभाव पड़े और वे एक दूसरे के क्षेत्र में खुलकर हस्तक्षेप भी करें। रंगमंच इसके लिए सर्वथा उपयुक्त माध्यम था और हमेशा से रहा था। जैसा कि हम शुरू में भी *नाट्यशास्त्र* के माध्यम से संकेत कर चुके हैं। इसका फिर एक ठोस उदाहरण मध्यकाल के रंगमंच से जोड़ा जा सकता है जब कलाओं के पुनर्जागरण काल में लियेनार्दो विंची जैसे चित्रकार और माइकेल एंजेलो जैसे मूर्तिकार रंगमंच के लिए भी अभिकल्पन कर रहे थे। बहुत बाद में यही काम पिकासो ने भी किया। नृत्य की दुनिया में पिछले सौ सालों में उदयशंकर, मार्था ग्राहम, शांतिवर्धन भी अपने माध्यम और रंगमंच व फ़िल्म को मिलाकर लगातार प्रयोग कर रहे थे। स्वयं रंगमंच के क्षेत्र में ही गॉर्डन क्रेग जैसे डिजाइनर-डायरेक्टर ने अपनी मंचसज्जा को इतनी प्रमुखता देनी शुरू कर दी कि वह रंगमंच की सीमा में होते हुए भी एक स्वतन्त्र कला का सा दर्जा प्राप्त करने लगी।

भारतीय रंगमंच विशेषतः हिन्दी रंगमंच में यह कोशिश पिछले बीस सालों में अनानिका हक्सर, अनुराधा कपूर, अभिलाष पिल्लै के साथ-साथ और बहुत से निर्देशकों के रंगकर्म में लगातार दिखाई पड़ रही है जिसके चलते फ़ोटोग्राफी, वीडियो, दूरदर्शन और चित्रकला की दुनिया से ठोस मूर्तियों और स्थापत्य जैसे तत्त्वों का खुलकर प्रयोग हो रहा है। इन सब तत्त्वों की रंगमंच में उपस्थिति के पीछे बहुत से तर्क दिए जा रहे हैं। पहला तो यही कि तमाम तरह की तकनीकी यान्त्रिकताओं से

जब हमारा दिन-प्रतिदिन का जीवन घिर चुका है तो फिर रंगमंच ही उससे अछूता क्यों रहे। जबकि वह सही मायनों में जीवन का प्रतिबिम्ब है। एक बात यह भी कही जा रही है कि जिस तरह से उत्तर-आधुनिकता की दौड़ में किसी सम्पूर्ण टेक्स्ट को भी इस हद तक टुकड़ों-टुकड़ों में बाँटकर विश्लेषित करने का दौर चल रहा है, उसी से मिलता-जुलता काम रंगमंच में भी किया जाना चाहिए ताकि किसी भी बिम्ब-प्रतिबिम्ब को टुकड़ों-टुकड़ों में विभाजित करके देखा जा सके। एक अन्तिम तर्क ऐसा भी सुनने नें आता है कि स्वयं मनुष्य ही एक सम्पूर्ण व्यक्ति न होकर खंडों-खंडों में बँटकर जटिल से जटिलतर होता गया है तो उसकी इन सारी छवियों को कैसे पकड़ा जाए? उसका एक विकल्प यही समझ में आता है कि रंगमंच पर एक साथ इतना कुछ बिखेर दो कि दर्शक किसी एक चीज़ पर अपना ध्यान केन्द्रित ही न कर पाए।

लेकिन ये सारी कोशिशें अभी अपने शुरुआती दौर में हैं। इसलिए इनके बारे में कोई अन्तिम निर्णय नहीं दिया जा सकता है। लेकिन जिस रूप में यह दौर आज हमारे सामने उपस्थित है उसके सबसे बड़े ख़तरे की सम्भावना से इनकार नहीं किया जा सकता और वह यह है कि अभिनेता इतना पीछे न छूट जाए कि वह प्रस्तुति में दिखाई ही न दे।

अभी तक इस दिशा में जितनी भी प्रस्तुतियाँ हुई हैं इन सबको देखने का अवसर मिला है। और मेरे प्रश्न अपनी जगह उसी तरह वर्तमान हैं कि आख़िर रंगमंच में इन्स्टॉलेशन की ज़रूरत क्या है? चित्रकला में तो फिर भी उसकी सार्थकता को कुछ हद तक जस्टीफाई किया जा सकता है क्योंकि चित्रकला एक स्थिर माध्यम है। उसमें जो बाहरी तत्त्व हस्तक्षेप करते हैं वे भी लगभग स्थिर हैं। लेकिन इसके विपरीत रंगमंच एक गतिशील माध्यम है और उसमें ऊपर से वीडियो, फ़िल्म, टेलीविज़न, कम्प्यूटर जैसे और ज़्यादा गतिशील माध्यमों को आरोपित करके क्या हासिल होनेवाला है? उल्टे प्रस्तुति को देखे जाने के दौरान दर्शक की आँख लगातार इधर से उधर भटकती रहती है और अन्ततः टीवी पर चलनेवाले एम-टीवी जैसे गीत-संगीत के कार्यक्रम से ज़्यादा उसे कोई अनुभव प्राप्त नहीं होता जहाँ क्षण-प्रतिक्षण स्थितिं और उन पर आधारित चित्र बदलते रहते हैं।

हाँ! एक दूसरे दृष्टिकोण से देखें तो रंगमंच में जिस तरह से एक नई रंगभाषा की तलाश की जा रही है उसमें इस दिशा में किए जानेवाले प्रयोगों की अपनी अहमियत है। लेकिन बुनियादी प्रश्न अपनी जगह बना रहता है कि यदि इन्स्टॉलेशन प्रस्तुति के अनिवार्य और अपरिहार्य तत्त्व के रूप में शिरकत करता है तो उसका हर तरह से स्वागत किया जाना चाहिए लेकिन यही प्रस्तुति देखने के बाद दर्शक केवल इन्स्टॉलेशन से जुड़ी चीज़ों पर ही बात करते रह जाएँगे तो समझना चाहिए कि प्रस्तुति में कहीं कोई गड़बड़ है। यदि इससे भी ज़्यादा इस तत्त्व की उपस्थिति मंच पर काम कर रहे जीवन्त तत्त्वों अर्थात् अभिनेता और अभिनेत्री पर ही पूरी तरह से हावी हो

जाए तो सचमुच में चिन्ता का विषय है। और, अधिकांश प्रस्तुतियों में यह ख़तरा अभी से दिखाई देने लगा है। शायद यही कारण है कि इस पर इतनी बहस भी हो रही है। इस बीच कुछ ऐसी प्रस्तुतियाँ भी आईं जिनमें मंच पर घटित कार्य व्यापार और वीडियो इन्स्टॉलेशन में अद्भुत सामंजस्य दिखाई पड़ा। उदाहरण के लिए सुरेश शर्मा की रंगमंडल के लिए की गई *काफ़्का : एक अध्याय* की प्रस्तुति जिसमें जितना भी हिस्सा वीडियो से सम्बद्ध है वह उस अस्पताल के बाहरी बरामदे में घटित होता है जहाँ उनकी एक मित्र भीतर मृत्यु-शय्या पर पड़े काफ़्का से मिलने की अनुमति माँग रही है। रंगमंच के अगले हिस्से में काफ़्का का पुराना आवास है जहाँ एक-एक करके उसके अतीत की घटनाएँ खुलती चली जाती हैं।

इस तरह से एक तरफ़ कहानी का जीवन्त तत्त्व और नेपथ्य में पर्दे पर घटित होता वीडियो तत्त्व एक दूसरे को बाधित किए बिना बहुत ही सहजता से आपस में घुल-मिल जाते हैं। लगभग इसी से मिलती-जुलती कोशिश दिनेश खन्ना की प्रस्तुति *लम्बे दिन की यात्रा में* भी दिखाई पड़ी। जहाँ पुनः वीडियो के माध्यम से घर के बाहर के समुद्र, उसके गर्जन और उसकी लहरों को मंच की खिड़की से बाहर लगे पर्दे पर पकड़ा गया और चार पात्रों के बीच घटती मानवीय सम्बन्धों की आन्तरिक काया को घर के भीतरी कक्ष में स्थापित किया गया। इसके विपरीत दिनेश खन्ना ने जब ऐसी ही कोशिश *तीन बहनें* में की तो वहाँ वह प्रस्तुति से अलग दिखाई पड़ती रही। शायद *तीन बहनें* जैसे आलेख में इस तत्त्व की ज़रूरत ही नहीं थी लेकिन निर्देशक बहुत कुछ एक साथ करने और कहने के चक्कर में उसे इस्तेमाल करने का लोभ संवरण नहीं कर पाए। ठीक ऐसी ही टिप्पणी संजय उपाध्याय की *मैंगोसिल,* अभिलाष पिल्लै की *ताजमहल* और अनुराधा कपूर की प्रस्तुति *साहिब बीबी और गुलाम* के बारे में की जा सकती है जहाँ वीडियो इन्स्टॉलेशन की उपस्थिति लगातार खलती रही।

फिर भी इन सारी कोशिशों पर कोई आखिरी फ़ैसला लिया जाना जल्दबाज़ी होगी। रंगमंच के जिस तरह के परिवर्तनशील दौर से हम लोग गुज़र रहे हैं उसमें तरह-तरह के प्रयोग किए जा रहे हैं। लोग स्वयं तय कर रहे हैं कि उन्हें क्या देखना है और क्या नहीं देखना है। अतः इतना तो कहा ही जा सकता है कि यदि सचमुच में वीडियो जैसे दौर को लुप्त हो जाना है तो उसके लिए अलग से हाय-तौबा मचाने की कोई ज़रूरत नहीं। और यदि गीत-संगीत की तरह उसे भी रंगमंच का एक ज़रूरी तत्त्व बनना है तो इसका निर्णय आने वाले वक़्त में की जानेवाली प्रस्तुतियों और उनके प्रभाव की ग्राह्यता पर छोड़ना होगा।

अच्छा नाटक न लिखे जाने के कारण

प्रायः एक शिकायत आम सुनाई पड़ती है कि हिन्दी में अच्छे नाटक नहीं लिखे जा रहे हैं। यूँ तो यह शिकायत ही अपने आप में निराधार है। चलिए, थोड़ी देर के लिए मान भी लिया जाए कि हिन्दी में अच्छे नाटकों की कमी है तो हम जानना चाहेंगे कि पिछले दस बरसों में दूसरी किस भाषा में कोई ऐसा नाटक आया है जिसे याद रखा जा सके। हाँ, आज तक यह किसी ने बताने की कोशिश नहीं की कि अच्छा नाटक क्यों नहीं लिखा जा रहा है?

मुझे सबसे बड़ा कारण तो यही समझ में आता है कि हिन्दी में ज़्यादातर नाटक कहानी और उपन्यास के मुहावरे में लिखे जाते हैं। उनमें पढ़े जाने का गुण तो मौजूद है लेकिन खेले जाने का नहीं। हमारा नाटककार नाटक को मात्र लिखता भर है, वह उसे देखता नहीं है। इसीलिए वह नाटक के रूप में भी विवरण होकर रह जाता है घटित होता अर्थात् दृश्य में बदलता दिखाई नहीं देता। इसका परिणाम यह होता है कि नाटक में एक कहानी का ढाँचा बरक़रार रहता है, वह कथानक में नहीं बदलता। हम प्रायः दोनों शब्दों को एक ही अर्थ में इस्तेमाल करने के आदी हैं, जबकि इनमें ज़मीन-आसमान का अन्तर है। जहाँ कहानी अपने शिल्प और संरचना में सम्पूर्णता की माँग करती है, वहीं कथानक चयन और संयोजन की अपेक्षा रखता है। वह एक निश्चित समयावधि में सम्पन्न होना चाहिए क्योंकि नाटक को एक ही बार में शुरू से लेकर आख़िर तक देखा जाना होता है।

यह तो हम सभी जानते हैं कि नाटक संवाद शैली में लिखा जाता है लेकिन उन संवादों का सबसे बड़ा गुण क्या होना चाहिए, हममें से ज़्यादातर लोग नहीं जानते। उदाहरण के लिए हम यहाँ एक ही संवाद को दो तरह से प्रस्तुत करते हैं—

पहला विकल्प—क्या बात है? बहुत बुझे-बुझे से लग रहे हो? नौकरी नहीं मिली?

दूसरा विकल्प—क्या बात है? बहुत बुझे-बुझे से लग रहे हो?

किसी से भी पूछें कि उपर्युक्त दोनों संवादों में से किसमें ज़्यादा अर्थछवियाँ, सम्भावनाएँ और व्याख्याएँ दिखाई पड़ती हैं तो वह निश्चित रूप से दूसरे विकल्प को चुनेगा। उत्तर बहुत स्पष्ट है—नाटक के संवाद में अभिधा की बजाय ज़्यादा से ज़्यादा लक्षणा और व्यंजना का समावेश होना चाहिए। कहने का तात्पर्य यही है कि जो बोला जा रहा है, उससे ज़्यादा वह ध्वनित होना चाहिए, जो नहीं बोला जा रहा है। ज़ाहिर है कि संवाद जितने संक्षिप्त होंगे, उतने ही सघन और सशक्त होंगे।

यह भी सही है कि नाटक के संवाद कुछ चरित्रों-पात्रों के माध्यम से आगे बढ़ते हैं लेकिन कैसे? यहाँ फिर उसी जटिलता, विरोधाभास, क्रिया-प्रतिक्रिया, स्वीकार-अस्वीकार की दरकार है जो नाटक को एक जीवन्त माध्यम होने के कारण शेष सारी साहित्यिक विधाओं से बिलकुल अलग कर देते हैं। कोई भी दो मनुष्य देखने में एक जैसे नहीं हैं तो फिर उनकी सोच, व्यवहार और प्रतिक्रिया भी अलग होगी। मुहावरा है कि बर्तन आसपास रखे हैं तो टकराएँगे ही और यही टकराहट नाटक में विचार के स्तर पर विवाद, तनाव, उत्सुकता और रहस्य को पैदा करेगी जो कथानक के विकास के लिए बेहद ज़रूरी है। यह अकारण नहीं है कि नाटक के इतिहास में नायक, प्रतिनायक अथवा पोर्तेगनिस्त और एतिंगनिस्त जैसे शब्द शुरू से ही मौजूद रहे हैं। क्या इस बात पर अतिरिक्त ज़ोर देना होगा कि जिस नाटक में उपर्युक्त तत्त्व जितने ज़्यादा होंगे, वह उतना ही अच्छा नाटक होगा।

लेकिन यदि शुरू से लेकर आख़िर तक नाटक में तनाव ही तनाव हो तो समझ लेना चाहिए कि कहीं कोई गड़बड़ है। अपनी रोज़मर्रा की ज़िन्दगी में भी लगातार एक क्रम के बाद थोड़ा 'ब्रेक' चाहिए। नाटक के व्याकरण में हम इसे कायिक रिलीफ कहते हैं। नाटक में विदूषक, फ़ूले, मसखरा शुरू से ही चले आ रहे हैं। इनका काम हँसाने से ज़्यादा तनाव के बाद का सुकून या अन्तराल प्रदान करना है। नाटक में आए मध्यान्तर को भी इसी दृष्टि से देखा जा सकता है।

और अन्त में नाटक को एक उपसंहार तक पहुँचना होता है। इसका अर्थ यह नहीं है कि नाटक में उठाई गई किसी समस्या का कोई हल प्रस्तुत करना होता है। दरअसल हल से ज़्यादा कथानक के सभी सूत्रों को समेटकर एक बिन्दु पर लाना होता है, फिर चाहे वह कोई समाधान हो या नहीं, इससे कोई फर्क नहीं पड़ता। देखा तो यहाँ तक गया है कि जो नाटक कोई समाधान प्रस्तुत कर देते हैं, वे ही प्रायः अपने अन्तिम प्रभाव में कमज़ोर साबित होते हैं।

हमारे रंग समीक्षक, नाटककार और स्वयं रंगकर्मी भी यह सवाल उठा सकते हैं कि ये सारी बातें तो हमें भी पहले से पता हैं, आप उसमें क्या इज़ाफ़ा कर रहे हैं? हमें यह स्वीकार करने में कोई संकोच नहीं है कि हम सभी को ये सारे पक्ष पहले से मालूम होंगे तो फिर यह शिकायत क्यों कि अच्छा नाटक क्यों नहीं लिखा जा रहा? ज़ाहिर है कि हमारा यह संवाद मुख्य रूप से उन नाटककारों को सम्बोधित है जो लगातार नाटक लिखते रहते हैं अथवा लिखना चाहते हैं। ऐसा नहीं है कि इससे पहले कहानीकारों, उपन्यासकारों और कवियों ने नाटक नहीं लिखे? क्या कारण है कि जितना हम मोहन राकेश, सुरेन्द्र वर्मा, भीष्म साहनी और असग़र वजाहत को उनके कहानी-उपन्यास के माध्यम से जानते हैं, उससे कहीं ज़्यादा आज वे नाटककार के रूप में प्रतिष्ठित हैं? यहाँ तक कि जयशंकर प्रसाद भी इसका अपवाद नहीं। यही बात हम 'अश्क' के बारे में उतने अधिकारपूर्वक नहीं कह सकते। वह आज भी मूलतः कहानीकार-उपन्यासकार ही माने जाते हैं।

यदि हमारा नाटककार इस दिशा में आत्मावलोकन और आत्मालोचन की थोड़ी सी पहल भी कर ले तो कोई कारण नहीं कि हिन्दी में अच्छा नाटक न लिखा जाए!

एक आदमी जिसका नाम विजय तेन्डुलकर था

जी हाँ! यों तो किसी भी आदमी का नाम विजय तेन्डुलकर हो सकता है लेकिन जिस विजय तेन्डुलकर की बात हम करने जा रहे हैं वह हम सबसे अलग था। इस सत्य को बेशक झुठलाया नहीं जा सकता कि वह आज हमारे बीच नहीं हैं लेकिन यह भी उतना ही सत्य है कि दैहिक रूप से अनुपस्थित होकर भी वह आज भी उतना ही हमारे साथ है जितना कि पहले था। जब से तेन्डुलकर को मैंने जाना, व्यक्तिगत रूप से मुश्किल से पाँच-पाँच मिनट की दो-तीन मुलाक़ातें उनके साथ हुई हों तो हुई हों लेकिन अपने सामने से गुज़रते सभी, संगोष्ठियों, साक्षात्कारों के बहाने से मैं लगातार उन्हें देखता रहा था। शायद ही आज तक मेरा किसी ऐसे रचनाकार से सामना हुआ हो जो बहुत कम बोलता हो और कई बार तो रिजीडिटी की हद तक कम बोलने या न बोलने पर आमादा हो और वह अपने लेखन में इतना उग्र और मुखर हो।

विजय तेन्डुलकर के मामले में पहले मेरा परिचय उनके नाटकों से हुआ और बहुत बाद में जाकर उनसे व्यक्तिगत रूप से मुलाक़ात हुई। मुझे 1970-71 का वह दिन आज भी याद है जब मैंने दिल्ली में दिशान्तर द्वारा त्रिवेणी कला संगम में खुले मंच पर उनके नाटक *शान्तता कोर्ट चालू आहे* का पहला हिन्दी मंचन देखा। कोर्ट रूम दृश्य में जब पेंडसे गीता की कसम लेते हुए कहता है कि मैं ऑक्सफोर्ड डिक्शनरी पर हाथ रखकर क़सम खाता हूँ और उसके साथ ही दर्शकों में जो ज़ोरदार ठहाका फूटा वह रंगमंच में बहुत ही ताज़ा, मौलिक और यादगार क्षण था। इसके बाद तो पिछले 40 सालों में विजय तेन्डुलकर नाम के आदमी से उनके लगभग हर नाटक के मंचन चाहे वह हिन्दी में हो या मराठी में और एक आध बार गुजराती में भी, मुलाक़ात होती रही है। सिर्फ़ नाटक ही क्यों, उनके द्वारा लिखी फ़िल्मों की अपनी अलग पहचान है। यह देखकर सोचने पर विवश होना पड़ता है कि जो व्यक्ति अपने व्यक्तिगत जीवन में इतना मितभाषी हो, वह अपने लेखन में उतने ही प्रतिरोधी स्वर में बोलेगा। यह स्वर भी आज का नहीं है। इसकी शुरुआत या इसके लक्षण 1948 में ही दिखाई पड़ने लगते हैं। तब तेन्डुलकर महज 20 वर्ष के थे और उन्होंने शायद अपनी पहली कहानी मराठी में लिखी और वह उन्हीं दिनों किसी पत्रिका में प्रकाशित भी हुई। कहा जाता है कि जिन लोगों ने उस कहानी को पढ़ा उन्होंने कहानीकार तेन्डुलकर को यह सुझाव

दिया कि कहानी में संवाद बहुत है और तुम्हें कहानी की बजाय नाटक लिखने की पहल करनी चाहिए। तब से विजय तेन्डुलकर ने जिस नाटक की दुनिया को जन्म देने, सजाने-सँवारने और कई बार बँधी-बँधाई परम्पराओं और परिस्थितियों को तोड़ने की शुरुआत की, जीवन के आखिरी क्षण तक वह लगातार उसी के लिए सक्रिय और संघर्षरत रहे।

मुझे नहीं लगता कि भारतीय रंगमंच में जितना असर तेन्डुलकर ने पैदा किया उतना किसी और नाटककार का रहा हो। इसके पीछे बहुत से कारण भी हैं, एक तो उन्होंने कभी भी अपने आपको लोकप्रिय युक्तियों और फ़ॉर्मूलों में नहीं बाँधा। उनके 30-40 नाटकों में मात्र *घासीराम कोतवाल* अकेला ऐसा नाटक है जिसनें उन्होंने मराठी लोकनाट्य, तमाशा अथवा गीत-संगीत का इस्तेमाल किया है। नहीं तो हर नाटक सीधे-सीधे हमारी आज की रोज़मर्रा की ज़िन्दगी से जुड़ा है, हमारी अपनी रोज़मर्रा की भाषा में बातचीत करता है और उनके कथ्य वैयक्तिक, पारिवारिक, सामाजिक और राजनीतिक सरोकारों से जुड़े हुए हैं। आज साहित्य और राजनीति में जिस स्त्री-विमर्श पर जोर-शोर से चर्चा हो रही है वह विजय तेन्डुलकर के यहाँ 1948 में लिखी पहली कहानी से लेकर उनके लगभग हर नाटक में मौजूद है। यह कहना कोई अतिशयोक्ति नहीं होगी कि विजय तेन्डुलकर स्त्री-विमर्श के सबसे बड़े नाटककार हैं।

दूसरी एक बात जो उनके बारे में निःसंकोच कही जा सकती है वह यह है कि समाज में किसी ग़लत बात का विरोध करने के लिए आपको किसी पार्टी विशेष या विचारधारा विशेष का दामन थामने की कोई ज़रूरत नहीं है। और यह बात सिर्फ़ उनके नाटकों या फ़िल्मों में ही नहीं, उनके अपने व्यक्तिगत जीवन और पत्रकारिता से जुड़े लेखन में भी साफ़ तौर से देखी जा सकती है। उन्हें, जब-जब, जो-जो ग़लत लगा, उसके बारे में उन्होंने खुलकर बात की या समाचार-पत्रों में लिखा। एक दृष्टि से वह साहित्य में अकेले ऐसे बुद्धिजीवी थे जो सिर्फ़ अपने लेखन में ही नहीं वरन् अपने जीवन में भी उस विरोध को दर्ज करने से कभी पीछे नहीं रहे। एक और बात जो उनके एक बहुत बड़े व्यक्ति और रचनाकार होने में बड़ी भूमिका अदा करती है, वह है उनके अपने व्यक्तिगत जीवन में एक के बाद एक त्रासदियों का घटित होते जाना। सबसे बड़ी बेटी का अपने पति से सम्बन्ध-विच्छेद और ड्रग्स की दुनिया में प्रवेश, मँझली बेटी की अकाल मृत्यु और बेटे की एक एक्सीडेंट में आकस्मिक मौत और अन्ततः पत्नी का एक लम्बी बीमारी के बाद देहावसान—एक के बाद एक त्रासदियों के चलते कोई भी व्यक्ति पूरी तरह से टूट सकता है। लेकिन शायद तेन्डुलकर के भीतरी विरोधी तेवर का ही सम्बल था जिसके कारण वह आख़िर तक इतने मज़बूत बने रहे। युवा पीढ़ी के लिए यह सहज स्वाभाविक है कि वह अपने सामने अपने से पहले वाली पीढ़ी को विदा होते देखती रहे। लेकिन अग्रज पीढ़ी अपने

परिवार की युवा पीढ़ी से अलग होती जाए इससे ज़्यादा बड़ी और क्या त्रासदी हो सकती है? इस त्रासदी की तुलना कालिदास और तुलसी के साहित्य में अजविलाप और दशरथ विलाप के रूप में और आग़ा हश्र काश्मीर के यहाँ रुस्तम विलाप के रूप से की जा सकती है। लेकिन मजाल है कि तेन्दुलकर ने इसकी छाया कहीं भी अपनी रचनाओं पर पड़ने दी हो। यह अलग बात है कि अंततः दूसरों को विदा देते-देते वह जॉन ऑस्बर्न के नाटक *लुकबैक इन एंगर* के नायक जिमी पोर्टर की तरह अकेले पड़ते चले गए।

उनके बारे में कहा जाता है कि वह शारीरिक हिंसा, स्त्री शोषण, दलितों पर अत्याचार, पुरुष-वर्चस्व, गाली-गलौज को अपने नाटकों में इस हद तक लानेवाले अकेले नाटककार हैं। अर्थात् एक तरह से पूरी तरह से उनके पात्र और चरित्र नकारात्मक सोच और व्यवहार से ग्रस्त हैं। लेकिन यदि उनकी रचनाओं में भीतर तक पैठकर गहराई से विचार किया जाए तो उनके बारे में पहले दिया गया बयान एक अर्द्धसत्य जान पड़ता है। जो संयोग से उनके द्वारा लिखी गई सबसे सशक्त फ़िल्म का शीर्षक भी है।

यदि हम गिलास को आधा खाली न मानकर आधा भरा हुआ देखने की शुरुआत करें तो घोर अनास्था, अविश्वास, संशय, कुंठा, सन्त्रास के बावजूद तेन्दुलकर के नाटकों में आशा की किरण दिखाई पड़ जाती है। चाहे वह *अंजी* का आखिरी संवाद हो अथवा *गिधाड़े* का जो घोर अँधेरे में बेशक झीनी सी धुँधली सी चमक के रूप में दीखते हैं अवश्य, लेकिन उनके अस्तित्त्व से हरगिज इनकार नहीं किया जा सकता।

विजय तेन्डुलकर का जाना

अचानक 19 मई, 2008 को सुबह-सुबह मोबाइल पर एक एस.एम.एस. मुम्बई से मिला—विजय तेन्डुलकर इज़ नो मोर। सहसा अपनी आँखों पर विश्वास नहीं हुआ क्योंकि जो शख़्स पिछले कई वर्षों में एक के बाद एक न जाने कितनी त्रासदियाँ झेल चुका हो और उसके बावजूद रचनात्मक क्षेत्र में डटा हुआ और जमा हुआ हो, उसका यूँ एक दिन चले जाना सचमुच में ऐसी घटना है जिसने भारतीय रंगमंच में एक बहुत बड़े शून्य को जन्म दे दिया है। सही है कि इधर वह स्वयं भी एक लम्बे अरसे से बीमार थे लेकिन इसके बारे में महाराष्ट्र के बाहर शायद ही बहुत ज़्यादा लोग जानते थे। हम इस बात का कभी अन्दाज़ा नहीं लगा सकते कि पहले अपनी बड़ी बेटी की ड्रग्स में उलझी ज़िन्दगी, मँझली बेटी की अकाल मृत्यु, उसके बाद पत्नी का देहान्त और अन्ततः एक दुर्घटना में बेटे की मौत—इतनी सारी त्रासदियों को झेलने के बाद भी यदि कोई व्यक्ति चुपचाप जीता चला जाता है तो निश्चय ही हमें उसके जुझारू व्यक्तित्व की दाद देनी होगी।

हाँ! सचमुच में एक जुझारू व्यक्तित्व के स्वामी थे विजय तेन्डुलकर। बेशक बोलने नें निहायत ही मृदुभाषी और आत्मलीन होने की हद तक हमेशा चुपचाप रहने वाले लेकिन विचारों और रचना के स्तर पर उतने ही तेज़-तर्रार और प्रखर। उन्होंने साबित कर दिखाया कि उनकी कथनी और करनी में कोई विरोध नहीं था। जब-जब जो कुछ भी उन्हें ग़लत लगा उन्होंने अपनी रचनाओं में तो उसे आक्रामक प्रहार का विषय बनाया ही, जीवन नें भी उस पर अपनी दोटूक और तीखी प्रतिक्रिया देने से कभी नहीं चूके। हम लोगों में प्रायः सभी अपनी राजनीतिक विचारधारा के वशीभूत होकर ग़लत को सही और सही को ग़लत ठहराते रहते हैं, लेकिन तेन्डुलकर ऐसे व्यवित और रचनाकार थे कि उन्होंने कभी भी ग़लत को ग़लत कहने के लिए अपनी राजनीतिक विचारधारा (यदि कोई थी) को आड़े नहीं आने दिया। शायद ऐसा साहस अथवा दुस्साहस तेन्डुलकर ही कर सकते थे। इसके लिए उनकी पत्रकारवाली भूमिका को श्रेय दिया जाए अथवा रचनाकारवाली भूमिका को, ये कहना बहुत मुश्किल होगा।

इसे एक संयोग ही कहा जाना चाहिए कि छठे दशक के अन्त अथवा सातवें दशक के शुरू में देश की चारों दिशाओं से एक साथ चार नाटककारों का उद्भव

हुआ जो अलग-अलग भाषाओं में लिख रहे थे लेकिन फिर भी कई बातों में एक दूसरे से मिलते-जुलते थे। उत्तर भारत से मोहन राकेश, दक्षिण से गिरीश कारनाड, पूरब से बादल सरकार और पश्चिम से विजय तेन्डुलकर। सबसे बड़ी समानता यह कि चारों भारतीय रंगमंच में आधुनिक और नए रंगमंच के नए प्रयोगशील नाट्य लेखन और रंगमंच के जन्मदाता। चारों सिर्फ़ लेखन से ही नहीं वरन् उसके प्रस्तुति पक्ष से भी बहुत गहरे जुड़े हुए। यदि मोहन राकेश *अनामिका* और *दिशान्तर* जैसी नाट्यमंडलियों से सम्बद्ध थे तो गिरीश कारनाड *मद्रास प्लेयर्स* के साथ और स्वयं अभिनय भी करते थे। बादल सरकार की अपनी *शताब्दी* नाट्यमंडली थी जिसमें वह लेखन, अभिनय और निर्देशन सभी कुछ सँभालते थे और आज भी सँभालते हैं तो विजय तेन्डुलकर की शुरुआत एक नाटककार के रूप में मुम्बई की नाट्यमंडली *रंगायन* के साथ हुई। यह वह समय था जब आज़ादी के बाद लगभग सभी कला माध्यमों और साहित्य में एक नए युग की दस्तक सुनाई पड़ी थी। मानो दो सौ वर्षों की गुलामी के बाद मिली आज़ादी ज़िन्दगी के हर क्षेत्र में किसी नए की खोज और स्थापना के लिए लालायित थी। कहानी में नई कहानी, कविता में नई कविता, चित्रकला में प्रोग्रेसिव मूवमेंट तो फिर नाटक और रंगमंच की दुनिया कैसे अछूती रहती। कहना चाहिए कि इसकी पहल तो आज़ादी से पहले ही इप्टा के माध्यम से हो चुकी थी।

सबके समान होते हुए भी विजय तेन्डुलकर शायद सबसे अलग नाटककार थे। जहाँ दूसरे नाटककार वक़्त के साथ-साथ अपने नाटकीय मुहावरे में परिवर्तन करते चले गए वहाँ विजय तेन्डुलकर ने जो रास्ता शुरू में ही पकड़ लिया था, अन्त तक उसी पर डटे रहे। अर्थात् बाहर से लगभग परिपाटीबद्ध यथार्थवादी से दिखनेवाले ढाँचे के भीतर लगातार एक के बाद एक कभी अकेले व्यक्ति, कभी निम्न मध्यवर्गीय अथवा मध्यवर्गीय परिवार, कभी सामाजिक और राजनीतिक व्यवस्था की निर्ममता से, तिल मिलाकर रख देनेवाली चीड़-फाड़। इसके लिए उन्हें जिस हद तक भी बोल्ड होना पड़ा हो, वह कभी पीछे नहीं हटे। साहित्य में मंटो और इस्मत चुगताई की रचनाओं पर शायद इतने मुकदमेबाज़ी नहीं हुई होगी जितने अश्लीलता के आरोप, नाटकों के प्रदर्शन पर प्रतिबन्ध और उन पर मुकदमे विजय तेन्डुलकर के साथ घटित हुए। यही कारण है कि उनके नाटक आज भी उतने ही सार्थक और समसामयिक हैं जितने कि वे तब थे जब लिखे और मंचित किए गए थे। यहाँ उनके नाटकों के नाम और उनमें उठाए गए कथ्यों का विवेचन और विश्लेषण करना अभीष्ट नहीं होगा, मात्र इतना संकेत कर देना पर्याप्त है कि जिस नारी और दलित-विमर्श जैसे मुद्दों की आज साहित्य में धूम मची हुई है, उनकी शुरुआत विजय तेन्डुलकर ने अपनी एक मात्र कहानी *हमसे तुमसे प्यार करेगा कौन* के रूप में 1948 में ही कर दी थी जो बाद में उनके सभी नाटकों में लगातार उभरकर सामने आती रही।

विजय तेन्डुलकर अपने समकालीन रचनाकारों में इसलिए भी अलग से दिखाई पड़ते हैं कि मात्र *घासीराम कोतवाल* को छोड़कर वह कभी भी गीत, संगीत, नृत्य से जुड़ी लोक शैली के मोह में नहीं पड़े। उनके नाटक पूरी तरह से रोज़मर्रा की भाषा, रोज़मर्रा की ज़िन्दगी और रोज़मर्रा के यथार्थ को प्रस्तुत करते हैं। अपने तमाम नंगेपन और विद्रूपताओं के साथ, और कभी भी दोहराव अथवा बासीपन का शिकार नहीं होते। मोहन राकेश के पास औरत और आदमी बस एक ही थीम है, बादल सरकार के पास शुरू में बेशक काफ़ी विविधता थी, जब से उन्होंने एक फार्म को चुन लिया तो उनके लिए कथ्य से ज़्यादा वह फॉर्म ही महत्त्वपूर्ण होता चला गया। गिरीश कारनाड हमेशा नए और पुराने के बीच झूलते रहे हैं लेकिन तेन्डुलकर ज़िन्दगी भर एक ही पगडंडी पर चलते रहे।

मेरे विजय तेन्डुलकर से कभी भी व्यक्तिगत सम्बन्ध नहीं रहे। जो भी मिलना-जुलना हुआ वह राष्ट्रीय नाट्य विद्यालय के ही कारण होता रहा। एक-दो बार आपसी बातचीत के मौके आए भी तो मैंने पाया कि वह बहुत मितभाषी हैं। लेकिन अपने लेखन में वह पूरी तरह से एक विरोधी प्रतिबिम्ब प्रस्तुत करते हैं। और, यही गुण विजय तेन्डुलकर को विजय तेन्डुलकर बनाता है। मुझे याद है कि ब. व. कारन्त की मृत्यु पर *टाइम्स ऑफ इंडिया* के किसी अंक में उन्होंने जो पीस लिखा था वह कारन्त के बारे में लिखे गए लेखों में सबसे अद्‌भुत था। उसकी अन्तिम पंक्तियाँ कुछ इस प्रकार थीं–"कारन्त हमेशा कहते रहे कि एक यायावर-सी ज़िन्दगी जीते हुए वह रंगमंच में एक मूवमेंट खड़ा करना चाहते थे।" अब कारन्त ने मूवमेंट खड़ा किया हो अथवा नहीं बिना यायावर हुए विजय तेन्डुलकर ने भारतीय रंगमंच में जो कुछ कर दिखाया, वह निश्चय ही मूवमेंट से कम नहीं।

हबीब तनवीर के साथ काम करते हुए

सन् 1970 की गरमियों की छुट्टियाँ थीं। राष्ट्रीय नाट्य विद्यालय में मेरा पहला साल पूरा हो गया था। उन्हीं दिनों पता चला कि भारत सरकार के गीत एवं नाटक प्रभाग ने हबीब तनवीर को अपनी एक पुरानी नाट्यप्रस्तुति *आगरा बाज़ार* को देश के अलग-अलग शहरों में करने के लिए 20 प्रायोजित प्रदर्शन दिए हैं। हबीब साहब ने इस नाटक को सबसे पहले 1954 में किया था। इस बीच बहुत से पुराने कलाकार छोड़कर जा चुके थे। उन्हें इन ताज़ा प्रदर्शनों के लिए बहुत से लोगों की ज़रूरत थी। बस फिर क्या था छुट्टियाँ थीं ही, विद्यालय से हम पाँच-छह लोग उनके पास पहुँच गए और हमारा चयन भी हो गया। जहाँ तक मुझे याद है, वामदेव प्रसाद सिन्हा, महेशचन्द्र, विद्यालय में मेरे सहपाठी प्रसन्न कुमार महन्ती और राजेन्द्र गुप्ता इसमें शामिल थे। मैं तो था ही। प्रदर्शनों के शहर थे दिल्ली, श्रीनगर, चंडीगढ़, लखनऊ, बनारस और कानपुर।

पूर्वाभ्यास जामिया मिल्लिया इस्लामिया के किसी हिस्से में चलता था। हम सब लोग शाम के छह-सात बजे तक वहाँ इकट्ठे हो जाते थे लेकिन हबीब साहब कभी भी रात के दस बजे से पहले वहाँ नहीं पहुँचे और उसके बाद शुरू होता था देर रात तक चलनेवाला रिहर्सल का सिलसिला। कभी रात को दो बजे कभी तीन बजे और कभी शायद अलस्बाह वहाँ से छुट्टी पाते लेकिन एक बात ज़रूर थी कि हबीब साहब अपने व्यवस्थापक के माध्यम से लौटने का पूरा इन्तजाम करते थे और एक ही दिशा में रहनेवाले पाँच-छह लोग टैक्सी से अपने घरों को पहुँच जाते थे।

हबीब साहब के काम करने का ढंग अद्भुत था—बहुत ही शान्त। हँसते-गाते कभी सिगार, कभी चाय पीते उनका पूर्वाभ्यास चलता रहता। काफ़ी लोग तो उस पुरानी प्रस्तुति के अब भी मौजूद थे इसलिए उन्हें कुछ ज़्यादा बताने की ज़रूरत नहीं पड़ती थी। हाँ, हम जैसे नए लोगों के साथ हबीब साहब को ज़रूर कुछ मेहनत करनी पड़ती, लेकिन बहुत ज़्यादा नहीं। वह ख़ुद भी नाटक में पतंगवाले की भूमिका कर रहे थे। नाटक की ज़्यादातर धुनें और संगीत भी वही पहली प्रस्तुतिवाला था, यहाँ तक कि *आगरा बाज़ार* के दो प्रमुख सूत्रधार गायक भी पुराने भटिंडा से आए हुए दो लोग थे।

बहरहाल नाटक दोबारा तैयार हो गया और दिल्ली में पाँच प्रदर्शनों के बाद हम लोग यात्रा के पहले दौर के लिए निकल पड़े जिसमें श्रीनगर में तीन और चंडीगढ़ में तीन प्रदर्शन किए। उन दिनों हम लोगों को दस रुपया रोज खाने के लिए दैनिक भत्ता मिलता था और जिस दिन प्रदर्शन होता उसके लिए अलग से 15 रुपए मिलते थे। पहले दौर की समाप्ति पर कुछ दिनों के बाद लखनऊ, बनारस और कानपुर के लिए निकलना था। हबीब साहब ने इस दौरे के लिए एयरफ्रांस की एक डीलक्स बस को किराए पर ले लिया था और हमारी पूरी नाट्यमंडली ने उसी के माध्यम से तीनों शहरों की यात्रा की और लौटते हुए इलाहाबाद में संगम पर स्नान किया। हर दृष्टि से बहुत ही ख़ुशनुमा वातावरण। हमेशा गाते-बजाते मौज-मस्ती के साथ कभी-कभार आपसी झगड़े और नोक-झोंक भी! नगीन जो उस वक़्त छह बरस की थी, मदारी बाबा लालूराम के साथ रीछ के बच्चे का पार्ट करती थी। उनकी पत्नी मोनिका मिश्रा मुजरेवाली की माँ का रोल अदा करती थी और हबीब साहब तो इस पूरे आयोजन के सर्वेसर्वा थे ही।

मुझे नहीं लगता कि ऐसी मौज़-मस्ती से काम करनेवाला निर्देशक कोई दूसरा मिलेगा। पूरी दुनिया का रंगमंचीय अनुभव लेने के बाद भी पूरी तरह से अपनी ज़मीन के गीत-संगीत, आचार-व्यवहार और संस्कारों से जुड़े हुए और इस तरह से आधुनिकता और परम्परा का बेमिसाल सम्मिश्रण जैसा उनके यहाँ था, वैसा और कहीं नहीं किया। हबीब साहब ने *आगरा बाज़ार, मिट्टी की गाड़ी* और अन्ततः *चरणदास चोर* के माध्यम से भारतीय रंगमंच की जो तस्वीर तैयार की है उसे सदियों तक याद किया जाता रहेगा। अन्त में दोहराव का ख़तरा उठाते हुए भी मैं हबीब तनवीर के एक संस्मरण का ज़िक्र अवश्य करूँगा। जिस मौज़मस्ती और हँसमुख स्वभाव की चर्चा मैंने की थी, उसी से जुड़ा है यह प्रसंग। 1971-72 में उन्होंने दिल्ली के आईफेक्स हॉल में *उत्तररामचरित* का मंचन किया था जिसमें राम, लक्ष्मण को वे दाढ़ी-मूँछ में मंच पर ले आए थे। जब दर्शकों ने उनसे इसके बारे में जानना चाहा तो उनका दोटूक जवाब था—ज़ाहिर है, चौदह बरस तक जंगल में भटक रहे थे। दाढ़ी-मूँछ काटने की सुविधा और अवकाश कहाँ था उनके पास। अयोध्या लौटे तो ये धोबी प्रसंग शुरू हो गया। दर्शकों ने तो ठहाका लगाया ही, हबीब साहब भी एक शरारती लहजे में मन्द-मन्द मुस्करा दिए। ऐसा गज़ब का था उनका सेन्स ऑफ ह्यूमर जिसके चलते वह हर तनाव भरे क्षण को बहुत हल्का बना डालते थे।

जयदेव हट्टंगड़ी की याद में

कुछ दिनों पहले सुबह-सुबह सन्देश मिला—*जयदेव नहीं रहे*। सहसा विश्वास नहीं हुआ। यह सूचना तो थी कि वह अस्वस्थ हैं लेकिन कैंसर जैसा रोग इतनी बढ़ी हुई स्थिति में था, मुझे इसके बारे में बिलकुल पता नहीं था। यह तो अब जाना कि बहुत दिनों से वह कीमियोग्राफ़ी के बल पर चल रहे थे। अब जबकि वह नहीं हैं मैं उनके बारे में बहुत-कुछ याद कर सकता हूँ।

जयदेव से मैं पहली बार 1971 में मिला। तब मैं राष्ट्रीय नाट्य विद्यालय में अन्तिम वर्ष का छात्र था और उसने पहले साल में प्रवेश लिया था। हम लोग अपनी कक्षा में कुल जमा छह लोग थे। जयदेव की कक्षा में आठ और दूसरे साल में बारह—इस तरह से टोटल छात्रों की संख्या छब्बीस थी। आज तो यह संख्या साठ रहती है और एक वक़्त ऐसा भी था कि लगभग तिरासी-चौरासी छात्र एक साथ थे।

जयदेव मुम्बई से आया था और वह भी मराठी रंगमंच से। अतः अपने साथ रंगमंच की एक ठोस पृष्ठभूमि लेकर आया था। इसके साथ-साथ सत्यदेव दुबे के साथ किए गए हिन्दी रंगमंच और इंडियन नेशनल थिएटर के गुजराती रंगमंच के अनुभव भी उसके साथ थे। यानी हर तरह से एक मुकम्मल रंग व्यक्तित्व! ज़ाहिर है कि ये सब उसके हाव-भाव से झलकता भी था। दिल्ली के मुक़ाबले मुम्बई जैसे महानगर से आने की ऐंठ भी अपनी जगह थी। हर वक़्त अपनी मूँछों पर ताव देते रहना, और ज़्यादा से ज़्यादा अंग्रेज़ी का इस्तेमाल—जयदेव के बड़बोले स्वभाव के चिर-परिचित पहलू थे, जो उस वक़्त तो उसके साथ थे ही, ज़िन्दगी के आख़िरी क्षणों तक वह इनसे अलग नहीं हो पाया। हम लोगों को प्रायः उसके इस रूप से कोफ़्त होती थी और हम गाहे-बगाहे उसका मज़ाक भी उड़ाया करते थे। लेकिन इसका उसके ऊपर कभी कोई असर नहीं पड़ा, उल्टे उसका तर्क होता था, कि शौकिया रंगकर्मियों के ऊपर रौब झाड़ने के लिए यह दिखावा बहुत ज़रूरी है। इतना ही नहीं, दुबे के प्रभाव में जयदेव शुरू-शुरू में अलकाज़ी की कार्यपद्धति को कभी स्वीकार नहीं कर पाया और उसे इसमें काफ़ी वक़्त लगा।

जयदेव की कक्षा में आज की चर्चित रंगमंच और फ़िल्म अभिनेत्री रोहिणी ओक (अब हट्टंगड़ी) उसकी सहपाठी थी। प्रशिक्षण के दौरान ही उनमें अन्तरंग दोस्ती हो

गई, और प्रशिक्षण के तुरन्त बाद दोनों परिणय-सूत्र में बँध गए। रोहिणी शुरू से ही एक प्रतिभाशाली अभिनेत्री थी और बाद में तो अभिनय जगत की ऊँचाइयों तक पहुँची। रिचर्ड एटनबरो की *गांधी* फ़िल्म में कस्तूरबा की उसकी भूमिका बेहद चर्चा में रही, जिसके लिए उसे न जाने कितने राष्ट्रीय और अन्तर्राष्ट्रीय पुरस्कार-सम्मान प्राप्त हुए।

जयदेव ने विद्यालय में निर्देशन में विशेषज्ञता प्राप्त की और दोनों यहाँ से अपने प्रदेश महाराष्ट्र को लौट गए। जो लोग भी महाराष्ट्र के रंगमंच से थोड़ा-बहुत परिचित हैं, उन्हें मालूम है कि वहाँ अपने आपको अभिनेता या निर्देशक के तौर पर स्थापित करने का रास्ता हर साल होनेवाली राज्यस्तरीय नाट्य-प्रतियोगिताओं से होकर जाता है। 1974 में जयदेव और रोहिणी वापस तो लौटे ही, और ठीक एक बरस बाद 1975 में अपनी पहली प्रस्तुति के साथ मराठी के व्यावसायिक रंगमंच के समानान्तर अपनी प्रयोगशील नाट्यप्रस्तुति के साथ नाट्य-प्रतियोगिता में हिस्सा लेने आए। प्रस्तुति स्पेन के विश्वप्रसिद्ध नाटककार लोर्का के नाटक *यरमा* के *चांगुणा* नाम से भारतीय रूपान्तर पर आधारित थी, जिसे जयदेव ने निर्देशित किया था और रोहिणी ने मुख्य नारी पात्र की भूमिका अभिनीत की थी। अब तो यह जगज़ाहिर है कि उस साल की प्रतियोगिता के सारे पुरस्कार इस प्रस्तुति को प्राप्त हुए, जिसमें जयदेव को मिला सर्वश्रेष्ठ निर्देशक और रोहिणी को सर्वश्रेष्ठ अभिनेत्री का पुरस्कार भी शामिल था। इसके बाद दोनों ने कभी पीछे मुड़कर नहीं देखा, और लगातार एक के बाद एक प्रस्तुतियों के माध्यम से हमेशा चर्चा में रहे। बाद में रोहिणी तो फ़िल्मों में भी गईं लेकिन जयदेव ने रंगमंच को कभी नहीं छोड़ा। कई बार ऐसा भी हुआ कि फ़िल्मों में मिली सफलता, पुरस्कारों और सम्मानों के कारण रोहिणी को ज़्यादा तरज़ीह दी गई, और जयदेव काफ़ी डिप्रेशन के दौर से भी गुज़रा लेकिन इसके बावजूद दोनों ने अच्छे-बुरे वक़्त में एक-दूसरे का साथ बखूबी निभाया।

जयदेव के बारे में सबसे बड़ा ट्रिब्यूट यही दिया जा सकता है कि बेशक वह फ़िल्मों की तरफ़ कभी नहीं गया या उसे वहाँ चाहकर भी काम नहीं मिला, लेकिन जीवन के अन्तिम क्षणों तक वह रंगमंच में सक्रिय रहा। सही है कि उसकी सारी प्रस्तुतियों की वैसी चर्चा नहीं हुई जैसी पहली की लेकिन इस रिस्पांस ने उसे कभी निराश नहीं किया। शायद अपनी पहली प्रस्तुति से ही जयदेव ने अपने लिए इतने ऊँचे मानक एवं प्रतिमान स्थापित कर लिये थे जिन्हें वह बाद में कभी लाँघ नहीं पाया। कुछ-कुछ चन्द्रधर शर्मा गुलेरी की *उसने कहा था* जैसा उदाहरण या आज हरिप्रकाश की कहानी *वापसी* से मिलता-जुलता। लेकिन ऐसा नहीं है कि जयदेव का आकलन मात्र मराठी रंगमंच के परिप्रेक्ष्य में ही किया जाना चाहिए। वह शायद पहला निर्देशक था जिसे श्रीराम सेंटर रेपर्टरी कम्पनी की स्थापना के पहले साल में ही एक प्रस्तुति निर्देशित करने के लिए आमन्त्रित किया गया, और उसने बादल सरकार के

लोकप्रिय नाटक *बल्लभपुर की रूपकथा* की एक अत्यन्त ही सफल और कल्पनाशील प्रस्तुति की। जब रतन थियम राष्ट्रीय नाट्य विद्यालय में निदेशक थे तो उन्होंने जयदेव को छात्रों के साथ एक प्रस्तुति करने के लिए आमन्त्रित किया, और जयदेव ने गुजरात की लोकनाट्य शैली *भवई* के कुछ तत्त्वों का इस्तेमाल करते हुए *पाँच चोरों का वेश* मंचित किया जिसे विद्यालय के खुले रंगमंच मेघदूत में किया गया था। ब. व. कारन्त के निर्देशन में जब भोपाल रंगमंडल की भारत भवन में शुरुआत हुई तो उसके अभिनेताओं के साथ भी जयदेव को काम करने का अवसर मिला, और उसने वहाँ उत्पल दत्त के नाटक *सूर्य के पिल्ले* को खेला। बेशक वह लगातार और ज़्यादातर मराठी और महाराष्ट्र में ही सक्रिय था, लेकिन दिल्ली में आयोजित भारत रंग महोत्सव के माध्यम से उसकी प्रस्तुतियाँ यहाँ देखने को मिलती रहीं। लोर्का के ही *हाउस ऑफ बर्नाडा अल्बा* का मराठी रूपान्तर, बंगाली नाटक *अपरिचिता* का हिन्दी रूपान्तर और बादल सरकार के *एवं इन्द्रजित* की *एंड इन्द्रजित* नाम से एक नई प्रस्तुति लेकर भारत रंग महोत्सव में उसने शिरकत की थी। यह बड़ी बात है कि जिस एक साल उसकी किसी प्रस्तुति को रंग महोत्सव में नहीं बुलाया गया था, वह सिर्फ़ पूरा महोत्सव देखने के लिए अपने ख़र्चे पर मुम्बई से दिल्ली आया और पूरे पन्द्रह दिन यहाँ रुककर ज़्यादा से ज़्यादा नाटक देखे।

मैं तो यहाँ तक कहना चाहूँगा कि एक निर्देशक से भी ज़्यादा उसने अपनी पहचान रंगमंच के एक सफ़ल प्राध्यापक के रूप में मुम्बई और महाराष्ट्र-गुजरात-गोवा के नाट्य विद्यालय और रंगशिबिरों में किए गए काम और प्रशिक्षण से बनाई। जब मैं विद्यालय का निदेशक था तो जयदेव ने महाराष्ट्र के अलग-अलग शहरों में जाकर सघन नाट्य शिविर आयोजित किए, जहाँ संकाय के आने-जाने एवं फ़ीस के रूप में विद्यालय का भी नियमित सहयोग रहा।

मुम्बई की नाट्यमंडली *आविष्कार* के साथ जयदेव के गहरे रिश्तों के उल्लेख के बिना यह लेख अधूरा रह जाएगा। वह *आविष्कार* के संस्थापक सदस्यों में से था और अन्त तक उसके प्रशिक्षण विभाग का प्रभारी बना रहा। रंगमंच में प्रशिक्षण का क्या और कितना महत्त्व है, इस सच्चाई को जानने और लगातार उसके लिए प्रयत्न करते रहनेवाला जीवट से भरा हुआ रंगकर्मी था जयदेव। रंग प्रशिक्षण का *मोबाइल विद्यालय* भी यदि उसे कहा जाए तो कोई अतिशयोक्ति नहीं होगी।

मनोहर श्याम जोशी का जाना

कभी-कभी अजीब संयोग घट जाते हैं। जिस सुबह जोशीजी गए, उससे पहले की शाम एक बहुत बड़ा समूह इंडिया इंटरनेशनल सेंटर के एनैक्सी वाले हिस्से में एकत्रित था। अवसर था प्रयाग शुक्ल द्वारा तैयार ग्वालियर में लगी स्थापत्य कला प्रदर्शनी पर स्मारिका पुस्तिका का लोकार्पण। कौन नहीं था वहाँ—चित्रकार, कवि, कहानीकार, रंगकर्मी, सभी विधाओं के लोग, एक बड़ी संख्या में। लोकार्पण के बाद सब लोग अपने-अपने ढंग से चाय-पान, रसरंजन से इस घटना को सेलिब्रेट करते हुए। शायद किसी को इस बात की सूचना नहीं थी कि उस वक़्त जोशीजी दिल्ली के किसी अस्पताल में आई.सी.यू. में भर्ती हैं अपनी साँस की तकलीफ़ के कारण। हालाँकि इस तकलीफ़ की शिकायत भी वह कई दिन से कर रहे थे। इसके बावजूद वह इस बीच हर फंक्शन में मौजूद थे। होली से एक दिन पहले वाणी प्रकाशन द्वारा आयोजित दरियागंजवाले ऑफ़िस में या स्वयं उनके अपने निवास पर या आई.आई.सी. में अशोक वाजपेयी के कविता पाठ में।

उस शाम विष्णु नागर, अजित राय और मैं लगभग आधा घंटा एक साथ थे और हमारी बातचीत का एकमात्र विषय था—जोशीजी का लेखन, उनके मज़ाक, उनका व्यक्तित्व, उनके संस्मरण, उनके द्वारा लिये गए या दिए गये साक्षात्कार। दूसरे दिन सुबह मैं एक सेमिनार में मुम्बई चला गया और वहीं मुझे दोपहर में उनके चले जाने की सूचना मिली। बाद में पता चला कि जो लोग दिल्ली में थे, उन्हें भी बहुत बाद में जाकर पता चला कि जोशीजी सुबह सात बजे के आसपास छह चालीस पर हमसे दूर जा चुके थे।

मेरा पहला परिचय जोशीजी से उनकी रचनाओं के माध्यम से हुआ और बाद में उनसे। मैंने उनके उपन्यास *कसप* का मंचन किया था—1997 में। राष्ट्रीय नाट्य विद्यालय द्वारा पिथौरागढ़ में एक छह सप्ताह का पूर्णकालिक ग्रीष्म नाट्यशिविर लगाया गया था। उसी के प्रतिभागियों के साथ उनके उपन्यास की मंचप्रस्तुति तैयार की गई थी—शिविर की समाप्ति के रूप में। इसका मंचन पिथौरागढ़ में तो हुआ ही, लौटते हुए नैनीताल, अल्मोड़ा और अन्ततः दिल्ली में राष्ट्रीय नाट्य विद्यालय परिसर में भी इसके प्रदर्शन किए गए। दिल्ली के प्रदर्शन में मुम्बई से सत्यदेव दुबे (जो

उस दिन किसी कार्यवश दिल्ली में थे) तो थे ही, हम लोगों ने जोशीजी को भी आमन्त्रित किया था और वह मौजूद थे। यह जोशीजी से मेरी पहली व्यक्तिगत मुलाक़ात थी। इससे पहले 1992 में हमारे विद्यालय के छात्रों के साथ रंजीत कपूर जोशीजी के उपन्यास *कुरु कुरु स्वाहा* का स्वयं द्वारा किया गया नाट्यरूपान्तर मंचित कर चुके थे जिसकी अच्छी-ख़ासी चर्चा हुई थी। मैं शायद दिल्ली में न होने के कारण वह प्रस्तुति देख नहीं पाया था। लौटकर कम-से-कम पढ़ तो लूँ, यह सोचकर मैंने उपन्यास ख़रीदा भी लेकिन हर बार ऐसा कुछ होता रहा कि उसे पढ़ने की तरफ़ लौटा ही नहीं।

पिथौरागढ़ से लौटते ही गरमी की छुट्टियों के बाद मुझे अपने तीसरे वर्ष के छात्रों के साथ कहानियों की एक प्रस्तुति करनी थी। एक दिन डॉ. नामवर सिंह मिले तो उन्होंने सुझाया कि मनोहर श्याम जोशी की कहानी *एक दुर्लभ व्यक्तित्व* क्यों नहीं करते? मैंने तुरन्त उनके एक कहानी संग्रह *मन्दिर की पौड़ियाँ पर* मँगवाया और उसमें *एक दुर्लभ व्यक्तित्व* को ढूँढ़ने की कोशिश की। पता चला कि *प्रोफ़ेसर टटा से एक मुलाक़ात* नाम की कहानी ही कभी *एक दुर्लभ व्यक्तित्व* शीर्षक से भी प्रकाशित हुई थी। बहरहाल, हम लोगों ने उसका मंचन किया। जोशीजी को जब भी पूर्वाभ्यास में बुलाया, उन्होंने सहज रूप से अपने सुझाव दिए और प्रदर्शन के दिन तो उपस्थित थे ही। इसके बाद तो लगातार उनसे मुलाक़ातें होती रहीं—कभी *श्रुति* कार्यक्रम में, कभी राष्ट्रीय नाट्य विद्यालय राजभाषा विभाग के हिन्दी सप्ताह में मुख्य अतिथि के रूप में, और कभी किसी दूसरे नाट्यप्रदर्शन या सेमिनार, संगोष्ठी, साहित्यिक कार्यक्रमों में। मुझे याद है कि रघुवीर सहाय की याद में त्रिवेणी सभागार में आयोजित कार्यक्रम में उन्होंने सहायजी से जुड़े कई प्रसंगों का उल्लेख किया था जिन्हें सुनकर हम सब लोग जोशीजी के ह्यूमर से अभिभूत हुए बिना नहीं रह सके थे। ऐसा ही एक अवसर फिर हमारे *श्रुति* कार्यक्रम में आया, जिसमें जोशीजी ने अपने एक अधूरे उपन्यास के कुछ अंश सुनाए। उपन्यास का नाम *संग्राम क्षेत्र* रखना चाहते थे जिसमें किसी नेतानुमा व्यक्तित्व की पहली विदेश यात्रा का प्रसंग था। पाठ भी अद्‌भुत था और जिस तरह से हम लोगों ने उसका मज़ा लिया, वह बेमिसाल है।

दरअसल यही वह गुण है जो जोशीजी के व्यक्तित्व में भी और उनके लेखन में भी दिखाई देता है। भीड़ में होकर भी वह सबसे अलग थे। न तो उन्हें स्वयं और न उनकी किसी रचना को किसी बने-बनाए ढाँचे में फिट किया जा सकता था। इतना ही नहीं, हर बार किसी नई रचना के लिए वह अपनी पिछली रचना के शिल्प को स्वयं तोड़ डालते थे और सिर्फ़ तोड़ते ही नहीं थे वरन् उसे लाँघकर आगे निकल जाते थे। उदाहरण के लिए, बेशक उनकी हर रचना के भीतर से मध्यवर्गीय ज़िन्दगी और परिवारों के बीच चुपचाप, छिपे-ढके प्रसंग झाँकते रहते हैं लेकिन फिर भी हर बार नए,

ताज़े और पहली बार ही सामने आ रहे हों—ऐसा लगता है। मुझे नहीं लगता कि उनसे बड़ा प्रयोगधर्मी और मूर्तिभंजक हिन्दी क्या, भारतीय साहित्य में भी देखने को मिलेगा। इसी के समानान्तर है उनका साहित्येतर लेखन। मैं यहाँ उनके दूरदर्शन धारावाहिकों और फ़िल्मी रचनाओं के बारे में लिखने नहीं जा रहा हूँ वरन् एक ऐसी किताब की चर्चा करना चाहूँगा जिसकी तरफ़ हम लोगों का बहुत कम ध्यान गया है और वह है सिनेमा के सन्दर्भ में *पटकथा लेखन*। एक शुद्ध तकनीकी विषय पर होते हुए भी जोशीजी ने जिस भाषा, तेवर और मुहावरे में उसे लिखा है, उसे पढ़ना किसी भी सृजनात्मक रचना से कम आस्वादमय नहीं है। मुझे याद है, जैसे ही वह छपकर आई थी, मैंने तुरन्त उसकी एक प्रति मँगवाई और जब उसे पढ़ना शुरू किया तो समाप्त करके ही उठा। यह था उनके लेखन और किस्सागोई का अन्दाज़ जो आपको एकदम से अपनी गिरफ़्त में जकड़ लेता है। ठीक यही अनुभव उनके लखनऊ प्रवासवाले आत्मकथात्मक संस्मरणों की किताब *लखनऊ मेरा लखनऊ* को पढ़कर हुआ। दूसरों को तो जोशीजी ज़िन्दगी भर उधेड़ते ही रहे लेकिन जिस तरह से, जिस बेबाक़ी और निर्ममता से उन्होंने खुद को भी सबके सामने उधेड़कर रख दिया है, वह इस रचना को अनायास ही बहुत गहरा और मार्मिक बना डालता है। मैंने तो उसे पढ़ा ही, एक के बाद एक न जाने अपने विद्यालय के कितने सहयोगियों और सहकर्मियों को भी पढ़ने को दिया।

जोशीजी की रचनाओं की तरह उनकी रचनाओं की प्रस्तुतियों का अनुभव भी एक दूसरे से बिलकुल अलग रहा। दोनों की पृष्ठभूमि और परिवेश में पहाड़ है। *कसप* तो किया ही गया पहाड़ में रहनेवाले प्रतिभागियों के साथ जो एक शिविर में सीखने के लिए आए हुए थे। इसलिए उनका अपना कच्चापन, ताज़गी और अनगढ़पना उपन्यास की प्रस्तुति शैली को खोजने में बहुत सहायक सिद्ध हुआ। यूँ भी यहाँ दो युवा प्रेमियों—डी.डी. उर्फ़ देवदास और राधा के बीच पहाड़ी क़स्बे के एक मुहल्ले में बसे बहुत से परिवारों की भीड़ में छुपते-छुपते एक प्रेम कहानी जन्म लेती है, जो अपने सुखद अन्त तक पहुँचती ही नहीं। लेकिन फिर भी धर्मवीर भारती के *गुनाहों का देवता* जैसी भावुकता कहीं दिखाई नहीं देती। कहानी कभी उस तरफ़ बढ़ने भी लगती है तो जोशीजी ब्रेष्ट की तरह एक ही झटके में उसे तहस-नहस कर देते हैं।

सभी प्रतिभागी स्वयं उसी परिवेश में जन्मे, पले और बड़े हुए थे, इसलिए उन्हें *कसप* के पात्रों से अपने को जोड़ने में कोई बहुत ज़्यादा दिक़्क़त नहीं हुई। रचना के कथ्य और शिल्प के भीतर से ही प्रस्तुति का स्वरूप भी अपने आप बनता चला गया, जो एक फ़िल्म से मिलता-जुलता है। उपन्यास का कथानक भी पहाड़ी परिवेश में एक प्रेम कहानी फ़िल्माने से ही सम्बन्धित है जिसके लिए पहाड़ से गया हुआ नायक डी. डी. मुम्बई से लौटकर आता है। फ़िल्म तो ख़ैर क्या बनती, उसकी अपनी प्रेम कहानी शुरू हो जाती है।

इसके बरक्स *प्रोफेसर टटा* में काम करनेवाले सभी छात्र अलग-अलग राज्यों से थे। मात्र एक छात्र पिथौरागढ़ से था। ऐसे में रिहर्सल के दौरान जोशीजी का सलाह-मशविरा बहुत काम आया। कहानी की प्रस्तुति बहुत सफल रही। यद्यपि जो छात्र प्रोफ़ेसर की भूमिका में था, वह कहानी में चित्रित प्रोफ़ेसर की शारीरिक इमेज से बिलकुल अलग था, फिर भी उसने अपनी अभिनय क्षमता से उस अन्तर की तरफ़ ध्यान ही नहीं जाने दिया।

यादें तो ढेर सारी हैं जो पिछले दस सालों में इकट्ठी होती गई हैं लेकिन अब उन्हें बार-बार दोहराने से भी क्या होगा। मज़ेदार बात यह है कि ख़ुद अपने सामने घटे क़िस्सों से ज़्यादा तो वे क़िस्से और घटनाएँ हैं जो दूसरे दोस्त उनके बारे में सुनाते रहे हैं। वे इतने खुले, बेबाक, दोटूक और काफ़ी हद तक स्वच्छन्द और उच्छृंखल हैं कि यहाँ लिखे भी नहीं जा सकते। यह जोशीजी का ही बूता था कि वे ऐसी स्थितियों में पहले ख़ुद को फँसा सकते थे और फिर उनसे बाहर आकर निहायत पारदर्शिता से उनके बारे में बयान भी कर सकते थे। एक अर्थ में दिल एक खुली किताब है, इस मुहावरे को वह शत-प्रतिशत सही साबित करते थे। इसी बात को कुछ-कुछ इस तरह भी कहा जा सकता है कि उनकी कथनी और करनी में कोई भेद नहीं था अर्थात् जितना अप्रत्याशित उनका लेखन है, उतने ही अप्रत्याशित वह स्वयं भी हो सकते थे या शायद थे ही। ऐसा पारदर्शी व्यक्ति मैंने दूसरा नहीं देखा—सचमुच में एक दुर्लभ व्यक्तित्व।

दिनेश ठाकुर के साथ-साथ

दिनेश और मैं पहली क्लास से लेकर एम.ए. तक एक साथ पढ़े लेकिन हमारी मुलाक़ात पहली बार बी.ए. के बाद हुई। कारण यही था कि पहले अलग-अलग स्कूलों में और फिर अलग-अलग कॉलेजों में पढ़ते रहे। जब हम हायर सेकेंडरी करने के बाद 1964 में दिल्ली विश्वविद्यालय पहुँचे तो हमारा विषय एक ही था और वह था हिन्दी ऑनर्स। हालाँकि कॉलेज अलग-अलग थे। वह किरोड़ीमल कॉलेज में था और मैं रामजस में। दोनों कॉलेजों की दीवारें आपस में सटी हुई थीं और हम रामजस कॉलेजवाले बँगलो रोड अथवा कमला नगर जाने के लिए किरोड़ीमल कॉलेज से गुज़रकर जाते थे। उन दिनों नाटक और रंगमंच के क्षेत्र में किरोड़ीमल कॉलेज का बड़ा नाम था। हम लोगों से पहले अमिताभ बच्चन, कुलभूषण खरबन्दा, राजिन्दर नाथ, टी. पी. जैन, केनल कपूर जैसे अभिनेता, निदेशक वहाँ से पढ़ाई करके जा चुके थे। ठाकुरदास जैसे प्राध्यापक जिन्होंने दिल्ली यूनिवर्सिटी में DUMADS (दिल्ली यूनिवर्सिटी म्यूजिक एंड ड्रामा सोसाइटी) की स्थापना की थी, वहीं पढ़ाते थे।

1966 से 67 के बीच हमारे अपने कॉलेज रामजस में भी नाटकों का मचन लगातार होता रहता था जिनमें हम लोगों को भाग लेने का अवसर मिला। कॉलेज थिएटर का मेरा पहला नाटक रमेश मेहता का *पैसा बोलता है* था। दूसरे साल हम लोगों ने रेवतीशरण शर्मा के नाटक *चिराग की लौ* का मंचन किया। उन्हीं दिनों कॉलेज थिएटर से बाहर कला साधना मन्दिर द्वारा प्रस्तुत इस नाटक को देखने का अवसर मिला। प्रस्तुति किदवई नगर के कम्युनिटी हॉल में आयोजित की गई थी और इसका निर्देशन शान्तिस्वरूप कालरा ने किया था।

किरोड़ीमल कॉलेज के इतना नज़दीक होने के कारण हम वहाँ के नाटकों को भी प्रायः देखने चले जाया करते। *पैसा बोलता है* पहले वहीं खेला गया था। अगले साल हमारे यहाँ इसका मंचन हुआ। लेकिन नाटकों को देखने के ज़्यादा मौक़े 1967 के बाद आए जब दिनेश और मैं विश्वविद्यालय की एम.ए. कक्षा में एक साथ आकर मिले। हमसे कुछ साल पहले विश्वविद्यालय के हिन्दी विभाग में एम.ए. के पाठ्यक्रम में तुलसी, कबीर, रीतिकाल, प्रसाद आदि वैकल्पिक विषयों के साथ-साथ नाटक और रंगमंच को भी एक विकल्प के रूप में जोड़ा गया था। यद्यपि यह विकल्प मात्र

सैद्धान्तिक स्तर पर ही पढ़ाया जाता था लेकिन तब भी इस बात से इन्कार नहीं किया जा सकता कि इसकी शुरुआत बहुत ही आधुनिक सोच की परिचायक थी। इस विषय के अध्यापन के लिए इलाहाबाद से डॉ. लक्ष्मीनारायण लाल को विशेष रूप से दिल्ली विश्वविद्यालय में प्राध्यापक के तौर पर नियुक्त किया गया था जो स्वयं एक नाटककार, साहित्यकार और व्यावहारिक रंगकर्मी थे। हमसे पहले इस विकल्प का चयन करनेवालों में जयदेव तनेजा का नाम लिया जा सकता है। इस विकल्प में हमारी कक्षा में कुल जमा 10 लोग थे, जिनमें सात लड़कियाँ और तीन लड़के, दिनेश ठाकुर, महेश आनन्द और देवेन्द्र राज अंकुर थे। दोहराने की ज़रूरत नहीं कि उन दो सालों के बीच हम तीनों में जो दोस्ती शुरू हुई वह आज भी बरकरार है।

कॉलेज थिएटर से बाहर दिल्ली में होनेवाले मुख्यधारा के रंगमंच से मेरा परिचय कराने और जोड़नेवालों में दिनेश ठाकुर का सबसे बड़ा हाथ है। हुआ यूँ कि 1967 में ओम शिवपुरी, सुधा शिवपुरी, मोहन महर्षि और रामगोपाल बजाज, राष्ट्रीय नाट्य विद्यालय रंगमंडल को छोड़र बाहर आ गए थे और इन लोगों ने अपनी नाट्य मंडली *दिशान्तर* की स्थापना कर ली थी। उसी साल दिल्ली में एक दूसरी नाट्य मंडली *अभियान* भी बनी जिसके निर्देशक राजिन्दर नाथ थे। दिशान्तर को पहली प्रस्तुति के रूप में उस साल भारतीय ज्ञानपीठ द्वारा सम्मानित ताराशंकर वंद्योपाध्याय के बृहद् उपन्यास *गणदेवता* को पुरस्कार समारोह के दिन मंचित करने का आमन्त्रण मिला। उपन्यास का नाट्यरूपान्तरण राम गोपाल बजाज ने श्रीमती कुन्था जैन के साथ मिलकर किया था। नाटक में बहुत से लोगों की दरकार थी, उसी के चलते दिनेश ठाकुर मुझे भी ले गया और उसी वजह से मेरे उस रंगमंचीय जीवन की शुरुआत हुई जो स्कूल कॉलेज की दुनिया से बाहर हो रहा था। उस प्रस्तुति में सुधीर नाम के स्कूली छात्र के रूप में मेरा मात्र एक दृश्य था जिसमें मेरी मुलाक़ात अपने पुराने शिक्षक देबू काका से होती है जिसे रामगोपाल बजाज अभिनीत कर रहे थे। सोच सकते हैं कि रामगोपाल बजाज से दोस्ती की शुरुआत भी उसी साल हुई।

बहरहाल 1969 में एम.ए. करने के बाद 1973 तक आते-आते *दिशान्तर* लगभग टूटने-बिखरने लगा था। ओम शिवपुरी 1973 में मुम्बई चले गए और उनके बाद और बहुत से लोग जिनमें दिनेश ठाकुर भी एक था। वहाँ जाकर उसने फ़िल्मों में काम करने के साथ-साथ 1976 में अपनी नाट्यमंडली *अंक* बनाई और तब से लगातार रंगमंच, दूरदर्शन और फ़िल्मों में सक्रिय है। इस बीच दिनेश जब-जब अपनी प्रस्तुतियाँ लेकर दिल्ली अथवा दूसरे शहरों में जाता रहा है तो उससे लगातार मुलाक़ात होती रही और आपसी दोस्ती और भी प्रगाढ़ होती चली गई। कम-से-कम पिछले दस सालों में। आज तो यह स्थिति है कि मुम्बई जैसे शहर में जहाँ मेरे अपने दो-दो पारिवारिक घर मौजूद हैं और जब चाहे होटल में रहने की सुविधा भी उपलब्ध है, इसके बावजूद मैं

उसी के साथ रहता हूँ क्योंकि वह स्वयं, उसकी पत्नी प्रीता और मैं जब आपस में मिल बैठते हैं तो रंगमंच और उसके सरोकारों को लेकर जो गम्भीर विचार-विमर्श होता है उसका अपना एक आनन्द है।

दिनेश ठाकुर की पहली खूबी एक अभिनेता के रूप में है। यद्यपि आज उसकी आवाज़ बेहद ख़राब हो चुकी है लेकिन एक ज़माने में उसमें सचमुच का जादू था। जिन्होंने *आधे-अधूरे* की पहली प्रस्तुति में उसे अशोक के रूप में देखा है, वे इसे महसूस कर सकते हैं। उसके साथ बिन्नी के रूप में अनुराधा कपूर हुआ करती थी। आज अगर मुझे *आधे-अधूरे* दुबारा करना पड़े तो अनुराधा कपूर को सावित्री और दिनेश ठाकुर को महेन्द्र नाथ करना पड़ेगा। उसकी दूसरी खूबी एक बेहतरीन व्यवस्थापक होने में है। पिछले 31 साल से एक मंडली को अपने बूते पर सक्रिय रखना आसान काम नहीं है। यह भी एक सच्चाई है कि हिन्दी रंममंच में इतने वर्षों में अपनी प्रस्तुतियों के सबसे अधिक प्रदर्शन करने का रिकॉर्ड *अंक* को ही जाएगा। यहाँ तक कि राष्ट्रीय नाट्य विद्यालय रंगमंडल और दूसरे व्यावसायिक रंगमंडल भी इस दौड़ में कहीं नज़र नहीं आते। यह सही है कि बहुत से नाटक सस्ती लोकप्रियता बटोरने के चक्कर में भी किए गए हैं और बेहद घटिया साबित हुए हैं लेकिन फिर भी *तुग़लक, बाक़ी इतिहास, ख़ामोश..., कन्यादान* जैसे गम्भीर नाटकों ने भी मुम्बई शहर में दर्शकों की ज़बरदस्त भीड़ जुटाई है। हम मराठी और बंगाली रंगमंच की व्यावसायिकता की बात बार-बार करते हैं लेकिन उनमें काम करनेवाले पूरी तरह से रंगमंच पर निर्भर होकर उसे अपना व्यवसाय आज भी नहीं बना पाए हैं। वे दिन में कोई-न-कोई नौकरी करते हैं और शाम को नियमित रूप से रंगकर्म। दिनेश ठाकुर इसका भी अगबाव है।

जहाँ तक मेरी जानकारी है उसने आज तक कहीं भी कोई नियमित नौकरी नहीं की और फिर भी पूरी तरह से रंगकर्म के माध्यम से अपनी रोज़ी-रोटी की व्यवस्था कर लेता है। मैंने अंक द्वारा प्रस्तुत नाटकों में *अंजी, कन्यादान, हमेशा, इन दोनों, जिस लाहौर नहीं देख्या, आत्मकथा, मित्र, बीवियों का मदरसा, अफसोस हम न होंगे* आदि प्रस्तुतियाँ देखी हैं। हरिशंकर परसाई की कहानी '*एक लड़की पाँच दीवाने* और शरद जोशी की कहानी *मुद्रिका रहस्य* उसकी मंडली के साथ निर्देशित भी की है। मुझे हमेशा लगता है कि यदि आज दिनेश अभिनय की बजाय सिर्फ़ निर्देशन पर ध्यान दे तो उसकी प्रस्तुतियों की गुणवत्ता और भी ज़्यादा निखरकर सामने आएगी।

दूसरी तरफ़ उसके कथन में भी वज़न दिखाई पड़ता है कि जब तक वह स्वयं अभिनय करने की स्थिति में है तो वह और उसकी पत्नी काफ़ी दूर तक रंगकर्म की नियमित सक्रियता को निभा ले जाते हैं वरना मुम्बई जैसे शहर में नए-नए आनेवाले लोग ज़्यादा दिनों तक टिकते ही कहाँ हैं। इसीलिए इधर धीरे-धीरे दिनेश ठाकुर कम पात्रोंवाले नाटकों की तरफ़ मुड़े हैं और यह शायद सही क़दम भी है।

इन सबसे अलग दिनेश ठाकुर की जो सबसे बड़ी खूबी है वह है तमाम विरोध और असहमति के बाद भी एक अच्छा दोस्त बने रहना। मुझे याद है कि एक बार मैंने मुम्बई में स्वयं अंक द्वारा आयोजित एक सेमिनार में उसके रंगकर्म को घटिया कहकर सम्बोधित किया था लेकिन यह उसका खुलापन है कि इसके बाद भी हमारे रिश्तों में कोई खटास नहीं आई। वे आज भी उतने ही अन्तरंग और प्रगाढ़ हैं। मैं तो यहाँ तक कहूँगा कि इस प्रसंग के बाद तो वे और भी ज़्यादा अच्छे हो गए हैं। यद्यपि उस सेमिनार में उस समय उपस्थित सभी श्रोता मित्रों ने मेरी इस बात के लिए आलोचना भी की थी कि मुझे अपने दोस्त के बारे में किसी सार्वजनिक मंच से ऐसा नहीं कहना चाहिए था। दूसरी तरफ़ कहीं-न-कहीं उसके दिल में एन.एस.डी. नॉन एन.एस.डी के भेद को लेकर एक फाँक ज़रूर है जो गाहे-बगाहे उसकी बातों से ज़ाहिर होती रहती है। यह मेरी अपनी समझ से भी बाहर है कि आख़िर वह इस बात को लेकर इतना परेशान क्यों रहता है। क्या सभी लोग जो रंगकर्म कर रहे हैं विद्यालय की देन हैं और इस बात की भी क्या गारंटी है कि विद्यालय से निकला हर छात्र प्रतिभावान साबित होगा। क्या हम रंगमंच में शम्भु मित्र, हबीब तनवीर, डॉ. सत्यव्रत सिन्हा, श्यामानन्द जालान, प्रतिभा अग्रवाल के काम को इसीलिए कम महत्त्व दें कि वे लोग कभी एन.एस.डी. नहीं गए। खैर! जो भी हो, यह मुद्दा जब-तब हम लोगों के बीच उठता ही रहता है।

यदि कोई मुझसे पूछे कि अन्ततः दिनेश ठाकुर के लगभग 40 वर्षों के रंगकर्म का निचोड़ क्या है तो मैं उसकी तीन भूमिकाओं के बहाने से इस बारे में अपने पाठकों का ध्यान दिलाना चाहूँगा। ये तीन भूमिकाएँ एक तरह से उसके जीवन के तीन बिन्दुओं को भी रेखांकित करती हैं। पहली भूमिका है *ग्रजुएट-67* में एक बुद्धिजीवी की भूमिका। यह नाटक बृजमोहन शाह के बाद में प्रसिद्ध हुए *त्रिशंकु* का ही पहला प्रारूप है, जिसे दिनेश ठाकुर ने 1967 में किरोड़ीमल कॉलेज में आयोजित एक नाट्य प्रतियोगिता में प्रस्तुत किया था। इसका निर्देशन भी उसी ने किया था। तब तक हम दोनों एम.ए. प्रीवियस में एक साथ आकर मिल चुके थे और एक-दूसरे से अच्छी तरह से परिचित हो चुके थे। निश्चित रूप से दिनेश ने एक बहुत ही बेहतरीन प्रस्तुति दी थी। मैंने *त्रिशंकु* की बहुत सी प्रस्तुतियाँ देखी हैं लेकिन उन सब में मुझे यही प्रस्तुति सबसे ज़्यादा उत्तेजक और कल्पनाशील लगती है और आज भी उसको देखने के बाद पड़े हुए असर की याद वैसी ही बनी हुई है। दिनेश ने बुद्धिजीवी की भूमिका को कहीं भी टाइप होने नहीं दिया था जो प्रायः इस तरह की भूमिकाओं के साथ हो जाने का ख़तरा रहता है। उसने मात्र बुद्धिजीवी के कन्फ्यूजन को प्रस्तुत नहीं किया था वरन् पढ़े-लिखे होने के बाद बेरोज़गारी से उपजे दुःख-दर्द और पीड़ा को भी अत्यन्त जीवन्तता के साथ जिया था। यद्यपि यह एक छात्र-प्रस्तुति थी लेकिन किसी भी बड़ी-से-बड़ी व्यावसायिक प्रस्तुति के समक्ष खड़ी हो सकती थी। उसी प्रस्तुति में उसके

अपने कॉलेज के सुशील चोपड़ा युवक की भूमिका में और रंजना रैना युवती की भूमिका में थे जो हम लोगों के साथ हिन्दी एम.ए. में पढ़ रही थीं। वे दोनों आज भी मेरे सामने वैसे के वैसे मौजूद हैं जबकि उसके बाद उन दोनों से कभी मुलाक़ात नहीं हुई।

दूसरी भूमिका रंगमंचीय जीवन के लगभग मध्यकाल में अभिनीत विजय तेन्डुलकर के नाटक *कन्यादान* में पिता का उल्लेख किया जा सकता है। हिन्दी रंगमंच में तीन निर्देशक ऐसे हैं जिन्होंने विजय तेन्डुलकर के लगभग सभी नाटकों को मंच पर प्रस्तुत किया है, वे हैं—राजिन्दर नाथ, दिनेश ठाकुर और गुलशन कुमार। इनमें भी सबसे ज़्यादा काम दिनेश ठाकुर का है जिसने अपनी संस्था के 25वें साल पर उनके नाटकों का एक पूरा नाट्यसमारोह और एक पुस्तक का प्रकाशन भी किया था। यों तो दिनेश ठाकुर ने *कन्यादान* बहुत पहले किया था पर मुझे उसे देखने का अवसर भारंगम में मिला। पहली बार उसकी एक ऐसी भूमिका से साक्षात्कार हुआ जो उसके द्वारा अभिनीत बहुत सी कॉमेडी भूमिकाओं से बिलकुल अलग थी। अत्यन्त संक्षिप्त एवं सूक्ष्म अभिनय की बेहतरीन मिसाल जो बाद में उसके दो अन्य नाटकों *हम दोनों* और *मित्र* में भी दिखाई पड़ती है। इसीलिए उसकी तीसरी भूमिका के रूप में मैं *हम दोनों* को लेता हूँ, जो उसकी अभिनय यात्रा का तीसरा सर्वश्रेष्ठ पड़ाव प्रस्तुत करती है। *हम दोनों* एक रूसी नाटक *ओल्ड वर्ल्ड* पर आधारित है जो एक डॉक्टर और उसकी मरीज़ के आपसी सम्बन्धों को लेकर लिखा गया है। दोनों ही वृद्ध आदमी औरत हैं और अपने-अपने परिवारों से बिछुड़े हुए हैं। दिनेश ने उसका भारतीयकरण बहुत ही विश्वसनीयता और खूबसूरती के साथ किया है। पुरुष एक सिख डॉक्टर के रूप में और मरीज़ एक गुजराती महिला के रूप में और इन दोनों भूमिकाओं में दिनेश और उसकी पत्नी ने एक साथ बहुत ही जीवन्त अनुभव दिया है। वैसे तो वे दोनों ओम शिवपुरी और सुधा शिवपुरी की तरह हर नाटक में काम करते आ रहे हैं लेकिन *हम दोनों* को इसलिए याद रखा जाएगा कि इस प्रस्तुति में दोनों अभिनेताओं में जैसे बराबरी की टक्कर थी और इसीलिए प्रस्तुति में ज़बरदस्त निखार आ गया।

ऐसा प्रायः कम ही होता है कि आपका प्रिय व्यक्ति मित्र के साथ आपके कार्यक्षेत्र में भी वैसा ही साथी बना रहे। दिनेश और मैं व्यक्तिगत जीवन और रंगकर्म, दोनों में ही *हम दोनों* की तरह ही हैं।

मन्नूजी के सान्निध्य में

प्रायः ऐसा होता है कि पहले हम किसी साहित्यकार की रचनाओं से रूबरू होते हैं और बाद में कभी अवसर मिलने पर उनसे आमने-सामने मुलाक़ात भी हो जाती है। लेकिन मन्नूजी के मामले में ठीक इसके विपरीत हुआ। जब मैं 1978-79 में उनसे पहली बार मिला तब तक शायद मैंने उनकी कोई कहानी या उपन्याय नहीं पढ़ा था। यह अलग बात है कि मैं उनकी लगभग सभी रचनाओं से भलीभाँति परिचित था।

जहाँ तक मुझे याद है जनवरी 1979 में मिरांडा हाउस में श्रीमती इन्दुजा अवस्थी ने संस्कृत नाटकों के मंचन को लेकर दो-तीन दिन का सेमिनार आयोजित किया था जिसमें मुझे भी आमन्त्रित किया गया था। मैं उन दिनों भारतेन्दु नाट्य केन्द्र (अकादमी) में आमन्त्रित विशेषज्ञ के तौर पर पढ़ा रहा था और वहाँ से इस सेमिनार के लिए विशेष रूप से दिल्ली आया था। उन्हीं दो-तीन दिनों में मन्नूजी से मेरी पहली मुलाक़ात हुई। इससे पहले कभी 1967-69 के बीच मैं उनके शक्तिनगर वाले आवास पर भी गया था लेकिन उस बार उनसे मुलाक़ात नहीं हो पाई थी।

भारतेन्दु नाट्य अकादमी से 1979 में अपने अनुबन्ध की समाप्ति पर मैं दिल्ली चला आया और मैंने राष्ट्रीय नाट्य विद्यालय में भारतीय शास्त्रीय नाटक एवं सौन्दर्यशास्त्र के सहायक प्राध्यापक के रूप में अगले दो वर्ष के लिए पढ़ाना शुरू किया। उन्हीं दिनों मिरांडा हाउस में छात्राओं के साथ कहानियों की मंच-प्रस्तुति तैयार करने के सिलसिले में मुझे बुलाया गया। उस दौरान मन्नूजी से कॉलेज में कई बार अच्छी-खासी मुलाक़ातें हुईं क्योंकि जिन तीन कहानियों को मंचित किया जाना था उनमें मन्नूजी की कहानी *त्रिशंकु* भी शामिल थी। और अगर मैं ग़लत नहीं हूँ तो शायद तीनों कहानियाँ मन्नूजी की ही थीं। बहरहाल, राष्ट्रीय नाट्य विद्यालय में अपनी व्यस्तता के कारण मैं वह प्रस्तुति नहीं कर पाया लेकिन मन्नूजी से मिलने, उन्हें पढ़ने, उन्हें जानने के अवसर लगातार मिलते रहे जो आज भी जारी हैं।

इसके बाद तो मैंने उनकी लगभग सारी कहानियाँ और उन्हीं दिनों या उससे पहले आया उपन्यास *आपका बंटी* और फिर उसके बाद *महाभोज* पढ़ डाले। यहाँ तक कि जब 1981 में रायपुर की संस्था *अवन्तिका* ने मुझे एक प्रस्तुति करने के लिए आमन्त्रित किया तो मैंने मन्नूजी के उपन्यास *महाभोज* को मंचन के लिए चुना और

इस बारे में उन्हें सूचित किया। तुरन्त उनका एक लम्बा पत्र आया जिसमें उन्होंने लिखा था कि "यह एक संयोग है कि तुम वहाँ *महाभोज* उपन्यास का मंचन कर रहे हो और मैं यहाँ अमाल अल्लाना के साथ मिलकर इसी उपन्यास के नाट्य रूपान्तर पर काम कर रही हूँ जिसे राष्ट्रीय नाट्य विद्यालय रंगमंडल के साथ मंचित किया जाना है, इसलिए *महाभोज* के रायपुर मंचन के लिए मेरा आना सम्भव नहीं दिख रहा है।"

हमारी प्रस्तुति रायपुर में 15 जून, 1981 को हुई और प्रस्तुतीकरण की बिलकुल नई ताज़ा शैली के कारण बेहद पसन्द की गई। मैं उस प्रस्तुति को दिल्ली के दर्शकों के सामने करना चाहता था लेकिन उनका आग्रह था कि पहले दिल्ली में रंगमंडल वाली प्रस्तुति हो जाए। अन्ततः मार्च 1982 में रंगमंडल द्वारा अमाल अल्लाना निर्देशित *महाभोज* का मेघदूत के मुक्ताकाशी मंच पर मंचन हुआ। यह प्रस्तुति रंगमंडल की तब तक की सबसे बड़े बजटवाली प्रस्तुति थी और उसकी दिल्ली के रंग-जगत में बेहद चर्चा हुई। इसमें मनोहर सिंह, सुरेखा सीकरी, उत्तरा बावकर, राजेश विवेक, रघुवीर यादव जैसे बड़े-बड़े अभिनेता काम कर रहे थे। अब चूँकि रंगमंडल की प्रस्तुति दिल्ली में हो चुकी थी, तो मैंने पुनः मन्नूजी से अपनी रायपुरवाली प्रस्तुति को दिल्ली में दिखाए जाने के बारे में बात की और उन्होंने इसके लिए सहर्ष स्वीकृति दे दी। अपनी प्रस्तुति को दिल्ली में दिखाए जाने के पीछे मेरा एकमात्र उद्देश्य यही जानना था कि एक ही रचना पर आधारित दो प्रस्तुतियाँ—एक रचना को मूल रूप में इस्तेमाल करते हुए और दूसरी उसके नाट्य-रूपान्तर में—कैसे एक-दूसरे से बिलकुल अलग अनुभव का आस्वाद दर्शकों को देती हैं।

जब मार्च 1984 में हम लोगों ने अपनी संस्था *सम्भव* की पहली प्रस्तुति के रूप में *महाभोज* की रायपुरवाली प्रस्तुति को नए अभिनेताओं के साथ दिल्ली के दर्शकों के समक्ष प्रस्तुत किया तो यह कहना कोई अत्युक्ति नहीं होगी कि उसने सचमुच में दर्शकों को चमत्कृत कर दिया और वे रंगमंडल की तामझामवाली प्रस्तुति को भूल गए। उसके बाद तो बहुत दिनों तक इस प्रस्तुति के देश के अलग-अलग शहरों में अनगिनत प्रदर्शन किए गए। इसमें कोई सन्देह नहीं कि इस प्रस्तुति की सफलता के पीछे जितनी हमारे अभिनेताओं की मेहनत थी, उससे कहीं ज़्यादा मन्नूजी के उपन्यास के कथ्य और उसकी शैली का हाथ था। जिस तरह से उन्होंने राजनीति को अपने उपन्यास का कथ्य बनाया और उसके लिए सभी प्रमुख चरित्रों का जिस सूक्ष्म दृष्टि से विवेचन और विश्लेषण किया उसका दूसरा उदाहरण मिलना मुश्किल है। दा साहब, सुकुल बाबू, सक्सेना, बिंदा, रुकमा, त्रिलोचन जैसे चरित्रों की सृष्टि बिरले ही किसी रचना में नज़र आती है। इसमें दो राय नहीं कि *महाभोज* स्वयं मन्नूजी की बाक़ी सारी रचनाओं से एकदम भिन्न है। आज तो *महाभोज* को देश की इतनी नाट्यमंडलियों द्वारा मंचित किया जा चुका है कि लोग यह भूल गए हैं कि मूल रूप से *महाभोज* उपन्यास के रूप में लिखा गया था।

इसके बाद 1982 के आख़िरी दिनों में मुझे मन्नू जी की एक कहानी *अकेली* को *अनामिका* नाट्यसंस्था के साथ कोलकाता में करने का अवसर मिला। हुआ यूँ कि दिसम्बर 1982 के आख़िरी 10 दिनों में *अनामिका* ने कोलकाता में एक रंग-मेला आयोजित किया जिसमें एक नाट्य-समारोह, सेमिनार और बहुत सी परिचर्चाएँ शामिल थीं। मुझे भी उसमें एक प्रतिभागी के तौर पर आमन्त्रित किया गया था। उस समारोह के लिए अनामिकावाले चाहते थे कि मैं उनके साथ कहानियों को लेकर एक मंचप्रस्तुति तैयार करूँ जो बाद में किन्हीं कारणोंवश नहीं हो पाई। लेकिन फिर भी उन्होंने मुझे उस समारोह में भाग लेने के लिए एक वक्ता के तौर पर अवश्य आमन्त्रित किया और तब लगभग 10 दिन वहाँ रहते हुए यह तय हुआ कि कहानी के मंचन की प्रस्तुतिप्रक्रिया के बहाने मैं उनके अभिनेताओं के साथ एक कहानी का मंचन करूँ जिसके लिए मन्नू भंडारी की कहानी *अकेली* का चुनाव किया गया। संयोग से मन्नू भंडारी स्वयं भी उन दिनों वहाँ मौजूद थीं क्योंकि *अनामिका* के नाट्य-समारोह के समानान्तर उन दिनों वहाँ एक कथा-शिविर भी चल रहा था जिसमें हिन्दी के कई जाने-माने कहानीकार भाग लेने आए हुए थे। मसलन भीष्म साहनी, उषा प्रियवंदा, निर्मल वर्मा, नरेन्द्र कोहली और मन्नू भंडारी। *अकेली* में सोमा बुआ की भूमिका स्वयं प्रतिभा अग्रवाल कर रही थीं और उसी घर में किराएदार के रूप में रहनेवाली एक बहू की भूमिका एक और अभिनेत्री दीप्ति भट्ट ने निभाई थी। एक-दो भूमिकाओं में कुछ अभिनेता और थे जिनके नाम आज मुझे याद नहीं हैं। यह कहने की कोई ज़रूरत नहीं कि प्रतिभाजी के मर्मस्पर्शी अभिनय को हम सबने बहुत गहरे तक अनुभूत किया और मन्नूजी की उपस्थिति में उस प्रस्तुति पर बाद में काफ़ी चर्चा हुई और अभिनेताओं ने स्वीकार किया कि कहानी में काम करने का अनुभव नाटक में काम करने के अनुभव से सचमुच अलग था।

इसी कहानी से जुड़ा एक और प्रसंग है जिसका सम्बन्ध इसके दूरदर्शन रूपान्तर से है। 1984-85 में जब हम अपनी नाट्यमंडली *सम्भव* के साथ दिल्ली में सक्रिय थे, उन्हीं दिनों दिल्ली दूरदर्शन पर प्रस्तुतकर्ता के रूप में कार्यरत सबा ज़ैदी ने मुझे दूरदर्शन के लिए कुछ कहानियों के रूपान्तरण के लिए बुलाया। उस दौरान मैंने दूरदर्शन के लिए पहले प्रेमचन्द की कहानी *नशा* की पटकथा तैयार की जिसमें आलोक चटर्जी और विपिन शर्मा ने दो दोस्तों की भूमिका निभाई थी। लेकिन उससे भी ज़्यादा मज़ा मुझे मन्नूजी की कहानी *अकेली* की दूरदर्शन प्रस्तुति में आया क्योंकि पहले मैंने एक अलग से पटकथा तैयार की, अपने साथी अभिनेताओं के साथ एक मंच प्रस्तुति के रूप में उसका पूर्वाभ्यास किया और अन्ततः उसका दूरदर्शन के लिए फ़िल्मांकन किया गया। इस कहानी की दूरदर्शन-प्रस्तुति के दौरान मन्नू जी से बार-बार मुलाक़ातें हुईं क्योंकि कहानी छोटी थी और उसकी अवधि बढ़ाने के लिए सबा उसमें स्वयं मन्नूजी से कुछ अंश अलग से लिखवाना चाहती थीं। मुझे याद है कि मैं लगभग

रोज़ शाम को मन्नू जी के हौजखास वाले घर पहुँचता था और उनसे नए लिखे हुए अंश लेकर वापस आता था। उन दिनों मन्नूजी बासु चटर्जी के लिए *मुझे कुछ कहना है* शीर्षक से एक सीरियल लिख रही थीं जो बाद में *रजनी* के रूप में बहुत लोकप्रिय हुआ। उस दौरान उनके घर पर चाय पीते हुए इस सीरियल को लेकर वह बहुत विस्तार से बताया करतीं।

काफ़ी सालों बाद 1996 में अपने तीसरे वर्ष के छात्रों के साथ मन्नूजी की एक और कहानी *त्रिशंकु* की प्रस्तुति तैयार की। यह वही कहानी है जिसे मुझे 1979 में उनके कॉलेज की छात्राओं के साथ मंचित करना था और तब नहीं हो पाई थी। इस कहानी को मात्र दो अभिनेत्रियों के माध्यम से तैयार किया गया, यद्यपि एक पुरुष पात्र भी कहानी में शुरू से आख़िर तक उपस्थित है। लेकिन हम लोगों के बीच काम करते-करते प्रस्तुति की जो अन्तिम परिकल्पना उभरकर सामने आई उसमें मात्र दो स्त्री पात्र ही दिखाई पड़ रहे थे। जब कहानी का मंचन हुआ तब भी किसी दर्शक ने कहानी में पुरुष की अनुपस्थिति का सवाल नहीं उठाया। इधर पिछले दिनों जब स्व. अरुण कौल मन्नूजी पर साहित्य अकादमी के लिए एक फ़िल्म बना रहे थे तब उन्होंने इस कहानी के कुछ टुकड़ों का फ़िल्म में इस्तेमाल किया था। मुझसे भी उन्होंने मन्नूजी के लेखन, व्यक्तित्व और कृतित्व को लेकर लम्बी वार्ताएँ की जिनके शायद कुछ अंश परोक्ष-अपरोक्ष रूप से फ़िल्म में ज़रूर आए होंगे।

मुझे मन्नूजी हमेशा ही बहुत सहज, सरल और उतनी ही आत्मीय लगीं जितनी वह अपने रचना-जगत में भी दिखाई पड़ती हैं। यूँ बाहर से देखने पर वह बहुत ही ढीली-ढाली सी जान पड़ती हैं लेकिन मैंने महसूस किया है कि भीतर से वह बहुत दृढ़ और दबंग व्यक्तित्व वाली महिला हैं। इसकी पुष्टि के लिए मेरे पास मन्नूजी और राजेन्द्रजी के आपसी सम्बन्धों को लेकर कोई उदाहरण नहीं है लेकिन एक दूसरे उदाहरण का उल्लेख मैं ज़रूर करना चाहूँगा। जिन दिनों मैं मन्नूजी से *अकेली* के लिए लिखे जा रहे अंशों को लेने जाता था उन्हीं दिनों उनकी बेटी रचना का विवाह होनेवाला था। एक दिन बात-बात में रचना ने बड़े प्यार से मन्नूजी से कहा था, माँ तू किसलिए है, शादी के बाद भी मेरा खाना तुम्हें ही पकाना होगा। तो मन्नूजी ने तुरन्त जवाब दिया था कि मुझसे अपने घर का खाना ही नहीं बनता तो मैं तेरा क्या पकाऊँगी। अन्ततः राजेन्द्र जी से अलग रहने के निर्णय के पीछे क्या उनके इसी भीतरी कठोर व्यक्तित्व की झलक नहीं मिलती?

जन्मशताब्दी के बहाने

यह एक सुखद संयोग है कि वर्ष 2003 हिन्दी के तीन महत्त्वपूर्ण लेखकों का जन्म शताब्दी वर्ष है। इनमें से दो यशपाल और भगवतीचरण वर्मा मुख्यतः कहानीकार और उपन्यासकार हैं और लक्ष्मीनारायण मिश्र नाटककार। बेशक पहले दोनों रचनाकार नाटक से प्रत्यक्ष रूप से जुड़े हुए नहीं हैं लेकिन फिर भी रंगमंच से उनका गहरा लगाव रहा है। आइए, इस शताब्दी वर्ष में उनके इन्हीं सरोकारों की याद करें।

सबसे पहले यशपाल। बहुत कम पाठकों को मालूम होगा कि यशपाल ने भी *नशे-नशे की बात* नाम से एक छोटा नाटक लिखा था जिसका मंचन लखनऊ में सन् 1951 में हुआ था। उस समय इसके मंचन से कृष्ण नारायण कक्कड़, रघुवीर सहाय और स्वयं यशपाल भी जुड़े हुए थे।

इसके बाद यशपाल ने नाटक तो कोई नहीं लिखा लेकिन उनकी कहानियाँ और उपन्यास रंगनिर्देशकों को हमेशा से आकर्षित करते रहे हैं। उनकी एक कहानी *परदा* देखने का अवसर मुझे 1976 में लखनऊ में ही मिला था। यह अपने आपमें नाटक और रंगमंच के लिए बहुत ही मार्मिक कहानी है कि किस तरह एक निम्नवर्गीय मुस्लिम परिवार कर्ज के बोझ तले अपने घर की आखिरी इज़्ज़त अर्थात दरवाजे पर लगे परदे से भी महरूम हो जाता है। यशपाल की एक दूसरी कहानी *होली नहीं खेलता* को हम लोगों ने अपनी संस्था *संभव* में 1984 में प्रस्तुत किया था। उन्हीं की एक और कहानी *एक सिगरेट* को मैंने राष्ट्रीय नाट्य विद्यालय के छात्रों के साथ कथा-कोलाज सीरीज के अन्तर्गत 1996 में मंचित किया जिसे दर्शकों ने बेहद पसन्द किया।

ब. व. कारन्त यशपाल के उपन्यास *दिव्या* को मंच पर प्रस्तुत करना चाहते थे, जिसका नाट्यरूपान्तर करने का दायित्व उन्होंने मुझे सौंपा था। यह प्रस्तुति उनके जीते जी नहीं हो पाई लेकिन उनकी स्मृति में कभी करूँगा ज़रूर। यहाँ यह बताना अप्रासंगिक न होगा कि *रंग प्रसंग* (अंक सं.) का अद्यतन प्रकाशित अंक कारन्त पर केन्द्रित है और उसमें यशपाल की कहानी *धर्मयुद्ध* का उमेश अग्निहोत्री द्वारा किया गया नाट्यरूपान्तर छपा है। उमेश अग्निहोत्री ने इधर सूचित किया कि अभी-अभी उन्होंने इस रूपान्तर को वाशिंगटन, अमरीका में प्रस्तुत किया है।

भगवतीचरण वर्मा बेशक मुख्य रूप से कहानीकार और उपन्यासकार माने जाते हैं लेकिन एकांकी भी उन्होंने कम नहीं लिखे। उनके दो एकांकी तो बहुत ही लोकप्रिय हुए और बार-बार मंचित होते रहे हैं। ये हैं *सबसे बड़ा आदमी* और *रुपया तुम्हें खा गया*। दरअसल रेडियो में नौकरी की वजह से भी वर्माजी को नाटक और विशेषतः एकांकी लिखने पड़ते थे।

लेकिन एकांकी-नाटक से भी ज़्यादा वर्माजी के जिस उपन्यास ने पहले फ़िल्म और बाद में रंगमंच पर भी धूम मचाई वह है *चित्रलेखा*। मीना कुमारी, अशोक कुमार और प्रदीप कुमार को लेकर इसी नाम से बनाई गई फ़िल्म आज भी दर्शकों को याद होगी जिसे लेख टंडन ने निर्देशित किया था। मंच पर तो न जाने कितनी बार खेला जा चुका है *चित्रलेखा*। सातवें दशक के आसपास भारतरत्न भार्गव के रूपान्तर को शन्नो खुराना ने एक ऑपेरा के रूप में प्रस्तुत किया था। इधर बालस्वरूप राही का भी एक नाट्यरूपान्तर *राग-विराग* शीर्षक से छपकर आया है। मुझे भी भगवतीचरण वर्मा की चार कहानियों को *कहानी का रंगमंच* के अन्तर्गत करने का अवसर मिला है—*प्रायश्चित्त, मुगलों ने सल्तनत बख़्श दी, दो बाँके* और *वसीयत*। उनकी कहानियों में जो सहज व्यंग्य है, वह इन्हें अपने आपमें बेहद नाटकीय और रंगमंचीय बना देता है।

लक्ष्मीनारायण मिश्र पर अलग से कुछ लिखने की ज़रूरत नहीं। हिन्दी रंगमंच में जिस समय भारतेन्दु और प्रसाद जैसे नाटककारों का दबदबा था और दूसरी तरफ़ पारसी रंगमंच लोकप्रियता के चरम शिखर पर था, उस समय मिश्रजी ने उपर्युक्त दोनों धाराओं से अलग एक नए विकल्प को हिन्दी रंगमंच में स्थापित किया और वह था यथार्थवादी रंगमंच। बेशक इसकी प्रेरणा उन्हें पश्चिम से मिली लेकिन अपने बाद आनेवाले नाटककारों पर मिश्रजी का गहरा प्रभाव पड़ा। जगदीशचन्द्र माथुर, उपेन्द्रनाथ 'अश्क' और भुवनेश्वर के एकांकी-नाटकों पर उनके गहरे प्रभाव को साफ परिलक्षित किया जा सकता है।

अभी पिछले दिनों मैंने अपने एक लेख में भारतेन्दु पर लिखे तीन नाटकों का उल्लेख किया था। उसके बाद ही मुझे स्वयं उन्हीं के सुपुत्र विश्वम्भर मिश्र से सूचना मिली है कि भारतेन्दु पर सबसे पहला नाटक *कवि भारतेन्दु* शीर्षक से मिश्रजी ने भारतेन्दु के शताब्दी वर्ष 1950 में लिखा था, जो उनकी समग्र रचनावली के पहले खंड में प्रकाशित हो गया है। मिश्रजी का नाटक और रंगमंच की दुनिया में सबसे बड़ा योगदान यही है कि उन्होंने हिन्दी नाटक को मिथक, इतिहास और लोककथा के संसार से अलग समकालीन ज़िन्दगी के पात्रों के साथ जोड़ा। सन्तोष का विषय है कि साहित्य अकादमी द्वारा आयोजित एक विचार-विमर्श संगोष्ठी में मैंने *भारतीय रंगमंच के परिप्रेक्ष्य में लक्ष्मीनारायण मिश्र* के नाटक विषय पर एक आलेख पढ़ा और इसमें उनके *संन्यासी, राक्षस का मन्दिर, मुक्ति का रहस्य* और *सिन्दूर की होली* जैसे नाटकों का पुनराकलन करने की कोशिश की।

हिन्दी रंगमंच पर शेक्सपीयर

अभी 11, 12, 13 अप्रैल (सन् ?) को लखनऊ जाना हुआ। मौक़ा था भारतेन्दु नाट्य अकादेमी के छात्रों के साथ उत्तर प्रदेश और हिन्दी रंगमंच के सुपरिचित रंगनिर्देशक राज बिसारिया द्वारा शेक्सपीयर के नाटक *मैकबेथ* के मंचन का, जिसका अनुवाद डॉ. हरिवंश राय बच्चन ने किया है। प्रस्तुति अकादेमी के पहले और दूसरे वर्ष के छात्रों के पाठ्यक्रम और प्रशिक्षण को ध्यान में रखकर तैयार की गई थी। लेकिन फिर भी यह प्रस्तुति बिलकुल एक नई परिकल्पना को सामने लेकर आई। मसलन मैकबेथ की भूमिका के तीन प्रतिरूप जो कई दृश्यों में एक साथ मंच पर आते हैं और अपनी अलग-अलग रंगों की वेशभूषा के माध्यम से मैकबेथ के अन्तर और बाहरी व्यक्तित्व के कई पक्षों को उद्घाटित करते हैं। शुरू की आधे से ज़्यादा प्रस्तुति लगभग ख़ाली मंच पर संयोजित की गई थी, इसलिए ज़्यादा-से-ज़्यादा फोकस अभिनेताओं पर आ पड़ा जिसे उन्होंने भरसक निभाने की कोशिश की। यह कोई कम महत्त्वपूर्ण बात नहीं है कि तीनों दिन अलग-अलग अभिनेताओं ने मैकबेथ, लेडी मैकबेथ डंकन, बैंको और चुड़ैलों की भूमिकाएँ कीं। इस तरह से हर अभिनेता को कुल मिलाकर तीन-तीन भूमिकाएँ तैयार करनी पड़ीं जो उनके लिए किसी नाटक में गहरे तक पैठ जाने की दृष्टि से एक यादगार अनुभव रहा।

बहरहाल इस प्रस्तुति को देखते हुए मेरे मन में एक सवाल उठा कि आख़िर लगभग साढ़े पाँच सौ साल पहले जन्मे शेक्सपीयर जैसे रचनाकार में ऐसी क्या बात है कि पूरे विश्व रंगमंच में और हर भाषा में वह आज तक खेला जा रहा है। भारतीय रंगमंच और विशेष रूप से हिन्दी रंगमंच भी इसका अपवाद नहीं है। सबसे पहले तो नाटकों की दृष्टि से भी देखें तो उनके हर नाटक का पिछले 150 सालों में न जाने कितनी बार कभी अनुवाद, कभी रूपान्तर और कभी उस पर आधारित मौलिक नाटक लिखे जाते रहे हैं। शायद बहुत कम लोगों को मालूम है कि हिन्दी में शेक्सपीयर पर आधारित पहला मौलिक नाटक *रणधीर प्रेम मोहिनी* के नाम से लाला श्री निवासदास द्वारा 1877 में लिखा गया था और सम्भवतः उन्हीं दिनों मंचित भी हुआ। यह नाटक शेक्सपीयर के *रोमियो एंड जूलियट* से प्रेरित है। उन्हीं के समकालीन भारतेन्दु हरिश्चन्द्र ने *मर्चेंट ऑफ वेनिस* का *दुर्लभ बन्धु* शीर्षक से हिन्दी में रूपान्तर किया था।

मज़े की बात यह है कि भारतेन्दु ने शेक्सपीयर के शाइलॉक जैसे क्रूर पात्र को तत्कालीन एक जैन बनिए के रूप में परिवर्तित कर दिया था जो उन दिनों अपने ग्राहकों से उधार वसूली के लिए बहुत सख़्त माने जाते थे। इसी के आसपास 1879 में इटावा निवासी रत्नचन्द्र द्वारा शेक्सपीयर के दो अन्य रूपान्तरों की सूचना भी मिलती है। एक है–*कॉमेडी ऑफ एरर्स* का *हम जालक* के नाम से और दूसरा वही *'मर्चेंट ऑफ वेनिस' वेनिस नगर के व्यापारी* शीर्षक से।

बीसवीं शताब्दी के सबसे ज़्यादा चर्चित अनुवाद डॉ. रांगेय राघव के हैं जिन्होंने शेक्सपीयर के लगभग हर नाटक का अनुवाद किया। डॉ. हरिवंशराय बच्चन ने मैकबेथ के अलावा *ओथैलो* और *लीयर* के अनुवाद ही नहीं उनके मंचन भी किए। 1958-59 में डॉ. लेनिन पन्त के निर्देशन में प्रस्तुत *मैकबेथ* की प्रस्तुति में श्रीमती तेजी बच्चन ने लेडी मैकबेथ और अमिताभ बच्चन ने मैकडेफ की भूमिका की थी। *हेमलैट* का सबसे अच्छा अनुवाद अमृत राय ने किया है जो आज भी लगातार मंच पर खेला जाता है। इसी तरह से किंग लीयर कभी *पगला राजा तीन बेटियाँ* कभी *राजा लीयर* और कभी सिर्फ़ *लीयर* के नाम से भी अनूदित और रूपान्तरित होता रहा है और हिन्दी रंगमंच के कुछ सुप्रसिद्ध अभिनेताओं ने इसमें लीयर की भूमिका अभिनीत की है। इनमें इब्राहिम अलकाज़ी द्वारा शेक्सपीयर के पाँच सौवें जन्मशताब्दी वर्ष 1964 में निर्देशित *राजा लीयर* की प्रस्तुति में ओम शिवपुरी और फिर उसके कई सालों बाद अमाल अल्लाना द्वारा प्रस्तुत इसी नाटक में यही भूमिका मनोहर सिंह ने की थी। दुर्भाग्य से ये दोनों ही अभिनेता आज हमारे बीच नहीं हैं। मनोहर सिंह अपनी एक दूसरी भूमिका ओथेलो के माध्यम से 1969 में पहली बार एक सशक्त अभिनेता के रूप में अपनी विशिष्ट पहचान बनाने में सफल हुए थे, जिसे उन्होंने 1969 में इब्राहीम अलकाज़ी के निर्देशन में प्रस्तुत किया था जब वे राष्ट्रीय नाट्य विद्यालय में द्वितीय वर्ष के छात्र थे। ओथैलो की दूसरी प्रस्तुति विद्यालय के रंगमंडल के साथ प्रसिद्ध जर्मन निर्देशक फ्रिट्ज बेनेविट्ज़ ने मंचित की थी जिसमें आज के लोकप्रिय चरित्र अभिनेता नामदेव ने *ओथैलो* का रोल किया था। शेक्सपीयर के दूसरे नाटकों में *हेमलेट, रोमियो जूलियट, जूलियस सीज़र* और *मिडसमर नाइट्स ड्रीम* पिछले 50 वर्षों में राष्ट्रीय नाट्य विद्यालय के छात्रों द्वारा बार-बार प्रस्तुत किए गए हैं। इनमें भी शायद सबसे ज़्यादा बार *मिडसमर नाइट्स ड्रीम* खेला गया, जिसे अनुराधा कपूर, मोहन महर्षि और रॉब क्लेयर ने अलग-अलग सालों में मंचित किया। मैकबेथ विद्यालय में आज तक एक ही बार खेला गया है और वह प्रस्तुति बिलकुल अलग दिखाई पड़ती है जिसे 1979 में ब. व. कारन्त ने यक्षगान के तत्त्वों से संयोजित करके *बरनम वन* के नाम से विद्यालय के मुक्ताकाशी मंच मेघदूत पर प्रस्तुत किया था और उसमें के.के. रैना और पंकज कपूर जैसे चर्चित अभिनेताओं ने अभिनय किया था और उत्तरा बावकर जैसी समर्थ और सशक्त अभिनेत्री ने लेडी मेकबैथ की भूमिका निभाई

थी। उसका अनुवाद शेक्सपीयर की कविता के समानान्तर रघुवीर सहाय द्वारा कविता में किया गया था।

ऊपर हमने 1900 से लेकर 1930 के बीच अत्यन्त लोकप्रिय पारसी नाटकों और उनकी प्रस्तुतियों की कोई चर्चा नहीं की है। देखा जाए तो शेक्सपीयर का सबसे ज़्यादा असर पारसी नाटकों पर ही दिखाई पड़ता है। पारसी रंगमंच के सबसे बड़े नाटककार आग़ा हश्र काश्मीरी ने तो जैसे उनके हर नाटक को हिन्दी-उर्दू भाषा और उसी से मिलते-जुलते परिवेश में रूपान्तरित कर डाला। मसलन *हेमलेट* को *खूने नाहक, किंग लीयर* को *सफेद खून,* और *ख़्वाबे-हस्ती* पर *मैकबेथ, दाग़े हुस्न* अथवा *शहीदे नाज़* पर *मैजर फॉर मैजर* जैसे नाटकों का असर दिखाई पड़ता है। यहाँ तक कि *यहूदी की लड़की* पर *रोमियो-जूलियट* की छाया देखी जा सकती है। अकारण नहीं कि इन्हीं रचनाओं के चलते आग़ा हश्र काश्मीरी को इंडियन शेक्सपीयर भी कहा जाता है।

अब आख़िर में वही एक सवाल जिससे इस आलेख की शुरुआत हुई थी कि शेक्सपीयर के नाटकों में ऐसा क्या है जिसकी तरफ़ हम इतना समय बीत जाने के बाद भी लौटते रहते हैं। उत्तर बिलकुल साफ है—एक कारण तो यही कि इन नाटकों में आदमी की महत्त्वाकांक्षा, बदले की भावना, ईर्ष्या, घृणा, प्रेम जैसे सार्वकालिक कथ्य भरे पड़े हैं जो किसी भी कालजयी रचना की पहली कसौटी हैं। दूसरे ये कथ्य राजाओं-महाराजाओं, रानियों-महारानियों और राजकुमारों की ज़िन्दगी के इर्द-गिर्द बुने गए हैं, जिनमें इतिहास और लोककथाओं का अद्भुत मिश्रण है, जो हमें तुरन्त आकर्षित कर लेता है। तीसरे इन कहानियों का ढाँचा रहस्य-रोमांच, षड्यन्त्र, जादू, चुड़ैलों और भविष्यवाणियों जैसी न जाने कितनी नाटकीय युक्तियों से पुष्ट है कि वे हमें तुरन्त अपनी गिरफ़्त में ले लेते हैं। इस दृष्टि से शेक्सपीयर के नाटक पश्चिमी और पूर्वी रंगमंच में शास्त्रीय और लोकनाट्य परम्पराओं के बीच एक पुल का काम करते हैं।

फ़ितरती चोर बनाम *चरणदास चोर*

बहुत साल पहले राजस्थानी और हिन्दी के सुप्रसिद्ध कहानीकार विजयदान देथा ने एक कहानी लिखी थी जिसका शीर्षक था *फ़ितरती चोर*। पहले यह कहानी राजस्थानी कहानी संकलन *बाता-री-फुलवारी* में प्रकाशित हुई और बाद में इसका हिन्दी में भी प्रकाशन हुआ। इस कहानी को आधार बनाकर 1974-75 में हबीब तनवीर ने एक नाट्य कार्यशाला के दौरान एक नाट्य आलेख विकसित किया जिसे नाम दिया *चरनदास चोर*। इस नाटक की उन्होंने अपनी संस्था नया थिएटर के लोक कलाकारों के साथ बहुत ही ताज़ा, उत्तेजक और मर्मस्पर्शी प्रस्तुति तैयार की जिसके देश-विदेश में अनगिनत प्रदर्शन हुए और आज भी यदा-कदा होते रहते हैं। केवल देश में नहीं विदेश में भी इस प्रस्तुति को अपार लोकप्रियता मिली और उसके साथ-साथ अनेक पुरस्कार और सम्मान। 1975 के एडिनबरा अन्तर्राष्ट्रीय नाट्यसमारोह में *चरणदास चोर* को सर्वोत्तम प्रस्तुति सम्मान से नवाज़ा गया और उसके बाद तो जैसे पुरस्कारों, सम्मानों की झड़ी ही लग गई।

आख़िर ऐसा क्या है इस नाटक में जो हमें अपनी तरफ़ एकदम आकर्षित कर लेता है। कहने की ज़रूरत नहीं कि चोर का किसी कहानी अथवा नाटक का नायक होना ही अपने-आप में उसकी लोकप्रियता के लिए एक निर्णायक तत्त्व है। हमारी लोकथाएँ, मिथक, इतिहास, पुराण और यहाँ तक कि प्राचीन संस्कृत नाटक भी इस नायक से अछूते नहीं रहे हैं। याद करने की कोशिश करें तो भास के नाटक *दरिद्रचारुदत्तं* के तीसरे अंक में चोर की कहानी और बाद में इसी नाटक को स्रोत के रूप में अपनाकर लिखा गया *शूद्रक* का दस अंकों का नाटक *मृच्छकटिक* जिसमें शर्विलक नाम के चोर की अत्यन्त सक्रिय और महत्त्वपूर्ण भागीदारी है। एक तरफ़ वह अपनी प्रेमिका मदनिका को वसन्तसेना के दासीत्व से मुक्त कराने के लिए चोरी करके इतना धन एकत्र कर लेना चाहता है कि उसे वसन्तसेना को देकर मदनिका से विवाह कर सके और दूसरी तरफ़ तत्कालीन राजा पालक के विरुद्ध भूमिगत षड्यन्त्रकारी गतिविधियों में भी शामिल है। *मृच्छकटिक* के चौथे अंक में जैसे ही वसन्तसेना शर्विलक और मदनिका के विवाह को सम्पन्न करती है, उसी क्षण आर्यक के कारागार से छूटकर भागने का समाचार सुनकर शर्विलक मदनिका को अपने एक मित्र के पास

छोड़कर तुरन्त पालक के ख़िलाफ़ चल रहे भूमिगत षड्यन्त्र में सक्रिय हो जाता है। कुछ-कुछ आधुनिक फ़िल्मों में चोर की भूमिका निभानेवाले नायकों की छवि से मिलता-जुलता जैसे *किस्मत* में अशोक कुमार, *वक़्त* के राजकुमार और *डॉन* में अमिताभ बच्चन अर्थात् वे मात्र सतही और सपाट चोर नहीं हैं वरन् उनका एक मानवीय पक्ष भी है। यही कारण था कि शर्विलक को नायक बनाकर गुजराती में रसिक लाल पारिख ने पूरा नाटक ही रच डाला।

दसवीं-बारहवीं शताब्दी में मुनि रामभद्र द्वारा लिखे गए *प्रबुद्ध रोहणेय* नाम के नाटक का नायक भी चोर है। यह एक अद्भुत संयोग है कि जहाँ-जहाँ उपर्युक्त रचनाओं में चोर को नायक की भूमिका में रखा गया है तो वह किसी न किसी बड़े उद्देश्य की पूर्ति के दबाव में ही चोर बना है। हमारे मानस में चोर-डाकू की जो एक नकारात्मक सी बनी-बनाई छवि मौजूद है, उससे कहीं भिन्न हैं ये चरित्र और इसीलिए हमें हमेशा से आकर्षित करते रहे हैं।

इतना ही क्यों, हमारे यहाँ तो शास्त्रों में परिगणित चौंसठ कलाओं में चोरी अर्थात् चौर्य कला को भी बराबर का दर्जा दिया गया है। यानी चोरी करने की प्रक्रिया भी इतनी अद्भुत हो कि वह अपने आपमें कला का दर्जा प्राप्त कर ले। *मृच्छकटिक* में शर्विलक द्वारा चारुदत्त के घर में सेंध लगाने की प्रक्रिया और उसका डिज़ाइन इतना सुन्दर है कि चारुदत्त उसकी प्रशंसा किए बिना नहीं रह पाता। इससे बड़ी नाटकीय आयरनी और क्या हो सकती है कि वह इस बात से चिन्तित नहीं है कि उसके घर में चोर ने रात में सेंध लगाकर चोरी कर डाली वरन् वह इस बात से प्रसन्न है कि उसने कितनी सुन्दर सेंध लगाई। इससे भी ज़्यादा वह इस बात को लेकर परेशान हो जाता है कि उसके घर से बेचारा चोर खाली हाथ गया होगा।

लेकिन *फितरती चोर* अथवा *चरणदास चोर* इन सबसे अलग है। यह ज़रूर है कि वह शुरू में एक शुद्ध चोर के रूप में अपनी जीवन-यात्रा प्रारम्भ करता है लेकिन महात्मा के सम्पर्क में आने और चार कसमें खाने के बाद तो जैसे उसका कायाकल्प ही हो जाता है। जैसा रूपान्तरण इस चोर का होता है वैसा साहित्य में शायद ही किसी चरित्र अथवा नायक का हुआ हो। अपवाद के रूप में चोर के रूप में तो नहीं। हाँ! कुछ दूसरे अर्थों में भास के नाटक *उरुभंग* में दुर्योधन, काफ़्का के उपन्यास *मेटामौरफॉसिस* में नायक, लुई पिरांदेलो के नाटक *हेनरी द फार्थ* की भूमिका करनेवाला चरित्र और दया प्रकाश सिन्हा के *कथा एक कंस की* में कंस के चरित्र का तुलनात्मक समानान्तर प्रस्तुत किया जा सकता है। लेकिन फिर भी *चरणदास चोर* की अपनी गरिमा है। अपनी अस्मिता है कि चोर होते हुए भी वह अन्त में जाकर एक ट्रैजिक चरित्र के रूप में स्थापित होता है और शायद यही वह सबसे बड़ी नाटकीयता है जो हमारा इस चोर से ऐसा तादात्म्य स्थापित कर देती है कि हम स्वयं अपने भीतर झाँकने को विवश हो जाते हैं।

देखा जाए तो चोर के नायक बनाए जाने की कहानी यहीं ख़त्म नहीं हो जाती। अभी पिछले साल हिन्दी के युवा कवि विमल कुमार ने *चोर पुराण* नाम से एक व्यंग्य उपन्यास ही लिख डाला जिसकी अच्छी-ख़ासी चर्चा रही। क्या हम उस मशहूर फ़िल्मी गीत को कभी भूल पाएँगे—

इस दुनिया में सब चोर-चोर।
कोई छोटा चोर, कोई बड़ा चोर।

आज तो यह कहना भी मुश्किल हो गया है कि न जाने किस भेस में बाबा, मिल जाए कोई चोर रे। ऐसे में *फितरती चोर* उर्फ़ चरणदास एक फन्तासी से कम नहीं।

एक नई रंगभाषा की तलाश

इक्कीसवीं सदी के पहले दशक के आठ साल बीत जाने पर अब यह साफ तौर पर नजर आ रहा है कि आज भारतीय रंगमंच में सीधी-सादी यथार्थवादी प्रस्तुतियों के लिए ज़्यादा जगह नहीं बची है। यह सही है कि प्रस्तुति किसी भी शैली में हो, वह हमेशा अपने समय के यथार्थ को ही सामने लाती है लेकिन इसका अर्थ यह कदापि न लिया जाए कि उसके प्रस्तुतीकरण की शैली भी मात्र यथार्थवादी होगी। इसमें कोई सन्देह नहीं कि पूरी तरह से यथार्थवादी प्रस्तुतियों ने भारतीय और विश्व रंगमंच में कम-से-कम पिछले सौ-डेढ़ सौ साल तक अपना वर्चस्व बनाए रखा लेकिन इसके साथ-साथ सच्चाई यह भी है कि जब-जब निर्देशक और अभिनेता को उसे छोड़ने की आन्तरिक ज़रूरत महसूस हुई तो उसने जरा भी देर नहीं लगाई। यदि हम मात्र 2008 की ही कुछ ऐसी प्रस्तुतियों की चर्चा करें तो हमारी स्थापना की स्वयमेव पुष्टि हो जाएगी। अच्छा होगा कि इस साल के अन्त से साल की शुरुआत की तरफ़ बढ़ते चलें और जो भी प्रस्तुतियाँ इस वर्ष में अपनी प्रयोगशीलता और गुणवत्ता के कारण दर्शकों का ध्यान आकर्षित करने में सफल रहीं उनकी चर्चा करें। मैं कोशिश करूँगा कि इसमें लगभग पूरे हिन्दी प्रदेश में देखी गई प्रस्तुतियों का उल्लेख किया जा सके।

सबसे पहले मैं राष्ट्रीय नाट्य विद्यालय के द्वितीय वर्ष के छात्रों के साथ कालिदास रचित नाटक *विक्रमोर्वशीयम्* की मंच प्रस्तुति की बात करना चाहूँगा जिसे विद्यालय के वरिष्ठ प्राध्यापक के.एस. राजेन्द्रन ने निर्देशित किया था। यह एक संयोग ही कहा जा सकता है कि राजेन्द्रन विद्यालय में भारतीय शास्त्रीय नाटक और रंगमंच भी पढ़ाते हैं। उसी का व्यावहारिक परीक्षण प्रस्तुतियों के माध्यम से पिछले तीन सालों से लगातार करते आ रहे हैं जिनके अन्तर्गत उन्होंने वर्तमान प्रस्तुति के अलावा कालिदास के ही *मालविकाग्निमित्रम्* और शूद्रक के *मृच्छकटिकम्* को भी प्रस्तुत किया था। *विक्रमोर्वशीयम्* नाटक के बारे में आम राय यह है कि मंचन की दृष्टि से कभी भी इसकी कोई अच्छी प्रस्तुति नहीं हो पाई। इस दृष्टि से इसका काफ़ी महत्त्व है। लेकिन राजेन्द्रन ने अपनी प्रस्तुति के माध्यम से इस मिथक को पूरी तरह ध्वस्त कर दिया और शास्त्रीय, लोक और आधुनिक रंगमंच के भीतर से एक नई और ताजी रंगभाषा को रचने की कोशिश की जो न तो पूरी तरह से शास्त्रीय थी, न लोक और

न ही आधुनिक बल्कि इनकी पारस्परिक टकराहट के भीतर से बनती हुई अपने आप में एक नई शैली थी।

इसी का एक दूसरा रूप है, इलाहाबाद की एक शौकियानाट्य संस्था त्रिवेणी सहाय स्मृति संस्थान द्वारा प्रस्तुत शिवाजी सावंत के उपन्यास *मृत्युंजय* पर आधारित *कर्ण कथा* जिसे सत्यव्रत राउत ने निर्देशित किया था। यद्यपि कथा यहाँ भी *महाभारत* से जुड़ी है और लगातार गीत-संगीत, नृत्य और गतिविधान जैसे तत्त्वों के प्रयोग के लिए आमन्त्रित करती है लेकिन यह देखकर सुखद आश्चर्य हुआ कि निर्देशक ने इसमें से किसी भी तत्त्व का अतिरिक्त इस्तेमाल नहीं किया। इसके बावजूद प्रस्तुति को यथार्थवादी ढाँचे के भीतर नहीं रखा जा सकता। इसका कारण यह भी है कि निर्देशक ने प्रस्तुति के स्वरूप को जिस तरह की महाकाव्यात्मकता प्रदान की उसके चलते उसका यथार्थवादी ढाँचा अपने आपमें टूटता चला गया।

ऐसी ही एक सार्थक कोशिश लखनऊ में भारतेन्दु नाट्य अकादमी द्वारा प्रस्तुत दो प्रस्तुतियों में दिखाई पड़ी। पहली थी मन्नू भंडारी के *महाभोज* की प्रस्तुति जिसे अकादमी के छोटे से सभागार में अलोपी वर्मा ने मंचित किया था। दूसरी थी शेक्सपीयर के *मैकबेथ* की प्रस्तुत जिसे लखनऊ के रवीन्द्रालय प्रेक्षागृह में राज बिसारिया के निर्देशन में प्रस्तुत किया गया। *महाभोज* पूरी तरह से यथार्थवादी शैली में लिखा गया है और प्रायः किसी भी निर्देशक के लिए उसके बने-बनाए ढाँचे से अलग हटना काफ़ी मुश्किल होता है लेकिन इसके बावजूद निर्देशक ने उस छोटे से सभागार में जिस तरह से अभिनय स्थल के अलग-अलग धरातलों की परिकल्पना कर स्थान का खूबसूरती से इस्तेमाल किया उससे यथार्थवाद का भ्रम उत्पन्न करने वाला प्रोसीनियम फ्रेम खुद-ब-खुद टूट गया। इतना ही नहीं, पात्रों के चुनाव में अपनी प्रखर दृष्टि के तहत निर्देशक ने जिस तरह से पात्रों को संयोजित किया, वह देखते ही बनता था। उदाहरण के लिए थानेदार के रूप में एक महिला कलाकार का चुनाव जिसने सहज ही किरण बेदी जैसे दबंग व्यक्तित्व की वर्तमान छवि से जोड़ दिया। इसी तरह से शेक्सपीयर के *मैकबेथ* में एक साथ *मैकबेथ* के तीन बिम्बों को लेकर चलना सचमुच में एक ऐसा प्रयोग था—जो शायद कभी नहीं सोचा जा सकता था। ऐसा लगता है कि एक रूप *मैकबेथ* की दुविधाओं का, दूसरा उसकी महत्त्वाकांक्षाओं का और तीसरा उसके भीतर दूर तक जमे बैठे डर का साक्षात् बिम्ब बनकर सामने आ रहा हो। ठीक ऐसी तो नहीं लेकिन फिर भी बने-बनाए ढाँचे से अलग शेक्सपीयर के एक दूसरे नाटक *ओथैलो* की रंग प्रस्तुति में राज बिसारिया ने यह कोशिश पुनः दोहराई जिसे उन्होंने साल के अन्त में राष्ट्रीय नाट्य विद्यालय रंगमंडल के कलाकारों के साथ अभी हाल ही में निर्देशित किया। इसमें *ओथैलो* को नौटंकी जैसी संगीतमय शैली के कुछ टुकड़ों से जोड़कर प्रस्तुत करने का प्रयास किया गया। आज से लगभग तीस वर्ष पहले ब.व. कारन्त ने भी शेक्सपीयर के *मैकबेथ* को कर्नाटक की लोकनाट्य

शैली यक्षगान के कुछ खास तत्त्वों से जोड़कर किया था। ये दोनों प्रस्तुतियाँ कहीं भी पूरी तरह से नौटंकी अथवा यक्षगान नहीं बन जातीं लेकिन लगातार उनका आभास दिलाती रहती हैं।

कुछ दिन पहले मुझे इन्दिरा कला संगीत विश्वविद्यालय के नाट्य विभाग द्वारा तैयार की गई प्रस्तुति *क्या करेगा काजी* देखने के लिए खैरागढ़ जाना पड़ा। इस नाटक को वहाँ के स्नातक के सभी छात्रों के साथ अलोपी वर्मा ने निर्देशित किया था। यद्यपि यह अपने आप में एक स्वतन्त्र प्रस्तुति न होकर एक रंगशिविर की नाट्य प्रस्तुति थी लेकिन जिस नई रंगभाषा की हम बार-बार चर्चा कर रहे हैं यह उस पर एकदम खरी उतरती है। कहने को यह नाटक भी फ्रांस के ही एक दूसरे नाटककार मोलियर के नाटकों की तर्ज पर लिखा गया एक हास्य नाटक था लेकिन निर्देशक ने छात्र अभिनेताओं के माध्यम से इस हास्य नाटक को भी एक बिलकुल नए अन्दाज में प्रस्तुत किया जो कहीं शैलीबद्ध तो कहीं यथार्थवादी अभिनय का अद्भुत मिश्रण था और कहीं गीत-संगीत और सर्कस जैसी कलाबाजियों के लोकप्रिय लटकों-झटकों के कलात्मक प्रयोग को भी अपने साथ समेटे हुए था। शायद यही कारण था कि प्रदर्शन के दौरान हर तरह के दर्शक का भरपूर समर्थन मिला और उन्हें कहीं से भी प्रस्तुति अश्लील अथवा हास्यास्पद नहीं दिखाई पड़ी।

इधर हमने जितनी भी प्रस्तुतियों की चर्चा की है वे सभी एक नई रंगभाषा को रचने की तलाश में सफल और सार्थक दिखाई दीं। लेकिन इसका अर्थ यह कदापि न लिया जाए कि ऐसी कोशिश हमेशा सफल और सार्थक होगी। कई बार हमारे रंग निर्देशक और नाट्य मंडलियाँ नएपन के चक्कर में बहुत-कुछ ऐसा भी कर डालते हैं जो दिखने में भले ही प्रयोगशील जान पड़े लेकिन दर्शकों के साथ उनका कोई तादात्म्य स्थापित नहीं हो पाता। इसमें कोई दो राय नहीं कि हम किसी भी शैली में अपनी रंग प्रस्तुति को मंच पर लाएँ यदि वह हमारे दर्शकों के साथ सम्प्रेषण के स्तर पर एक जीवन्त और मार्मिक अनुभव में तब्दील नहीं होती तो उस तरह के प्रयोग की व्यर्थता अपने आप साबित हो जाती है। फिर भी हमें आनेवाले वर्षों में हिन्दी रंगमंच की एक ऐसी तस्वीर तैयार करनी है जो अलग-अलग छवियों, रंगों और गतियों से भरपूर हो और साथ-साथ अपने निहितार्थ में हमारे अन्तर्मन को गहरे तक भेदने की क्षमता रखे।

तीन कॉलेजों की तीन नाट्यप्रस्तुतियाँ

हर साल जुलाई-अगस्त में दिल्ली विश्वविद्यालय में नए सत्र की शुरुआत के साथ ही वहाँ यदि एक तरफ़ स्टूडेंट यूनियन के चुनाव की सरगर्मी तेज़ होने लगती है तो उसी अनुपात में सांस्कृतिक कार्यक्रमों का भी श्रीगणेश हो जाता है। इसमें भी जल्दी से जल्दी एक सम्पूर्ण और पूर्णकालिक नाटक को तैयार करने और प्रस्तुत करने की होड़ सी मच जाती है। ज़्यादातर कॉलेजों की कोशिश यह रहती है कि दिसम्बर में होनेवाली क्रिसमस की छुट्टियों से पहले नाट्यप्रस्तुतियों का आयोजन कर लिया जाए ताकि जनवरी के बाद सारा ध्यान पढ़ाई-लिखाई और परीक्षाओं पर केन्द्रित किया जा सके। यूँ तो हर कॉलेज की नाट्यमंडली पिछले 25-30 साल में लगातार कुछ-न-कुछ नाटक से जुड़ी गतिविधि करती रही है लेकिन जब से राष्ट्रीय नाट्य विद्यालय ने अपने विस्तार कार्यक्रम के तहत विशेषज्ञ नाट्यनिर्देशकों को अपने यहाँ से नाट्यनिर्देशन के लिए भेजना नियमित स्तर पर शुरू किया है तब से ये कार्यक्रम महज एक खानापूर्ति न होकर एक नई सोच, एक नई पद्धति और एक नए रूप-रंग में हमारे सामने आने लगे हैं।

संयोग से सितम्बर महीने के आखिरी दस दिनों में एक साथ तीन कॉलेजों की तीन नाट्यप्रस्तुतियों को देखने का अवसर मिला। पश्चिमी दिल्ली में स्थित लड़कियों का श्यामाप्रसाद मुखर्जी कॉलेज जिसने फणीश्वरनाथ रेणु की कहानी *पंचलाइट* का नाट्यरूपान्तरण पहले श्रीराम सेंटर में और फिर कॉलेज के अपने सभागार में प्रस्तुत किया। प्रस्तुति का निर्देशन राष्ट्रीय नाट्य विद्यालय के 1984 के स्नातक सुरेन्द्र शर्मा ने किया था जिन्होंने पिछले कुछ सालों में हिन्दी अकादेमी के तहत प्रेमचन्द के *रंगभूमि*, रेणु के *मैला आँचल*, अमृतलाल नागर के *बूँद और समुद्र* हजारीप्रसाद द्विवेदी के *बाणभट्ट की आत्मकथा* और प्रेमचन्द के ही *निर्मला* जैसे उपन्यासों के नाट्यरूपान्तरणों के बहाने से अपनी एक अलग पहचान बनाई है। दिल्ली के उत्तरी भाग में स्थित लक्ष्मीबाई कॉलेज की लड़कियों ने चिर-परिचित मराठी नाटककार पु. ल. देशपांडे के नाटक के लोकप्रिय नाटक *मन्दिर में भगवान* को हिन्दी में प्रस्तुत किया जिसे रानावि के '93 के स्नातक वीरेन्द्र कुमार ने निर्देशित किया था। इसी के आसपास दिल्ली विश्वविद्यालय के परिसर में ही स्थित हिन्दू कॉलेज की भी नाट्यमंडली *अभिनव* ने

वागीश कुमार सिंह के नाटक *एक प्रेम कथा पंचतन्त्र से* का मंचन किया जिसका निर्देशन भी वागीश कुमार सिंह ने ही किया था जो रानावि से 1979 के स्नातक हैं।

बेशक तीनों प्रस्तुतियाँ अलग-अलग कॉलेजों में अलग-अलग निर्देशकों ने निर्देशित कीं लेकिन तब भी उनका एक मिला-जुला दिलचस्प अध्ययन पेश किया जा सकता है। पहली दो प्रस्तुतियाँ लड़कियों के कॉलेज में हुईं और उन्होंने ही नाटकों के पुरुष पात्रों की भूमिकाएँ भी निभाईं और इतनी खूबी से निभाई कि वे एक क्षण के लिए भी अस्वाभाविक नहीं लगीं। विशेष रूप से *पंचलाइट* में गोवर्धन और गाँव की ही एक लड़की के साथ विकसित होती प्रेमकथा जिसे लड़कियाँ होते हुए लड़के लड़की के रूप में निभाना बहुत मुश्किल काम था। इसी तरह *मन्दिर में भगवान* में बहुत से पुरुष पात्र। तीनों ही प्रस्तुतियाँ अपनी बनावट में ज़्यादा-से-ज़्यादा संगीत पर आधारित थीं। इसीलिए उनमें गीतों की भी भरमार थी। सबसे बड़ी समानता तो यही देखी जा सकती है कि तीनों में भीड़वाले दृश्यों का बहुत योगदान रहा। *मन्दिर में भगवान* में सारे पात्र मन्दिर में ही इकट्ठे होते हैं और *एक प्रेमकथा पंचतन्त्र से* में यही अवसर बाजार का दृश्य उपलब्ध करा देता है। इन दृश्यों के होने से मंच बिना किसी अतिरिक्त साज-सज्जा के भी भरा-पूरा लगता है। अलग-अलग चरित्रों के आपसी वाद-विवाद में अपनी पूरी प्रतिभा को दिखाने का मौक़ा मिलता है और सबसे बड़ी बात यह है कि ऐसे दृश्य कॉलेजों के ज़्यादा-से-ज़्यादा से छात्रों की सहभागिता को उजागर करते हैं।

आलेख के स्तर पर भी तीनों नाट्यप्रस्तुतियाँ तीन विकल्प प्रस्तुत करती हैं। *पंचलाइट* मूलतः कहानी है जिसका नाट्यरूपान्तर और संवाद-लेखन कॉलेज की प्राध्यापिका शिवानी जॉर्ज ने किया। *मन्दिर में भगवान* मूलतः मराठी भाषा का नाटक है जो लगभग सभी भाषाओं में अलग-अलग नाम से खेला जाता रहा है। *एक प्रेमकथा पंचतंत्र से*, हिन्दी का मौलिक नाटक है जिसे शायद दिल्ली रंगमंच पर पहली बार प्रस्तुत किया गया लेकिन तीनों ही प्रस्तुतियों को देखने के बाद एक बात तीनों के बारे में समान रूप से कही जा सकती है कि तीनों निर्देशकों ने प्रस्तुति को किसी शैली विशेष में बाँधने की कोशिश नहीं की वरन् एक बहुत ही सहज, सुगम और अपने आप उभरकर आती हुई अभिनय और प्रस्तुति शैली के माध्यम से अपना रास्ता तलाशने की दिशा में अपने कदम बढ़ाए।

अयोध्या बाबू सनक गए हैं का चुना जाना

पिछली बार की तरह इस बार भी मेरे लिए *रमाकान्त स्मृति पुरस्कार* के लिए कहानी का चुनाव करने की प्रक्रिया बहुत ही रोचक और उत्साहवर्धक रही। अन्तिम दौर में चुनी हुई कहानियों के रूप में मेरे पास 16-17 कहानियाँ पहुँचीं और कुछ को मुझे पहले भी पढ़ने का अवसर मिल चुका था। इस प्रकार कुल मिलाकर मुझे 21 कहानियों के भीतर से गुज़रने का मौक़ा मिला। ज़ाहिर है कि यह कोई अन्तिम और सम्पूर्ण सूची नहीं है, लेकिन इतना तो निश्चित है कि एक वर्ष में विभिन्न पत्र-पत्रिकाओं में छपी कहानियों का प्रतिनिधित्व करती है यह संख्या। अपने सामने रखी 21 कहानियों को पढ़ने के बाद मैंने उनमें से तीन कहानियों का चुनाव किया और उन्हें फिर से पढ़ा। इन तीनों को दूसरी बार पढ़ने से पहले ही मैं *अयोध्या बाबू सनक गए हैं* को लगभग निश्चित कर चुका था, लेकिन फिर भी स्वयं अपनी आश्वस्ति के लिए तीनों को दोबारा पढ़ना ज़रूरी था और मुझे अपने निर्णय को पुष्ट करने में किसी दुविधा का सामना नहीं करना पड़ा।

मेरे लिए अच्छी, मार्मिक और सशक्त कहानी वही है जो स्वयं तो इन सारे गुणों से सम्पन्न हो, साथ ही अपने पढ़े जाने के दौरान ऐसी ही कुछ दूसरी कहानियों की याद भी दिला जाए। यह अकारण नहीं था कि इसको पढ़ते हुए मुझे हरिप्रकाश की *वापसी,* ज्ञानरंजन की *पिता,* निर्मल वर्मा की *बीच बहस में* और कृष्ण बलदेव वैद की *पिता* कहानी की याद आई, लेकिन याद इस अर्थ में नहीं कि *अयोध्या बाबू...*के रचनाकार उमाशंकर चौधरी ने इन कहानियों से कोई प्रभाव ग्रहण किया है वरन् इसलिए कि इसका कथ्य भी कहीं-न-कहीं पिता-पुत्र के आपसी सम्बन्धों पर आधारित है। लेकिन बहुत जल्द यह कहानी इस कथ्य को पीछे छोड़कर, आज की यान्त्रिकता धीरे-धीरे किस तरह मानवीय रिश्तों को पूरी तरह से मानवीयता से अलग झटककर अपने जैसा ही यान्त्रिक और समझौतापरस्त बना डालती है, इसकी तरफ़ बढ़ जाती है। हाँ, एक दौर में लिखी जा रही बहुत सारी कहानियों में एक-दूसरे पर पड़नेवाले प्रभाव की चर्चा करना यदि ज़रूरी ही हो तो मैं उमाशंकर चौधरी की इस कहानी के शिल्प और संरचना को कुछ-कुछ उदयप्रकाश और योगेन्द्र आहूजा की अगली परम्परा में रखना चाहूँगा।

जब मैंने इस कहानी को पहली बार पढ़ना शुरू किया था तो मुझे इसमें किसी कथ्य से ज़्यादा शिल्प और शैली का हस्तक्षेप ज़्यादा दिखाई पड़ा लेकिन पहला पृष्ठ ख़त्म होते न होते मेरी यह धारणा खंडित होती चली गई, क्योंकि कब कथ्य और शिल्प संरचना आपस में घुल-मिल जाते हैं, यह पता ही नहीं चलता और शायद यही इस कहानी का सबसे बड़ा गुण है। सबसे बड़ी बात यह है कि जितना जटिल और गहरा इसका कथ्य है, उतना ही जटिल इसका शिल्प भी है लेकिन इसके बावजूद कहानी कहीं भी बोझिल महसूस नहीं होने देती और इसे शुरू से लेकर आख़िर तक पढ़ना बहुत ही सहज और अन्तरंग अनुभव रहा। इसे मात्र एक संयोग ही कहा जा सकता है कि इससे पहले मैंने उमाशंकर चौधरी की कोई रचना नहीं पढ़ी थी। यह भी नितान्त सम्भव है कि शायद यह उनकी पहली कहानी हो। हालाँकि इसी दौरान *नया ज्ञानोदय* के पृष्ठों पर उनके एक आनेवाले कविता संग्रह *कहते हैं तब शहंशाह सो रहे थे* का विज्ञापन लगातार मेरे सामने से गुज़रता रहा है जो भारतीय ज्ञानपीठ से प्रकाश्य है। इस कहानी की यदि मात्र एक विशेषता पर ही बात करनी हो तो संक्षेप में यही कहा जा सकता है कि यद्यपि कहानी में कोई भी घटना, स्थिति या प्रसंग किसी भी तरह से नाटकीय नहीं है, लेकिन फिर भी हमें यह भीतर तक एक ऐसे तनाव से घेर लेती है जिससे हम काफ़ी देर के बाद मुक्त हो पाते हैं।

मैं एक बार फिर इस बात को रेखांकित करना चाहूँगा कि कहानी लेखन की दुनिया में युवा रचनाकारों द्वारा आज जो कुछ भी नया लिखा जा रहा है, वह सचमुच में अपने कथ्य और कथ्य से ज़्यादा कथ्य को व्यंजित करने की नई-से-नई शैली और संरचना की दृष्टि से बहुत ही महत्त्वपूर्ण है। सबसे बड़ी बात यह है कि अपनी तमाम प्रयोगधर्मिता के बावजूद आज की युवा कहानी उस क़िस्सागोई और कहानीपन को वापस लेकर आई है जो उसकी पहली ज़रूरत है और शायद हमेशा होनी चाहिए।

हाँ, इस पूरे प्रसंग में मैं अपने मित्रों के साथ उस अनुभव को शेयर करना तो भूल ही गया जिसने मेरे इस विश्वास को और भी पुष्ट किया है कि हम किसी रचना को ज़बरदस्ती अच्छा साबित नहीं कर सकते, वह अपने आप अलग से दिखाई दे जाती है। हुआ यूँ कि अन्तिम तीन कहानियाँ मैंने अपने एक रंगकर्मी मित्र दिनेश खन्ना को भी बिना किसी भूमिका के पढ़ने को दीं और वह भी अगले दिन उमाशंकर चौधरी की कहानी *अयोध्या बाबू तनक गए हैं* को ही चुनकर लाए थे।

रुस्तम-सोहराब : आलेख एवं प्रस्तुतिविधान

यह एक बहुत ही रोचक तथ्य है कि जब हमारे यहाँ उन्नीसवीं शती के उत्तरार्द्ध के आसपास पारसी नाटकों और रंगमंच की परम्परा शुरू हुई तो सबसे पहले मंचन के रूप में *रुस्तम-सोहराब* नाम के आख्यान का उल्लेख मिलता है और जब सन् 1930 के आसपास फ़िल्मों में ध्वनि के आविष्कार को समाहित किया जा चुका था, तब पारसी रंगमंच के लगभग अवसान की ओर बढ़ते दौर में जिस नाटक की प्रस्तुति हुई थी, वह भी *रुस्तम-सोहराब* था। यह अलग बात है कि पहली प्रस्तुति के रचनाकार का नाम अज्ञात है। यह भी सम्भव है कि *रुस्तम-सोहराब* के कथानक को आधार बनाकर एक नाट्यप्रस्तुति कर दी गई हो। लेकिन दूसरी प्रस्तुति के लिए जिस आलेख का प्रयोग किया गया, उसके रचयिता पारसी रंगमंच के सबसे बड़े नाटककार आग़ा हश्र काश्मीरी थे। यह नाटक आग़ा हश्र द्वारा अपने अन्तिम वर्षों के लेखनकाल की रचनाओं में सन् 1929 में लिखा गया था और अगले ही वर्ष इसकी मंच प्रस्तुति भी हुई। दुर्भाग्य रहा कि वह प्रस्तुति इतनी भव्यता और तामझाम के साथ प्रस्तुत होने के बाद भी निहायत असफल होकर रह गई और बहुत सालों तक इस नाटक की तरफ़ किसी का ध्यान नहीं गया।

आज़ादी के बाद जब आधुनिक रंगमंच में अपनी प्राचीन नाट्यपरम्पराओं, रचनाओं के पुनर्प्रयोग की बात शुरू हुई तो जहाँ *अभिज्ञानशाकुन्तल, मृच्छकटिक* और *मुद्राराक्षस* जैसे शास्त्रीय संस्कृत नाटक मंचन के लिए उठाए गए, वहीं *रुस्तम-सोहराब* की तरफ़ भी रंगनिर्देशकों का ध्यान गया। छठे दशक में हबीब तनवीर द्वारा निर्देशित प्रस्तुति काफ़ी चर्चा में रही। उसके बाद तो हर दशक में किसी-न-किसी निर्देशक द्वारा इस नाटक का मंचन किया जाता रहा है और आज भी हो रहा है। यहाँ तक कि राष्ट्रीय नाट्य विद्यालय के पाठ्यक्रम में पिछले पन्द्रह वर्षों में यह नाटक छात्रों के साथ कभी सम्पूर्ण प्रस्तुति के रूप में और कभी अभ्यास प्रस्तुति के रूप में अलग-अलग निर्देशकों द्वारा लगभग हर साल होता रहा है।

जिज्ञासा होती है कि जो नाटक आज रंगनिर्देशकों, नाट्यमंडलियों और दर्शकों के बीच इतना लोकप्रिय है, वह अपने समय में क्यों असफल हो गया? मेरी दृष्टि में इसका सबसे बड़ा कारण यही है कि यह नाटक स्वयं आग़ा हश्र के नाटकों में तो

अलग से अपना महत्त्व रखता ही है, उससे भी ज़्यादा अब तक लिखे गए सभी पारसी नाटकों से भी बिलकुल अलग हटकर है। एक अर्थ में यह पारसी नाटक है भी, और नहीं भी है। है इसलिए, कि इसमें भी उसी उर्दू भाषा का इस्तेमाल किया गया है जो प्रायः दूसरे पारसी नाटकों में मिलती है। इसका कथानक भी जानी-पहचानी कथा पर आधारित है। इसमें भी शेरो-शायरी और गद्य पद्धति का प्रयोग किया गया है। इसकी संवाद अदायगी में भी उस अतिरंजित अभिनय शैली के संकेत मिलते हैं, जो पारसी नाटकों से स्वाभाविक रूप से जुड़ी हुई थी। अलग इस अर्थ में है कि इसमें पारसी नाटकों का सा तामझाम बिलकुल नहीं है। पारसी रंगमंच पर दिखाए जानेवाले हैरतअंगेज़ कारनामों का लेशमात्र भी नहीं है। जिन गीतों, युगल गानों और नाच-गानों से पारसी नाटकों की मंचप्रस्तुतियाँ भरपूर हुआ करती थीं, वे भी यहाँ लगभग नदारद हैं। ऐसा लगता है कि स्वयं आग़ा हश्र जैसा नाटककार भी अपने आख़िरी दौर में एक बिलकुल नए, ताज़े और विशिष्ट शिल्प और संरचना का नाटक लिखना चाहता था। यद्यपि इसका पूर्वाभास उनके अपने मौलिक नाटक *यहूदी की लड़की* में भी मिलता है। दोनों के कथानक भी काफ़ी हद तक एक दूसरे से मिलते-जुलते हैं। दो अलग-अलग देश, दो अलग-अलग कौमें। बाप-बेटी अथवा बेटे-बाप का एक दूसरे को पहचान नहीं पाना। अनजाने में एक-दूसरे के ऊपर अत्याचार और उसमें से उभरती हुई मानवीय त्रासदी और अप्रत्यक्ष रूप से विश्व प्रेम जैसे मूल्यों का सन्देश। शायद यही कारण है कि जैसे-जैसे समय बीतता गया है, ये दोनों नाटक दूसरे पारसी नाटकों की तुलना में आज रंगप्रेमियों के बीच ज़्यादा ग्राह्य होते चले गए हैं। यदि अपने समय में ये नाटक कहीं ब्रिटिश राज्य की गुलामी की अन्तर्ध्वनियाँ प्रस्तुत करते थे, आज जैसे पूरे विश्व में फैली राजनीतिक अव्यवस्था ही मानो इन नाटकों की पृष्ठभूमि का काम करती है।

अपने बाहरी कलेवर में *रुस्तम-सोहराब* अपने यहाँ के शास्त्रीय नाटक, पश्चिन के शेक्सपीरियन नाटक और यथार्थवादी नाटकों की संरचना से प्रेरित है, लेकिन अपने कथानक की दृष्टि से यह क्लासिक नाटकों का दर्जा प्राप्त कर लेता है। यों तो आग़ा हश्र के अधिकांश नाटक शेक्सपीयर के नाटकों के ही भारतीय रूपान्तर हैं जैसे कि *किंग लियर* का रूपान्तरण *सफ़ेद खून* अथवा *हैमलेट* का *खूने नाहक* लेकिन इस नाटक की विशेषता यह है कि इसमें यूनानी और संस्कृत नाटकों का असर ज़्यादा दिखाई देता है। *इडिपस* और *अभिज्ञानशाकुन्तल* की याद सहज ही आ जाती है जब हम इसके कथानक पर एक नज़र डालते हैं। दूसरी तरफ़ हर पारसी नाटक की तरह इसमें भी वही तीन अंकोंवाला शिल्प उपस्थित है जो नाटक की कथा के आरम्भ, मध्य और अन्त—विकास के इन तीन चरणों से जुड़ा है। ध्यान रहे कि नाटकों की संरचना का यह व्याकरण पहली बार यूनानी नाटकों के सन्दर्भ में अरस्तू ने ही अपनी पुस्तक *काव्यशास्त्र की कला* में प्रतिपादित किया था। लेकिन पारसी नाटकों में तीन अंकोंवाली पद्धति एक और दृष्टि से भी क्रियाशील थी और वह इस तरह कि हर अंक

के बाद एक मध्यान्तर होता था। इस प्रकार प्रस्तुति के दौरान आज की तुलना में दो अन्तराल हुआ करते थे। ये दो अन्तराल अभिनेताओं की अतिरंजित अभिनय शैली के बाद उन्हें पर्याप्त विश्राम का अवसर देते थे। इसके साथ ही दर्शकों के लिए कैंटीन या रेस्त्राँ में जाकर खान-पान का अवसर भी उपलब्ध कराते थे क्योंकि नाट्य प्रस्तुति से होनेवाले आर्थिक लाभ में उस अल्पाहार गृह का भी योगदान हुआ करता था। आज भी मराठी रंगमंच में अन्तराल की अवधारणा इसी रूप में अनिवार्य रूप से जुड़ी हुई है।

रुस्तम-सोहराब का आलेख तीन अंकों और कुल मिलाकर छोटे-बड़े अठारह दृश्यों में बँटा हुआ है। पारसी नाटक में अंक को *बाव* और दृश्य को *सीन* कहा जाता है। इस तरह यहाँ पहले बाव में चार, दूसरे में आठ और तीसरे में छह सीन संयोजित किए गए हैं। हर सीन एक चरमोत्कर्ष पर समाप्त होता है और उसके बाद अगले सीन की शुरुआत पुनः धीमी गति से आरम्भ होती है। लेकिन *बाव* के अन्तिम दृश्य का चरमोत्कर्ष सबसे ज़्यादा होगा—अपने असर की गहराई में। इस तरह से पूरा नाटक एक निश्चित उतार-चढ़ाव के विकासक्रम में चलता है और अन्त में जाकर दर्शकों को पूरी तरह से अपने प्रभाव में जकड़ लेता है। नाटक चाहे कॉमेडी हो या त्रासदी—अभिनेता की दृष्टि से नाटक के अन्तिम दृश्य को नाटककार इतना प्रभावशाली बनाते थे कि दर्शक पात्रों की भावनाओं के साथ बहे बिना नहीं रह सकते थे। देखा जाए तो यह प्रविधि नाटक की हर विधा से जुड़ी है। नाटक ही क्यों, साहित्य की हर विधा से जुड़ी है। किसी भी कहानी का अन्त क्या उतना ही आकस्मिक और अप्रत्याशित नहीं हुआ करता, जिसे हम नाटक की भाषा में नाटकीय कहते हैं। यह नाटकीयता पारसी नाटकों में तो कूट-कूटकर भरी हुई है। *रुस्तम-सोहराब* भी इसका अपवाद नहीं है।

नाटक के पहले सीन की शुरुआत तूरान के दिलफ़ज़ा जंगल से होती है। इससे पहले कोई भी गीत, प्रार्थना या मंगलाचरण नहीं है, जैसा कि हर पारसी नाटक में पाया जाता है। गीत न होने के कई कारण हो सकते हैं। सम्भव है कि गीत का गाया जाना पारसी नाटकों की रूढ़ि बन गई हो और अपने अन्तिम दौर में पारसी रंगमंच में किसी भी गीत को गाया जाता हो अथवा कोई एक गीत निश्चित कर दिया गया हो। इसलिए नाटककार को अलग से नाटक के आरम्भ में गीत देने की आवश्यकता न रही हो। यह भी नितान्त सम्भव है कि स्वयं आग़ा हश्र ने ही शुरुआती गीत रचना छोड़ी दी हो क्योंकि वह एक नए क़िस्म के तेवर का नाटक लिखना चाहते थे। ऐसी कई नई चीज़ें उन्होंने पहले भी अपने नाटकों में आज़माई हैं। उदाहरण के लिए *यहूदी की लड़की* और कुछ दूसरे नाटकों में कोई कॉमिक नहीं मिलता, जिसके बिना पारसी नाटकों की कल्पना ही नहीं की जा सकती। *रुस्तम-सोहराब* में भी अलग से कोई कॉमिक सीन नहीं रखे गए हैं। हाँ, कुछ दृश्यों में ही बीच-बीच में ऐसे प्रसंग ज़रूर डाले गए हैं जो एक गम्भीर और गहरे कथानक में कभी-कभी हास्य की सृष्टि कर देते हैं।

इस लिहाज़ से पहले ही दृश्य में रुस्तम के साथ दो ग्रामीणों की मुठभेड़, तीसरे दृश्य में शहज़ादी तहमीना और दो कनीज़ोंवाला वार्तालाप और दूसरे अंक के पहले दृश्य में तूरान के शहंशाह अफ्रासियाब के चरित्र-चित्रण में हास्य के एकाध छींटे अवश्य देखे जा सकते हैं। इसमें कोई सन्देह नहीं कि स्वयं आग़ा हश्र भी अपने कथ्य की मार्मिकता और उसके त्रासद पक्ष से अभिभूत रहे होंगे, इसीलिए उन्होंने इस नाटक में ऐसे प्रसंगों के प्रयोग पर अत्यधिक संयम बरता है।

बहरहाल, तूरान के दिलफ़ज़ा जंगल में रुस्तम घोड़े पर सवार ख़रामा-ख़रामा आता है। मात्र इतने से मंच निर्देश के बाद नाटक का कार्य-व्यापार शुरू हो जाता है। यह सीधे कार्य-व्यापार पर जाने की रूढ़ि आग़ा हश्र को यूनानी और विशेष रूप से शेक्सपीयर के नाटकों से मिली है। ऐसा माना जाता है कि शेक्सपीयर के नाटकों में भी ये संक्षिप्त से मंच-निर्देश उनके अपने समय में मंचित हुए प्रदर्शनों के बाद जोड़ दिए गए हैं अन्यथा उनके मूल नाटकों में कहीं इस तरह के मंच-निर्देश नहीं होते थे। क्या यही बात पारसी नाटकों के साथ-साथ *रुस्तम-सोहराब* के बारे में नहीं कही जा सकती? इस नाटक की जो पहली प्रस्तुति हुई थी, उसमें रुस्तम की भूमिका करनेवाला अभिनेता सचमुच ही घोड़े पर सवार होकर आया था और उसके बाद नाटक के आलेख में यह निर्देश जोड़ दिया गया हो। नाटक की पहली प्रस्तुति की असफलता के पीछे भी सम्भवतः जीते-जागते घोड़े की उपस्थिति रही हो क्योंकि जो दर्शक रंगमंच में यथार्थ को एक भ्रम के रूप में देखने के अभ्यस्त हों, उन्हें सचमुच के यथार्थ में कोई जादू या चमत्कार नहीं मिला होगा। इतिहास में ऐसी कई प्रस्तुतियों का उल्लेख मिलता है, जब मंच पर सचमुच के यथार्थ को देखकर दर्शकों ने उसे अस्वीकृत कर दिया हो। मध्यकाल में यूरोप में होनेवाले धार्मिक नाटकों में एक बार ईसा मसीह की भूमिका करनेवाले अभिनेता को सचमुच ही सलीब पर ठोंक दिया गया था और वह मरते-मरते बचा था। उन्नीसवीं शती के अन्त नें एक कसाई की दुकान में भेड़-बकरों के वास्तविक लोथड़ों की उपस्थिति से दर्शकों को कलात्मक अनुभव की बजाय जुगुप्सा होने लगी थी। हमारे यहाँ भी एक बार *गोदान* की प्रस्तुति में एक गाय को और *आषाढ़ का एक दिन में* हरिण शावक को मंच पर लाया गया था। सहज ही कल्पना की जा सकती है कि इन जीवन्त प्राणियों ने मंच पर क्या रंग में भंग डाला होगा?

यद्यपि *रुस्तम-सोहराब* और शेक्सपीयर के नाटक *मैकबेथ* में कथ्य और कथानक की दृष्टि से कोई साम्य नहीं है, फिर भी दोनों नाटकों के पहले दृश्य एक दूसरे से काफ़ी मिलते-जुलते हैं। दोनों की शुरुआत जंगल में होती है और अन्त एक युद्धभूमि में होता है। *मैकबेथ* के पहले दृश्य में तीन डायनें या चुड़ैलें हैं जो उसका भविष्य निर्धारित कर देती हैं। यहाँ तीन योद्धा हैं, जो भविष्यवाणी के रूप में तो नहीं लेकिन रुस्तम के घोड़े को चुराकर काफ़ी हद तक आगे आनेवाली घटनाओं को निश्चित कर देते हैं।

यह भी एक अजीब संयोग है कि *रुस्तम-सोहराब* भले ही शेक्सपीयर के किसी नाटक का सीधा रूपान्तरण न हो किन्तु इस पर उनके बहुत से नाटकों का प्रभाव दिखाई देता है। रुस्तम और तहमीना के प्रेम-प्रसंग में, सोहराब और गर्द आफ़रीद के रिश्ते में रोमियो और जूलियट की छाया नज़र आती है। इसी नाटक की साम्यता *यहूदी की लड़की* में राहिल और मारकस के आपसी सम्बन्धों में भी देखी जा सकती है। इसी तरह तीसरे अंक का पहला दृश्य *ओथैलो* के उस दृश्य की याद दिलाता है, जहाँ सभी योद्धा जीत का जश्न मनाते हुए जाम से जाम टकराते हुए नाचते-गाते हैं। *रुस्तम-सोहराब* के हूमान और बारमन अनायास ही *हैमलेट* के दो चरित्रों—रोज़ेनक्रांत्ज़ और गिल्डरस्टन की याद ताज़ा कर देते हैं।

पारसी रंगमंच की प्रस्तुतिविधान के अनुसार नाटक का यह पहला दृश्य बाहरी दृश्य कहलाता है। बाहरी इस अर्थ में कि एक ऐसा दृश्य जिसमें बहुत ज़्यादा साज-सज्जा की ज़रूरत न हो और या तो इसे पहले परदे के सामने अथवा दूसरे-तीसरे परदे के सामने आसानी से प्रस्तुत किया जा सके। ज़ाहिर है कि इस दृश्य में शुरुआत में रुस्तम अकेला है, फिर मंच के एक कोने में उसके सो जाने के बाद तीन योद्धा हैं और उनके चले जाने के बाद रुस्तम और दो ग्रामीण एक वक़्त में मंच पर मौजूद हैं। कहने की ज़रूरत नहीं कि तूरान का दिलफ़ज़ा जंगल परदे पर चित्रित दृश्य-सज्जा की तरह से काम में लिया गया होगा। बाक़ी सारा खुला स्पेस रुस्तम के गति-विधान के लिए सुरक्षित है। जैसा कि पहले ही कहा जा चुका है, दृश्य की शुरुआत बहुत ही धीमी गति पर होती है और दृश्य का अन्त एक क्लाइमेक्स पर समाप्त होता है। पहले अंक का दूसरा दृश्य एक भीतरी दृश्य के रूप में खुलता है, जो निश्चय ही चार-छह परतों की गहराई लिये हुए होगा क्योंकि मंच पर एक भरे-पूरे दरबार का दृश्य उपस्थित है जिसमें शाहे समनगान, उसके सरदार, मन्त्री, दरबारी और कनीज़ों का हुजूम शामिल है। जोश-खरोश के उल्लासमय वातावरण को रुस्तम का आगमन एक ही झटके में तोड़ डालता है, और पुनः दृश्य का अन्त बहस-मुबाहिसे, शोर-शराबे और हंगामे के बीच रुस्तम द्वारा पीलसम को शिकस्त देने जैसी चरम सीमा पर जाकर समाप्त होता है। यह दृश्य *छीप* या *इंटीरियर* सीन कहलाता है और वह इसलिए कि इसे खेलने के लिए ज़्यादा स्पेस चाहिए, ज़्यादा पात्रों की दरकार होगी और मंच पर चित्रित परदों के साथ-साथ और बहुत-कुछ तामझाम स्थापित किया गया होगा जब पहला दृश्य घटित हो रहा होगा।

तीसरे दृश्य में फिर उसी बाहरी परिवेश की वापसी क्योंकि चौथे सीन में एक ऐसे वातावरण का निर्माण किया गया है जिसमें रुस्तम का समनगान, पीलसम और उसके सरदारों का प्रवेश और तहमीना का छुपकर रुस्तम को देखने के लिए आना और दोनों में प्रेम की शुरुआत। पीलसम द्वारा रुस्तम को बाँध लिया जाना और दृश्य के अन्त में रुस्तम का लौह शृंखलाओं को एक झटके में तोड़-फोड़ डालना। इस दृश्य की

मंच-सज्जा में सचमुच ही बहुत कलात्मकता बरती गई है जैसे कि शयनगाह की खिड़कियों से दूर पृष्ठभूमि में समनगान के घरों की रोशनियाँ दिखाई दे रही हैं। इस प्रकार एक तरफ़ चित्रित परदों जैसे सपाट बिम्ब और दूसरी तरफ़ घर और उनमें जलती रोशनियों जैसे त्रिआयामी दृश्य-खंडों का भ्रम। फ़िल्मी भाषा में कहा जाए तो क्लोज़ अप, मिड शॉट और लाँग शॉट, तीनों को जैसे एक ही साथ संयोजित कर दिया गया हो। चौथे दृश्य के साथ ही पहला अंक अथवा पहला *बाब* समाप्त हो जाता है और सही मायनों में एक बड़ी चरम सीमा पर पहुँचकर। यों तो हर दृश्य के बाद एक छोटा क्लाइमेक्स बनता है, लेकिन पहले अंक और चौथे दृश्य के बाद होनेवाला क्लाइमेक्स सचमुच में पहले अन्तराल के लिए तैयार कर देता है।

दूसरे अंक का पहला दृश्य अपने आपमें एक पूरा दृश्य न होकर मात्र एक सूच्य दृश्य है, जिसमें तहमीना के छोटे से एकालाप के माध्यम से सोलह साल बीत जाने की सूचना मिलती है। यह दृश्य संस्कृत नाटकों में अंकों के बीच-बीच में होनेवाले अर्थोपक्षेपक की याद दिलाता है, जिसमें एक या दो पात्र महत्त्वपूर्ण सूचना देकर बाहर निकल जाते हैं। इसके बाद के सातों दृश्य तूरान के शाही महल, समनगान के शाही महल, ईरानी सरहद पर क़िले का अन्दरूनी हिस्सा, मैदाने जंग, क़िला सफ़ेद का दरवाज़ा, पुनः किले का अन्दरूनी हिस्सा आदि में बँटा हुआ है। इस पूरे अंक की विशेषता यह है कि यदि पहला अंक रुस्तम के बहादुर कारनामों और तहमीना के साथ पहले उसके प्रेम और बाद में उसके विवाह और सोहराब की पैदाइश से जुड़ा हुआ है तो दूसरा अंक सोहराब के बहादुर कारनामों और गर्द आफ़रीद से उसके प्रेम-सम्बन्धों को बयान करता है। नाटककार ने बेहद कौशल से नाटक के तीनों अंकों को बराबर-बराबर हिस्सों में बाँटा है। कुला जमा 60-61 पृष्ठों के नाटक में 23 पृष्ठ पहले अंक के लिए, 23 पृष्ठ दूसरे अंक के लिए और आख़िरी 15 पृष्ठ तीसरे अंक के लिए रखे गए हैं, जिसमें रुस्तन और सोहराव का एक दूसरे से पहली बार आमना-सामना होता है लेकिन इस साक्षात्कार की सबसे बड़ी त्रासदी यह है कि दोनों बाप-बेटे होकर भी एक-दूसरे को पहचानते नहीं हैं। पहले अंक में शाहे समनगान, दूसरे अंक में तूरान का शहंशाह अफ्रासियाब और तीसरे अंक में ईरान का बादशाह कैकाउस। तीनों अंकों में सुबह, दोपहर और रात के दृश्य बार-बार आते हैं और इसी क्रम में आते हैं। थोड़ा और गहराई से विचार करें तो कहानियों और स्थितियों का यह दोहराव और भी कई रूपों में दिखाई पड़ता है जैसे कि तूरान और ईरान एक-दूसरे के दुश्मन देश, रुस्तम और तहमीना दोनों दो दुश्मन देशों के होते हुए भी एक-दूसरे के साथ प्रेम, और यही बात सोहराब और गर्द आफ़रीद की प्रेम-कहानी में भी दोहराई गई है। इस तरह एक जैसे दृश्यों का बार-बार आना-जाना एक अलग तरह की नाटकीयता और तनाव पैदा करता है। दूसरी तरफ़ यह प्रेम-सम्बन्ध प्रेम और घृणा के मिले-जुले रिश्तों की मार्मिकता को भी उजागर करते हैं अर्थात् प्यार है

भी और नहीं भी। क्या इन सम्बन्धों के समानानतर हमें *हैमलेट* की सुप्रसिद्ध उक्ति *टू बी ऑर नॉट टू बी* की याद नहीं आती? क्या यहीं पर जयशंकर प्रसाद की इससे मिलते-जुलते कथ्य पर आधारित *पुरस्कार* और *आकाशदीप* को याद नहीं किया जा सकता? आग़ा हश्र और प्रसाद एक ही शहर बनारस में रहकर अपने रचनाकर्म में प्रवृत्त थे। क्या इस बात की सम्भावना नहीं पैदा होती कि कभी उन दोनों की आपस में मुलाक़ात हुई हो और उन्होंने अपनी रचनाओं को एक-दूसरे के साथ शेयर किया हो।

नाटक का दूसरा अंक प्रस्तुति-विधान की दृष्टि से सबसे ज़्यादा कार्य-व्यापार से भरा हुआ है। बार-बार कभी क़िले का बाहरी भाग और कभी क़िले का अन्दरूनी भाग, उनके सामने लड़ाई के दृश्य, लोगों की भागदौड़, शोर-शराबा, किले का ढहना, टूटना, बिखरना जितनी भी तरह के मंच-प्रभावों की पारसी रंगमंच के सन्दर्भ में कल्पना की जा सकती है, वे सब एक दूसरे अंक में मौजूद हैं। पहले और तीसरे अंक की तुलना में इस अंक की गति भी बहुत तेज़ है। नाटक का यह दूसरा अंक सही मायनों में युद्ध और प्रेम का बेहतरीन समानान्तर प्रदर्शित करता है।

नाटक के तीसरे अंक को नाटककार ने दो दिग्गज योद्धाओं की एक-दूसरे के साथ मुठभेड़ के लिए सुरक्षित रखा है। एक तरह से यह द्वन्द्व-युद्ध प्राचीन युद्धकला के नियमों का भी प्रतिमान है। किन्हीं भी दो विरोधी देशों के बीच युद्ध का अन्तिम फ़ैसला सब कुछ समाप्त हो जाने पर उनके सबसे बड़े दो योद्धाओं की आपसी लड़ाई के परिणाम पर निर्भर करेगा। राम-रावण के युद्ध, अर्जुन-दुर्योधन के युद्ध की इस परम्परा में रुस्तम और सोहराब के युद्ध को भी रखा जा सकता है। लेकिन एक अर्थ में यह मुठभेड़ उनसे भी बड़ा आयाम प्रस्तुत करती है। राम-रावण अथवा अर्जुन-दुर्योधन पहले से एक-दूसरे को जानते हैं और युद्ध करने के लिए ही तत्पर होकर आए हैं लेकिन रुस्तम-सोहराब के साथ ऐसा नहीं है। यह सही है कि वे दोनों एक-दूसरे के दुश्मन देशों के योद्धा हैं, लेकिन वे जानते नहीं हैं कि उनका वास्तविक सम्बन्ध क्या है, यहाँ तक कि सोहराब अपने देश की तरफ़ से इस युद्ध में शामिल ही इसलिए हुआ है कि वह अपने बाप रुस्तम को पहचान ले और उसे अपने देश ले जाए। लेकिन नाटककार ने स्थितियों का ताना-बाना कुछ ऐसा तैयार किया है कि आख़िर तक एक-दूसरे के सामने होते हुए भी वे एक-दूसरे के नाम नहीं जान पाते, आपस में लड़ते हैं और अन्ततः रुस्तम, सोहराब के सीने में खंज़र घोंप देता है। त्रासदी यह है कि सोहराब को इस स्थिति में पहुँचाकर ही रुस्तम जान पाता है कि वह उनका अपना बेटा है। इसके बाद का रुस्तम-विलाप नाटक में अभिनय और अभिनेता की दृष्टि से सबसे ज़्यादा मार्मिक दृश्य है। साहित्य, मिथक और इतिहास में इस तरह के विलाप बार-बार आते हैं और वे अभिनय की पराकाष्ठा को दर्शाते हैं। दशरथ का राम के लिए विलाप, राम का सीता और लक्ष्मण के लिए विलाप, राम के पूर्वज अज का

विलाप, बाबर का अपने बेटे हुमायूँ के लिए विलाप कुछ ऐसे ही यादगार प्रसंग हैं जिनकी *रुस्तम-सोहराब* के सन्दर्भ में चर्चा अप्रासंगिक नहीं जान पड़ती।

अब एक नज़र, *रुस्तम-सोहराब* अथवा पारसी नाटकों में अभिनय के अतिरंजित पक्ष पर। इसका मुख्य कारण यही था कि बन्द प्रेक्षागृह बने ही नहीं थे और माइक्रोफ़ोन का भी आविष्कार नहीं हुआ था। पारसी नाटक प्रायः खुले में अस्थायी मंच बनाकर एक बड़े जन-समुदाय के सामने खेले जाते थे इसलिए आवाज़ को बढ़ा-चढ़ाकर इस्तेमाल करना होता था और शरीर की मुद्राएँ और गतियाँ भी उसी अनुपात में बढ़ानी पड़ती थीं। इसके लिए बाक़ायदा महीनों तक अभिनेताओं को प्रशिक्षण दिया जाता था। अभिनेताओं की आवाज़ की रेंज, उनकी शारीरिक क्षमता की स्फूर्ति और तेज़ी इन सारी बातों के अध्ययन के लिए पारसी रंगमंच के अलावा कोई और धारा आज हमारे सामने नहीं है। इतना ही नहीं, आधुनिक रंगमंच में अपनी तमाम अनगढ़ता के बावजूद जो तकनीकियाँ पारसी रंगमंच ने उपलब्ध कराईं, उनका उल्लेख अवश्य किया जाना चाहिए। मसलन, मंच पर परदों का प्रयोग, चौखटनुमा मंच के आगे संगीतकारों की मंडली के लिए स्थान आदि। इसमें कोई सन्देह नहीं कि ये सारे तत्त्व पश्चिम से आए लेकिन हमारे यहाँ सबसे पहले इनका चलन पारसी नाटकों की प्रस्तुतियों में ही हुआ।

अतः आज ज़रूरत इस बात की है कि हम रुस्तम और सोहराब जैसे नाटकों के माध्यम से पारसी नाटकों और रंगमंच का एक पूरा आकलन करें। आधुनिक अभिनेता के प्रदर्शन में इस शैली का आज इतना इस्तेमाल क्यों हो रहा है, इसे समझने की कोशिश करें। हम जिस भारतीय रंगमंच की खोज पिछले पचास सालों से कर रहे हैं, उसमें शास्त्रीय, लोक, यथार्थवादी जैसे रास्तों की बजाय रुस्तम और सोहराब जैसे नाटकों की पगडंडी ज़्यादा कारगर साबित होगी क्योंकि इसमें वे सभी तत्त्व कमोबेश पहले से शामिल हैं।

चेख़व की *तीन बहनें* का आठवाँ रंग

एन्तोन चेख़व के बहुचर्चित नाटक *तीन बहनें* का पूरी दुनिया के रंगमंच में लगभग सभी भाषाओं में न जाने कितनी बार मंचन हो चुका है। इसके बावजूद यह आज भी उतना ही सार्थक, सामयिक और समकालीन बना हुआ है। इसका एकमात्र कारण यही है कि नाटक का कथ्य इतना शाश्वत है कि इसे जब भी खेला जाएगा, यह उतना ही महत्त्वपूर्ण रहेगा जितना कि यह तब था जब आज से लगभग 110 साल पहले इसे लिखा गया था और 108 साल पहले 1901 में इसका पहला मंचन हुआ था। एक तरफ़ सामन्तवाद के टूटने और फिर भी किसी तरह उससे चिपके रहने या अपनी स्मृतियों में लगातार उसके जीते जाने की पीड़ा, दूसरी तरफ़ सारी सुख-सुविधाओं से वंचित होकर मास्को जैसे महानगर से अलग एक छोटे से कस्बे में रहने को अभिशप्त और फिर भी हर पल मास्को की आकांक्षा, और तीसरी तरफ़ निम्न मध्यवर्ग का धीरे-धीरे बदलते हुए समाज में अपने पैर जमाना और अन्ततः पूरे घर को अपने अधिकार में ले लेना। इन सभी बाहरी और आन्तरिक परतों ने मिलकर इस नाटक को एक क्लासिक का दर्जा दे दिया है। पश्चिमी नाट्यसाहित्य में यदि *इडिपस, हैमलेट, माइज़र* क्रमशः रंगमंचीय नाट्यलेखन के तीन युगों यथा प्राचीनकाल, मध्यकाल, उत्तरमध्यकाल का प्रतिनिधित्व करते हैं तो *तीन बहनें* बीसवीं सदी के पहले साल की सबसे बड़ी घटना है जिसकी परिणति 50 साल बाद *वेटिंग फॉर गोदो* की रचना और मंचन से होती है।

इसमें कोई सन्देह नहीं कि 1901 से लेकर 2009 के बीच इस नाटक की कितनी ही प्रस्तुतियाँ हो चुकी होंगी। स्वयं राष्ट्रीय नाट्य विद्यालय में इस नाटक की अलग-अलग निर्देशकों द्वारा कम-से-कम पाँच प्रस्तुतियाँ हो चुकी हैं और एक सीनवर्क के रूप में पूर्वाभ्यास प्रस्तुति। इसके अतिरिक्त भोपाल रंगमंडल द्वारा प्रसन्ना के निर्देशन में और फ्रांस के एविनॉन नाट्यसमारोह में मुझे फ्रांसीसी भाषा में भी एक प्रस्तुति देखने का मौक़ा मिला था। सबसे मज़ेदार बात यह है कि इनमें से कुछ प्रस्तुतियाँ अनुवाद में, कुछ रूपान्तरण में और एक प्रस्तुति नाटक के आलेख पर आधारित होते हुए भी अपनी ही एक अलग परिकल्पना लेकर आई। इस आलेख का मुख्य हिस्सा राष्ट्रीय नाट्य विद्यालय के द्वितीय वर्ष के छात्रों के साथ दिनेश खन्ना के निर्देशन में मंचित हुआ है जिसके दिल्ली से पहले चीन की राजधानी बीजिंग के नाट्य

विद्यालय में भी दो प्रदर्शन हो गए थे। मैं कोशिश करूँगा कि 1971 में देखी हुई पहली प्रस्तुति से शुरू करके अन्त में राष्ट्रीय नाट्य विद्यालय की ताज़ा प्रस्तुति पर विस्तार से चर्चा करूँ।

1962 से 1977 के बीच विद्यालय के निदेशक इब्राहिम अलकाज़ी ने अलग-अलग सालों में अलग-अलग छात्र अभिनेताओं के साथ इसकी दो प्रस्तुतियाँ कीं। पहली प्रस्तुति 1966-67 में की गई जिसे देखने का मुझे अवसर नहीं मिल पाया। हाँ, उस प्रस्तुति में रंगमंच और फ़िल्म की प्रसिद्ध अभिनेत्रियों उत्तरा बावकर, सविता बजाज और सुरेखा सीकरी ने तीन बहनों की मुख्य भूमिकाएँ की थीं। उत्तरा बड़ी बहन ओल्गा, सुरेखा सीकरी मँझली बहन माशा और सविता बजाज सबसे छोटी बहन आइरीना की भूमिका में थीं।

अलकाज़ी ने इसी नाटक को पुनः 1971-72 में रवीन्द्र भवन के स्टूडियो थिएटर में प्रस्तुत किया। तब हम लोग अन्तिम वर्ष के छात्र थे। हमारी कक्षा में चार निर्देशक थे। अलकाज़ी साहब ने पहले इस नाटक को एक अभ्यास-प्रस्तुति के तौर पर हम चार निर्देशकों को करने के लिए दिया। हममें से हर निर्देशक को एक-एक अंक का निर्देशन करना था। हमारे साथ द्वितीय वर्ष के छात्र अभिनेता के तौर पर काम कर रहे थे। जब हम लोगों ने प्रस्तुति का एक-एक ड्राफ़्ट तैयार कर लिया तो अलकाज़ी साहब ने प्रस्तुति को अपने हाथ में ले लिया और हम लोगों के प्रशिक्षण के तौर पर उसमें परिवर्तन और संवर्धन करते चले गए। इसे मात्र एक संयोग ही कहा जा सकता है कि उस प्रस्तुति में भी आज रंगमंच और फ़िल्म के तीन सुप्रसिद्ध अभिनेता ओमपुरी, सुहासिनी जोशी और नसीरुद्दीन शाह क्रमशः वर्शिनिन, माशा और सोल्योनी की भूमिका में थे। अलकाज़ी की ये दोनों प्रस्तुतियाँ मूल रचना के अनुवाद रूप में प्रस्तुत की गई थीं। पुराने रूस का बहुत ही प्रामाणिक और विश्वसनीय चित्रण था दोनों प्रस्तुतियों में : पात्रों की बोलचाल, हाव-भाव, पहनावा और दूसरे व्यवहार पूरी तरह से पाश्चात्य रंग में ढले हुए, केवल संवादों की भाषा को छोड़कर जो हिन्दुस्तानी थी। पहली प्रस्तुति का मुझे कोई अनुभव नहीं लेकिन दूसरी प्रस्तुति को रवीन्द्र भवन के *अन्तरंग* स्टूडियो थिएटर में दर्शकों ने बेहद पसन्द किया था।

इस प्रस्तुति के लगभग बीस बरस बाद एम.के. रैना ने हमारे छात्रों के साथ 1990-91 में इसकी एक नई प्रस्तुति तैयार की जिसे श्रीराम सेंटर के बेसमेंट थिएटर में मंचित किया गया। इस प्रस्तुति के बारे में आज इतना याद है कि सारा कार्य-व्यापार बहुत तेज़ी से घटित होता दिखाया गया था मानो वह आधुनिक युग में सामन्ती मूल्यों और व्यवस्था के तेज़ी से होते विघटन प्रतिबिम्ब हो। रैना ने भी ज़ाहिदा ज़ैदी के उसी पुराने अनुवाद को इस्तेमाल किया था जिस पर अलकाज़ी की पहली दोनों प्रस्तुतियाँ आधारित थीं। कहने की ज़रूरत नहीं कि इस प्रस्तुति में भी पश्चिमी परिवेश को यथातथ्य चित्रित करने की कोशिश की गई थी।

इस बीच रंगमंडल भोपाल ने भी प्रसन्ना के निर्देशन में 1983 में *तीन बहनें* का एक भारतीय संस्करण कर डाला था। रूपान्तरण का काम स्वयं निर्देशक और सुरेश भारद्वाज ने किया था जो उसमें कुलीगिन की भूमिका भी निभा रहे थे। देश के छोटे से क़स्बे में रहने को अभिशप्त तीनों बहनें लगातार दिल्ली जैसे महानगर दोबारा जाने के सपने देखती और बुनती रहती हैं, जहाँ वे अपने बचपन में अपने पिता और माँ के साथ बहुत दिनों तक रह चुकी थीं। यद्यपि सारे सन्दर्भ चेख़व की मूल रचना से मिलते-जुलते ही थे फिर भी वे एक हिन्दुस्तानी परिवार में इस तरह से घुल-मिल गए थे कि कहीं से भी आरोपित नहीं जान पड़ते थे। उदाहरण के लिए भाई आन्द्रे की पत्नी नताशा से तीनों बहनों की नोक-झोंक ननद-भाभी के रिश्तों की याद दिला देती थी। इसी तरह से डॉ. चेबुत्किन का चित्रण था जिसकी अपनी प्रैक्टिस बिलकुल नहीं चल रही है और वह चौबीसों घंटे पीने में डूबा रहता है। इस पूरे माहौल में अकेला वर्शिनिन ही ऐसा पात्र था जो एक ताज़ा हवा का झोंका लेकर आता है और कुछ दिनों के लिए ही सही, इन बहनों की ज़िन्दगी में आशा की एक किरण पैदा कर देता है।

राष्ट्रीय नाट्य विद्यालय की तरफ़ लौटें तो 1993-94 में रघुनन्दन ने हमारे छात्रों के साथ पुनः *तीन बहनें* की एक नई प्रस्तुति की जो राजेन्द्र यादव के इसी नाम के अनुवाद पर आधारित थी। रघुनन्दन ने अपनी प्रस्तुति में स्वप्न और यथार्थ का एक नया वातावरण तैयार किया जिसके लिए एक पूरे दृश्य में तीनों बहनों को मुखौटे पहनाकर संवाद बुलवाए गए और इस तरह से उनके भीतर दबी इच्छाओं, आकांक्षाओं को एक नया रूप दिया। बाक़ी सारे पक्ष इस प्रस्तुति में भी उसी पश्चिमी तेवर से सम्बद्ध थे, जिसका ज़िक्र पहली कुछ प्रस्तुतियों के साथ बार-बार किया गया है। ये सही है कि संवाद अदायगी में यथार्थवादी लहजे और कहीं-कहीं शैलीबद्धता ने इस नाटक को एक नई रंगभाषा दी। उदाहरण के लिए वर्शिनिन का एक लम्बा संवाद जिसे वह एक ही साँस में फर्राटे से बोलता चला जाता था। यहाँ हम फिर यह याद कर सकते हैं कि इस प्रस्तुति में आज के कुछ चर्चित फ़िल्म व टी. वी. अभिनेता छात्र के रूप में काम कर रहे थे जिनमें आशुतोष राणा, मुकेश तिवारी, यशपाल शर्मा, सत्यजीत शर्मा, श्रीवर्द्धन त्रिवेदी, कृष्णा भट्ट, ज्ञान प्रकाश इत्यादि शामिल हैं। दूसरी तरफ़ आज हिन्दी रंगमंच में अपनी कुछ यादगार प्रस्तुतियों के लिए जाने जाते निर्देशक विजय कुमार सोल्योनी की भूमिका में थे जिसे एक पूर्व प्रस्तुति में नसीरुद्दीन शाह ने किया था।

प्रस्तुतियों की इस लम्बी शृंखला में ब्रिटेन से आए मार्टिन हॉटन ने 2005-06 में छात्रों के साथ *तीन बहनें* के कुछ अंशों पर आधारित पूर्वाभ्यास प्रस्तुति के माध्यम से इस नाटक को एक और आयाम दिया। विद्यालय के *अन्तर्मुख* जैसे बहुत छोटे से सेमिनार हॉल में चारों तरफ़ बैठे दर्शक और उनके बीच सम्पन्न होती तीन बहनों की व्यथा-कथा। देखनेवालों के साथ इतनी ज़्यादा निकटता कि किसी भी तरह की

बनावट और अतिरंजना से काम चलनेवाला नहीं था। ऐसी स्थिति में अभिनेताओं ने अपने भीतर गहरे पैठ कर सूक्ष्म से सूक्ष्म अभिनय की अद्‌भुत बानगी प्रस्तुत की। लगभग इसी तरह की एक प्रस्तुति को मुझे 1998-99 में ऐविनॉन नाट्य समारोह में देखने का मौक़ा मिला था जिसे एक फ्रांसीसी नाट्यमंडली ने प्रस्तुत किया था। एक छोटा-सा हॉल। चारों तरफ़ एक निश्चित संख्या में बैठे दर्शक और उनके बीच मोमबत्तियों की रोशनी अथवा लगभग मोमबत्तियों की रोशनी जैसा आभास पैदा करते वातावरण में *तीन बहनें* के कुछ अंश। अब तक देखी गई सारी प्रस्तुतियों से बिलकुल अलग। सभी पात्र नंगे पैर और कभी स्लेज गाड़ी, कभी कोई छोटी-सी सीढ़ी और इसी तरह की कुछ दूसरी चीज़ों के साथ खेल-कूद करते, पात्रों के भीतर जो कुछ था उसे उजागर करने की कोशिश थी। यह सही है कि इस प्रस्तुति को प्रयोग के दायरे में ही रखा जाना चाहिए लेकिन यह प्रयोग अनुभव की मार्मिकता, गहराई और तीव्रता में किसी तरह से कम नहीं था।

वर्ष 2009 में फिर एक बार विद्यालय के वरिष्ठ प्राध्यापक और हिन्दी रंगमंच के चर्चित निर्देशक दिनेश खन्ना ने छात्रों के साथ मंचन के लिए इसी नाटक का चयन किया। ज़ाहिर था इससे पहले विद्यालय में जो भी प्रस्तुतियाँ हुई थीं, वह स्वयं भी उसके दर्शक थे। अतः यह ज़रूरी था कि उन सबसे अलग प्रस्तुति के एक नया तेवर और व्याख्या की तलाश की जाए। इसके लिए उन्होंने एक कठिन रास्ता चुना। पहले नाटक का एक ताज़ा अनुवाद करवाया और फिर स्वयं उसका भारतीय परिवेश में रूपान्तरण किया। समय चुना ठीक आज़ादी के बाद के वर्षों का जो भारतीय राजनीति में भी आज़ादी के बाद नए-नए सपनों और आदर्शों को बुनने का समय था और फिर धीरे-धीरे उनके टूटने और मोहभंग का। एक तरफ़ हिन्दू-मुस्लिम के बीच के साम्प्रदायिक तनाव, दूसरी तरफ़ समाज में संयुक्त परिवारों की टूटन और इसके साथ-साथ युवाओं में बढ़ती बेरोज़गारी के कारण बढ़ती निराशा। लेकिन फिर भी कहीं-न-कहीं आशा और जिजीविषा को तिनके के सहारे की तरह पकड़ने की कोशिश और इस माहौल में तीन बहनों का वही चिर-परिचित सपना, जो लखनऊ जैसे शहर को छोड़कर दिल्ली जैसे महानगर एक बार फिर जाने से जुड़ा है। छोटे कस्बों से दिल्ली तक जाने के इस सपने को दिनेश खन्ना ने जैसे आज के उस यथार्थ से भी जोड़ दिया जहाँ छोटे-से-छोटे क़स्बे में रहनेवाला हर व्यक्ति महानगरों की तरफ़ भागा जा रहा है।

निर्देशक ने पहली बार इस नाटक को एक मुस्लिम परिवेश प्रदान किया था। लेकिन एक ऐसा प्रगतिशील मुस्लिम परिवार जिसमें हिन्दुओं से शादियाँ भी हुईं और दूसरे हिन्दू पात्रों का भी खुला आना-जाना है। यही कारण था कि नाटक की मूल त्रासदी और भी तीव्रता से उभरकर आई। प्रस्तुति के शुरू में मंच के पिछले हिस्से में लगे सफेद पर्दे पर फ़िल्म के माध्यम से उस भव्य अतीत को दर्शाया गया था जिससे कभी ये बहनें दिल्ली जैसे महानगर में जुड़ी रही थीं। फ़िल्म माध्यम का प्रयोग एक

बार फिर तीसरे अंक की शुरुआत में किया गया जब पूरे शहर में साम्प्रदायिक तनाव की वजह से दंगे भड़क उठते हैं और आगज़नी की घटनाओं से माहौल गरमा उठता है। लगातार दौड़ते फायर ब्रिगेड के इंजनों की चिंघाड़, एम्बुलैंस का शोर और घंटियों की आवाज़ें, इन सबने मिलकर एक ऐसा समाँ बाँध दिया जिसे हम आज भी रोज़ाना अपने चारों तरफ़ देखते हैं और जो घटने के बजाय बढ़ता ही जाता है। सिर्फ़ फ़िल्म ही नहीं प्रस्तुति के दौरान लगातार उठता धुआँ पूरे परिवार पर एक धुन्ध की परत जैसा दिखता था जिसमें से सारे पात्र बाहर आने की कोशिश करते हैं लेकिन सफल नहीं हो पाते। एक तरह से सम्बन्धों में हर तरह से खुलेपन के बावजूद एक दबे-घुटे वातावरण में क़ैद। इसको चित्रित करने में निर्देशक को काफ़ी हद तक सफलता मिली।

प्रस्तुति के इस वातावरण के अनुकूल ही अभिनय की भी एक नई भाषा को साकार करने की कोशिश की गई जहाँ कोई भी पात्र कभी भी सीधे एक दूसरे से सम्बोधित नहीं होता। सभी अपने-अपने प्रकाश के छोटे से घेरे में क़ैद दर्शकों से संवाद करने की कोशिश करते हैं।

ये अलग बात है कि अभिनय की यह नई भाषा एक नए विमर्श की माँग करती है क्योंकि यदि पात्र आपस में ही एक दूसरे से सम्बोधित नहीं हैं तो फिर उनके संवादों के क्या मायने रह जाते हैं। इतना ही नहीं, संवादों की इस अदायगी के कारण नाटक की वे संवेदनाएँ अनछुई रह गईं जिनके लिए चेख़व को याद किया जाता है। बेशक़ नाटक में सारी वेश-भूषा, आचार-व्यवहार, भाषा और परिवेश हिंदुस्तानी था लेकिन संवादों को सुनते हुए चेख़व के मूल संवाद ही याद आते रहे। ऐसे में यह सवाल उठना लाज़मी है कि फिर किसी विदेशी नाटक को रूपान्तरित करके क्यों किया जाए? क्या सिर्फ़ पात्रों के नाम बदल देने से, उनकी वेश-भूषा बदल देने से अथवा शहरों-कस्बों के नाम बदल देने से कोई विदेशी रचना अपनी हो जाती है, जबकि पात्रों का आपसी व्यवहार, एक-दूसरे को चूमना, आलिंगन, उनकी चाल-ढाल आदि पूरी तरह से विदेशी लगती रहती है। ज़ाहिर है *तीन बहनें* की यह वर्तमान प्रस्तुति भी इन सवालों को उठाती है और अब समय आ गया है कि विदेशी नाटकों के अनुवाद या रूपान्तरण पर नए सिरे से विचार-विमर्श किया जाए।

इसी के साथ जुड़ा एक सवाल और भी है। आजकल रंगमंच में इलेक्ट्रॉनिक माध्यमों की कुछ ज़्यादा ही आवाजाही दिखाई पड़ने लगी है। यह तर्क अपनी जगह सही ठहराया जा सकता है कि रंगमंच में लगभग आरम्भ से दूसरे कला माध्यम हस्तक्षेप करते रहे हैं लेकिन उन्होंने कभी भी अभिनेता को हाशिए पर लाने की कोशिश नहीं की। पर, आज यह सचमुच चिन्ता का विषय है कि इन सब चीज़ों के बीच अभिनेता कहाँ खोता जा रहा है! याद करने की कोशिश करें कि पिछले पाँच-सात सालों में जिन प्रस्तुतियों में फ़िल्म, टी.वी., वीडियो, कम्प्यूटर जैसे इलेक्ट्रॉनिक

माध्यमों का प्रयोग किया गया उनमें किसी अभिनेता के अभिनय पर अलग से चर्चा हुई? यदि नहीं तो इसके क्या कारण हो सकते हैं? क्या वे अभिनेता स्वयं में ही कमज़ोर अभिनेता थे? क्या उन्होंने अपने चरित्र को इस हद तक आत्मसात् नहीं किया था कि वे दर्शकों पर अपनी छाप छोड़ सकते? क्या वे स्वयं ही मंच पर उपस्थित इलेक्ट्रॉनिक माध्यमों से इतने आक्रान्त थे कि दर्शकों को नज़र ही नहीं आए? कहीं ऐसा तो नहीं कि इस तरह की प्रस्तुतियों में तकनीकी और इलेक्ट्रॉनिक उपकरणों की बहुतायत के साथ-साथ वे भी मानवीय तत्त्व न रहकर एक यान्त्रिक उपकरण में बदलते जा रहे हैं। यह ठीक है कि दिनेश खन्ना की इस प्रस्तुति में ये इलेक्ट्रॉनिक तत्त्व मुख्य कार्य-व्यवहार से पहले या बाद में आते हैं और अभिनेताओं के लिए एक पूरा स्पेस छोड़ते हैं, फिर भी यह जिज्ञासा अपनी जगह उतनी ही सार्थक जान पड़ती है कि यदि ये सारी चीज़ें इस प्रस्तुति में न लाई गई होतीं तो क्या प्रस्तुति का प्रभाव अपने आपमें कम रह जाता? इससे पहले जितनी भी प्रस्तुतियों की हमने चर्चा की है उनमें कहीं भी इन माध्यमों की शिरकत नहीं थी फिर भी वे हमारी स्मृतियों में उतनी ही जीवन्त हैं।

कहै कबीर... को करते हुए

एक निर्देशक के तौर पर मुझे हमेशा एक ताजा आलेख आकर्षित करता है—अगर उसका कथ्य महत्त्वपूर्ण हो तो फिर वह किसी भी लेखक की कृति हो, यह सवाल बहुत पीछे छूट जाता है कि केवल स्थापित नाटककारों की रचनाएँ ही निर्देशक लोग उठाते हैं।

जब मैंने डॉ. नरेन्द्र मोहन का नाटक *कहै कबीर*... पहली बार पढ़ा, तभी मुझे उसमें वे सभी सम्भावनाएँ दिख गई थीं जो एक नाट्य-रचना के लिए बेहद ज़रूरी हैं। यों इससे पहले मैंने उनका एक लघु-नाटक *सींगधारी* भी पढ़ा था और अपनी खुली प्रतिक्रिया उन्हें दी थी और उन्होंने स्वीकार भी किया था।

कहै कबीर... के साथ जुड़ी यात्रा *सींगधारी* से काफ़ी लम्बी है—नाटक को मंचित किया जाना है, इस निर्णय के साथ हम लोगों ने आलेख को बार-बार पढ़ा और उसमें जो भी परिवर्तन किए जा सकते थे, नाटककार ने स्वयं अपनी सहमति से किए। यही प्रक्रिया उसके पूर्वाभ्यास के दौरान भी मौजूद थी। संयोग से नाटककार स्वयं पूर्वाभ्यास के दौरान पूरी तरह से उपस्थित थे और अपने शब्दों को साकार होते हुए देख रहे थे।

किसी भी रचना को निर्देशक क्यों प्रस्तुत करना चाहता है—यह सवाल मैं अपने-आपसे ज़रूर पूछता हूँ और उसका उत्तर यह रचना स्वयं दे देती है। *कबीर* के जीवन-चरित पर होते हुए भी कथ्य की समसामयिकता और शाश्वतता—ये दो तत्त्व ऐसे थे, जिन्होंने मुझे इस नाटक को करने के लिए प्रेरित किया। अभी भले ही नाटक में वह शिल्प न मिले, जिसे हम *नाटकीय* कहना चाहेंगे, किन्तु अपने सहज नाट्य-शिल्प में ही नाटक एक सशक्त मंचप्रस्तुति के लिए लिखा गया है।

एक बात और—किसी भी लोक-शैली से कुछ भी उधार न लेकर, नाटककार ने अपनी ही एक ताजा शैली विकसित करने की कोशिश की है जिसमें स्वयं उनकी अपनी कविता और कबीर की रचना एकाकार हो जाती है।

नाटक का ढाँचा घटनात्मक (Episodic) है। इस दृष्टि से यह अनायास ही ब्रेख्त के नाटकों की याद दिलाता है। शुरू में मुझे इसमें एक ही कमी दिखाई पड़ी थी कि दृश्य बहुत छोटे-छोटे हैं। इसलिए कुछ दृश्यों को बाद में दोबारा भी लिखा गया। दूसरे, समय के हिसाब से भी एक दृश्य से दूसरे दृश्य में काफ़ी कुछ छूट जाता था, जिसे हम लोगों ने पूर्वाभ्यास के दौरान जोड़ने का प्रयत्न किया।

नाटक को मैं दिल्ली में अपनी संस्था *संभव* के साथ करना चाहता था और अभी भी करना चाहूँगा। लेकिन इसी बीच अक्टूबर-नवम्बर, 86 में राष्ट्रीय नाट्य विद्यालय ने मुझे पटना में एक रंग-शिविर आयोजित करने के लिए आमन्त्रित किया। मैंने इस नाटक को उस रंग-शिविर में मंचित करने का निर्णय लिया ताकि एक नए नाटक का मंचन उस शिविर को और ज़्यादा सार्थकता प्रदान करे। राष्ट्रीय नाट्य विद्यालय के सहयोग से ही यह भी सम्भव हो पाया कि स्वयं नाटककार भी उस शिविर में उपस्थित होकर अपनी रचना के मंच पर होने की प्रक्रिया का साझेदार हो सके।

मुझे अपनी प्रस्तुति से बिलकुल भी निराशा नहीं। वरन् एक ताजी रचना के अनुकूल ही एक नई, सहज एवं सशक्त रंग-शैली भी खोज सका—मेरे लिए यही बड़ी उपलब्धि है। लेकिन वह मंचन इस नाटक का मेरे लिए अन्तिम मंचन नहीं है। मैं इस आलेख को फिर कभी दोबारा करना चाहूँगा क्योंकि शिविर की प्रस्तुति एक अर्थ में शिविर के साथ ही समाप्त हो गई।

नाटक का कार्य-व्यापार दो स्तरों पर चलता है। एक गायक-गायिका और आज के बहुत सारे लोग और दूसरे कबीर और उनके जीवन-चरित से जुड़े चुने हुए लोग। इसीलिए नाटक के इन दो हिस्सों के आन्तरिक सम्बन्ध पर मैंने काफ़ी बल दिया। जहाँ नाटक के एक हिस्से को मैंने नाट्यधर्मी शैली के माध्यम से रेखांकित करने का प्रयत्न किया, वहीं दूसरे हिस्से के दृश्यों के लिए एक ऐसी यथार्थवादी अभिनय-शैली को तलाश करने की कोशिश की, जो अलग से दिखाई न देकर पूरे नाटक की अभिनय-शैली का अभिन्न हिस्सा बन जाए। उदाहरण के लिए गायक-गायिका के दृश्य और कबीर के घर के दृश्य, कोतवाली के दृश्य और सिकन्दर लोदी के दरबार के दृश्यों में इसे महसूस किया जा सकता है। शुरू में गायक-गायिका मात्र नाटक के आरम्भ में ही आकर चले जाते थे, लेकिन पूरे नाटक में उन्हें भी सम्पूर्ण चरित्रों के रूप में विकसित करने की दृष्टि से वे नाटक में अब तीन बार आते हैं और नाटक के कथ्य को अपने साथ लेकर चलते हैं। आलेख में यह विकास मंचन की प्रक्रिया के कारण ही ज़्यादा सम्भव हो सका।

पूरी प्रस्तुति में गायक-गायिका और अन्य पात्र मंच पर ही बैठे रहते हैं। कहीं वे मंच पर घटित होते किसी दृश्य का हिस्सा बन जाते थे और कहीं उनकी उपस्थिति आज के लोगों द्वारा दर्शक के रूप में नाटक देखने जैसी होती थी।

नाटक के कार्य-व्यापार के क्षेत्र-स्थल भी कई हैं—बाजार, कबीर का घर, गंगा का किनारा, कोतवाली, दरबार आदि। इसलिए मंच-सज्जा के रूप में मुझे संस्कृत के विकृष्ट-मध्यम रंगमंच को ही इस्तेमाल करने का विचार मन में आया। अपनी पहली दो प्रस्तुतियों—*अन्धेर-नगरी* एवं *सत्य हरिश्चन्द्र*—में भी मैंने संस्कृत रंगमंच का इस्तेमाल किया था लेकिन एक बिलकुल आधुनिक नाटक के लिए पहली बार ऐसा किया और उसके नतीजे बहुत ही अच्छे रहे। मंच पर कभी अलग-अलग क्षेत्रों की

स्थापना हो जाती थी और कभी पूरा मंच एक ही क्षेत्र में परिवर्तित हो जाता था। इस तरह से नाटक के कार्य-व्यापार को बाँधने में बहुत मदद मिली। मंच पर अन्य उपकरण (यदि उनकी ज़रूरत हो) स्वयं अभिनेताओं द्वारा ही लाए और हटाए जाते थे।

अन्ततः नाटक का सबसे महत्त्वपूर्ण पक्ष है—संगीत। कबीर जैसे पात्र द्वारा इस्तेमाल गीत-पद-साखी को संगीत के रूप में कैसे रखा जाए—यह समस्या काफ़ी परेशान किए हुए थी लेकिन फिर उसका भी हल निकला—नाटक का पूरा संगीत-पक्ष अन्त में सिर्फ़ गायन या गायकी न होकर एक तरह की व्याख्यात्मक टिप्पणी के रूप में ज़्यादा उभरकर आया और उसने भी नाटक के संम्पूर्ण प्रभाव को आगे बढ़ाने में मदद की।

अन्त में, सिर्फ़ इतना कहना चाहूँगा कि *कहै कबीर* सचमुच में एक ऐसी कृति है, जिसे बार-बार मंच पर उतारा जाना चाहिए क्योंकि भारतीय रंगमंच की अपनी एक रंग-शैली की खोज की दृष्टि से देखा जाए तो यह नाटक उस पर भी खरा उतरता है।

उत्तर भारत का बहुरंगी रंगमंच

भारत का उत्तरी हिस्सा जम्मू-काश्मीर से लेकर मध्य प्रदेश से कुछ पहले तक फैला हुआ है। एक मायने में क्षेत्रफल की दृष्टि से यह सबसे बड़ा क्षेत्र है। आमतौर पर हम इस क्षेत्र को मात्र हिन्दी रंगमंच का क्षेत्र मान लेने के आदी हैं लेकिन सही रूप में यहाँ काश्मीरी, पंजाबी, हिन्दी, उर्दू और कुछ हद तक अंग्रेजी रंगमंच को भी शामिल करना होगा, तभी यहाँ के रंगमंच की पूरी स्थिति का जायजा लिया जा सकता है लेकिन अभी सुविधा के लिए हम अपने अध्ययन को मात्र हिन्दी रंगमंच तक सीमित रखें तो भी एक बहुत ही बहुरंगी तस्वीर हमारे सामने उभरकर आती है।

यह एक तथ्य है कि हिन्दी विश्व की सबसे ज़्यादा बोली जानेवाली भाषाओं में आज तीसरे नम्बर पर है और उसको बोलनेवाले कम-से-कम 48-50 करोड़ के बीच माने जाते हैं। जाहिर है कि इस संख्या का काफ़ी बड़ा हिस्सा हमारे अपने देश में रहता है और वह उत्तर भारत के साथ-साथ देश के पश्चिमी और पूर्वी क्षेत्रों में भी फैला हुआ है। जिस बहुरंगी तस्वीर की तरफ़ हमने अभी-अभी संकेत किया है, उसका सबसे पहला रंग तो उन विश्वविद्यालयों और आधिकारिक नाट्यसंस्थानों के रूप में दिखाई पड़ता है जहाँ रंगमंच का विधिवत् प्रशिक्षण दिया जाता है, उदाहरण के लिए पंजाब विश्वविद्यालय, चंडीगढ़, पंजाबी यूनिवर्सिटी, पटियाला, भारतेन्दु नाट्य अकादमी, लखनऊ और राष्ट्रीय नाट्य विद्यालय, दिल्ली। जाहिर है कि हर साल इन संस्थानों से निकलनेवाले छात्र रंगमंच को व्यवसाय के रूप में अपनाने की कोशिश करते हैं और प्राध्यापन अथवा स्वतन्त्र रंगकर्मी के रूप में अपना जीविकोपार्जन करते हैं। इसमें कोई सन्देह नहीं कि इनमें से बहुत से दूरदर्शन और फ़िल्म जैसे माध्यम में काम करने के लिए मुम्बई की ओर भी प्रस्थान करते हैं। यह स्थिति सिर्फ़ हिन्दी रंगमंच में ही हो, ऐसा नहीं है। लेकिन जब हिन्दी रंगमंच के अभिनेता ऐसी पहल करते हैं तो वह तुरन्त अलग से दिखाई पड़ जाती है क्योंकि उत्तर भारत में फ़िल्म निर्माण का कोई केन्द्र नहीं है। यदि देश के दक्षिणी, पश्चिमी और पूर्वी क्षेत्रों की तरह यहाँ भी फ़िल्म निर्माण के अपने केन्द्र होते तो हिन्दी रंगमंच के अभिनेताओं को घर से बाहर जाने की ज़रूरत न पड़ती। लेकिन इसका अर्थ यह नहीं है कि सभी लोग मुम्बई भागे जा रहे हैं। ताजा आँकड़ों के अनुसार राष्ट्रीय नाट्य विद्यालय से आज तक प्रशिक्षणप्राप्त

800 छात्रों में से मुम्बई की तरफ़ जानेवालों की संख्या 300 से ज़्यादा नहीं है और उनमें भी ज़्यादातर वे लोग शामिल हैं जो उसी क्षेत्र से सम्बद्ध हैं।

हिन्दी रंगमंच पर बार-बार यह आक्षेप लगाया जाता है कि हिन्दी में रंगकर्म दूसरी भाषाओं के मुक़ाबले न के बराबर हो रहा है। अज्ञानता का इससे बड़ा मिथक और कोई दूसरा नहीं। सच्चाई यह है कि चूँकि हिन्दी रंगमंच दूसरी भाषाओं के रंगमंच की तरह मात्र एक राज्य तक सीमित नहीं है इसलिए हमें कभी भी उसकी तस्वीर सघन रूप में दिखाई नहीं पड़ती और हम अपने निष्कर्ष निकालने की जल्दबाजी करने लगते हैं। जहाँ तक मेरा व्यक्तिगत अनुभव है, मुझे ऐसी कोई निराशाजनक स्थिति दिखाई नहीं पड़ती। निराशा है भी तो इस बात को लेकर कि हिन्दी रंगमंच आज पूरी तरह से निर्देशक का रंगमच हो गया है और उसमें नाटककार और अभिनेता कहीं पीछे छूटते जा रहे हैं। यही कारण है कि रंगमंच तो बहुत हो रहा है लेकिन उसे अच्छा रंगकर्म नहीं कहा जा सकता क्योंकि जिस रंगमंच में अभिनेता की अहमियत कम-से-कम होती जाएगी वह कितने दिनों तक अपनी गुणवत्ता बनाए रख सकता है।

एक और बात भी चिन्ताजनक है, वह है हिन्दी रंगमंच में एक के बाद एक नाट्यसमारोहों का चलना। नतीजा यह हुआ है कि आज नाट्य मंडलियाँ मात्र नाट्यसमारोहों के लिए नाटक तैयार करती हैं और उसके बाद उनके प्रदर्शन यदा-कदा ही हो पाते हैं। आज वह स्थिति लगभग समाप्तप्राय सी होती जा रही है, जब नाट्यसंस्थाएँ अपने बलबूते पर पूरे उत्साह के साथ किसी प्रस्तुति को तैयार करती थीं और अपने शहर और शहर से बाहर उसके प्रदर्शन करने की कोशिश चलती रहती थी। यह स्थिति सिर्फ़ हिन्दी रंगमंच की हो, ऐसा भी नहीं है। कमोबेश हर भाषा में होनेवाले शौकिया रंगमंच की स्थिति लगभग यही है लेकिन इन सारी निराशाजनक स्थितियों-परिस्थितियों के बीच भी हम उत्तर भारत के हिन्दी क्षेत्रों से सम्बन्धित कुछ ऐसे शहरों, क़स्बों और अंचलों को अवश्य ही रेखांकित कर सकते हैं जहाँ के रंगकर्मी हर तरह की कठिनाइयों के बीच में भी नियमित रंगकर्म करने की जद्दोजहद में लगे रहते हैं। जम्मू, शिमला, मंडी, चंडीगढ़, दिल्ली, कुरुक्षेत्र, यमुनानगर, करनाल, रोहतक, नैनीताल, आगरा, बरेली, शाहजहाँपुर, अलीगढ़, इलाहाबाद, लखनऊ, बनारस इत्यादि ऐसी बहुत सी जगहों के नाम लिये जा सकते हैं जहाँ के रंगकर्मी जी-जान से रंगमंचीय गतिविधियों में लगे हुए हैं।

चुनौती इस बात की है कि हमारे रंगकर्मी नाटककार और अभिनेता की क्षमता और सम्भावनाओं को गहराई से पहचानें एवं अपने रंगकर्म में उन्हें केन्द्र में प्रतिष्ठित करने की कोशिश करें जैसा कि 60-70 के दो दशकों में हो रहा था और तभी ओम शिवपुरी, मनोहर सिंह, नसीरुद्दीन शाह, पंकज कपूर, के. के. रैना, स्वदेश बन्धु, बिमल बनर्जी, प्यारे मोहन सहाय, सुधा शिवपुरी, सुरेखा सीकरी, उत्तरा बावकर जैसे अभिनेता हिन्दी रंगमंच पर बहुत समय तक छाए रहे थे। आज भी प्रतीक्षा है तो इस बात की कि ऐसे लोग फिर से रंगमंच में पैदा हों।

चीन और जापान में भारतीय/हिन्दी नाटक

सेंट्रल एकेडेमी ऑफ ड्रामा, पेइचिंग के निमन्त्रण पर एक बार फिर से चीन जाने का मौक़ा मिला। इससे पहले 1990 में चाइनीज़ थिएटर एसोसिएशन के आमन्त्रण पर विद्यालय की ओर से चार लोगों का एक सांस्कृतिक प्रतिनिधिमंडल चीन गया था, जिसका एक सदस्य मैं भी था। तब चीन के तीन शहरों पेइचिंग, सियान और शंघाई में विभिन्न नाट्यसंस्थानों में जाने, चीन की पारम्परिक नाट्यकलाओं और आधुनिक नाटकों को देखने और ऐतिहासिक महत्त्व के दूसरे स्थानों के भ्रमण का काफ़ी लाभ हुआ था। लगा था कि एक कठोर शासन व्यवस्था के अन्तर्गत काम करते हुए भी चीन धीरे-धीरे अपने आपको पूरे विश्व के लिए खुला छोड़ने की प्रक्रिया में से गुज़रना शुरू हुआ है। इस बार, लगभग दस साल बाद स्थितियाँ और भी बदली हुई लगीं। सितम्बर के आखिरी दिनों में चीन अपनी सांस्कृतिक क्रान्ति के पचास वर्ष मनाने की तैयारियों में लगा हुआ था। अतः चारों तरफ़ अतिरिक्त रौनक, साज-सज्जा और त्योहार का-सा माहौल था। इस लिहाज़ से पिछले चीन और वर्तमान चीन में काफ़ी बदलाव नज़र आया। इधर चीन में भारतीय नाटक और रंगमच को लेकर कुछ ज़्यादा ही उत्सुकता थी। यूँ एक बार 1957 में वहाँ कालिदास के *अभिज्ञानशाकुन्तल* का चीनी भाषा में मंचन हो चुका था लेकिन उसके बाद इस दिशा में कोई खास प्रगति नहीं हुई। इधर के वर्षों में इतना ज़रूर हुआ कि पेइचिंग विश्वविद्यालय में हिन्दी एक भाषा के रूप में पढ़ाई जाने लगी और भारत से नियमित स्तर पर अलग-अलग विश्वविद्यालयों के प्राध्यापक वहाँ जाते रहे हैं।

इन सारी गतिविधियों के पीछे निश्चय ही चीन में आयोजित *भारत-महोत्सव* का भी बहुत बड़ा हाथ है। लेकिन फिर भी हिन्दी में नाटकों के मंचन की कोई शुरुआत हो सकी हो, इसकी जानकारी मुझे नहीं मिली। लेकिन एक दूसरे रूप में भारतीय नाटक और रंगमंच में रुझान निश्चय ही बढ़ा है और वह है सेंट्रल एकेडेमी ऑफ ड्रामा में नाट्यसाहित्य एवं आलोचना संकाय के अन्तर्गत भारतीय नाटक और रंगमंच पर केन्द्रित एक स्वतन्त्र शोध एवं अनुसन्धान पीठ की स्थापना, जिसके तहत सप्ताह भर में कुल मिलाकर बीस घंटे की अवधि में मुझे वहाँ के छात्रों, प्राध्यापकों एवं अन्य रंगकर्मियों से संवाद करने का अवसर मिला। इस दौरान मैंने उन्हें राष्ट्रीय नाट्य

विद्यालय द्वारा प्रस्तुत *उरुभंगम, अभिज्ञान शाकुन्तल, उत्तररामचरित* और *मृच्छकटिक* इन चार नाटकों के वीडियो संस्करण तो दिखाए ही, साथ ही भारत में रंगमंच की आरम्भिक शुरुआत से लेकर आज तक के विकास पर उनके साथ बातचीत भी की। यूँ देखा जाए तो चीन में रंगमंच के जन्म का श्रेय भी भारत को ही जाता है। लगभग दो हज़ार साल पहले बौद्ध धर्म के साथ-साथ दूसरी ललित और प्रदर्शनकारी कलाएँ भी भारत से चीन पहुँचीं थीं। इसके बाद तो लेन-देन का यह सिलसिला बराबर जॉरी रहा। चौथी-पाँचवीं शताब्दी में फाह्यान तथा सातवीं शताब्दी में ह्वेनसांग का भारत आना इसी की एक कड़ी के रूप में देखा जा सकता है।

इसके विपरीत जापान में हिन्दी भाषा के अध्ययन और नाटकों के मंचन की तस्वीर एक बहुत ही सशक्त पहलू पेश करती है। वहाँ तोक्यो और ओसाका विश्वविद्यालयों में हिन्दी भाषा के अध्ययन-अध्यापन का सिलसिला बहुत पहले से चला आ रहा है। इसके साथ ही कभी भारत से गए हुए अतिथि प्राध्यापकों द्वारा और कभी वहीं पर हिन्दी भाषा पढ़ानेवाले जापानी प्राध्यापकों द्वारा बाक़ायदा नियमित रूप से नाटकों का मंचन किया जाता रहा है।

आज से लगभग पाँच-छह वर्ष पूर्व ओसाका विश्वविद्यालय के दक्षिण एशियाई अध्ययन संस्थान के अन्तर्गत विभिन्न भाषाओं के पठन-पाठन की जो शुरुआत हुई उसके तहत दिल्ली विश्वविद्यालय से श्री गिरीश बख़्शी दो वर्ष के लिए वहाँ पर हिन्दी भाषा सिखाने और पढ़ाने के लिए गए। वहाँ प्रो. तामियो मिज़ोकामी पहले से ही हिन्दी भाषा के वरिष्ठ प्राध्यापक के रूप में मौजूद थे। चूँकि गिरीश बख़्शी स्वयं एक नाटककार और रंगकर्मी हैं, इसलिए उन्होंने हिन्दी सीखने के लिए उत्सुक जापानी छात्र-छात्राओं के साथ निहायत ही अनौपचारिक स्तर पर छोटे-छोटे नाटकों के मंचन की शुरुआत की। यह स्पष्ट था कि जो छात्र हिन्दी भाषा के विद्यार्थी होकर आते हैं उनका अभिनय अथवा रंगमंच से दूर-दूर का भी वास्ता नहीं था। फिर भी गिरीश बख़्शी ने अत्यन्त धैर्य के साथ काम करते हुए उन्हीं छात्रों में नाटक और रंगमंच के व्यावहारिक पक्ष के प्रति रुझान पैदा करना शुरू किया। विश्वविद्यालय में होनेवाले सांस्कृतिक समारोहों पर आयोजित कार्यक्रमों में इन नाटकों का मंचन भी हुआ। इन सारी गतिविधियों के पीछे एक ऐसे व्यक्ति की सोच काम कर रही थी जो इस कला से स्वयं भी गहरे में जुड़ा हुआ था, इसलिए यह स्वाभाविक ही था कि उसे वहाँ से दूसरे प्राध्यापकों और छात्रों का भरपूर सहयोग मिला। इस दृष्टि से, विशेष रूप से, प्रो. तामियो मिज़ोकामी का उल्लेख किया जाना चाहिए जिन्होंने गिरीश बख़्शी के साथ रहकर न केवल इस कला की बारीकियों को स्वयं आत्मसात् करने की कोशिश की वरन् अपने आगे आनेवाले छात्रों के साथ नाटकों के मंचन के इस सिलसिले को बराबर बनाए रखा। यह जानकारी कम महत्त्वपूर्ण नहीं है कि पिछले दो-तीन वर्षों में वहाँ के छात्रों का नाट्यदल हमारे देश में दो बार आ चुका है और कुल मिलाकर सात

शहरों में चार नाटकों के चौदह प्रदर्शन कर चुका है जिनमें दिल्ली के प्रदर्शनों को आयोजित करने में दोनों बार राष्ट्रीय नाट्य विद्यालय की भी अच्छी-खासी भूमिका रही है। यूँ यहाँ पर इस तथ्य का उल्लेख करना भी अप्रासंगिक नहीं होगा कि बहुत पहले 1961 में जयशंकर प्रसाद के सुप्रसिद्ध नाटक *ध्रुवस्वामिनी* का इसी विश्वविद्यालय में जापानी भाषा में अनुवाद और मंचन किया जा चुका है, इसका पूरा विवरण महेश आनन्द द्वारा लिखित और राष्ट्रीय नाट्य विद्यालय द्वारा प्रकाशित पुस्तक *जयशंकर प्रसाद : रंगसृष्टि* में उपलब्ध है।

बहरहाल, जिन चार नाटकों का मंचन ओसाका विश्वविद्यालय के जापानी छात्र-छात्राओं द्वारा प्रो. तामियो मिज़ोकामी के निर्देशन में किया गया, वे हैं राजेन्द्र कुमार शर्मा कृत *परदा उठने से पहले* और *कायाकल्प,* रमाशंकर निशेष का नाटक *प्यार कैसे होता है* और एक नाट्यरूपक *हम सब आज़ाद हैं*। इसमें कोई सन्देह नहीं कि ये चारों नाटक अपने कथ्य में बहुत ही हल्के-फुल्के हैं और मुख्यतः हास्य नाटक हैं। जहाँ विदेशी छात्र-छात्राओं को हिन्दी भाषा सिखाने में ही जी तोड़ मेहनत करनी पड़ती हो वहाँ शुरुआती दौर में ऐसे नाटकों के मंचन से एक रंगमंचीय माहौल तो निश्चय ही बना है फिर भारत और लन्दन में विदेशी छात्रों द्वारा प्रस्तुत इन हिन्दी नाटकों पर भारतीय दर्शकों की जो खुली उत्साहवर्द्धक प्रतिक्रियाएँ मिलती रही हैं, उनसे भी इन लोगों को काफ़ी लाभ हुआ है। मुझे अपने जापान प्रवास के दौरान इन चार नाटकों में से एक *कायाकल्प* को देखने का अवसर मिला, जिसका प्रदर्शन विशेष रूप से मेरे लिए ही आयोजित किया गया था। वे लोग अभी-अभी लन्दन में छठे विश्व हिन्दी सम्मेलन में इसी नाटक का प्रदर्शन करके लौटे थे।

नाटक की कहानी बहुत ही सपाट और एकायामी है। एक परिवार में घर का सबसे बुजुर्ग व्यक्ति कोई जड़ी-बूटी खाकर किस तरह से पुनः जवान हो जाता है और इससे कैसी हास्यजनक परिस्थितियाँ पैदा होती हैं, कुल मिलाकर यही कहानी है *कायाकल्प* की। पूरा नाटक घर के ड्राइंग रूम में सम्पन्न होता है जहाँ दूसरे पात्र लगातार प्रवेश-प्रस्थान करते रहते हैं। एक सीधा-सादा हास्य नाटक जिसमें अभिनेताओं के लिए कुछ ज़्यादा कर दिखाने की गुंजाइश ही नहीं है। लेकिन नाटक के कथ्य की सपाटता के बावजूद जिस रूप में प्रो. तामियो मिज़ोकामी के निर्देशन में नाटक की प्रस्तुति की गई, वह निश्चय ही एक सराहनीय प्रयास कहा जाना चाहिए। किसी भी हास्य नाटक को प्रस्तुत करने के लिए जिस प्रकार की चुस्ती, फुर्ती और स्फूर्ति होनी चाहिए वह उन अभिनेताओं में भरपूर मौजूद थी। बेशक भाषा के स्तर पर उन्हें कई मुश्किलों का सामना करना पड़ रहा था, इसके बावजूद नाटक की गति, लय और ताल को लेकर अभिनेतागण लगातार सजग थे। यही कारण है कि प्रस्तुति का टेम्पो काफ़ी चुस्त बना रहा। लेकिन एक बात अवश्य खटकती रही कि यदि वाचिक के साथ-साथ नाटक में आंगिक पर भी कुछ ज़्यादा ध्यान दिया जाता तो प्रस्तुति और अच्छी हो

सकती थी। कहने का तात्पर्य यही है कि सारा नाटक मंच पर उपस्थित पात्रों की आपसी बातचीत के स्तर पर ही चलता रहता है। यदि इस बातचीत के साथ कुछ ऐसे क्रियाकलाप और कार्य-व्यापार जोड़ दिए जाते तो शायद प्रस्तुति में दृश्यता का पुट और ज़्यादा हो जाता। फ़िर भी इसमें कोई सन्देह नहीं कि मंच पर जो भी जिस रूप में सामने आया, उसके लिए प्रस्तुति के निर्देशक प्रो. तामियो मिज़ोकामी निश्चय ही बधाई के पात्र हैं। वह इस नाटक का निर्देशन मात्र ही नहीं कर रहे थे वरन् पंडितजी जैसे पात्र की महत्त्वपूर्ण भूमिका भी निभा रहे थे जिसमें वह काफ़ी हद तक सफल रहे।

संक्षेप में, ओसाका विश्वविद्यालय में हिन्दी भाषा के अध्ययन-अध्यापन के सन्दर्भ में ही सही लेकिन धीरे-धीरे नाट्यप्रस्तुतियों का एक ऐसा परिवेश तैयार होता जा रहा है जिसकी भविष्य में एक निश्चित रूपरेखा तैयार होगी।

दरअसल, वहाँ हिन्दी भाषा के अध्ययन के साथ-साथ ज़रूरत इस बात की है कि कभी उन छात्रों के साथ अभिनय और प्रस्तुति प्रक्रिया को लेकर कम-से-कम एक माह से छह सप्ताह तक का एक रंग शिविर आयोजित किया जाए। इससे दो लाभ होंगे। एक तो नाटक और रंगमंच में भाषा और संवादों का प्रयोग सचमुच में कैसे होता है, उन छात्रों को इस प्रक्रिया में से गुज़रने का एक व्यावहारिक अनुभव होगा। दूसरे, अभिनय एवं रंगमंच की एक माध्यम के रूप में अपनी अलग विशिष्ट और निजी बारीकियाँ और आवश्यकताएँ क्या हैं, इसकी भी जानकारी होगी। भाषा और रंगमंच के परस्पर क्या सम्बन्ध हो सकते हैं इसे लेकर एक और विकल्प भी प्रस्तुत किया जा सकता है। वह है रंगमंच जैसी विधा के माध्यम से भाषा को सिखाए जाने की शुरुआत। ज़ाहिर है कि वर्तमान शिक्षा-पद्धति में बदलाव लाए बिना यह सम्भव नहीं। इससे भी ज़्यादा ज़रूरी यह है कि ऐसे विशेषज्ञ प्राध्यापकों को सांस्कृतिक आदान-प्रदान के अन्तर्गत विदेशी विश्वविद्यालयों में नियमित और लम्बे समय तक भेजने का प्रावधान किया जा सके जो हिन्दी भाषा और रंगमंच के व्याकरण, दोनों के बराबर जानकार हों। यह तालमेल एक दूरगामी योजना के रूप में अवश्य ही सम्भव हो सकता है और इसके सकारात्मक परिणाम भी सामने आएँगे।

नोबेल पुरस्कार और नाटक

दुनिया में अलग-अलग क्षेत्रों में उपलब्धियों के लिए दिए जानेवाले सम्मान और पुरस्कार हमेशा से विवादास्पद रहे हैं। हमारे अपने यहाँ ज्ञानपीठ पुरस्कार, कभी साहित्य अकादेमी पुरस्कार और कभी फ़िल्म फेस्टिवल पुरस्कारों को लेकर कोई-न-कोई मतभेद होता ही रहता है। देखा जाए तो पुरस्कार जैसी एक तस्वीर के दो पक्ष आदि काल से समाज, राजनीति और प्रशासन में अपना सिक्का जमाए हुए हैं। एक पक्ष वह है कि जिसके तहत पुरस्कार उन लोगों को मिल जाते हैं जो सत्ता के बहुत नज़दीक हों अथवा उसके गलियारों में चक्कर काटते दिखाई पड़ते हों। दूसरा पक्ष वह है कि पुरस्कार समिति कितनी भी निष्पक्ष होकर पुरस्कार पानेवाले व्यक्ति अथवा संस्था का चुनाव करे तो भी उससे अलग लोगों को उस निर्णय में हमेशा पक्षपात की गन्ध आती है। इन दोनों पक्षों के समानान्तर एक तीसरी स्थिति यह भी बनती है कि वे लोग जो कभी भी सत्ता से जुड़े हुए नहीं रहे और फिर भी पूरी तरह से पुरस्कार पाने के हक़दार थे, वे छूटते चले गए। नोबेल पुरस्कारों के सन्दर्भ में लियो टॉलस्टॉय, महात्मा गांधी और जगदीश चन्द्र बोस मात्र तीन नाम ही उन बहसों-विवादों, आक्षेपों-आपत्तियों के प्रतीक के रूप में पर्याप्त हैं। यद्यपि ऐसे लोगों की संख्या कम-से-कम डेढ़ सौ-दो सौ के आसपास अवश्य होगी।

बहरहाल, नोबेल पुरस्कारों को लेकर कितना भी राजनीतिक आक्षेप क्यों न लगाया जाता रहा हो, इसके बावजूद उसने अपनी विश्वसनीयता को बरकरार रखा है। यह विश्वसनीयता एक और कारण से भी है कि भौतिकी, रसायन, शान्ति और अर्थशास्त्र जैसे क्षेत्रों में हर बार एक पुरस्कार से काम चल सकता है लेकिन साहित्य के क्षेत्र में कविता, कहानी, उपन्यास, संस्मरण, आलोचना, दर्शन और नाटक आदि विधाओं में संयोजन कैसे बिठाया जाए। यह नोबेल पुरस्कारोंवाली साहित्य की लिस्ट को देखकर आसानी से समझा जा सकता है। 105 वर्षों के इतिहास में 99 बार साहित्य के पुरस्कार दिए गए हैं और उनमें भी दस बार ऐसे रचनाकारों को जिनकी प्रसिद्धि पूरी तरह से नाटककार के तौर पर रही है। यदि इस सूची में हम रवीन्द्र नाथ टैगोर, अल्बेयर कामू, ज्याँ पॉल सार्त्र और जॉन स्टीनबैक जैसे लोगों को भी जोड़ें तो यह प्रतिशत और बढ़ जाएगा। इन सारे आँकड़ों को प्रस्तुत करने का अर्थ यही है कि

नाटक कितना भी रंगमंच जैसी प्रदर्शनकारी विधा से क्यों न जुड़ा हो, उसकी पहली गिनती दुनिया की सभी भाषाओं में साहित्य के अन्तर्गत की जाती है। ऐसा सिर्फ़ हमारे अपने देश में ही दिखाई पड़ता है कि नाटक जैसी विधा अथवा नाटककार को ज्ञानपीठ अथवा साहित्य अकादेमी जैसे पुरस्कारों से आज तक वंचित रखा गया है। साहित्य अकादेमी ने सुरेन्द्र वर्मा जैसे नाटककार को पुरस्कृत किया भी तो किसी नाटक के लिए नहीं वरन् उनके उपन्यास *मुझे चाँद चाहिए* के लिए। धर्मवीर भारती के केस में तो उतना भी नहीं। मैं समझता हूँ कि जिस तरह से बहुत कम समय में नाटक जैसी विधा ने साहित्य की दुनिया में अपना स्थान बनाया है उसे देखते हुए साहित्य अकादेमी, ज्ञानपीठ पुरस्कार समिति और ऐसे ही दूसरी संस्थाओं को इस विषय में गम्भीरता से सोचना चाहिए।

इससे भी ज़्यादा महत्त्वपूर्ण बात ये है कि नोबेल पुरस्कार समिति ने उन नाटककारों की पहचान की जिन्होंने सचमुच में नाटक को एक नया तेवर, एक नई भाषा और एक नया मुहावरा दिया। इस दृष्टि से पहले ही नाटककार मौरिस मैटरलिंक का 1911 में चुना जाना बहुत मायने रखता है। मैटरलिंक नाटक और रंगमंच की दुनिया में मौन और चुप्पी की भाषा के नाटककार कहे जाते हैं। और उससे भी ज़्यादा प्रतीकवादी नाटककार। प्रेमचन्द ने भी उनके एक नाटक का *शबेतार* नाम से रूपान्तरण किया था।

जॉर्ज बर्नार्ड शॉ जैसा ब्रिटिश नाटककार फिर एक ऐसे नाटककार को सामने लाता है जो पहले विश्वयुद्ध के बाद अपने नाटक *आर्म्स एंड द मैन* में युद्ध की हिंसा, नरसंहार और विभीषिका के मुक़ाबले इन्सानी रिश्तों और ज़ज्बों की गहराई को पुष्ट करता है और अन्ततः मानवीयता की वकालत करता है। सीधे-सीधे आदमी, समाज और सत्ता से रू-ब-रू होनेवाले उनके नाटक आज भी नाटकमंडलियों और शिक्षण संस्थाओं में अंग्रेज़ी के साथ-साथ दूसरी भाषाओं में भी लगातार खेले जाते हैं।

लुई पिरान्देलो एक और अद्भुत नाटककार हैं जिन्हें 1934 में पुरस्कृत करके जैसे नोबेल पुरस्कार समिति ने अपने को ही पुरस्कृत किया। नाटक क्या है? एक भ्रम है अथवा एक वास्तविकता? पिरान्देलो के लगभग सभी नाटक कहीं-न-कहीं इस मूल कथ्य की जटिल गुत्थियों को समझने और सुलझाने में जुटे रहते हैं। इस लिहाज़ से उनके दो नाटक *सिक्स कैरेक्टर्स इन सर्च ऑफ़ एन आथर* और *हेनरी द IV* बहुत ही महत्त्वपूर्ण हैं। मात्र कथ्य के स्तर पर ही नहीं, शिल्प के स्तर पर भी ये दोनों नाटक एक नई ज़मीन की सूचना देते हैं जो इससे पहले नाटकों में शायद बहुत कम अपनाया गया था अर्थात् नाटक के भीतर नाटक। यूँ कहने को एक आध दृश्य अथवा प्रसंग में इस युक्ति का इस्तेमाल भवभूति के *उत्तररामचरित* और शेक्सपीयर के *हेमलेट* और *मिडसमर नाइट्स ड्रीम* में भी किया जा चुका था लेकिन एक पूरे नाटक में इस युक्ति का सफलतापूर्वक निर्वाह करना लुई पिरान्देलो की ऐसी उपलब्धि है जिसने आनेवाले

समय में बहुत से नाटककारों को प्रभावित किया। इनमें बांग्ला में बादल सरकार, मराठी में विजय तेन्डुलकर, गुजराती में मधु राय, हिन्दी में ललित सहगल और मोहन राकेश, सुरेन्द्र वर्मा इत्यादि के नाम लिये जा सकते हैं।

ठीक दो बरस के बाद यूजीन ओ' नील जैसे अमेरिकी नाटककार का नम्बर आता है, जिनके नाटक अमेरिकी समाज में वैवाहिक संस्था की बड़ी गहराई से जाँच-पड़ताल करते हैं। एक तरफ़ जल्दी-से-जल्दी धनी बनने की लालसा अर्थात् *गोल्ड रश* की दौड़, दूसरी तरफ़ टूटते परिवार, मूल्य और मानवीय रिश्ते। यूजीन ओ' नील के दो नाटक आज भी भारतीय परिवेश और समाज में समसामयिक और समकालीन जान पड़ते हैं—पहला *डिज़ायर अंडर द एल्मस* और दूसरा *लांग डेज़ जर्नी इन टू नाइट*। पंजाबी के मशहूर उपन्यासकार गुरुदयाल सिंह ने पहले नाटक को आधार बनाकर *मढ़ी दा दीवा* नाम से पंजाबी में एक उपन्यास या कि नाट्यरूपान्तरण किया था जो आज भी प्रायः पंजाबी रंगमंच में प्रस्तुत किया जाता है। दूसरे नाटक का *लम्बे दिन की यात्रा रात में* शीर्षक से पहली बार उपेन्द्रनाथ अश्क ने हिन्दी में अनुवाद प्रकाशित किया था। इसी नाटक पर इसी नाम से अस्सी के दशक में एक फ़िल्म भी बनी थी। इसे बहुत सराहा गया था।

मैं यहाँ जानबूझकर अल्बेयर कामू, जॉन स्टीनबैक और ज्याँ पॉल सार्त्र की अलग से चर्चा नहीं कर रहा हूँ जिन्हें क्रमशः 1957, 1962 और 1964 में नोबेल पुरस्कार प्रदान किया गया था। एक तो इसीलिए कि ये तीनों पूरी तरह से नाटककार की श्रेणी में नहीं आते वरन् उपन्यासकार और उससे भी ज़्यादा दार्शनिक कहे जा सकते हैं। इन्होंने साहित्य को अस्तित्ववाद जैसा दर्शन दिया। पहले अल्बेयर कामू ने अपने निबन्ध *मिथ ऑफ़ सिसिफस* और बाद में सार्त्र ने अपनी बहुत-सी रचनाओं के माध्यम से इस दर्शन को पुष्ट किया जिसकी द्वितीय विश्वयुद्ध के बाद मनुष्य और समाज को बेहद ज़रूरत थी। सार्त्र ने तो पुरस्कार को ठुकरा ही दिया था।

बीसवीं शताब्दी से यदि मात्र एक नाटककार का चुनाव करना हो तो निश्चित रूप से सबकी ज़ुबान पर एक ही नाम होगा और वह है सेमुअल बैकेट। यह खुशी की बात है कि ऐसा नाटककार नोबेल पुरस्कार समिति की नज़रों से ओझल नहीं हुआ और उसको चाहे देर से ही सही 1969 में पुरस्कार मिला। बैकेट ने चाहे कितना कुछ भी लिखा हो वह अपने एक नाटक *वेटिंग फ़ॉर गोदो* के कारण ही हमेशा याद किए जाएँगे। द्वितीय विश्वयुद्ध के बाद आदमी के जीवन की सार्थकता को लेकर जो सवाल उठे थे और जिनके भीतर से एब्सर्ड नाट्यलेखन और परम्परा का जन्म हुआ, उसका सबसे सशक्त प्रतीक है *वेटिंग फ़ॉर गोदो*। इस नाटक ने पहले से प्रचलित नाट्यलेखन और नाट्यभाषा के सभी मुहावरों को बहुत पीछे छोड़ दिया चाहे वह पूरब का नाट्यलेखन हो चाहे पश्चिम का। ऐसा नहीं है कि बैकेट ने जिस शिल्प और संरचना का प्रयोग किया उसके संकेत पहले से नहीं मिलते। जर्मनी में जॉर्ज ब्युख़नर, हिन्दी

में भुवनेश्वर और फ्रांसीसी भाषा में आयनेस्को, बैकेट से पहले अपनी रचनाएँ लेकर आ चुके थे लेकिन बैकेट ने उसे उस एब्सर्ड नाट्यलेखन को अपने चरमोत्कर्ष पर पहुँचा दिया। कोई मंचसज्जा नहीं, कोई कहानी नहीं, यहाँ तक कि संवाद की भाषा भी टूट चुकी है। नाटक में मात्र दो दृश्य और दोनों की शुरुआत और अन्त बिलकुल एक जैसा। लेकिन एक जैसे लगनेवाले दो दृश्यों में भी कितना कुछ भीतर ही भीतर बदल जाता है। कहानी न होते हुए भी कैसे लगातार एक कहानी बनती चली जाती है और शिल्पहीनता में से भी कैसे एक नए शिल्प का जन्म होने लगता है। इन सारी प्रक्रियाओं को यदि किसी एक रचना में देखना हो तो वह है *वेटिंग फ़ॉर गोदो।* कोई आश्चर्य नहीं कि पिछले पचास वर्षों में जो नाटक सभी देशों में बार-बार मंचित होते रहे हैं उनमें एक *वेटिंग फ़ॉर गोदो* भी है।

राजनीतिक विचारधारा के कारण शायद सबसे ज़्यादा विवादास्पद नाटककार दारियो फ़ो का पुरस्कृत होना एक बार फिर से इस पुरस्कार की विश्वसनीयता को और पुख़्ता करता है। इटली की दक्षिणपन्थी सत्ता और राजनीति के विरोध में अपनी वामपन्थी विचारधारा को स्थापित करना और वह भी नाटकों के माध्यन से, यह निश्चय ही बहुत बड़ा क्रान्तिकारी क़दम है। इसके लिए दारियो फ़ो ने अपनी पत्नी के साथ मिलकर अपनी कम्पनी बनाई और पहले इम्प्रोवाइज़ेशन के रूप में और बाद में नियमित नाटकों के माध्यम से तत्कालीन और वर्तमान राजनीतिक व्यवस्था पर लगातार व्यंग्य करते रहे। दारियो फ़ो की सफलता इस बात में भी है कि शायद सबसे ज़्यादा उनके नाटकों का मंचन हमारे देश में हुआ और वह भी अलग-अलग भाषाओं की मंडलियों के साथ। मुझे याद है जब 1981-82 में मध्य प्रदेश सरकार द्वारा भोपाल में भारत भवन और उसके पहले रंगमंडल की स्थापना हुई, उसी साल दारियो फ़ो के बेहद चर्चित नाटक *एन एक्सीडेंटल डेथ ऑफ़ एन अनार्किस्ट* का मंचन बैरी जॉन के निर्देशन में किया गया था जिसका हिन्दी अनुवाद मैंने किया था। दारियो फ़ो के ही एक दूसरे नाटक *कांट पे वोंट पे* अमिताभ श्रीवास्तव के हिन्दी अनुवाद में खेला जाता रहा है। एक और नाटक *बड़े न खेलें छोटे खेल* के नाम से रानावि के रंगमंडल ने कई साल पहले प्रस्तुत किया था।

और अन्त में पुनः हैरल्ड पिंटर पर लौटा जाए जो इस कड़ी में अब तक सबसे अंत में जुड़े हैं। यूँ तो पिंटर से बहुत पहले ही यह फैसला लिया जा चुका था कि नोबेल पुरस्कार किसी एक कृति के लिए नहीं वरन् रचनाकार के समग्र लेखन के लिए दिया जाएगा। फिर भी पिंटर के साथ ही यह निर्णय अपनी सार्थकता हासिल करता है। सार्थकता इसलिए कि पिंटर सिर्फ़ रचनाकार के रूप में ही नहीं वरन् सामाजिक जीवन में अपनी विचारधारा से मिलते-जुलते कामों को भी उतनी ही शिद्दत से जोड़ते आए हैं। विशेष रूप से पिछले कुछ वर्षों में अमेरिका और अरब देशों के संघर्ष को लेकर जो विरोध पूरी दुनिया में उभरकर सामने आया है, उसमें उनके द्वारा अमेरिका

के विरुद्ध खड़े होना वास्तव में उनकी अपनी अलग और स्वतन्त्र सोच का नतीजा है। इसी के साथ-साथ विश्व शान्ति को लेकर किए जानेवाले उनके दूसरे सामाजिक कार्यकलाप भी देखे जा सकते हैं। कुछ लोगों का तो कहना है कि पिंटर को यह पुरस्कार अपने इन्हीं कार्यकलापों की वजह से मिला है, न कि रचनाकर्म की वजह से। क्योंकि बहुत दिनों से उन्होंने कुछ लिखा ही नहीं।

हम जो कुछ भी कहें इस बात से इनकार नहीं किया जा सकता कि हैरल्ड पिंटर भी दूसरे विश्वयुद्ध के बाद यूरोप में छठे-सातवें दशक में उभरनेवाले नाटककारों में अपनी एक अलग पहचान बनाते हैं। देखा जाए तो ये दो दशक पूरी दुनिया में चित्रकला, फ़िल्म, संगीत और एक ऐसे स्वर्णिम दौर की तरह से याद किए जाएँगे जो दुबारा कभी लौटकर नहीं आया। इस दौर में यदि बहुत से नाटककार अपनी गुणवत्ता की वजह से नोबेल पुरस्कार के लिए रेखांकित किए गए तो बहुत से ऐसे नाटककार भी मिलेंगे जो पुरस्कार पाने से वंचित रह गए। उदाहरण के लिए आर्थर मिलर, ज्याँ जैने, टेनिसी विलियम्स, ज्याँ आनुई और एडवर्ड एल्बी। कारण जो भी हो लेकिन इसका अर्थ यह नहीं है कि जिन्हें मिला है उनके महत्त्व को दूसरों की तुलना में कम करके आँका जाए। हैरल्ड पिंटर भी एक ऐसे ही नाटककार हैं। 1911 में पुरस्कृत नाटककार मैटरलिंक ने जिस मौन की भाषा की शुरुआत की थी उसी के दूसरे सबसे बड़े उदाहरण हैं हैरल्ड पिंटर।

1930 में जन्मे पिंटर पश्चिम के उन नाटककारों की श्रेणी में आते हैं, जिनका लेखन द्वितीय विश्वयुद्ध के बाद के वर्षों से शुरू होता है। जब युद्ध समाप्त हुआ, वे महज 15 वर्ष के थे और उनकी असली शिक्षा-दीक्षा और लेखन उसके बाद ही शुरू होता है। यह भी बहुत कम लोगों को मालूम है कि पिंटर रचनाकार से ज़्यादा अभिनेता बनना चाहते थे और इसके लिए उन्होंने पहले रॉयल एकेडमी ऑफ ड्रामेटिक आर्ट और बाद में लन्दन स्कूल ऑफ स्पीच एंड ड्रामा में बाकायदा प्रशिक्षण भी प्राप्त किया। लन्दन में उन्होंने कई मशहूर निर्देशकों के नाटकों में अभिनय भी किया। उन्होंने मैकबेथ और रोमियो के ऐतिहासिक किरदार भी निभाए और एक समय तो उन्होंने अभिनय को ही अपना पूर्णकालिक कैरियर बनाने का फैसला कर लिया था। यह तो संयोग से ऐसा हुआ कि उनके एक दोस्त ने उन्हें ब्रिस्टल यूनिवर्सिटी में एक नाटक लिखने के लिए आमन्त्रित किया और उन्होंने अपना पहला एकांकी *द रूम* लिखा। इसी क्रम में उनका पहला पूर्णकालिक नाटक *द बर्थडे पार्टी* कुल पाँच रात चलकर बन्द हो गया, लेकिन इससे उनका लिखना बन्द नहीं हुआ। और एक के बाद एक कई छोटे-बड़े नाटक सामने आए। *द केयरटेकर* (1960), *द होम कमिंग* (1965), पूर्णकालिक नाटकों के रूप में *ओल्ड टाइम्स* (1971), नो मैन्स लैंड (1975), तथा एकांकी में *द रोम* (1979), *लैंडस्केप* और *साइलेंस* (1969), साथ ही 1982 में तीन और छोटे नाटकों की वजह से वे बराबर चर्चित रहे। इसके

साथ-साथ पिंटर, रेडियो, टेलीविजन और फ़िल्मी लेखन के लिए भी जाने जाते हैं। नौवें दशक के शुरुआती दौर की बेहद चर्चित फ़िल्म *द फ्रेंच लेफ्टिनेंट्स वूमन* की पटकथा और संवाद पिंटर की ही देन है। इसके अलावा उन्होंने ढेर सारी फ़िल्मों के लिए पटकथा और संवाद लिखने का काम किया। उन्होंने अपनी विशेष शैली विकसित की और इस शैली को सम्मान देने के लिए *पिंटरस्क* शब्द गढ़ा गया। यह किसी साहित्यकार के लिए अत्यन्त सम्मान की बात है।

इस बात को भी बड़ी शिद्‌दत से रेखांकित किया जाना चाहिए कि भले ही दूसरे बड़े लेखकों की तुलना में पिंटर ने बहुत कम लिखा हो, लेकिन अपनी गुणवत्ता में वे कहीं पीछे नहीं ठहरते। कहा जाए तो नाटकों के अन्दर कम-से-कम शब्द और ज़्यादा-से-ज़्यादा मौन के रूप में उनकी अपनी एक अलग शैली की पहचान ही स्थापित हो गई। जहाँ उनके समकालीन नाटककारों जैसे कि एडवर्ड एल्बी, जॉन ऑसबार्न के यहाँ समाज में व्याप्त स्थितियों-परिस्थितियों और सम्बन्धों को लेकर बेहद गुस्सा, पागलपन और अन्ततः उन सबसे मोहभंग की स्थिति है वहीं यहाँ कोई संवाद ही नहीं होता। उनके नाटक ज़्यादा-से-ज़्यादा अन्तर्मुख होते जाते हैं और दर्शकों को भी बहुत गहरे मनोवैज्ञानिक अध्ययन में ले ज़ाते हैं। कहा जाए तो उनके नाटकों का कथ्य और उनका रचना संसार बाहरी यथार्थ के बजाय हमें सपनों की दुनिया में ले जाता है। काफ़ी हद तक फ्रायड के सेक्स से सम्बन्धित विश्लेषण-अध्ययन के रूप में। उन्होंने खुद ही कहा है कि उनके लेखन पर युद्ध की विभीषिका का गहरा असर है। यह द्वितीय विश्वयुद्ध का असर है। इसलिए भी उनका लेखन मौन की ओर प्रवृत्त हुआ होगा। इसे एक व्यंग्य ही कहा जा सकता है कि पश्चिमी दुनिया में पिंटर को भी आएनेस्को, बैकेट, यूजीन ओ' नील, एडवर्ड एल्बी जैसे नाटककारों की कड़ी में एब्सर्ड नाट्य-परम्परा का आखिरी नाटककार मान लिया गया था, जबकि सच्चाई यह है कि उनके यहाँ मोहभंग की बजाय आस्था और संवेदना की शुरुआत होती है। यह खुशी की बात है कि नोबेल पुरस्कार समिति ने उनके लेखन की इन तमाम खूबियों को पहचाना और उन पर मोहर लगाई।

टुकड़ों-टुकड़ों में बनारस

बनारस शहर को कई तरह से जीने, बरतने और अनुभूत करने का अवसर मिला है। सबसे पहली बार बनारस मैं 1970 में गया था। हबीब तनवीर की प्रस्तुति *आगरा बाज़ार* का एक अभिनेता सदस्य होकर। वहाँ *आगरा बाज़ार* के तीन प्रदर्शन हुए थे। पर, नागरी नाटक मंडली प्रेक्षागृह में उस वक़्त की कोई बहुत ज़्यादा स्मृतियाँ मेरे साथ नहीं हैं, सिवाय इसके कि तीनों प्रदर्शन हाउसफुल थे और बेहद सराहे गए थे। और मीठी लस्सी के ऊपर रबड़ी की परत! सही मायनों में पहला साक्षात्कार 1976 में हुआ, जब एक सम्भागीय नाट्य प्रतियोगिता में अपनी प्रस्तुति *महानगर : तीन संवाद* को मंचित किया। दर्शकों द्वारा प्रस्तुति को देखे जाने का ताज़गी-भरा अनुभव आज तक याद है। एक दृश्य में पुरुष और स्त्री मंच पर लेटे थे और अचानक स्त्री पुरुष का चुम्बन लेती है। बनारस के रंगमंच पर यह एक सनसनीखेज घटना थी। लेकिन दर्शकों ने इसकी भरपूर सराहना की। इसके बाद तो तब से लेकर आज तक लगातार बनारस आना-जाना लगा रहा है।

पहली मुलाक़ात में बनारस किसी को भी एक अक्खड़ शहर होने का अनुभव देता है। मैं स्वय भी इस अनुभव से वंचित नहीं रहा हूँ। 1976 में ही एक बार महेश आनन्द और मैं हिन्दी रंगमंच पर शोध और पुरानी सामग्री बटोरने के लिए वहाँ के एक बुजुर्ग रंगकर्मी से जाकर मिले। छूटते ही पहला सवाल जो उन्होंने किया वह कुछ इस प्रकार था, 'हमसे मिलने क्यों आए हैं?' हम दोनों सन्न-से रह गए। जिस उत्साह से अनुभवी और वयोवृद्ध लेखकों, चिन्तकों और रंगकर्मियों से मिलने के लिए चले आए थे, वह धरा का धरा रह गया। तो यह थी बनारस की पहली तस्वीर—एकदम खाँटी लट्ठमार और अक्खड़ अन्दाज़। और जब *महानगर : तीन संवाद* वहाँ हुआ तो वही बनारस पूरी आत्मीयता के साथ पेश आया। देखा जाए तो बनारस के यही दो अतिवादी रूप हैं। यदि निषेध है तो वह भी पूरा और यदि स्वीकार है तो वह भी पूरा। बीच की स्थिति वहाँ कोई नहीं है। इसीलिए जब बनारस ने गले लगा लिया, फिर तो एक के बाद एक, न जाने कितने लोगों से गाढ़ा परिचय हुआ और उन्होंने हर तरह से मदद की। बहुत-से नाम एक साथ जेहन में आते हैं—भानुशंकर मेहता, कुँवरजी अग्रवाल, काशीनाथ सिंह, शिवमूरत सिंह, एस. अतिबल, शिशिर गुप्त, सुरेन्द्र शर्मा,

बलदेवराज शर्मा, गोपाल गुर्जर, मुशीर हसन और इन सबसे अलग गौरीशंकर। यूँ तो यह सूची इससे भी चार गुना बड़ी हो सकती है, लेकिन ये वे लोग हैं जो आज भी उतनी ही गर्मजोशी और आत्मीयता से भरपूर हैं जितने कि आज से पच्चीस-तीस साल पहले थे।

आज बनारस चाहे कितने ही आधुनिक भवनों, उद्योगों और तकनीकी घटाटोप से खिल गया हो, तब भी इन सबके पीछे से लगातार झाँकता रहता, और अपनी उपस्थिति को दर्ज़ कराता हुआ पुराना बनारस उसी तरह मौजूद है जैसा कि वह पहले कभी रहा होगा। हरिश्चन्द्र घाट पर लगातार जलती हुई अग्नि, वहाँ से लेकर अस्सी घाट तक की नाव-यात्रा, बनारस शहर के एक छोर से गंगा के दूसरे किनारे पर बसे रामनगर तक का नाव में बैठकर सफ़र, और अगर यह सफ़र चाँदनी रात में हो तो फिर कहना ही क्या!

बनारसवालों की अपनी मस्ती तो देखते ही बनती है। पहली बार 1977 में जब मैं वहाँ के रंगकर्मियों के साथ एक नाटक निर्देशित करने के लिए गया तो रिहर्सल का समय निश्चित करने की बात आई। एक अभिनेता से पूछा कि कल रिहर्सल के लिए कब तक आओगे, तो तुरन्त जवाब आया–'आ जाएँगे यही कोई 7-8-9 बजे तक।' मानो 7-8 या 9 में कोई अन्तर ही न हो उनके लिए। ख़ैर, ये तो शुरुआती दिन थे, लेकिन बाद में, जैसा कि मैं शुरू में संकेत दे आया हूँ, जब वे पूरी लगन, मेहनत और निष्ठा के साथ आ जुड़े तो फिर 7 का मतलब 7 ही हो गया। यहाँ तक कि कई बार तो 6.45। और एक बार की घटना तो भुलाए नहीं भूलती। सितम्बर का महीना था और घनघोर बारिश–गली-कूचे, सड़कें, नालियाँ पूरी तरह से पानी से भर गए थे, किसी तरह भी चलना मुश्किल। नतीजा यह कि उस दिन मैं रिहर्सल में नहीं पहुँच पाया। लेकिन मेरे अभिनेता पूरी मुस्तैदी से हाज़िर, और मेरी अनुपस्थिति में भी पूरे समय तक काम करके ही वापस गए। उनके उस दिन के इस सहयोग के आगे मैं नतमस्तक हो गया, और प्रसंगवश एक कहानी को यहाँ याद करने की इच्छा हो आती है। भगवान का एक भक्त रोज़ाना मन्दिर में उनकी मूर्ति के आगे एक दीया जलाने जाता था और उसका एक शत्रु रोज़ाना उसी दीये को बुझाने पहुँच जाता था। एक दिन घनघोर वर्षा, आँधी और तूफ़ान के मौसम में भक्त ने सोचा, आज जलते हुए दीये को वहाँ तक लेकर जाना मुश्किल होगा, इसलिए उसने घर में ही बैठे-बैठे अपने रोज़मर्रा के अनुष्ठान को पूरा कर लिया। दूसरी तरफ़ उसका शत्रु दीया बुझाने के लिए मन्दिर में पहुँच गया। भगवान इतने ख़ुश हुए कि तुरन्त प्रकट होकर बोले–'हे वत्स! मेरा सच्चा भक्त तो तू है जो ऐसे दुर्निवार मौसम में भी अपनी ड्यूटी पूरी करने के लिए पहुँच गया।' ऐसा ही था बनारस के रंगकर्मियों का सहयोग।

रंगमंच की अद्‌भुत कहानियों और क़िस्सों से भरा-पूरा है यह शहर। कारन्तजी 1972 में संगीत नाटक अकादेमी के एक रंगशिविर का संचालन करने बनारस आए।

उनके लिए यह कोई नया शहर नहीं था। यहीं पर राष्ट्रीय नाट्य विद्यालय जाने से पहले उन्होंने हिन्दी साहित्य में एम.ए. किया था और पी-एच.डी. का काम भी काफ़ी दूर तक कर लिया था। बहरहाल उनके साथ उस शिविर में एक अभिनेता आ जुड़े—गौरीशंकर, जिसे रोज़ाना कारन्तजी अपने पास से दस रुपए देकर हुक्म देते थे कि जाओ और खूब दूध, मलाई और रबड़ी खाओ। और जब आज का समय ख़त्म होने लगे तब हाज़िरी के लिए आ जाना। यह व्यवस्था इसलिए कि गौरीशंकर इतने चंचल, उद्दंड और खुराफ़ाती कि कोई और विकल्प हो ही नहीं सकता था। इन्हीं गौरीशंकर को जब शिविर की समाप्ति पर प्रमाण पत्र मिला तो उसमें निर्देशक का रिमार्क था 'साधारण'। तुरन्त इन साहब ने उस साधारण शब्द से पहले 'अ' अपनी तरफ़ से जोड़ दिया और अपने-आपको 'असाधारण' बना दिया।

क्या हिन्दुस्तान के किसी और शहर में रंगमंच की दुनिया में ऐसा क़िस्सा हुआ है कि किसी अभिनेता ने पूर्वाभ्यास में आई हुई लड़की के साथ छोड़छाड़ की तो उस अभिनेता के मुँह पर कालिख पोतकर उसे गदहे पर बिठा कर पूरे शहर में घुमाया गया हो? यह सज़ा भी उसी गौरीशंकर द्वारा कार्यान्वित की गई थी।

मैं एक बार मोहन राकेश की एक कहानी 'अपरिचित' वहाँ के अभिनेताओं के साथ तैयार करवा रहा था साल था 1978। रेल के एक डिब्बे में रात में यात्रा करते हुए एक पुरुष और एक स्त्री पहली बार मिलते हैं और उस यात्रा के दौरान वे एक-दूसरे को अपने पूरे अतीत से परिचित करा देते हैं जबकि इससे पहले वे आपस में कभी नहीं मिले थे। उनके इस वार्तालाप के दौरान एक तीसरा व्यक्ति लगातार सोया रहता है और आख़िर में जब उसकी नींद टूटती है तो वह इतना ही पूछता है क्या वक़्त हुआ है? यह भूमिका मैंने गौरीशंकर को ही दी थी और प्रदर्शन के बाद सभी मित्रों, दर्शकों और रंगकर्मियों ने मुझे इस बात के लिए बेहद बधाई दी और जानना चाहा कि यह कैसे सम्भव हुआ कि लगातार चौबीस घंटे बोलने वाला अभिनेता एक प्रस्तुति में 45 निमट तक चुपचाप लेटा रहा।

इसी तरह की एक और अद्भुत घटना याद आती है, जिसके उल्लेख के बिना बनारस प्रसंग अधूरा रह जाएगा। कारन्तजी और मैं 1981 में *नाट्यशास्त्र* पर एक संगोष्ठी में भाग लेने के लिए काशी हिन्दू विश्वविद्यालय बुलाए गए थे। बनारस पहुँचते ही कारन्तजी को बनारस में बिताए सन् 60 के आसपास वाले दिन याद हो आए और उन्होंने बताया कि कोई कल्लू नाम का नाविक उन दिनों उन्हें नाव में बिठा कर घाट-दर-घाट सैर कराया करता था। आइए, उसे ढूँढ़ा जाए। तुरन्त एक नौका किराए पर ली गई और हम लोग हरिश्चन्द्र घाट से अस्सी घाट तक की यात्रा के लिए रवाना हुए। जैसे ही नौका अगले घाट पर पहुँची कारन्त जी बीच मँझधार से ही ज़ोर से चिल्लाए—'कल्लूजी', इसी तरह वह गुहार लगाते, और कोई उत्तर न मिलने पर आगे बढ़ जाते। आख़िरकार किसी एक अगले घाट पर पुनः कारन्तजी ने वैसे ही

तारसप्तक में कल्लूजी को गुहार लगाई और लीजिए, घाट के आसपास पानी में से एक सिर बाहर आया और उसने भी उतने ही खुले स्वर में जवाब दिया। फिर क्या था—नाव को तुरन्त घाट की सीढ़ियों पर लाया गया और कारन्तजी उस कल्लू नामधारी व्यक्ति से गले लिपट गए। मानो रामायण काल के बाद राम को उस क्षण अपना वही नाविक मिल गया हो जिसने उन्हें लक्ष्मण और सीता के साथ सरयू नदी पार कराई थी।

ये है टुकड़ों-टुकड़ों में बँटा बनारस। टुकड़े तो और भी हैं लेकिन फिलहाल बस इतने ही काफ़ी हैं।

जिस लाहौर नइ देख्या ओ जम्याइ नइ

यह सचमुच में बहुत खुशी की बात है कि 2009 में जिस *लाहौर*...के पहले मंचन के बीच बरस पूरे हो रहे हैं। मुझे आज भी श्रीराम सेंटर रंगमंडल के अभिनेताओं द्वारा हबीब तनवीर के निर्देशन में मंचित इस नाटक की पहली प्रस्तुति बहुत अच्छी तरह से याद है। अपने समसामयिक कथ्य और प्रस्तुति शैली के कारण इस मंचन की बेहद चर्चा तो हुई ही, उससे भी ज़्यादा यह प्रस्तुति इसलिए भी ध्यान खींच पाई कि नाटक के मुख्य किरदार माई की भूमिका में निर्देशक ने किसी स्त्री पात्र की बजाय रंगमंडल के एक पुरुष अभिनेता गिरीश भाई को मंच पर उतारा था। उस वक़्त इस चुनाव के पीछे कोई सैद्धान्तिक अथवा दार्शनिक सोच नहीं थी। निर्देशक को यह फ़ैसला मजबूरी में लेना पड़ा था क्योंकि उन दिनों रंगमंडल में कोई ऐसी अभिनेत्री नहीं थी जो माई जैसे पात्र को सक्षमता और सशक्तता से निर्देशक की परिकल्पना के अनुसार अभिनीत कर सके। आज यह इतिहास में दर्ज हो चुका है कि गिरीश भाई ने माई की भूमिका को इतनी जीवन्तता से जिया कि देखनेवाले यह भूल ही गए कि उस पात्र को किसी पुरुष ने किया था।

यों पुरुष द्वारा स्त्री पात्रों को निभाने का चलन कोई नया नहीं है। पश्चिमी रंगमंच में शुरू से लेकर उत्तर मध्यकाल तक पुरुष ही सभी भूमिकाएँ निभाते रहे। स्वयं हमारे यहाँ भी लोक रंगमंच और पारसी रंगमंच के शुरुआती दौर में यह काम पुरुषों के हिस्से में ही आया। यहाँ तक कि बीसवीं सदी के पूर्वार्द्ध में गुजराती रंगमंच में जयशंकर सुन्दरी और मराठी रंगमंच में बाल गन्धर्व अपनी स्त्री भूमिकाओं में अपने मेकअप, वेशभूषा और हावभाव से इतने स्थापित और प्रसिद्ध हो गए कि उस वक़्त आम-ओ-ख़ास घरों की औरतें फैशन और पहरावे में उनका अनुकरण करने लगी थीं।

हबीब तनवीर की इस प्रस्तुति से कुछ पहले अथवा इसके आसपास या बाद में अमाल अल्लाना ने भी अपनी दो प्रस्तुतियों में मनोहर सिंह को स्त्री भूमिकाओं में प्रस्तुत किया था—*मदर करेज* में मदर और *बेगम बर्वे* में बर्वे की भूमिका में। लेकिन यह चुनाव निर्देशक का सोच-समझकर किया गया चुनाव था। *मदर करेज* में मुख्य भूमिका में एक पुरुष को रखकर निर्देशक उस किरदार की पुरुषोचित

बहादुरी को रेखांकित करना चाहती थीं और *बेगम बर्वे* नें पुरुष के माध्यम से वह मराठी संगीत नाटकों की बाल गन्धर्ववाली परम्परा का ही पालन करना चाहती थीं।

जो भी हो, हबीब तनवीर की प्रस्तुति का इतना ज़ोरदार असर हुआ कि बाद में होनेवाली बहुत सी प्रस्तुतियों में माई की भूमिका पुरुष पात्रों ने ही अभिनीत की। मुझे याद है कि फ़िल्म अभिनेता और गायक-संगीतकार निर्मल पांडे ने राष्ट्रीय नाट्य विद्यालय से बाहर आने के बाद जब नैनीताल की अपनी संस्था युगमंच के साथ इस नाटक का मंचन किया तो उसमें भी माई के लिए संस्था के सक्रिय सदस्य ज़हूर आलम का चुनाव किया। यह अध्ययन काफ़ी रोचक साबित हो सकता है कि किस तरह से एक निर्देशक द्वारा लिया गया प्रस्तुतिपरक निर्णय अपने बाद आनेवाली प्रस्तुतियों के लिए एक उत्प्रेरक का काम करता है और अन्ततः एक नाट्ययुक्ति या रूढ़ि का ही रूप ग्रहण कर लेता है। बहुत सालों के बाद जब इक्कीसवीं सदी की शुरुआत में दिनेश ठाकुर ने अपनी संस्था *अंक* के साथ इस नाटक को प्रस्तुत किया तो अपनो अभिनेत्री पत्नी प्रीता माथुर ठाकुर को माई की भूमिका के लिए चुना। इस बीच वह मिलिंद ईनामदार पुणे की एक नाट्यमंडली के साथ ज्योति देशपांडे को मुख्य भूमिका में लेकर यह नाटक कर चुके थे।

इस नाटक के साथ यह अजब संयोग भी जुड़ा हुआ है कि बेशक इसका पहला मंचन 1989 में हुआ लेकिन अपने प्रकाशित रूप में यह 2001 में ही हमारे सामने आया। हाँ, इस 11-12 बरस के लम्बे अन्तराल में यह नाटक हिन्दी, मराठी, कन्नड़ और पंजाबी के साथ-साथ हिन्दुस्तान ही नहीं वरन् अमेरिका में भी खेला जा चुका था। स्वयं हबीब तनवीर ने इसकी दो अलग-अलग प्रस्तुतियाँ कीं—एक श्रीराम रंगमंडल के साथ और दूसरी अपनी मंडली नया थिएटर के छत्तीसगढ़ी अभिनेताओं के साथ। इतना ही नहीं, रंगमंडल के साथ ही पिछले कुछ बरसों तक इस प्रस्तुति के बार-बार प्रदर्शन होते रहे हैं। सूचना के अनुसार आज तक की सभी प्रस्तुतियों को मिलाकर लगभग छह सौ अथवा उससे भी ज़्यादा इस नाटक के प्रदर्शन हो चुके हैं और इस बात को दोहराने की ज़रूरत नहीं है कि पिछले दो दशकों में जो तीन हिन्दी नाटक सबसे ज़्यादा मंचित, चर्चित और लोकप्रिय हुए, उनमें *जिस लाहौर*...भी एक है। बाक़ी दो हैं—स्वदेश दीपक का *कोर्ट मार्शल* और अजय शुक्ला का *ताजमहल का टेंडर*। इसे भी एक विरोधाभास ही कहा जा सकता है कि एक तरफ़ तो हिन्दी के रंग-समीक्षक-आलोचक इस बात का रोना रोते हैं कि हिन्दी में अच्छे नाटक नहीं हैं, हैं भी तो वे एक सीमित दर्शक वर्ग तक ही पहुँच पाते हैं और जब कोई नाटक उनकी इस तरह की सारी स्थापनाओं, मिथकों और पूर्वाग्रहों को पीछे छोड़कर लोकप्रियता प्राप्त कर लेता है तो वे उसे अच्छा नाटक मानने से इनकार करने लगते हैं। मुझे याद नहीं पड़ता कि इन तीनों नाटकों की किसी साहित्यिक पत्रिका में विस्तृत व्याख्या या

आलोचना प्रस्तुत की गई हो। आज तक यदि ये नाटक चर्चा में रहे भी हैं तो मात्र अपनी प्रस्तुतियों के कारण, न कि अपने साहित्यिक महत्त्व के कारण।

इतना ही नहीं, ये तीनों नाटककार साहित्य में जितना अपने कथा साहित्य के कारण चर्चित और प्रतिष्ठित हैं, उतना अपनी नाट्यरचनाओं के लिए नहीं। दूसरी तरफ़ आधुनिक युग में धर्मवीर भारती, मोहन राकेश आज शायद अपनी नाट्य रचनाओं के लिए ज़्यादा जाने जाते हैं। यही स्थिति कुछ हद तक जयशंकर प्रसाद की भी है। दूसरी तरफ़ सुरेन्द्र वर्मा का उदाहरण है–ज़िन्दगी भर नाटक लिखकर भी शायद इतना धन और प्रसिद्धि उन्हें नहीं मिली, जितनी एक उपन्यास *मुझे चाँद चाहिए* से मिल गई। कम-से-कम दूसरी भाषाओं में ऐसा नहीं है। टैगोर इसके जीते-जागते उदाहरण हैं। कर्नाटक में चन्द्रशेखर कम्बार एक कवि और एक नाटककार के रूप में समान रूप से जाने जाते हैं।

आइए, इस बात की जाँच-पड़ताल की जाए कि आख़िर ये नाटक इतने लोकप्रिय क्यों हुए। सबसे बड़ी बात तो वह राजनीतिक दौर है जब ये तीनों नाटक हमारे सामने आए–1984 के दिल्ली दंगे, 1992 में बाबरी मस्जिद प्रसंग, गुजरात के दंगे, मुम्बई के बम-ब्लास्ट, बड़े-बड़े घोटाले, आतंकवाद, साम्प्रदायिकता–शायद ऐसा कोई भी नकारात्मक पहलू नहीं है जिसके भीतर से हम सब इधर न गुज़रे हों। अतः यह स्वाभाविक है कि जब भी कोई रचना इन मुद्दों पर केन्द्रित होगी, वह हमें भीतर तक छुएगी। यों ऐसी रचनाओं के साथ यह ख़तरा भी हमेशा बना रहता है कि ऐसी समसामयिक समस्याओं पर आधारित रचनाएँ बहुत ज़्यादा दिनों तक ज़िन्दा नहीं रहतीं लेकिन इन तीनों नाटकों के साथ ऐसा कभी कुछ नहीं होगा। एक तो ये नाटक एक सीधे-सादे कथानक के माध्यम से अपनी बात कहते हैं, दूसरे दलित, दंगे और भ्रष्टाचार जैसे मुद्दों को भी ये इस तरह से सामने लाते हैं कि वे तात्कालिक न होकर शाश्वत लगने लगते हैं। क्या *अन्धेर नगरी, अन्धा युग, आषाढ़ का एक दिन* जैसे नाटकों की लोकप्रियता का यही कारण नहीं है?

दूसरी बड़ी बात यह भी है कि तीनों नाटकों में इन समस्याओं का कोई समाधान प्रस्तुत नहीं किया गया है। तीसरा कारण यह भी हो सकता है कि जितना सीधा इनका कथानक और कथ्य है, उसी के अनुसार शिल्प और संरचना भी है। किसी भी तरह का अनावश्यक प्रयोग नहीं है। *जिस लाहौर...*में संवादों के बीच-बीच में यदि नज़्मों, गज़लों और शेरो-शायरी का इस्तेमाल हुआ है तो वह नाटक का ज़रूरी हिस्सा है, बाहर से थोपा हुआ नहीं है। इसने एक यथार्थवादी मुहावरे में लिखे गए नाटक को प्रस्तुति की दृष्टि से कई सम्भावनाएँ प्रदान कीं–उदाहरण के लिए नज़्मों के गायन के लिए अभिनेताओं की टोली का प्रवेश और प्रस्थान। इस तरह से पूरी प्रस्तुति को ब्रेष्ट की अलगाववादी प्रक्रिया का आस्वाद मिला। मात्र एक अभिनेता द्वारा शेरो-शायरी का प्रयोग, जो स्वयं नाटक का ही एक मुख्य पात्र है और शायर भी है। एक तीसरा

विकल्प यह भी देखने को मिला कि गीतों-नज़्मों को रिकॉर्डेड रूप में दृश्य परिवर्तन के रूप में इस्तेमाल किया गया। दिनेश ठाकुर ने अपनी प्रस्तुति में मूल नाटक की शायरी को बिलकुल छोड़ दिया और आज के शायर निदा फाज़ली की नज़्मों का प्रयोग किया और इस तरह से 1947 की कहानी को पूरी तरह आज के दंगों से जोड़ दिया।

ऐसा बहुत कम होता है कि एक नाटक अपनी बीसवीं सालगिरह मना रहा हो। पश्चिम में ऐसे कई उदाहरण मिल जाएँगे लेकिन हिन्दी रंगमंच में ऐसे उदाहरण बिरले ही मिलेंगे। क्या ही अच्छा हो कि इस अवसर पर इस नाटक की अलग-अलग प्रस्तुतियों का एक नाट्यसमारोह आयोजित किया जाए और उस अवसर पर एक ऐसा परिसंवाद भी रखा जाए जिसमें अलग-अलग प्रस्तुतियों पर चर्चा के साथ-साथ उपर्युक्त प्रश्नों पर भी विमर्श किया जा सके, जिनका संकेत ऊपर किया गया है।

राजेश जोशी के दो नाटकों को पढ़ने के बाद

बहुत साल पहले शायद 1981 या 83 के आसपास राजेश जोशी ने अपने पहले नाटक *जादू जंगल का* का भोपाल में एक अन्तरंग बैठक में पहला पाठ किया था। उस पाठ में ब. व. कारन्त, बंसी कौल और बहुत से स्थानीय रंगकर्मी उपस्थित थे। संयोग से मैं भी उस दिन भोपाल में था इसलिए मुझे भी उनके उस नाटक को सुनने का अवसर मिल गया। पाठ के बाद नाटक के आलेख पर जमकर बहस हुई। तभी, राजेश जोशी के पास नाट्यलेखन की पूरी-पूरी सम्भावनाएँ मौजूद हैं—यह सम्भावना पूरी तरह से दीख गई थी। एक बात जो उनके नाट्यलेखन के पक्ष में शुरू से ही मौजूद थी वह थी उनका पहले एक कवि होना और बाद में एक नाटककार। मैंने बार-बार इस बात पर ज़ोर दिया है कि यदि अच्छे नाटकों को आना है तो वह किसी कवि के माध्यम से ही आता है और आएगा। और यह बात उनके आगे के नाटकों से स्वयं साबित हो जाती है चाहे वह रेणु की सुप्रसिद्ध कहानी *अच्छे आदमी* से प्रेरित इसी शीर्षक का नाटक *अच्छे आदमी* हो या चाहे एक लोककथा के परिप्रेक्ष्य में इम्प्रोवाइजेशन के माध्यम से अभिनेताओं के साथ काम करते-करते बिकसित नाटक *टंकारा का गाना* हो। दोनों नाटकों को पढ़ने के बाद सबसे पहले जो बात तुरन्त हमारा ध्यान खींचती है वह है आलेख का किसी भी अतिरिक्त नाटकीयता से रहित होना।

आमतौर पर हम किसी भी नाटक के आलेख में इस बात की प्रतीक्षा करते रहते हैं कि अचानक कुछ ऐसा घटित हो जाए जिससे नाटक के कथानक, चरित्रों और दूसरे तमाम सम्बन्धों में हलचल पैदा हो जाए। इसीलिए नाटक के विकास के आवश्यक तत्त्वों में क्लाइमेक्स का सबसे महत्त्वपूर्ण स्थान है। लेकिन राजेश जोशी के ये दोनों नाटक इतने सूक्ष्म रूप में आगे बढ़ते हैं कि कहीं भी उस नाटकीय क्षण से आमना-सामना नहीं होता जो नाटक को वास्तविक अर्थों में नाटकीयता प्रदान करता है। विशेष रूप से यह बात *अच्छे आदमी* में बहुत साफ़-साफ़ दिखाई पड़ती है। एक तो *अच्छे आदमी* शीर्षक अपने आपमें ही नाटकीय विडम्बना से भरपूर है। इसके बावजूद हमें लगातार इस बात का इन्तज़ार रहता है कि कहीं ठेकेदार अथवा दूसरे पैसेवाले लोग सूत्रधार (नायक) की पत्नी के साथ ज़बरदस्ती बलात्कार अथवा शारीरिक सम्बन्ध न स्थापित कर डालें। लेकिन रचनाकार की खूबी इसी में है कि वह

हर तरह के विकल्प मौजूद होने के बावजूद ऐसे किसी दृश्य को मंच पर दिखाए बिना नाटक के निहितार्थ को व्यंजित कर देता है। इससे भी बड़ा और मार्मिक क्षण वह है जब आपसी दोषारोपण और ग़लतफ़हमी के बाद पति-पत्नी पुनः एक दूसरे के पास लौट आते हैं। मुझे नहीं लगता कि हमारे समाज में अपने आपको आधुनिक से आधुनिक माननेवाले लोगों में भी ऐसी सरल-सहज लेकिन उतनी ही गहरी और आधुनिक समझ और संवेदना देखने को मिलेगी। जिस तरह नाटकीय संक्षिप्तता नाटक के कथ्य में समाहित है उसी तरह की कलात्मकता उसकी संरचना में भी मौजूद है। नाटक सूत्रधार (नायक) के आत्मकथन, छोटे-छोटे गीतों, छोटे-छोटे दृश्यों के माध्यम से बहुत ही तीव्र गति से आगे बढ़ता है। कहने को छोटे-छोटे दृश्योंवाली यह यूक्ति मूलतः दरदरी और फ़िल्म से रंगमंच में आई है लेकिन इस आलेख में वह अलग से दिखाई नहीं पड़ती। आमतौर पर छोटे-छोटे दृश्य उन सम्पूर्ण नाटकों में बेहद ख़राब लगते हैं जो सीधे-सीधे संवाद शैली में लिखे जाते हैं। क्योंकि इस तरह की शैली में एक चरित्र को विकसित होने के लिए पर्याप्त समय और स्पेस चाहिए। लेकिन *अच्छे आदमी* में सूत्रधार का नैरेटिव और बीच-बीच में आते गीत यह काम बखूबी कर डालते हैं। और गीत भी ऐसे जो पारसी नाटक की शेरो-शायरी की तरह तुरन्त आपकी ज़ुबान पर चढ़ जाएँ। इतनी सारी विशेषताओं से लैस होने के बाद भी यदि इस नाटक को बहुत कम खेला गया है तो उसका एकमात्र कारण वही है जिसका पहले भी उल्लेख किया जा चुका है कि प्रस्तुत आलेख उस नाटकीयता से बिलकुल शून्य है जिसे हमने नाटक के साथ अनिवार्य रूप से जोड़ दिया है।

दूसरी तरफ़ *टंकारा का गाना* भी बेशक अपने कथानक में उन नाटकीय घटनाओं से रहित है लेकिन आलेख में इतनी तरह की युक्तियों का प्रयोग किया गया है कि वह उसे एक नाटकीय आलेख बनाने में कोई कसर नहीं छोड़तीं। मसलन *अच्छे आदमी* की तर्ज पर नैरेटिव और गीत-संगीत तो है ही, साथ-साथ बूढ़ों का कोरस, जवानों का कोरस, विदूषकों के करतब, मूकाभिनय इत्यादि भी कम नहीं हैं जो नाटक के वातावरण को एक लोककथा अथवा परिकथा जैसा जामा पहना देते हैं। नतीजा यह होता है कि कथ्य से ज़्यादा ये युक्तियाँ ज़्यादा मुखर हो उठती हैं और काफ़ी हद तक सतही लगने लगती हैं। जब पहली बार इनका प्रयोग किया गया था तब भले ही इनमें कोई ताजगी मौजूद रही हो लेकिन आज इतने बरस के अन्तराल के बाद, ये सब बहुत बार दोहराई गई लगती हैं। कुछ हद तक यह दोहराव नाटक की अपनी संरचना में भी निहित है। लेकिन एक बात स्वीकार करनी पड़ेगी कि राजेश जोशी ने अपनी कविता और गीतों के माध्यम से कथ्य को सपाट हो जाने से बचाकर रखा है अर्थात् उसे किसी भी तरह से स्लोगन अथवा नारेबाज़ी नहीं बनने दिया है।

इसी के साथ जुड़ी एक और बात की तरफ़ भी ध्यान दिया जाना चाहिए कि बेशक नाटक लगभग नुक्कड़ नाटक के अन्दाज में लिखा गया है लेकिन उसे नुक्कड़

नाटक नहीं कहा जा सकता। कहने की ज़रूरत नहीं कि इसके पीछे नाटक की कहानी में से उभरता शाश्वत कथ्य ज़्यादा ज़िम्मेदार है कि हम अपनी ज़िन्दगी में हँसना भूल गए हैं। जाहिर है कि यह कथ्य नुककड़ नाटक में उपलब्ध किसी तात्कालिक कथ्य जैसा तो हरगिज नहीं है। लेकिन दूसरी तरफ़ अपने कलेवर में बहुत ज़्यादा बड़ा न होते हुए भी नाटक में चार-चार पात्रों की टोलियों के बहाने से इतने ज़्यादा पात्रों की भरमार हो जाती है जिन्हें किसी भी छोटी नाटकमंडली के लिए जुटाना बहुत मुश्किल हो जाता है। मुझे इन नाटकों के अच्छा होने के बाद भी इनके बहुत ज़्यादा मंचित न हो पाने का एक और कारण भी दिखाई देता है जिसे मैंने अपने लेखन में बार-बार रेखांकित किया है। बेशक यह एक आदर्श स्थिति है कि नाटककार और निर्देशक परस्पर मिलकर काम करें, प्रस्तुति के दौरान एक साथ रहें लेकिन फिर जो भी आलेख सामने आता है उसे अपने आपमें प्रस्तुति आलेख नहीं बन जाना चाहिए क्योंकि बाद में आनेवाले निर्देशकों के लिए उसमें अपनी तरफ़ से करने को कुछ ख़ास नहीं बचता। यदि कोई निर्देशक भूले-बिसरे उस आलेख को उठा भी ले तो उसकी कोशिश लगातार यही रहती है कि वह कैसे पिछले निर्देशक की प्रस्तुति से अलग हो सके। मज़ा तब है कि नाटककार और निर्देशक एक साथ भी रहें और जो नाटक इस प्रक्रिया में लिखा जाए वह पूरी तरह से नाटककार का आलेख रहे, न कि निर्देशक का आलेख बन जाए। मोहन राकेश और श्यामानन्द जालान अथवा मोहन राकेश और ओम शिवपुरी की जुगलबन्दी इस मायने में एक आदर्श स्थिति थी। अच्छा होता यदि हम यही बात राजेश जोशी और बंसी कौल के बारे में भी कह सकते।

दिल्ली-6 से गुज़रते हुए

अभी-अभी शेक्सपीयर की एक कॉमेडी *टू जेंटिलमैन ऑफ बेरोना* के भारतीय रूपान्तर दिल्ली-6 को पढ़कर समाप्त किया है। रूपान्तरण हिन्दी रंगमंच के युवा नाटककार, निर्देशक ललित पोखरिया ने किया है। रूपान्तरकार स्वयं एक सम्पूर्ण रंगकर्मी है अर्थात् नाटककार, अभिनेता, प्राध्यापक और निर्देशक सभी कुछ एक साथ। इसलिए उनके रूपान्तरण में एक स्पष्ट रंगमंचीय छाप नजर आती है। चाहे वह परिवेश का चुनाव हो, बोलचाल का लहजा हो चाहे अभिनय का एक ख़ास अन्दाज हो, जो इस तरह की कॉमेडी के लिए बहुत उपयुक्त है।

यद्यपि शेक्सपीयर का यह नाटक हिन्दी के रंगजगत में उतना लोकप्रिय कभी नहीं रहा जितने कॉमेडी, ट्रेजडी मिलाकर उनके दूसरे नाटक। लेकिन हमारी हिन्दी फ़िल्मों की नज़र से देखा जाए तो इस नाटक का कथानक बहुत ही जाना-पहचाना लगता है। यानी एक प्रेमिका और दो प्रेमी या कि दो नायिकाएँ और दो प्रेमी और उनके बीच पैदा होनेवाली ग़लतफ़हमियों के कारण उलझता जाता कथानक—इस कहानी को हम बहुत बार फ़िल्म के पर्दे पर घटित होते देख चुके हैं हर बार नया, फिर भी इससे हमें अनुभव प्राप्त होता है। ललित पोखरिया के रूपान्तरण में यह खूबी भरपूर मात्रा में मौजूद है। भाषा में रवानगी और उसी अनुपात में अभिनय में एक ख़ास क़िस्म का खुलापन जो बहुत-कुछ पारसी रंगमंच की याद दिलाता है। जितनी तेज़ी से घटनाएँ घटती हैं उसी लय-ताल में अभिनय की समान्तर यात्रा भी चलती रहती है। यह तेजी पहले दो अंकों में तो खूब खुलकर अपना असर जमाती है लेकिन तीसरे अंक तक आते-आते शिथिल-सी पड़ने लगती है। ऐसा लगता है कि नाटक को जल्दी समेटने के चक्कर में रूपान्तारकार ने कुछ घटनाओं को छोड़ दिया है। शायद इसीलिए ऐसा महसूस होता है या यह मात्र हमारा अनुमान हो सकता है लेकिन इतना निश्चित है कि जितनी कसावट पहले दो हिस्सों में दिखाई पड़ती है उतनी ही आखिरी हिस्से में कम होती जाती है। कहने का अर्थ ये है कि नाटक अपने पहले हिस्से में जितना क्रियात्मक और घटनात्मक है उतना ही आखिरी हिस्से में वर्णनात्मक होकर रह जाता है। यूँ भी नेता और दूरदर्शन के साक्षात्कारवाले दृश्यों में कोई विशेष नाटकीयता बची नहीं रह गई है। ऐसे दृश्य लगभग हर नाटक अथवा फ़िल्म में बहुत बार दोहराए जा चुके हैं।

एक तरह से यह नाटक अथवा रूपान्तर मौलियर के बहुत से नाटकों की भी याद दिलाता है। इसमें कोई सन्देह नहीं कि मौलियर ने शेक्सपीयर के कॉमेडी नाटक और इटली के कामेदिया दे ल आर्ते से बहुत-कुछ सीखा था और ललित ने अपने भारतीय रूपान्तर में उस सहजता-सरलता को बहुत दूर तक बनाए रखा है। इसमें कोई सन्देह नहीं कि इस रूपान्तर के बहाने से यह नाटक अलग-अलग नाट्यमंडलियों द्वारा बार-बार खेला जाएगा क्योंकि इसकी सबसे बड़ी सुविधा यह है कि इसे हम बिना किसी अतिरिक्त और भारी-भरकम तामझाम के किसी भी उपलब्ध प्रेक्षागृह में खेल सकते हैं। हम अक्सर इस बात की शिकायत करते रहते हैं कि हमारे यहाँ अच्छे हास्य नाटकों का नितान्त अभाव है, यह नाटक उस शिकायत को काफ़ी हद तक दूर करेगा।

अभिनय की उल्लेखनीय विवेचना

इधर *नाट्यशास्त्रीय अभिनय : सिद्धान्त एवं प्रयोग* शीर्षक से डॉ. अर्चना अग्रवाल की पुस्तक प्रकाशित होकर सामने आई है जो उनकी पी-एच.डी. की उपाधि के लिए स्वीकृत शोध प्रबन्ध पर आधारित है। इससे पहले भरत के नाट्यशास्त्र में विवेचित और विश्लेषित *अभिनय* विषय पर अलग से कोई स्वतन्त्र पुस्तक लिखी भी गई तो वो थी लगभग दस-ग्यारह वर्ष पहले जयदयाल की *नाट्यशास्त्र और अभिनय* शीर्षक पुस्तक जिसमें शायद पहली बार *नाट्यशास्त्र* में प्राप्त अभिनय से सम्बद्ध सामग्री को एक जगह एकत्रित कर दिया गया था। यद्यपि जयदयाल ने भी अपनी पुस्तक के शुरुआती अध्ययन में भरत के अभिनय सिद्धान्तों पर विचार करते समय बीसवीं सदी के रंग-चिन्तक स्तानिस्लाव्स्की की अभिनय सम्बन्धी अवधारणाओं के साथ कुछ हद तक एक तुलनात्मक अध्ययन प्रस्तुत करने की कोशिश की थी लेकिन वह उस समय में बहुत ज़्यादा दूर तक नहीं जा पाए थे। यह सही है कि उन्होंने *नाट्यशास्त्र* की अभिनय से जुड़ी लगभग पूरी सामग्री को प्रस्तुत किया था लेकिन वह उसके विस्तृत फलक के विभिन्न कोनों-अंतरों को अपनी इंगितियों में, अपने विश्लेषण में, उस तरह आलोकित नहीं कर पाए थे, जिस तरह सम्भव किए जाने की अपेक्षा हो सकती है। यहाँ तक कि उन्होंने उसके प्रयोग पक्ष को तो बिलकुल ही छोड़ दिया था।

लेकिन डॉ. अर्चना अग्रवाल की उपर्युक्त पुस्तक हर दृष्टि से एक महत्त्वपूर्ण प्रयास है। यह कुल मिलाकर आठ अध्यायों में विभाजित है। मात्र पहला अध्याय नाट्यकला से जुड़े सभी नाट्यशास्त्रीय ग्रन्थों का परिचय देता है। अर्थात् एक तरह से परिचयात्मक टिप्पणी तक सीमित है किन्तु बाक़ी के सात अध्यायों में अभिनय की परिभाषा, उसके भेद और अभिनय से सम्बद्ध धर्मी, वृत्ति और प्रवृत्ति जैसी अवधारणाओं को भी अपने अध्ययन में शामिल कर लिया गया है। इतना ही नहीं, अभिनय से जुड़ी हर मुद्रा, गति, हाव-भाव और आवाज़ एवं शरीर संचालन के जितने भी भेद-प्रभेद भरत ने प्रस्तुत किए हैं उन सबका उल्लेख लेखिका ने भास, कालिदास, शूद्रक, विशाखदत्त और भवभूति के नाटकों में उनसे मिलते-जुलते कार्य-व्यापार के साथ उदाहरण रूप में पुष्ट किया है। इसलिए यह रचना सही मायनों में *एन एक्टर्स नोटबुक* जान पड़ती है क्योंकि यहाँ पर किसी भी विषय का मात्र सैद्धान्तिक अध्ययन नहीं

वरन् अपने समय में लिखे गए नाटकों में उनका वास्तविक प्रयोग कैसे होता होगा, इसकी एक खूबसूरत बानगी पेश की गई है। पुस्तक का सबसे महत्त्वपूर्ण हिस्सा वह है जहाँ लेखिका ने भरत के विचारों के साथ-साथ पश्चिमी अभिनय चिन्तन के भी स्तानिस्लाव्स्की, मेयरहोल्ड, आर्तो, ग्रोतोव्स्की और ब्रेष्ट सरीखे सभी सिद्धान्तकारों और अभिनेताओं, निर्देशकों के विचारों को तुलनात्मक रूप से प्रस्तुत किया है। मात्र पश्चिम में नहीं एशियाई नाट्य-परम्परओं में भी चीन, जापान और इंडोनेशिया जैसे देशों में प्रचलित अभिनय शैली को भी उन्होंने अपने शोध एवं अनुसन्धान का आधार बनाया है। अभिनय परम्परा के लम्बे इतिहास में यूनानी शेक्सपीरीयन, कामेडिया दे-ल-आर्ते, यथार्थवादी, असंगत और ब्रेख्तियन अभिनय पद्धति तक की अनवरत यात्रा प्रस्तुत की है जो *नाट्यशास्त्र* के अभिनय-सिद्धान्तों के समानान्तर चलती है। मुझे नहीं मालूम कि इससे पहले नाट्य-शास्त्र के अभिनय सिद्धान्तों की, अभिनय की लगभग सभी अभिनय पद्धतियों और प्रणालियों की कहीं पर भी इतनी विशद चर्चा की गई है। इस रूप में यह पुस्तक परम्परा और आधुनिकता का एक अद्भुत संगम अपने साथ लेकर आई है, इसलिए यह शोध-प्रबन्ध एक रूटीन शोध प्रबन्ध न होकर खोज एवं अध्ययन की दृष्टि से सर्वथा एक नई दिशा प्रस्तुत करता है। उनका आग्रह है कि हर तरह के पारिभाषिक शब्द अथवा अवधारणा को अभिनय-व्यावहारिक पक्ष के भीतर से गुजरकर जाँचा-परखा जाए। अर्थात् *नाट्यशास्त्र* में अभिनय से सम्बन्धित जितना भी सैद्धान्तिक विवेचन है उसे यदि कहीं खोजना है तो वह संस्कृत के नाटकों के भीतर ही खोजा जा सकेगा। हैरानी होती है कि लेखिका ने लम्बी-लम्बी सूचियों के माध्यम से कहीं हस्त-मुद्रा, कभी फिर गति, कभी वाचिक से जुड़े स्वर, स्थान अथवा अंग आहार्य के सारे भेदों के उदाहरण और अन्ततः सात्विक भावों की प्रस्तुति कहाँ-कहाँ और किस रूप में त्रिभिन्न नाटकों में देखी जा सकती है, इसका सूक्ष्म ब्योरेवार विवरण एकत्रित किया है। साथ में दिए गए चित्रों के कारण इस अध्ययन को और प्रामाणिकता प्राप्त हुई है क्योंकि इन चित्रों के माध्यम से कोई भी शोधार्थी सिद्धान्त और व्यवहार की संगति बैठा सकता है।

जाहिर है कि इस दिशा में यह उनका पहला प्रयास है। अतः सब कुछ सामने होते हुए भी कुछ अपेक्षाएँ यहाँ वची रह जाती हैं, मसलन भरत की कक्ष या विभाग जैसी अवधारणा को बिलकुल छोड़ दिया गया है जिसका अभिनय से बहुत गहरा ताल्लुक है। यही बात स्वगत, आकाशभाषित, जनांतिक और अपवारित जैसी संवाद युक्तियों और रूढ़ियों के बारे में भी कही जा सकती है। यह सही है कि लेखिका ने पात्रों के प्रवेश और प्रस्थान को विशेष रूप से रेखांकित किया है लेकिन इसी के साथ यदि वह धूर्वा गीतों की उपस्थिति के महत्त्व को भी दर्ज कर लेतीं तो उनका नाट्यशास्त्रीय अध्ययन अभिनय सिद्धान्त और प्रयोग की दृष्टि से सचमुच में एक सम्पूर्णता को प्राप्त कर लेता।

भारतीय रंगमंच : परम्परा, सिद्धान्त एवं प्रतिमान

यह मात्र संयोग नहीं है कि बीसवीं शताब्दी के आख़िरी पाँच बरसों के पहले साल अर्थात् 1996 में एक साथ रंगकर्म से सम्बन्धित ऐसी तीन पुस्तकों का प्रकाशन हुआ, जो भारतीय रंगमंच के कम-से-कम दो हज़ार वर्ष के लिखित इतिहास का तो पुनराकलन करती ही हैं, बहुत ही रोचक रूप में एवं अनायास एक लम्बी शृंखला की तीन कड़ियाँ भी बन जाती हैं। ये कड़ियाँ हैं : किसी भी कला की एक सुदीर्घ परम्परा का नैरन्तर्य पहचानना, उसके पश्चात् उस परम्परा के भीतर से कुछ ठोस सिद्धान्तों का निर्माण, और अन्ततः उन सिद्धान्तों के परिप्रेक्ष्य में परवर्ती रंगकर्म का लेखन एवं प्रस्तुतीकरण के स्तर पर परीक्षण। इस दृष्टि से उल्लेख्य पुस्तकें हैं—नेमिचन्द्र जैन द्वारा लिखित *रंग परम्परा : भारतीय नाट्य में निरन्तरता और बदलाव* और *रंगकर्म की भाषा* जो रंगमंच की परम्परा और सिद्धान्त से सम्बद्ध हैं, और जयदेव तनेजा द्वारा लिखित *मोहन राकेश : रंग-शिल्प और प्रदर्शन,* जो रंगमंच के व्यावहारिक परीक्षण की दिशा में एक सार्थक कोशिश है।

नाट्यशास्त्र, अभिनव भारती, भारतेन्दु हरिश्चन्द्र के नाटक, निबन्ध की परम्परा में ही नेमिचन्द्र जैन ने नितान्त भारतीय एवं निजी दृष्टि से अपने यहाँ की रंग-परम्परा के इतिहास को पकड़ने की कोशिश की है। इसमें सन्देह नहीं कि रंगकर्म की शुरुआत पूरे विश्व में एक ही तरह से हुई, लेकिन कालान्तर में पूर्वी एवं पश्चिमी—इन दो विभिन्न जीवन-दृष्टियों ने एक-दूसरे से बिलकुल अलग रंग-परम्पराओं को विकसित करने के अवसर प्रदान किए। इस सन्दर्भ में *रंग परम्परा : भारतीय नाट्य में निरन्तरता और बदलाव* के पहले ही अध्याय 'उत्कर्ष' में संस्कृत नाट्यसाहित्य से सम्बन्धित विवेचन इस छोटी-सी पुस्तक का सबसे पहला और सम्भवतः सबसे महत्त्वपूर्ण आधार है, जिस पर बाक़ी के सारे अध्याय अनायास ही आश्रित होने लगते हैं। लेकिन एक तथ्य को नेमिजी न जाने क्यों अनदेखा कर जाते हैं—भले ही एक बन्द प्रेक्षागृह को बाद में पश्चिम की यथार्थवादी अभिनय-पद्धति से जोड़ दिया गया, लेकिन उसका जन्म पूरी तरह से भारतीय रंग-परम्परा का अटूट अंग है।

ऐसा ही एक संकेत दूसरे अध्याय 'विस्तार' के सम्बन्ध में रेखांकित किया जा सकता है। इसमें कोई सन्देह नहीं कि लगभग एक हज़ार ईसवी से लेकर दूर मध्यकाल

तक भारत के अलग-अलग प्रान्तों में सहज नाट्य एवं रंग-परम्पराएँ विकसित होती एवं पनपती रहीं, लेकिन यदि लेखक ने इसके समानान्तर पाश्चात्य नाट्यपरम्परा को भी परखा होता तो कुछ सूत्र आश्चर्यजनक रूप में एक समान नज़र आते : यथा, 'हमारे यहाँ' यदि ये सारी परम्पराएँ किसी-न-किसी धार्मिक अनुष्ठान से जुड़ी हैं तो 'वहाँ' भी इस काल के दौरान चर्च के भीतर से ही नई परम्पराओं का जन्म होता रहा है। जहाँ हमारी ये सभी सहज नाट्यपरम्पराएँ अपने स्वरूप में बेहद लचीली, आशुलिपि पर आधारित एवं यायावर प्रकृति की हैं, वहीं पश्चिम की स्थिति भी कोई भिन्न नहीं है। क्या कारण है कि इस अवधि में जितनी विविध प्रदर्शन- पद्धतियों का दोनों परम्पराओं में विकास हुआ, उसकी तुलना में एक भी उल्लेखनीय नाट्यालेख उपलब्ध नहीं है? कहा जा सकता है कि इस दौर में लिखित आलेख की अपेक्षा मौखिक आलेख अथवा प्रस्तुति-आलेख पर ही आग्रह रहा। किन्तु यह भी सत्य है कि पूर्वी और पश्चिमी जगत की शास्त्रीय नाट्यपरन्पराओं के लिखित आलेख जितने गहरे, शाश्वत एवं जटिल जीवनानुभव के चित्र प्रस्तुत करते हैं, उसकी तुलना में यह पूरा दौर निहायत हल्का नज़र आता है। यदि इन 'समानान्तर समानताओं' पर भी चर्चा हुई होती तो यह अध्ययन भारतीय सन्दर्भ में और भी ज़्यादा अर्थवान हो उठता।

इसमें दो राय नहीं है कि *अन्वेषण* शीर्षक अध्याय के अन्तर्गत लेखक ने समसामयिक रंगमंच के समक्ष उपस्थित सबसे बड़े प्रश्न को केन्द्र में ला दिया है—पश्चिमी, पारसी, शास्त्रीय एवं लोक, इन सभी पूर्ववर्ती रंग-परम्पराओं के प्रभावों के भीतर से गुज़र एक ऐसी भारतीय रंग-शैली को खोजने का विकल्प यहाँ मिलता है, जो शायद आगामी शताब्दी के रंगकर्म का भी एक मज़बूत आधार बन सके। लेकिन वह विकल्प अभी धुँधला-सा ही है—क्या उपर्युक्त सारी पूर्ववर्ती रंग-परम्पराओं को पूरी तरह से नकार कर एक नई शुरुआत की जाए, अथवा इन सबसे कुछ-न-कुछ लेकर एक नई शैली की पुनर्रचना की जाए?

मैं समझता हूँ कि रंग-परम्परा में उठाए गए प्रश्नों एवं सम्भावनाओं को नेमिजी ने अपनी दूसरी पुस्तक *रंगकर्म की भाषा* में बहुत ही गहरे जाकर सुलझाने का प्रयत्न किया है। मात्र तीन व्याख्यानों, यथा—*आलेख, अभिनय* एवं *आलोचना* के माध्यम से उन्होंने रंगकर्म की सम्पूर्ण प्रकृति को आत्मसात् किया है और नितान्त मौलिक चिन्तन की आधार-भूमि प्रस्तुत की है। एक आधुनिक अभिनेता के सन्दर्भ में आलेख, अभिनय एवं दर्शक की बहुकोशिकीय व्याख्याएँ मानो पहली बार भारतीय रंग-चिन्तन में हमारे सामने आई हैं। इस बात से इनकार नहीं किया जा सकता कि शायद पश्चिम में यह सारा चिन्तन पिछली कई शताब्दियों से होता रहा है, लेकिन भारतीय रंग-इतिहास में शम्भु मित्र द्वारा नाट्य-कला पर लिखे कुछ छिटपुट लेखों के अतिरिक्त ऐसे बुनियादी तत्त्वों पर इतना ठोस चिन्तन पहली बार देखने को मिला है। यहाँ यह कहना भी अप्रासंगिक नहीं होगा कि इनमें से बहुत-सी चीज़ें नेमिजी एक

स्थापना के रूप में अपनी एक पूर्व पुस्तक *रंगदर्शन* में भी प्रस्तुत कर चुके थे, लेकिन जिसने भी इन दोनों पुस्तकों को पढ़ा होगा, वह सहज ही समझ जाएगा कि *रंगकर्म की भाषा, रंगदर्शन* से आगे की कृति है। जहाँ *रंगदर्शन* पुस्तक रंगमंच के मूल तत्त्वों का विवेचन भर प्रस्तुत करके रह जाती है, वहीं यह नई पुस्तक उन सभी तत्त्वों के विवेचन को विस्तार और एक प्रकार की उन्मुक्तता प्रदान करती है। मैं मात्र एक उदाहरण के ज़रिए अपनी बात स्पष्ट करने का प्रयत्न करूँगा।

नाट्यालेख में निहित एक अर्थ उसके लेखक का है, दूसरा निर्देशक ग्रहण करता है, तीसरा अभिनेता के माध्यम से रूपायित होता है और यह सर्वथा सम्भव है कि दर्शक इन सबसे अलग अपना ही एक अर्थ खोजकर ले जाए। नाट्यकला की ऐसी पंचमुखी अथवा दशानन-प्रकृति को यदि आज का रंगकर्मी पहचान ले तो कोई कारण नहीं कि जिस बनावटी आवरण एवं तामझाम में आधुनिक रंगमंच उलझता जा रहा है, उससे मुक्ति न मिल सके। नेमिजी की बात को मैं तो यहाँ तक बढ़ाकर कहना चाहूँगा कि जितना हम अर्थ को छोड़ते चले जाएँ, अर्थ शायद उतना ही अधिक गहरा होता जाएगा।

चूँकि यह पुस्तक एक व्याख्यान-माला के अन्तर्गत दिए गए तीन व्याख्यानों का संकलन है, इस लिहाज़ से प्रत्येक व्याख्यान के पश्चात् वहाँ उपस्थित दर्शकों-श्रोताओं के प्रश्न भी इस चिन्तन का अनिवार्य हिस्सा बन जाते हैं। मात्र तीन व्याख्यानों पर कुल मिलाकर तेरह प्रश्न इस बात के सूचक हैं कि विषय अपने आपमें बेहद उत्तेजक है और ठोस एवं गहरे चिन्तन की माँग करता है। एक और भी रोचक तथ्य की तरफ़ संकेत किया जा सकता है—नाटक के आलेख एवं उसकी आलोचनावाले खंड में जहाँ पाँच-पाँच प्रश्नों को स्थान दिया गया है, वहाँ अभिनय पक्ष पर कुल-जमा तीन प्रश्न संकलित किए गए हैं। अनायास ही एक निष्कर्ष सामने आ जाता है कि शायद लिखित आलेख अथवा उस के प्रदर्शन पर प्रकाशित प्रतिक्रिया को लेकर अवश्य ही असन्तुष्टि, विवाद अथवा असहमति रही है, लेकिन अभिनय को देखने का अनुभव अथवा उसे 'अनुभूत' करने का अनुभव अपने आपमें एक ऐसा जादू है कि उसके बाद सारे प्रश्न स्वतः ही समाप्त हो जाते हैं।

बहरहाल, *रंगकर्म की भाषा* के माध्यम से आलेख, अभिनय एवं आलोचना—रंगमंच के इन तीन प्रमुख तत्त्वों, यथा—आरम्भ, मध्य एवं अन्त से साक्षात्कार करना बेहद उत्प्रेरक अनुभव के रूप में याद रहता है।

जयदेव तनेजा द्वारा लिखित पुस्तक *मोहन राकेश : रंगशिल्प और प्रदर्शन* एक नाटककार के पूर्णाकार नाटकों के आलेख एवं प्रदर्शन का विस्तृत लेखा-जोखा प्रस्तुत करती है। इस बात के लिए लेखक को बधाई दी जानी चाहिए कि उसने राकेश के नाटकों के लगभग सभी प्रदर्शनों को समेटने की कोशिश की है। लेकिन शायद यही इस पुस्तक की शक्ति भी है और सीमा भी। शक्ति इसलिए कि इतने ब्यौरे एक साथ

एक जगह पर उपलब्ध हैं और एक सन्दर्भ ग्रन्थ का काम करते हैं, सीधा इसलिए सारे प्रदर्शन लेखक द्वारा स्वयं देखे हुए नहीं हैं। इससे प्रदर्शन की समीक्षाओं में एकरूपता नहीं है। प्रायः प्रत्येक प्रदर्शन पर कुछ-न-कुछ लिखने का लोभ संवरण न कर पाने के कारण, जो गहराई आ सकती थी वह यहाँ अनुपस्थित है। अच्छा होता यदि लेखक ने मात्र उन प्रदर्शनों को अपने विवेचन का आधार बनाया होता, जिन्हें देखने का अवसर उन्हें स्वयं मिला था।

इसीलिए सभी नाटकों की समीक्षा लगभग एक जैसी हो गई है। यह एकरूपता या एकरसता इस क़दर हावी हो जाती है कि अध्यायों के शीर्षक भी बिलकुल एक ही जैसे रख दिए गए हैं। इतना ही नहीं, सारी समीक्षाओं को पढ़ जाने के बाद भी लगता है कि समीक्षक के मन में नाटक की व्याख्या को लेकर न जाने कौन-सी पहले से निर्धारित और निश्चित अवधारणाएँ मौजूद हैं कि उन्हें कोई भी प्रस्तुति अपने आपमें सम्पूर्ण एवं सन्तोषजनक अनुभव प्रदान नहीं कर पाई। शायद वह इस तथ्य को बिलकुल भूल गए हैं कि साहित्य, चित्रकला एवं फ़िल्म की भाँति ही रंगमंच कोई पूर्ण एवं अन्तिम स्वरूप कभी ग्रहण कर ही नहीं सकता। रंगमंच एक जीवन्त माध्यम है और उसकी सफलता इसी बात में है कि वह कभी रूढ़ न हो, अन्यथा प्रतिदिन के प्रदर्शन में जो यान्त्रिकता आनी शुरू हो जाएगी, उसका अनुमान सहज ही लगाया जा सकता है। अच्छा होता यदि लेखक ने एक ही नाटक के कई प्रदर्शनों को लगातार चार-पाँच दिनों तक देखा होता और तब सम्भवतः वह इस प्रक्रिया को अनुभूत कर पाते कि कैसे एक प्रदर्शन से दूसरे प्रदर्शन तक उसी अभिनेता के बावजूद प्रतिदिन अर्थध्वनियाँ और अर्थच्छायाएँ बदलती चली जाती हैं।

कहा जाता है कि प्रत्येक कृतिकार को रचना के सम्पूर्ण हो जाने के बाद उससे 'अलग' हो जाना चाहिए। समीक्षक के लिए तो यह और भी ज़्यादा ज़रूरी है, लेकिन मुझे लगता है कि जयदेव कहीं इस पूर्वग्रह से मुक्त नहीं हो पाए हैं। उनके मन में किसी भी नाटक का पहले से मात्र एक अर्थ या कथ्य निश्चित है और वह उसी के साँचे में उसकी प्रस्तुति पर विचार-विमर्श करते हैं, जबकि प्रक्रिया ठीक इसके विपरीत होनी चाहिए अर्थात् प्रस्तुति के माध्यम से अर्थ तक पहुँचा जाए। यदि नाटक में मात्र एक ही अर्थ होता तो फिर उसके मंचन की क्या आवश्यकता है और वह भी अलग-अलग निर्देशकों द्वारा? आश्चर्यजनक तथ्य यह भी है कि जहाँ नेमिजी नाटक के अर्थ एवं व्याख्या को लेकर जितनी खुली, उन्मुक्त एवं बहुकोणीय दृष्टि रखते हैं, वहीं जयदेव निहायत ही रूढ़ एवं परिपाटीबद्ध लगने लगते हैं।

दरअसल सारी कठिनाई तब पैदा होती है, जब जयदेव अपना सारा ज्ञान-भंडार एक साथ उँड़ेल देना चाहते हैं। यही कारण है कि उनकी प्रत्येक पुस्तक एक तरह से आलोचनात्मक पुस्तक न होकर महज़ नाम-परिगणन प्रणाली का उदाहरण बनकर रह जाती है। इससे यह तो पता चलता है कि राकेश के चार नाटकों के कुल मिलाकर

कितने प्रदर्शन हुए, लेकिन इस तथ्य का अनुमान क़तई नहीं होता कि आख़िर इतनी सारी प्रस्तुतियों के माध्यम से कौन-से ठोस बिन्दु या निष्कर्ष निकल कर सामने आते हैं। मुझे लगता है कि लेखक राकेश के व्यक्तित्व से स्वयं इतने चमत्कृत और अभिभूत हैं कि वह उस प्रभा-छाया से अन्त तक मुक्त नहीं हो पाते और यही इस आलोचना की सीमा बन जाती है। उन्होंने कहीं भी इस ओर संकेत नहीं किया है कि राकेश ने जो शिल्प हिन्दी रंगमंच को दिया, उसका आज के रंगमंच पर क्या प्रभाव शेष रहा है?

इतना ही नहीं, लेखक की कुछ और स्थापनाएँ भी ऐसी हैं, जिनसे असहमति जताई जा सकती है। उदाहरण के लिए, महानगरों के व्यावसायिक दल तो समझ में आते हैं, लेकिन अर्ध-व्यावसायिक दलों की उनकी अवधारणा क्या है? मेरी जानकारी में नाट्य-दल या तो व्यावसायिक होते हैं या पूरी तरह से शौक़िया। यह अलग बात है कि कुछ दल व्यावसायिक होकर भी अपने स्तर में शौक़िया ही रहते हैं और कुछ शौक़िया दल अपनी गुणवत्ता में व्यावसायिक दलों को भी पीछे छोड़ देते हैं।

पुस्तक के परिशिष्ट में लगभग पन्द्रह पृष्ठों में राकेश के नाटकों का संवाद एवं रंग-निर्देश विश्लेषण पुनः उसी परिगणन-प्रणाली का पिष्टपेषण है। पहली बार इस बात का एहसास हुआ कि सचमुच में हमारे रंग-समीक्षक किसी अपने ही द्वीप में स्थित हैं—यह जानकारी मुझे भी पहली बार मिली कि कोई अभिनेता किसी नाटक की तैयारी के दौरान अपनी पंक्तियों की गिनती करता है अथवा कोई निर्देशक शतशः नाटककार के रंग-निर्देशों का पालन करता है! इतनी सारी प्रस्तुतियों की समीक्षा के पश्चात् भी क्या जयदेव यह बता पाएँगे कि वह कौन-सी प्रस्तुति थी, जिस का दृश्यबन्ध हू-ब-हू राकेश के नाटक में दिए गए दृश्यबन्ध की अनुकृति थी? जहाँ तक शोध-छात्रों के सन्दर्भ एवं अनुसन्धान का प्रश्न है, मुझे नहीं मालूम, इससे उन्हें क्या सहायता मिल पाएगी। यह तो ऐसा अध्ययन लग रहा है कि कल कोई समीक्षक प्रेमचन्द के *गोदान* में कुल कितने शब्दों का इस्तेमाल हुआ है, यह गिनने बैठ जाए।

एक रंगकर्मी होने के नाते मेरे मन में जयदेव के लिए पूरा आदर है। शायद वह अकेले ऐसे रंग-समीक्षक हैं, जिन्होंने पिछले तीस वर्षों में कम-से-कम दिल्ली में होनेवाले प्रत्येक नाट्य-प्रदर्शन को देखा है। अतः मेरी उनसे हार्दिक अपेक्षा है कि अपनी किसी भावी पुस्तक को वह इस हद तक केन्द्रित करें कि चाहे उसमें मात्र तीन प्रदर्शनों की ही चर्चा हो, लेकिन वह इतने गहरे में उतरकर की जाए कि सचमुच उसको पढ़ने से ऐसा लगे कि हमने उन प्रस्तुतियों को समीक्षा के बहाने पुनः देख लिया है और अनुभूत किया है।

बहरहाल, अपनी तमाम असहमतियों के बावजूद मैं लेखक को बधाई देना चाहूँगा कि उन्होंने नाटक को पाठ्य-समीक्षा के चौखटे से बाहर निकालकर रंग-समीक्षा के दायरे में विश्लेषित करने की पहल की है। हिन्दी के दो मूर्धन्य नाटककारों—धर्मवीर भारती एवं राकेश को लेकर उनका अध्ययन एवं अनुसन्धान निश्चय ही हिन्दी

रंग-समीक्षा के उस भावी आदर्श रूप की ओर बढ़ता नज़र आता है, जिसकी अपेक्षा हम रंगकर्मियों को हमेशा से अपने समीक्षकों से रही है। मैं समझता हूँ कि स्वयं नेमिजी ने रंगालोचना को लेकर जो मुद्दे उठाए हैं, वे अत्यन्त महत्त्वपूर्ण हैं और किसी भी नाट्य अथवा रंग-समीक्षा की पुस्तक को पढ़ते हुए उन पर पुनर्विचार किया जाना चाहिए।

मात्र श्रव्य या सूच्य नाटक

इधर पिछले दो-तीन वर्षों में हिन्दी रंगमंच में नाट्यलेखन की दृष्टि से एक नाम बहुत तेजी से उभरकर आया है—मीरा कांत। इधर उनके दो नाटक *ईहामृग* और *नेपथ्य राग* प्रकाशित भी हुए और मंचित होकर दर्शकों के सामने भी आए। दोनों ही आलेखों को अलग-अलग पुरस्कारों से सम्मानित भी किया गया।

भारतीय रंगमंच में लगभग सभी नाटककारों ने अतीत अथवा मिथक-इतिहास, लोककथा आदि के माध्यम से समकालीन प्रश्नों से जूझने की कोशिश की है, यों यह प्रक्रिया पूरे विश्व के नाट्यसाहित्य में अपनाई जाती रही है और आज से नहीं वरन् जब से नाट्यलेखन का जन्म हुआ, शायद तभी से। हिन्दी रंगमंच में भारतेन्दु आर प्रसाद को यदि छोड़ दें तो सन् पचास के आसपास पहली बार जगदीश चन्द्र माथुर, धर्मवीर भारती और बाद में मोहन राकेश का नाम आता है। इनके बाद तो नाटककारों की एक लम्बी कतार है।

मीरा कांत भी इसका अपवाद नहीं हैं।

नेपथ्य राग में उन्होंने चौथी-पाँचवीं शताब्दी की उज्जयिनी कथा के माध्यम से स्त्री की स्थिति और अस्मिता का सवाल उठाया है। स्वयं नाटककार के अनुसार, "*नेपथ्य राग* उस रागिनी की कथा है जो युग-युगान्तर से समाजरूपी रंगमंच के केन्द्र में आने के लिए संघर्षरत है। इसी संघर्ष को नाटक प्रस्तुत करता है। इतिहास और पौराणिक आख्यान की देहरी पर प्रज्वलित एक दीपशिखा के माध्यम से जिसे नाम मिला है 'खना'।"

इसमें दो राय नहीं हैं कि जिस कथ्य को नाटककार व्यंजित करना चाहती हैं, वह अतीत में स्थित होकर भी नितान्त वर्तमान, आधुनिक और समकालीन है, फिर न जाने क्यों उसे एक समान्तर कथ्य के रूप में माँ, दादी और मेधा की ज़रूरत महसूस हुई? *अन्धा युग, आषाढ़ का एक दिन, सूर्य की अन्तिम किरण से..., हानूश* और *जिल्ले सुब्हानी* जैसे नाटकों के रचनाकारों को किसी ऐसे अतिरिक्त कथ्य का सहारा नहीं लेना पड़ा। मुझे लगता है कि *नेपथ्य राग* की रचनाकार को कहीं यह सन्देह है कि वह जो कुछ व्यंजित करना चाहती हैं, वह इस अवान्तर कथा के बिना पाठक या दर्शक तक सम्प्रेषित नहीं होगा। नतीजा यह हुआ है कि एक अच्छा-खासा मौलिक एवं सशक्त कथ्य एकदम स्थूल व सपाट होकर रह गया है।

मीरा कांत की दुविधा यह जान पड़ती है कि वे मंच के लिए नाट्यरचना करते हुए भी रेडियो, दूरदर्शन और फ़िल्मवाला व्याकरण और मुहावरा ही प्रयोग में लाती हैं, अन्यथा क्या कारण है कि 64 पृष्ठों (भूमिका, पात्र एवं दूसरे विवरणों समेत) के नाटक को 13 दृश्यों में विभाजित किया गया है अर्थात् हर दृश्य के लिए औसत चार पृष्ठ, ऐसे में हम किसी प्रकार के गहरे चरित्र-चित्रण और उसके क्रमिक विकास की कल्पना नहीं कर सकते।

इतना ही नहीं, स्त्री की स्थिति को लेकर इतनी बार इतने पात्रों से कहलवाया गया है कि पूरे का पूरा स्त्री-विमर्श नाटक से ज़्यादा एक *स्लोगन* जैसा जान पड़ता है। नाटक में साक्षात् रूप से ऐसी कोई भी घटना घटित नहीं होती, जो किसी प्रकार के संघर्ष को जन्म दे सके। एकमात्र ग्यारहवाँ दृश्य ऐसा है, जहाँ नवरत्नों के बीच खना के आगमन को लेकर विवाद होता है लेकिन वह भी इतनी जल्दी समाप्त हो जाता है कि उसका कोई मार्मिक प्रभाव नहीं पड़ता।

वास्तव में नाटक में जिन चरित्रों की सृष्टि की गई है, उनके लिए यह आवश्यक था कि ऐसी नाटकीय स्थितियाँ तैयार की जातीं जिनके भीतर से उनके मानसिक ऊहापोह एवं अन्तर्द्वन्द्व को अभिव्यक्ति मिल पाती। यही कारण है कि उन स्थितियों के अभाव में लगभग सभी चरित्र इकहरे और एकायामी जान पड़ते हैं।

अन्त में एक बात और—जिस तरह की संवाद रचना मीराकांत हमारे सामने प्रस्तुत करती हैं, वह गद्य की किसी और विधा के लिए भले ही उपयुक्त हो, नाटक के लिए तो हरगिज नहीं। एक तो वे मात्र प्रश्न और उत्तर शैली में लिखे गए हैं, दूसरे शब्दों में कहा जाए तो वे एक सीधी रेखा में आगे बढ़ते हैं। यही कारण है कि उनमें उस अनकहे और अनबोले की अनुगूँज नहीं है, जिसकी एक नाटक के संवाद से ज़्यादा अपेक्षा है।

यदि नाटककार ने पूरे नाटक को मात्र तीन-चार दृश्यों में बाँधा होता तो उसके शिल्प की सारी समस्याएँ अपने आप दूर हो जातीं। नाटक सचमुच में मंच पर घटित होता जान पड़ता लेकिन अपने वर्तमान रूप एवं आकार में वह दृश्य से ज़्यादा मात्र श्रव्य या सूच्य नाटक होकर रह गया है।

फिर भी बात बनी नहीं

जब भी कोई रचनाकार किसी प्रायोजित योजना के तहत अपने रचनाकर्म में प्रवृत्त होता है, तो जो भी रचना तैयार होकर सामने आती है वह उस रचना की तुलना में कमतर साबित होती है जिसे रचनाकार ने स्वतः प्रेरणा से लिखा हो। रवीन्द्र भारती का ताजा नाटक *जनवासा* भी इसका अपवाद नहीं है। कुल जमा 85 पृष्ठों में पूर्वरंग मिलाकर छोटे-बड़े 19 दृश्यों को समेट दिया गया है। 19 दृश्यों में भी हर बार बदलता हुआ परिवेश और गीत-संगीत की अनावश्यक उपस्थिति। लगता है, हमारे नाटककारों ने अपने मन में एक पूर्वाग्रह जैसा पाल रखा है कि यदि नाटक की कथा का कहीं थोड़ा-सा भी ग्रामीण पात्रों या परिवेश से ताल्लुक होगा तो उसमें लोकगीत, नृत्य और संगीत बड़ी आसानी से फिट किए जा सकते हैं। नतीजा यह होता है कि कथा और कार्य व्यापार का लगभग चौथाई हिस्सा इन्हीं तत्त्वों में बरबाद हो जाता है। हाल ही में राष्ट्रीय नाट्य विद्यालय द्वारा आयोजित सातवें भारत रंग महोत्सव में राजीव रंजन श्रीवास्तव के निर्देशन में पटना की *थिएटर यूनिट* ने इस नाटक का मंचन किया।

यूँ *जनवासा* में कथा के नाम पर घटने जैसा कुछ भी नहीं है। एक के बाद एक दृश्य और उसमें उपस्थित पात्रों की बातचीत मात्र अन्तिम दो दृश्यों को छोड़कर, जब 'पल्ला' अपनी बहन के विवाह के लिए कुछ पैसा बटोरने के चक्कर में उसे ही कुष्ठ रोगी घोषित करके सिस्टर सुएटा से 250 रु. प्राप्त कर लेता है और जब अन्तिम दृश्य में भूदानी भाई को इस सत्य का पता चलता है तो वह शादी कैन्सिल करवा देते हैं और दूसरी तरफ़ 'पल्ला' की बहन 'भागदेयी' इस घटनाक्रम से बेख़बर जनवासे में बैठी अपना शृंगार करवाती रहती है। सचमुच में एक नाटकीय दृश्य जहाँ एक साथ बहुत-से विरोधी दृश्य आपस में एक-दूसरे के साथ गुँथे हुए हैं। अन्यथा बाक़ी सारा नाटक महज एक भाषण, स्लोगन अथवा बयानबाजी के अलावा कुछ नहीं। लगता ही नहीं कि यह नाटक उसी लेखक की रचना है जिसने *कम्पनी उस्ताद* जैसा रोचक और जीवन्त शैली से मिलता-जुलता नाटक लिखा हो। पात्र जिस बिन्दु से शुरुआत करते हैं, अन्त तक उनमें कोई विकास अथवा परिवर्तन नहीं होता। एक क्षण को यह मान भी लिया जाए कि कथा अथवा चरित्रों में बाहरी स्तर पर कोई विकास नहीं होता और जो होता भी है तो उसकी सूचना संवादों के माध्यम से मिलती है। इसका उत्तर यही

है कि इस नाटक के संवाद ही इसका सबसे कमजोर पक्ष है, लगता हैं, वे नाटक अथवा आपसी वार्तालाप के संवाद न होकर किसी परीक्षा कॉपी में दिए गए प्रश्नों के उत्तर जैसे हैं। कहीं कोई कॉमा नहीं, कहीं कोई वाक्य टूटा अधूरा नहीं, कहीं कोई बात सीधे न कही जाकर, आड़ी-तिरछी रेखा में नहीं। एकदम किताबी और कोरे संवाद, मानो भूदान अथवा महात्मा गांधी के उपदेशों पर एक अच्छा-खासा निबन्ध लिखने की कोशिश हो। आश्चर्य होता है यह देखकर कि नाटककार ने यह कैसे मान लिया कि संवाद के रूप में वह जो भी परोस देंगे, उसे नाटक या नाटक का संवाद मान लिया जाएगा।

हम प्रायः कहते हैं कि हमारे नाटककारों के पास कथ्य का अभाव नहीं है, ज़रूरत है तो बस कथ्य के मुताबिक एक सही रूप, शैली, शिल्प और व्याकरण की। लेकिन भारती का यह नाटक दोनों दृष्टियों से बेहद निराश करता है। उन्होंने अपने पहले नाटक *कम्पनी उस्ताद* से अपने भावी नाट्यलेखन के बारे में जो उम्मीदें जगाई थीं, वे *फूकन का सुथन्ना* से होते हुए 'जनवासा' तक पहुँचते-पहुँचते धूमिल होती नज़र आ रही हैं। शायद इसका कारण यह भी रहा हो कि पहले नाटक की रचना उन्होंने एक निर्देशक के कहने पर उसी के साथ विचार-विमर्श करते हुए की थी। लेकिन बाद के दोनों नाटकों में ऐसा सम्भव न हो पाया। नाटककार ने एनजीओ संस्थानों के खोखलेपन, आन्तरिक विरोधों और महत्त्वाकांक्षाओं के तनाव को भी गहराई से पकड़ने और रेखांकित करने की कोशिश की होती तो नाटक का प्रभाव बहुआयामी हो जाता।

रेंज तो व्यापक है मगर...

इस पुस्तक* के अधिकांश लेख बहुत पहले से पत्र-पत्रिकाओं में छप चुके हैं और कुछ विशेष रूप से इसी संकलन के लिए लिखे गए हैं। इसके बावजूद इस पुस्तक का महत्त्व इसलिए है कि अब यह सारी सामग्री एक ही जगह पर उपलब्ध है, कुल मिलाकर 29 लेख हैं जो नाटक, नाटककार, निर्देशक, अभिनेता, रंगभूमि, रंग समीक्षा और रंग दर्शक या प्रेक्षक यानी रंगमंच के लगभग सभी पक्षों से गुजर जाते हैं।

पुस्तक की यह विविधता जहाँ उसकी बड़ी सामर्थ्य है, वहीं उससे बड़ी सीमा भी है। सामर्थ्य इस अर्थ में कि लेखक की रेंज कितनी व्यापक है, इसकी जानकारी सहज ही मिल जाती है। सीमा इसलिए कि अन्ततः किसी भी एक पक्ष या विषय पर फोकस नहीं होता। उदाहरण के लिए यों तो यहाँ नाटककारों पर पाँच लेख हैं लेकिन उनमें से मात्र दो लेख विजय तेन्डुलकर और गिरीश कारनाड के बहाने से उनके नाटकों के कथ्य एवं शिल्प पर सचमुच में गहरा विश्लेषण प्रस्तुत करते हैं। शेष तीनों लेख नाटकों से ज़्यादा उनके विचारों और सिद्धान्तों पर केन्द्रित हैं। तनेजा ने सुरेन्द्र वर्मा जैसे महत्त्वपूर्ण नाटककार पर भी लम्बा लेख। लिखा था—उसे क्यों छोड़ दिया गया, समझ से परे है। यही बात ब. व. कारन्त और रंजीत कपूर जैसे निर्देशकों को लेकर भी कही जा सकती है। यदि इन्हीं के साथ लेखक ने रतन थियम पर लिखे अपने लेख को भी शामिल कर लिया होता तो पुस्तक की उपादेयता बढ़ जाती। मेरे विचार में उत्तरा बावकर पर लिखा गया लेख सचमुच में तनेजा की उपलब्धि है। दूसरी तरफ़ मनोहर सिंह वाले लेख की यहाँ कोई गुंजाइश न थी, जो मात्र श्रद्धांजलिपरक है। यही बात नेमिचन्द्र जैन वाले आलेख के बारे में भी कही जा सकती है। इन सबके बावजूद यदि इस पुस्तक का कोई सार्थक आकलन किया जा सकता है तो इन्हीं सात-आठ लेखों के आधार पर सम्भव है।

इतनी सारी सामग्री से गुजरने के बाद भी हम किसी साफ-सुथरी, ठोस जमीन पर नहीं पहुँचते। ऐसा लगता है, बाक़ी रचनाओं में विषय को महज छूकर या सतह पर ही छोड़ दिया गया है। लेखक की दुविधा यह है कि वह सबको साथ लेकर चलना

* आधुनिक भारतीय रंगलोक, जयदेव तनेजा, भारतीय ज्ञानपीठ

चाहता है। इसीलिए लगभग हर पृष्ठ पर सौ-पचास नाम ज़रूर मिलते हैं लेकिन उनके रचनाकर्म का अन्ततः क्या योगदान है, इसका संकेत मात्र भी नहीं मिलता। क्या 50-60 साल के निरन्तर नाट्यलेखन और रंगकर्म के बाद आज ज़रूरत इस बात की नहीं है कि किन नाटकों और किन प्रस्तुतियों ने सचमुच निश्चित मानक और प्रतिमान प्रस्तुत किए, मात्र उन्हीं की चर्चा की जाए?

भास का रंगमंच

इधर संगीता गुन्देचा की पुस्तक *भास का रंगमंच* पढ़ने को मिली। संगीता बहुत दिनों से भरत के *नाट्यशास्त्र,* संस्कृत नाट्यपरम्परा और प्रदर्शन पर शोध कार्य में लगी हुई हैं। आमतौर पर हमारे यहाँ जब भी कोई शोधकर्ता एम.फिल. अथवा पी-एच.डी. के लिए अपना कार्य शुरू करता है तो नाटक और रंगमंच जैसे व्यावहारिक विषय पर आधारित होने के बावजूद उसने शायद ही कभी कोई नाटक देखा होता है। नतीजा ये है कि साल-दर-साल देश के विभिन्न विश्वविद्यालयों में ऐसे शोधग्रन्थ जगह घेरते जा रहे हैं जिनका रंगमंच से दूर-दूर तक का नाता नहीं है। ऐसे में संगीता गुन्देचा की पुस्तक *भास का रंगमंच* निश्चय ही एक ताज़ा हवा के झोंके के रूप में सामने आई। संगीता ने पुस्तक को दो हिस्सों में बाँटा है। पहला हिस्सा सैद्धान्तिक और दूसरा प्रायोगिक पक्ष से ताल्लुक़ रखता है। भास के सभी नाटकों में उपलब्ध वस्तु, नेता, रस, नाट्यमंडप, मंगलाचरण संगीत, प्रस्तावना अथवा स्थापना इन सभी पक्षों पर विस्तार से चर्चा की गई है और आज भी केरल में प्रचलित कूडियाट्टम नाट्यशैली के परिप्रेक्ष्य में भास के नाटकों का विवेचन और विश्लेषण किया गया है। यह मात्र संयोग नहीं है कि कूडियाट्टम में मुख्य रूप से भास के ही नाटकों का पिछले लगभग एक-डेढ़ हज़ार सालों से आज तक केरल के मन्दिरों में मंचन होता रहा है और वहीं पहली बार 1913 में टी. गणपति शास्त्री को वे तेरह पांडुलिपियाँ प्राप्त हुईं जिन्हें बाद में भास के नाटकों के नाम से जाना गया।

यह सही है कि अध्ययन का यह पहला हिस्सा भास के नाटकों के आलेख पर केन्द्रित है लेकिन ऐसा नहीं लगता कि संगीता गुन्देचा ने अपनी किसी निजी अथवा मौलिक सोच का परिचय दिया हो। भास के विलक्षण मंगलाचरण नामक अध्याय को छोड़कर बाक़ी सारे अध्याय महज़ छूकर छोड़ दिए गए हैं। उदाहरण के लिए, *भास के रूपकों का सांगीतिक शिल्प* और *भास के सांगीतिक शिल्प का सौन्दर्य* इन दोनों को अलग-अलग बाँटकर देखने की कोई ज़रूरत नहीं थी। यही बात नाट्यमंडप, भरतमुनि और भास की रंगोपादेयता जैसे अध्यायों के बारे में कही जा सकती है और यह विवाद का विषय हो सकता है और शायद आज भी है कि भास पहले हुए थे या *नाट्यशास्त्र* पहले लिखा गया था। भास के नाटकों का अध्ययन करके भरतमुनि ने अपने *नाट्यशास्त्र* को एक पूर्णता देने की कोशिश की अथवा भास अपने समय के ऐसे

दुःसाहसी नाटककार थे जिन्होंने *नाट्यशास्त्र* के नियमों और व्याकरण को भी पीछे छोड़ दिया और अपना शास्त्र स्वयं बनाया। मुझे लगता है कि भास के नाटकों और रंगमंच पर यदि किसी भी नई पुस्तक को लिखा जाना है तो वह भास की अपनी शर्तों पर लिखी जानी चाहिए। उदाहरण के लिए, आज तक इस तथ्य का गहरे में परीक्षण नहीं किया गया कि भास के ज़्यादातर नाटक अपना प्रेरणा-स्रोत *महाभारत* से क्यों लेते हैं, भास अपने हर नाटक में स्थापना या प्रस्तावना को आरम्भ करते ही तुरन्त तोड़ देते हैं और *दरिद्रचारुदत्तम* जैसे एक अपवाद को छोड़ दिया जाए तो एक ही कथा को अपने दो-तीन नाटकों तक क्यों फैलाते हैं? कहीं ऐसी सम्भावना तो नहीं कि अपने समकालीन यूनानी रंगमंच की तरह भास भी नाट्यत्रयी लिखने की योजना बना रहे हों। यदि वहाँ *किंग इडिपस, एन्तिगनी* और *इडिपस एट कोरियोलानिस सोफोक्लीज* के तीन नाटकों की त्रयी बनती है तो भास के यहाँ भी *प्रतिज्ञा यौगन्धरायण* और *स्वप्नवासवदत्तम्, दूतवाक्यम्, दूतघटोत्कच* और *मध्यमव्यायोग* जैसे नाटक एक ही कथा को आगे बढ़ाते जान पड़ते हैं। यदि लेखिका ने इन सारे पक्षों को भी अपने अध्ययन के साथ जोड़ा होता तो सचमुच में पुस्तक की रंगमंचीय सार्थकता स्वतः प्रमाणित हो जाती। इस बात का आभास ज़रूर होता है कि लेखिका ने नाटकों को मात्र पढ़ा ही नहीं है वरन् उनके प्रदर्शन भी देखे हैं, लेकिन अन्ततः नाटकों के आलेख और उनके मंचन के बीच से जो दृष्टि उभरकर आनी चाहिए थी, उसका यहाँ कुछ अभाव दिखाई पड़ता है।

यह दृष्टि यदि दिखाई पड़ती भी है तो वह पुस्तक के दूसरे हिस्से *भास संवाद में* प्राप्त होती है जहाँ संगीता गुन्देचा ने कावलम् नारायण पणिक्कर, हबीब तनवीर, रतन थियम, कमलेश दत्त त्रिपाठी और बंसी कौल जैसे रंग निर्देशकों से लम्बी बातचीत की है.। लेकिन यहाँ भी जिज्ञासा अथवा जानने की उत्सुकता लेखिका की भले अपनी रही हो लेकिन उत्तर के रूप में जो विचार और अवधारणाएँ सामने आती हैं वे शुद्ध रूप से प्रयोगकर्ताओं की हैं, शोधार्थी की तरफ़ से उन पर अलग से कोई टिप्पणी नहीं की गई। क्या ही अच्छा होता यदि पाँचों संवादों के बाद संगीता समग्र रूप में अथवा अलग-अलग संवाद पर अपना आकलन प्रस्तुत करतीं। यह अपने आपमें एक रोचक विषय का अध्ययन हो सकता था कि भास के एक संक्षिप्त से आलेख को कावलम् नारायण पणिक्कर अपनी अनुकीर्तन शैली में और हबीब तनवीर अपनी लोक रंग शैली में यदि डेढ़-दो घंटे की सम्पूर्ण प्रस्तुति बना डालते हैं, तो उस प्रस्तुति का नाटक के मूल आलेख और अन्ततः दर्शकों के अनुभव संसार से क्या रिश्ता बनता है। शास्त्रीयता और लोक रंग शैली में नाट्यधर्मिता समान रूप से उपस्थित है लेकिन उनको देखने का अनुभव क्या एक जैसा है?

कई वर्ष पहले आज के ही एक दूसरे चर्चित निर्देशक एम.के. रैना ने उज्जैन में भास के छह-सात नाटकों को कई दिन तक एक साथ मंचित किया था। मेरे ख़याल

में भास के नाटकों को लेकर किया गया हिन्दी रंगमंच में यह पहला बड़ा प्रयोग था। सम्भव है कि लेखिका को उस भास नाट्योत्सव को देखने का अवसर न मिला हो। लेकिन एक अध्येता होने के नाते उनसे इतनी अपेक्षा तो की जानी चाहिए कि उन्हें उसके बारे में जानकारी अवश्य रही होगी। यदि इन्होंने एक संवाद रैना का भी शामिल कर लिया होता तो उनके अध्ययन को और विस्तार मिलता।

संक्षेप में, अपनी तमाम सीमाओं के बावजूद यह स्वीकार किया जाना चाहिए कि जहाँ आज तक संस्कृत नाटककारों को वस्तु, नेता और रस के शास्त्रीय चौखटे से बाहर निकालकर उनका आकलन करने की कोशिश ही नहीं की गई वहाँ *भास का रंगमंच* जैसी छोटी-सी पहल भी काफ़ी दिनों तक एक अच्छी शुरुआत के रूप में रेखांकित की जा सकती है।

कल्पनाशील प्रस्तुति के लिए एक नाटक

रक्त-अभिषेक दयाप्रकाश सिन्हा का नवीनतम नाटक है जो उसी परम्परा में लिखा गया है जिसमें इससे पहले उनके नाटक *कथा एक कंस की* और *सीढ़ियाँ* लिखे जा चुके हैं अर्थात् सुदूर-अतीत के भीतर से कथा का चयन और उसके माध्यम से आधुनिक और समकालीन मन्तव्यों का रेखांकन किया जाना। *रक्त-अभिषेक* ईसा पूर्व के उस काल से सम्बद्ध है जब अन्तिम मौर्य सम्राट बृहद्रथ का शासन था। वस्तुतः यह नाटक राजा बृहद्रथ और उसके सैनिक पुष्यमित्र शुंग की आपसी टकराहट का नाटक है। यद्यपि यह कथा अथवा कथ्य इतना नया भी नहीं है। इसे पढ़ते हुए सहज ही हमें शेक्सपीयर के *जूलियस सीज़र* और आधुनिक नाटककार पीटर शैफ़र के *बैकेट* की याद आ जाती है। यह भी एक रोचक तथ्य और संयोग है कि तीनों नाटक अपने परिवेश में ऐतिहासिक हैं। लगभग एक जैसी राजनीतिक परिस्थितियों और युग का प्रतिनिधित्व करते हैं, और अपनी शिल्प संरचना में भी एक समान हैं।

रक्त अभिषेक कुल जमा 75-80 मुद्रित पृष्ठों के बीच 18 छोटे-बड़े दृश्यों में फैला हुआ है। नाटक का सबसे सशक्त और सकारात्मक पहलू यह है कि नाटककार ने आलेख को बाहरी, अतिरिक्त और फ़ालतू तामझाम से प्रायः मुक्त रखा है और ज़्यादा ध्यान इस बात पर केन्द्रित किया है कि स्वयं पात्रों के संवादों के बीच पिरोए हुए वाद-विवाद और कथा-सूत्रों के माध्यम से नाटकीय स्थिति तैयार की जाए और नाटक को एक निश्चित अन्त तक पहुँचाया जाए। दूसरी तरफ़ नाटक के शिल्प की यही सीमा भी है क्योंकि वह नाटक और रंगमंच के व्याकरण की बजाय दूरदर्शन और फ़िल्म की तकनीकी पद्धति का ज़्यादा अनुसरण करता है जहाँ छोटे-छोटे दृश्यों के माध्यम से पूरी कथा को आगे बढ़ाया जाता है। इसमें कोई सन्देह नहीं कि नाटककार सिन्हा बहुत छोटे-छोटे संवादों का रास्ता अपनाते हैं और उनके भीतर से आज के सत्य और आज के समय की अर्थ-ध्वनियाँ देने की कोशिश करते हैं, लेकिन कई बार उनके भाषा प्रयोग सपाट से भी दीखने लगते हैं। उदाहरण के लिए दृश्य चार में टाइटस के ये संवाद :

मैं किसी के घर में, दुकान में, मदरसे में, दफ्तर में, बिना किसी रोक-टोक के घुस सकता हूँ।

अथवा,

पाटलिपुत्र के तख़्त पर जो राजा बैठा है, वह उल्लू का पट्ठा है। निहायत सनकी और बेवकूफ़ है। ढोंगी भी है। वह दुनिया को दिखाना चाहता है कि महाराज अशोक के बाद सिर्फ़ वही है, उनके जैसा अज़ीम, महान।

यह देखकर हैरानी होती है कि नाटककार स्वयं हिन्दी-उर्दू भाषा के बहुत अच्छे जानकार हैं, लेकिन पूरे नाटक में कहीं भी एक नुक़्ते तक का इस्तेमाल नहीं किया गया। ऐसा लगता है कि यह लापरवाही नाटककार से ज़्यादा प्रकाशक की तरफ़ से हुई है, क्योंकि आज अधिकांश छापाख़ानों में नुक़्ते के प्रयोग का चलन लगभग समाप्त होता जा रहा है।

नाटककार ने बार-बार पात्रों के आन्तरिक द्वन्द्व को सामने लाने का प्रयत्न किया है। लेकिन अन्ततः मात्र एक चरित्र पुष्यमित्र शुंग को छोड़कर और किसी चरित्र में किसी भी तरह के आन्तरिक द्वन्द्व की सम्भावनाएँ पैदा ही नहीं होतीं। टाइटस, अंटोनिया और बृहद्रथ जैसे मुख्य चरित्र जिस सोच और दृष्टि के साथ नाटक के आरम्भ में प्रवेश करते हैं उसमें अन्त तक कोई परिवर्तन नहीं होता। यही कारण है कि *रक्त-अभिषेक* इतिहास के एक बहुत ही दुविधाग्रस्त और हलचल भरे राजनीतिक माहौल में स्थित होने के बावजूद वह गहरा अनुभव प्रदान नहीं करता जैसा उनके दूसरे नाटक *कथा एक कंस* की को पढ़ते या देखते हुए मिलता है। देखा जाए तो इस नाटक का समय एक-दूसरे रूप में अन्तिम मुग़ल सम्राट बहादुर शाह ज़फ़र की याद भी दिलाता है लेकिन जिस तरह से मुग़ल सम्राट को अन्त में अकेला और निर्वासित जीवन जीने पर विवश होना पड़ता है वैसी पीड़ा भी इस नाटक में कहीं नहीं उभरती। यहाँ तक कि पुष्यमित्र द्वारा राजा बृहद्रथ की हत्या, न तो उसके प्रति कोई सहानुभूति जगाती है और न ही कोई ऐसी नाटकीय स्थिति तैयार करती है, जिसके लिए दर्शक पहले से तैयार न हो।

इस सबके बावजूद नाटककार को इस बात का श्रेय अवश्य दिया जाना चाहिए कि उन्होंने इतिहास के एक ऐसे प्रसंग को छुआ है जो लगभग अछूता और अनजाना रहा है। इतना ही नहीं, उन्होंने स्वयं इस नाटक का मंचन करके इस बात को पहले ही साबित कर दिया है कि यह मंचन के लिए सर्वथा उपयुक्त है और एक कल्पनाशील परिकल्पना के लिए अवश्य ही उत्साहित करता है।

नाट्यशास्त्र पर एक ज़रूरी किताब

19वीं सदी के आख़िरी बीस सालों में जब से *नाट्यशास्त्र* के कुछ हिस्सों का जर्मन और अंग्रेज़ी में अनुवाद हुआ तब से भरतमुनि द्वारा रचित यह ग्रन्थ भारतीय रंगमंच में लगातार चर्चा का विषय रहा है। इस बीच अंग्रेज़ी में *नाट्यशास्त्र* के बहुत से अनुवाद प्रकाशित हुए हैं लेकिन हिन्दी में अनुवाद के रूप में जो कुछ भी हमारे सामने आया, उसे निहायत किताबी और शाब्दिक अनुवाद ही कहा जा सकता है। इससे भी ज़्यादा तकलीफ़ यह रही कि यह अनुवाद ऐसे लोगों द्वारा किए गए जिनका नाट्यकला से दूर-दूर तक कोई रिश्ता नहीं था। यही कारण है कि जो अनुवाद हुए भी वे मात्र शब्दजाल होकर रह गए और उनमें नाट्यकला से जुड़ी बारीक़ियों को समझने की ज़रा भी कोशिश दिखाई नहीं पड़ती। यह एक सुखद संयोग है कि पिछले कुछ वर्षों में हिन्दी में *नाट्यशास्त्र* के दो बहुत ही अच्छे अनुवाद सामने आए हैं, जिनमें पहला है पं. रेवाप्रसाद द्विवेदी द्वारा किया गया *भरतमुनि प्रणीत स्वायम्भुव नाट्यशास्त्र; खंड-1 काव्यलक्षण खंड भारतीय* जिसे उच्च अध्ययन संस्थान, शिमला तथा आर्यन बुक्स इंटरनेशनल, नई दिल्ली सन् 2005 में प्रकाशित किया है और दूसरा है *संङ्क्षिप्तनाट्यशास्त्रम्* जिसका राधावल्लभ त्रिपाठी ने अनुवाद और सम्पादन किया है जो सन् 2008 में वाणी प्रकाशन, नई दिल्ली से प्रकाशित हुआ है।

नाट्यशास्त्र का पहला अनुवाद अभी मात्र एक खंड के रूप में प्रकाशित हुआ है और उसके दूसरे खंड की प्रतीक्षा है तभी उस पर विस्तार से चर्चा की जा सकेगी। लेकिन दूसरा अनुवाद एक ही जिल्द में पहले अध्याय से लेकर छत्तीसवें अध्याय तक एक साथ उपस्थित है। यों यह अनुवाद भी पहली बार 1992 में निकला था। लेकिन कुछ वर्षों से यह अनुपलब्ध था इसीलिए इसके नए संस्करण की बहुत माँग थी। अच्छा है कि वाणी प्रकाशन ने इसका नया संस्करण पेपरबैक में प्रकाशित किया। और आज अपने संक्षिप्त रूप में ही सही रंगमंच के छात्रों और स्वयं रंगकर्मियों के लिए यह सहज ही उपलब्ध है। राधावल्लभ त्रिपाठी चूँकि स्वयं भी नाट्यकला के अध्ययन, अध्यापन, लेखन और उसके व्यावहारिक परीक्षण से जुड़े हुए हैं, इसीलिए उन्होंने *नाट्यशास्त्र* का अनुवाद और सम्पादन करते समय ऐसे तमाम अंशों को हटा दिया है, जिनका व्यावहारिक रंगकर्म से बहुत ज़्यादा सम्बन्ध नहीं है। इससे भी ज़्यादा

महत्त्वपूर्ण बात यह है कि यह अनुवाद *नाट्यशास्त्र* का मात्र एक सैद्धान्तिक ग्रन्थ नहीं है वरन् जहाँ-जहाँ ज़रूरत पड़ी अनुवादक ने रेखाचित्रों के माध्यम से विभिन्न हस्त अथवा पैर और शारीरिक मुद्राओं और गातियों को साकार रूप में प्रस्तुत किया है। प्राचीन समय में नाट्यमंडप का क्या स्वरूप और आकार-प्रकार रहा होगा, इसे भी रेखाचित्रों के माध्यम से स्पष्ट किया गया है। इस अनुवाद का सबसे ज़्यादा सशक्त पक्ष है इसकी भाषा, जो इतनी सहज, सरल और लचीली है कि लगता है हम किसी शास्त्र ग्रन्थ को नहीं वरन् एक रोचक उपन्यास को पढ़ रहे हैं। राधावल्लभ त्रिपाठी स्वयं हिन्दी के बहुत ही महत्त्वपूर्ण नाटककार, कहानीकार और उपन्यासकार भी हैं अतः यह स्वाभाविक ही था कि उनके अनुवाद की भाषा मूल रचना का सा आस्वाद दे। पुस्तक में एक साथ मूल संस्कृत श्लोकों और उसके समानान्तर उनके अनुवाद को रखते जाने से हम दोनों को एक साथ जोड़कर देखते रह सकते हैं। इस अनुवाद की एक बड़ी विशेषता और भी है कि शायद पहली बार नाट्यधर्मी और लोकधर्मी का अन्तर पाठक के लिए स्पष्ट हो सका। प्रायः लोकधर्मी शब्द को लोक नाटकों के अर्थ में इस्तेमाल किया जाता रहा है जबकि भरत का ऐसा आशय कभी भी नहीं था। लगभग यही स्पष्टता उनके भाव और रस, वृत्ति और प्रवृत्ति और कार्य अवस्था, अर्थ प्रकृति एवं सन्धि के विवेचन और विश्लेषण में भी दिखलाई पड़ती है। अनुवादक ने विभिन्न अध्यायों का सम्पादन इस सीमा तक किया है कि यदि किसी अध्याय में समकालीन रंगमंच के लिए कोई बहुत ज़्यादा प्रासंगिक चीज़ें नहीं दिखाई पड़ीं, उन्हें लगभग पूरी तरह से छोड़ दिया है। उदाहरण के लिए तीसरा, चौदहवाँ, पन्द्रहवाँ, बाईसवाँ, चौबीसवाँ अध्याय, आदि-आदि। सम्पादित किए इन अंशों को लेकर हमारे विद्वान-आलोचक लोग सवाल उठा सकते हैं लेकिन जहाँ तक समकालीन व्यावहारिक रंगकर्म की बात है उस दृष्टि से यदि विचार किया जाए तो त्रिपाठीजी का सम्पादन बहुत ही सार्थक और प्रासंगिक जान पड़ता है।

उदाहरण के लिए आज के रंगकर्मी की प्राचीन नाट्यमंडल के अलग-अलग कोणों, स्तम्भों और भागों में स्थापित देवी-देवताओं की पूजा-अर्चना और आराधना में क्या रुचि हो सकती है, उसके लिए यह तथ्य ज़्यादा महत्त्वपूर्ण है कि एक बन्द प्रेक्षागृह की सबसे पहली परिकल्पना हमारे अपने देश में प्रस्तुत की गई थी, न कि उसका आविष्कार और निर्माण पश्चिमी देशों में हुआ। क्या इसे एक संयोग मात्र माना जाए कि जिस नाट्यमंडप को भरत ने एक आदर्श नाट्यमंडप माना है उसका आकार और प्रकार आज के प्रोसीनियम थिएटर से कितना मिलता-जुलता है। यहाँ तक कि अभिनेता और दर्शक का सम्बन्ध भी एकतरफ़ा है अर्थात् प्रस्तुति के दौरान दोनों एक-दूसरे के आमने-सामने होते हैं। संक्षेप में हर तरह से पठनीय और उपादेय है *नाट्यशास्त्र* का यह अनुवाद।

महीप सिंह का कथा-लेखन

बहुत ख़ुशी की बात है कि महीप सिंह 75 बरस के हो रहे हैं। इन 75 बरसों में से कम-से-कम 40-45 वर्षों से मैं स्वयं उनके कथा-लेखन का पाठक रहा हूँ। इस दौर में उनकी सभी कहानियों और दो उपन्यासों *यह भी नहीं* और *अभी शेष है* के भीतर से गुज़रने का अनुभव भी शामिल है। साथ-साथ 1967 से 1969 तक उनकी पत्रिका *संचेतना* से भी सम्बन्ध रहा। यहाँ तक कि दिल्ली विश्वविद्यालय से हिन्दी साहित्य में एम.ए. करते हुए सन् 60 के बाद की हिन्दी कहानी जैसा विषय भी उन्होंने ही सुझाया था। इस तरह महीप सिंह को अलग-अलग रूप-रंग और रेखाओं में देखने का जितना भी विविध अनुभव हो सकता है उसके आधार पर मैं उनके कथा-लेखन का आकलन प्रस्तुत करने की कोशिश करूँगा।

वर्ष 2005 यदि उनके जीवन का 75वाँ साल है तो लेखन के 50वें वर्ष के रूप में भी इस साल को रेखांकित किया जाना चाहिए। इसका अर्थ यह नहीं कि *उलझन* उनकी पहली कहानी है, और यदि है तब तो आगे कुछ कहने को बचता ही नहीं। बहरहाल पहली हो अथवा दसवीं, इस कहानी का महत्त्व इस दृष्टि से है कि यहाँ से महीप सिंह एक कहानीकार के रूप में अपनी एक निश्चित पहचान स्थापित करते हैं। यह तथ्य भी काफ़ी रोचक जान पड़ता है कि उनके पहले कहानी-संग्रह *सुबह के फूल* की पहली कहानी भी *उलझन* है। महीप सिंह लेखन के शुरुआती दौर में मुम्बई में थे और तब तक उनके दो कहानी-संग्रह छप चुके थे—*सुबह के फूल* और *उजाले के उल्लू*। साठ-बासठ के बाद दिल्ली आने पर 1967 के भीतर उनका तीसरा कहानी-संग्रह *घिराव* नाम से आ चुका था। फिर तो लगातार कभी छोटे और कभी बड़े अन्तराल के बाद उनके कहानी-संग्रह आते रहे। अभी पिछले दिनों ही उनकी सम्पूर्ण कहानियाँ तीन खंडों में प्रकाशित हुई हैं जो कुल मिलाकर 125 के आसपास होंगी। इस संख्या को देखकर यह मिथ लगभग टूट जाना चाहिए कि महीप सिंह ने बहुत लिखा है या कि वे लिक्खाड़ कहे जानेवाले लेखकों की कतार में शामिल हैं। कुल जमा एक साल में दो कहानियों का औसत बनता है। और उपन्यास का तो वह भी नहीं। अर्थात् बीस-पच्चीस साल में एक उपन्यास।

महीप सिंह के पूरे लेखनकाल पर ग़ौर किया जाए तो उसके तीन पड़ाव साफ-साफ नज़र आते हैं। पहला पड़ाव कानपुर शहर। दूसरा पड़ाव मुम्बई जैसा महानगर और

तीसरा पड़ाव देश की राजधानी दिल्ली जहां वे आज तक क़ायम हैं। ये पड़ाव सिर्फ़ कहानियों के लेखन-समय को ही इंगित नहीं करते वरन् कहानियों में आए परिवेश को भी प्रस्तुत करते हैं। एक बात और ध्यान देने लायक है—यदि उनके पहले उपन्यास *यह भी नहीं* का अधिकांश हिस्सा मुम्बई शहर में फैला हुआ है तो दूसरा उपन्यास *अभी शेष है* पूरी तरह से दिल्ली शहर पर केन्द्रित है।

उलझन कहानी के साथ महीप सिंह की निजी पहचान स्थापित होती है। यह निजी पहचान क्या है? महीप सिंह ने दिल्ली के शुरुआती वर्षों में नई कहानी के विरोध में अपने जैसे दूसरे समकालीन लेखकों को साथ लेकर *सचेतन* कहानी का आन्दोलन चलाने की कोशिश की थी। और उसी के तहत अपनी अलग पहचान स्थापित करने का व्यर्थ प्रयास किया था। लेकिन समय के अन्तराल में जिस तरह से नई कहानी खो गई उसी तरह से *सचेतन* कहानी को भी धुँधलाने में बहुत समय नहीं लगा। लेकिन महीप सिंह के सम्पूर्ण कथालेखन की वह पहचान आज भी मौजूद है जिसका सही-सही मूल्यांकन किया जाना अभी भी बाक़ी है। लेखन की यह पहचान सबसे पहले उनके अपने व्यक्तित्व में से पैदा होती है। हमेशा मुस्कुराता चेहरा, मिलनसारिता, गर्मजोशी और एक अन्तरंग खुलापन और ठीक यही टिप्पणी उनकी कहानियों के बारे में भी, बिना किसी झिझक, संकोच अथवा दुविधा के, की जा सकती है। इसका एकमात्र कारण यही है कि उन्होंने कहानियों की पृष्ठभूमि और कथानक सायास नहीं गढ़े हैं वरन् अपने आसपास की, अपने से जुड़े दूसरे लोगों की ज़िन्दगी में घटित होनेवाली बिलकुल मामूली-सी चीज़ों और स्थितियों और घटनाओं के भीतर से उठाए हैं। यदि हम नई कहानियों के कथ्य और रूप का अध्ययन करें तो साफ़ पता लग जाता है कि कितनी सायास कोशिश के बाद कहानी को क़ाग़ज़ों पर उतारा गया है। लेकिन उसी वक़्त के आसपास लिखते हुए महीप सिंह की कहानियाँ अत्यन्त सहज-सरल एवं अनायास रचित जान पड़ती हैं। चाहें तो इन सहज स्थितियों का एक जायज़ा शुरू से आख़िर तक लिया जा सकता है। *उलझन* में एक सिख दम्पति के बीच बालों में तेल लगाने को लेकर होने वाली नोक-झोंक, *एक स्त्री-एक पुरुष* में रेल के डिब्बे में सवार सभी यात्रियों का इस खोजबीन में लगे रहना कि उसी डिब्बे में साथ-साथ बैठे एक आदमी और एक औरत के बीच क्या रिश्ता है। *ठंडक* में अपने बेटे को सकुशल अपने सामने पाकर माँ के दिल को मिलती राहत, *सहमे हुए* में एक ही दफ्तर में काम करनेवाले पाँच सहकर्मियों के बीच साम्प्रदायिक दंगों के दिनों में बनते-टूटते सम्बन्धों के नए-नए रूप, *धूप की उँगलियों के निशान* में तलाकशुदा पति-पत्नी के बीच की सूक्ष्म कशमकश—इन उदाहरणों को हम कितना भी बढ़ाते चलें, हमारा निष्कर्ष वही निकलेगा जिसकी चर्चा मैंने लगभग शुरू में ही की थी। ऐसा भी नहीं कि यह सहजता सिर्फ़ कहानियों तक ही सीमित हो। उनके दोनों उपन्यास भी इस कसौटी पर खरे उतरते हैं। देखा जाए तो महीप सिंह का कहानी या उपन्यास

लिखने का अन्दाज़ बहुत-कुछ क़िस्सागोई की याद दिलाता है। अर्थात् कहीं भी संरचना की जटिलता नहीं। लेकिन तब भी आपसी सम्बन्धों की जटिलता अथवा बहुआयामिता अलग से निकलकर आती है। उदाहरण के लिए उनके ताज़ा उपन्यास *अभी शेष है* को ले सकते हैं। यह उपन्यास उनके द्वारा लिखी जानेवाली उपन्यास-त्रयी का पहला भाग है। इसमें 1965-70 से लेकर 75 तक की घटनाओं को पिरोया गया है। दूसरा भाग 75 से 85 और तीसरा भाग 85 से सदी के अन्त तक की घटनाओं को शायद अपने में समेट ले। इस तरह से ये तीनों भाग मिलकर 50 बरस की आधी सदी को साथ लेकर चलेंगे। मैं एक और संयोग की तरफ़ संकेत करने का लोभ संवरण नहीं कर पा रहा हूँ और वह यह है कि यदि महीप सिंह का सम्पूर्ण लेखन 50 सालों में फैला हुआ है तो ये तीनों उपन्यास भी प्रकारान्तर से समय की उसी अवधि को अपने तीन भागों में समेटते हुए चलेंगे। और कुल मिलाकर आरम्भ, मध्य और अन्त तीन बिन्दुओंवाले नाटकीय शिल्प और संरचना की भी पुष्टि करेंगे।

आमतौर पर यह मान लिया गया है कि जिस रचनाकार का लेखन सहज और रोज़मर्रा की घटनाओं और स्थितियों तक सीमित रहता है वह एक आधुनिक रचनाकार नहीं हो सकता—न तो कथ्य की दृष्टि से, न शिल्प और बुनावट की दृष्टि से और न ही इन दोनों को मिलाकर किए गए किसी नए प्रयोग की दृष्टि से। यही कारण है जिसके तहत हमारे आज के कहानीकार प्रेमचन्द को एक पुराना कहानीकार मानते हैं और अपने को उनसे अलग एक आधुनिक सोच और संरचनावाला कहानीकार। यह उनके सोच के बाहर की बात है कि हम अपने जीवन और लेखन में अत्यन्त सहज होते हुए भी नितान्त आधुनिक हो सकते हैं। सीधे-सीधे शब्दों में कहा जाए तो उनके विचार में पाजामा या धोती पहननेवाला रचनाकार पुरातनपन्थी ही होगा। मैं समझता हूँ कि ऐसा सोच निहायत ही सीमित और संकुचित है। और महीप सिंह का सारा लेखन अकेले ही इसके विरुद्ध खड़ा किया जा सकता है। कई बार तो उनके सीधे-सपाट और किसी भी तरह के प्रयोग से रहित लेखन को देखकर लगने लगता है कि कहीं कथ्य, रिश्तों, स्थितियों और घटनाओं की जटिलताएँ बिलकुल स्थूल होकर न रह जाएँ। लेकिन पढ़ने के बाद यह आशंका निर्मूल साबित होती है। अभी हाल में प्रकाशित उनके उपन्यास *अभी शेष है* का जायज़ा लिया जा सकता है। एक समाचार-पत्र सम्पादक, उसकी एक पत्रकार मित्र, सम्पादक की पत्नी—मानवीय सम्बन्धों का यह त्रिकोण शाश्वत ज़रूर है लेकिन जितनी सहजता से महीप सिंह अपने उपन्यास में इस सम्बन्ध को अपनी परिणति तक पहुँचाते हैं वह उनकी आधुनिक सोच का परिचायक है। पत्रकार मित्र के साथ शारीरिक सम्बन्ध स्थापित कर लेने के बाद पत्नी का भी इस पूरे प्रकरण को एक रोज़मर्रा की घटना के रूप में लेना। इतना ही नहीं, पति की उस मित्र को अपने घर पर आमन्त्रित करना और अपनी तरफ़ से उसकी तरफ़ दोस्ती का हाथ बढ़ाना। अन्ततः जब आपातकाल

की घोषणा के बाद पूरे शहर में मची उथल-पुथल के दौरान दोनों औरतें एक साथ रहती हैं तो मानो एक अटपटे-से सम्बन्ध को पूरी सामाजिक स्वीकृति मिल जाती है। यह है जटिल-से-जटिल स्थितियों को लेकर सहज ढंग से निभा ले जानेवाली महीप सिंह के लेखन की क्षमता। उन्हें न तो शिल्प के स्तर पर किसी कलाबाज़ी की और न ही शारीरिक सम्बन्धों के चित्रण के स्तर पर खुले और नंगे विवरण देने की ज़रूरत पड़ी। यह देखकर सुखद सन्तोष होता है कि महीप सिंह की ज़्यादातर कहानियाँ स्त्री-पुरुष सम्बन्धों के इर्द-गिर्द चक्कर काटती हैं लेकिन किसी भी कहानी में उन यौन प्रसंगों का कहीं कोई चित्रण नहीं मिलता जिनकी वजह से एक दौर में, और शायद आज भी कहानियाँ तुरन्त चर्चा में आ जाती हैं।

यह अकारण नहीं है कि कमलेश्वर ने अपने आत्मकथ्य के तीनों भागों में बेशक महीप सिंह द्वारा चलाए गए *सचेतन* कहानी आन्दोलन की बार-बार आलोचना की है लेकिन इसके बावजूद उन्होंने इस तथ्य को कहीं भी नज़र-अन्दाज़ नहीं किया कि दो विरोधी खेमों में होते हुए भी महीप सिंह ने कभी उन पर व्यक्तिगत आक्षेप नहीं लगाए। व्यक्तित्व की यही सहजता और उदारता जीवन का वह सकारात्मक पहलू है, जिसके कारण महीप सिंह को सभी तरह के लोगों की सराहना मिली।

नाटक और रंगमंच के आईने में 1857

खुशी की बात है 2007 का साल 1857 की क्रांति की 150वीं जयन्ती के रूप में मनाया जा रहा है और इस अवसर पर साहित्य की सभी विधाओं में इस घटना ने किस तरह से हस्तक्षेप किया, इसका आकलन करने की दिशा में एक शुरुआत हुई है। यदि सच्चाई को ध्यान में रखा जाए तो आश्चर्य होता है कि इतनी बड़ी घटना को लेकर हिन्दी साहित्य की किसी भी विधा में आज तक सीधे-सीधे कहीं उल्लेख नहीं हुआ है। अपवादस्वरूप मंगल पांडे की जीवनी या कि 20वीं शताब्दी में वृन्दावनलाल वर्मा द्वारा झाँसी की रानी लक्ष्मीबाई पर एक उपन्यास का उल्लेख किया जा सकता है। जबकि इसके समानान्तर उर्दू और अंग्रेज़ी साहित्य से जुड़े तत्कालीन संस्मरणों, अनुभवों, जीवनियों और दूसरे विवरणों में इस घटना का बार-बार ज़िक्र आता है। इतना ही क्यों, हमारे अपने लोकगीतों और लोकभाषाओं में भी मौखिक रूप में ही सही इस घटना से जुड़ी बहुत सह-स्रोत सामग्री अनायास ही उपलब्ध हो जाती है। लेकिन जैसा कि ऊपर संकेत किया गया है कि हमारी हिन्दी भाषा के लिखित साहित्य में इस घटना का कहीं कोई नामोनिशान नहीं मिलता।

आख़िर इस अनुपस्थिति के क्या कारण हो सकते हैं? सबसे पहला कारण तो इसी तथ्य में खोजा जा सकता है कि हमारी परम्परा में कभी भी इतिहास को इतिहास के रूप में लिपिबद्ध करने का चलन नहीं रहा है। यदि आरम्भ से ही ऐसा हुआ होता तो फिर अलग से इस पर विचार करने की ज़रूरत न पड़ती। यही कारण कि आज तक हम लोग भरतमुनि, भास, शूद्रक और यहाँ तक कि कालिदास जैसे रचनाकारों के विषय में समय को लेकर निश्चित रूप से कुछ नहीं कह सकते। और यदि किसी हद तक इतिहास साहित्य रचना की दुनिया में आया भी है तो ज़्यादा-से-ज़्यादा एक मिथक, अतिशयोक्ति अथवा फ़ंतासी के रूप में ही। यह तथ्य सुदूर अतीत की ऐतिहासिक घटनाओं के लिए तो किसी हद तक सार्थक जान पड़ता है लेकिन महज़ 150 बरस पहले की घटना को लेकर साहित्य और वह भी विशेष रूप से नाटक और रंगमंच के क्षेत्र में इतनी उदासी क्यों? इसका एक दूसरा कारण भी दीख पड़ता है और उसे इस तरह से व्याख्यायित किया जा सकता है कि जब-जब नाटककारों, रचनाकारों ने तात्कालिक इतिहास को अपने लेखन का विषय बनाना चाहा तब-तब उन्होंने अपने

समकालीन समय से संगति बिठाने के लिए अपनी स्रोत सामग्री भी सुदूर अतीत की मिलती-जुलती घटनाओं के माध्यम से व्यंजित करने की कोशिश की, अथवा ऐसी कथाओं को अपनी रचनाओं का आधार बनाया जो अपनी अपील में सार्वजनिक, सार्वकालिक और शाश्वत हों। इस दृष्टि से भारतेन्दु के नाटकों में *भारत दुर्दशा, नील देवी* और *अन्धेर नगरी* का नाम लिया जा सकता है। ठीक ऐसा ही विचार जयशंकर प्रसाद के नाटकों—*चन्द्रगुप्त, स्कन्दगुप्त, ध्रुवस्वामिनी* इत्यादि के बारे में व्यक्त किया जा सकता है, जिनमें उन्होंने अंग्रेज़ी सत्ता के ख़िलाफ़ देशवासियों को अपने अतीत की गौरवमयी गाथा के माध्यम से उन्हें स्वयं अपनी अस्मिता की पहचान कराई। यह काम बहुत से परवर्ती नाटककारों, यथा—जगदीश चन्द्र माथुर, मोहन राकेश, सुरेन्द्र वर्मा तथा भीष्म साहनी जैसे लोगों ने अपने अलग-अलग नाटकों के माध्यम से किया।

लेकिन सवाल फिर भी अपनी जगह वैसे ही बना रहता है कि 1857 से लेकर 19वीं शताब्दी के अन्त तक नाटक और रंगमंच के रचनात्मक संसार में इस घटना की विशेष रूप से, इसी घटना के रूप में, कहीं कोई प्रतिच्छाया दिखाई नहीं पड़ती जबकि इसके विपरीत लोकगीतों अथवा लोकभाषाओं में 1857 की राजनीतिक क्रान्ति की झलक बार-बार दिखाई पड़ती है। जैसा कि हम पहले भी उल्लेख कर चुके हैं, इसका सीधा-सीधा कारण यही है कि ये सारी आशु अथवा मौखिक रचनाएँ हैं जो उस जनमानस के भीतर से पैदा हुईं जिसने स्वयं उस क्रान्ति में बढ़-चढ़कर हिस्सा लिया था। यह एक तथ्य है कि ऐसे सभी लोग समाज के निचले वर्ग से जुड़े हुए थे और उन्होंने उस क्रान्ति के अच्छे-बुरे जो भी परिणाम रहे हों, उन्हें स्वयं अपने अनुभव के स्तर पर भुगता था। अतः यह स्वाभाविक ही था कि गीतों-बोलियों और लोकनाट्यों में उस क्रान्ति से जुड़े वीर नायकों की गाथाओं का अपने आप जन्म होता चला गया। चाहे वह कुँवर वीरपाल सिंह हों, चन्द्रपाल सिंह हों, रानी लक्ष्मी बाई हों, बिरसा मुंडा हों और यहाँ तक कि मंगल पांडे हों। स्वतःस्फूर्त रचनाशीलता के मौखिक होने के कारण ऐसे साहित्य को ब्रिटिश शासन द्वारा किसी तरह की सेंसरशिप का भी ख़तरा नहीं था क्योंकि उसकी रचना-प्रक्रिया व्यक्तिगत स्तर पर न होकर सामूहिक अभियान के रूप में होती थी और वो सदा वाचिक ही रही।

इसके विपरीत हम जिस साहित्य के आईने में 1857 की छवियों को देखने की आशा कर रहे हैं उनके रचनाकार समाज के सम्भ्रान्त वर्ग से अथवा ज़्यादा-से-ज़्यादा मध्यम वर्ग से सम्बद्ध थे। भारतेन्दु हरिश्चन्द्र के पिता गोपालदास, स्वयं भारतेन्दु हरिश्चन्द्र, बालकृष्ण भट्ट, पं. प्रताप नारायण मिश्र, शिव प्रसाद सितारेहिन्द अर्थात् तत्कालीन किसी भी जाने-पहचाने रचनाकार, साहित्यकार का नाम लें, वे लोग समाज के उसी वर्ग का हिस्सा थे जिसने कहीं-न-कहीं उस क्रान्ति में प्रत्यक्ष-अप्रत्यक्ष रूप से अंग्रेज़ों का साथ दिया। इसलिए सीधे-सीधे वे लोग उन घटनाओं का उल्लेख अंग्रेज़ों के विरोध में तो कर ही नहीं सकते थे। कहा तो यहाँ तक जाता है कि उन दिनों में

अंग्रेज़ों ने अपने हथियार असबाब आदि रखने के लिए भारतेन्दु हरिश्चन्द्र परिवार की कोठी का भी इस्तेमाल किया था। ऐसा नहीं कि इस दौड़ में अंग्रेज़ी सत्ता के ख़िलाफ़ नाटक लिखे ही नहीं गए। 1872 में बँगला भाषा *में नील दर्पण नाटक* का मंचन हुआ जिसकी कहानी बंगाल, असम में नील की खेती करनेवाले किसानों, मज़दूरों और अंग्रेज़ों के अत्याचार से सम्बद्ध थी। जब अंग्रेज़ों को इसके बारे में पता चला तो उन्होंने नाटक को तो प्रतिबन्धित किया ही, साथ-साथ 1876 में ड्रामेटिक परफ़ॉर्मेंस एक्ट लागू कर दिया जो आज तक अपने उसी मूल रूप में लागू है। इसी के साथ अलग-अलग भाषाओं में प्रह्लाद नाटक, कीचक वध और कुछ पारसी नाटकों के नाम भी सुनाई पड़ते हैं। लेकिन सच्चाई अन्ततः यही है कि इनमें से किसी भी नाटक की कहानी का 1857 की घटनाओं से कोई लेना-देना नहीं है। इस सच्चाई को हिन्दी साहित्य में तो स्वीकार किया जा सकता है लेकिन अगर हम उर्दू, अरबी और फ़ारसी के तत्कालीन साहित्य को उलट-पलटकर देखें तो वहाँ इस समय की घटनाओं के बेशुमार उल्लेख दिखाई पड़ते हैं। कहीं इसका कारण यह तो नहीं कि अंग्रेज़ों के शासन से पहले जिन शासकों की सत्ता यहाँ मौजूद थी उन्हीं को सीधे-सीधे तौर पर अंग्रेज़ों से जूझना पड़ा और वही लोग उसके भुक्तभोगी भी बने। इसलिए उस बेचैनी, अपने हक के छिन जाने, तमाम तरह के बर्बर अत्याचार की पृष्ठभूमि में गोरे लोगों को फिरंगी के रूप में देखने और मुल्क की आज़ादी के लिए तड़प में से यदि उस वक़्त की घटनाओं के इर्द-गिर्द रचनात्मक साहित्य का जन्म हुआ तो कोई आश्चर्य की बात नहीं है।

दूसरी तरफ़ यह भी उतना ही सच है कि जब सचमुच की आज़ादी के वक़्त देश का विभाजन हुआ तो जहाँ उर्दू साहित्य में बहुत-कुछ लिखा गया, वहाँ हिन्दी साहित्य भी उससे अछूता न रहा। बहुत साल पहले *सिक्का बदल गया* शीर्षक से एक संकलन विभाजन से सम्बन्धित कहानियों का आया था। यहाँ तक कि 1984 के दंगों को लेकर भी *काला नवम्बर* नाम से हिन्दी कहानियों का एक संकलन प्रकाशित हुआ है। लेकिन जहाँ तक नाटक और रंगमंच की बात है तो पिछली शताब्दी के आख़िरी दशक में पहली बार *जिस लाहौर नहीं देख्या ओ जन्मया ही नहीं* जैसा नाटक हमारे सामने आया और सही मायनों में यही अकेली नाट्यरचना है जो हिन्दी नाटक और रंगमंच के इतिहास में किसी सचमुच की ऐतिहासिक घटना का पुनरावलोकन करती है। क्या नाटक जैसी विधा में ऐतिहासिक घटनाओं की अनुपस्थिति का यही कारण है कि एक जीवन्त विधा के रूप में सचमुच में उन घटनाओं को दिखा पाना बहुत जोखिम और साहस का काम होता है? इधर हाल ही में रिलीज हुई *परजानिया* और *ब्लैक फ्राइडे* जैसी फ़िल्मों से भी यह बात काफ़ी हद तक सच साबित होती है। अतः अगर नाटक जैसा माध्यम भी अपने समय के इतिहास से परहेज़ करता है तो कोई आश्चर्य नहीं।

कला, साहित्य और गांधी

21वीं सदी की शुरुआत से ही एकाएक गांधी पर नए सिरे से पुनर्विचार की शुरुआत हुई है और ऐसा सिर्फ़ राष्ट्रीय स्तर पर ही नहीं वरन् अन्तर्राष्ट्रीय स्तर पर भी देखा जा सकता है। मुझे लगता है कि इसके पीछे सबसे बड़ा कारण यही है कि इधर पिछले 10-15 वर्षों में जिस तरह से समाज में हिंसा, अपराध, भ्रष्टाचार और साम्प्रदायिक तनावों ने जन्म लिया है और फैलते चले गए हैं, उसके चलते हम और दुनिया भर के लोग गांधी, मदर टेरेसा, मार्टिन लूथर किंग और नेलसन मंडेला जैसी विभूतियों को दुबारा से केन्द्र में लाकर चारों तरफ़ व्याप्त सामाजिक, आर्थिक, सांस्कृतिक और राजनीतिक अराजकता के बीच किसी एक रास्ते, किसी आस्था, विश्वास और आशा की किरण अथवा पगडंडी खोज रहे हैं। यदि ऐसा नहीं है तो क्या कारण था कि 1948 में गांधी की हत्या के बाद अगले 50 वर्ष तक उन पर कभी किसी गम्भीर और गहरे चिन्तन की ज़रूरत नहीं समझी गई। इसके विपरीत कई बार तो उनके मूल्यों, अवधारणाओं और स्थापनाओं पर प्रश्न चिह्न लगा दिए गए और उनकी सार्थकता को भी सन्देह की दृष्टि से देखा जाने लगा था।

यह तो हुई देश और समाज की बात लेकिन हमारे अपने क्षेत्र अर्थात् कला, साहित्य और संस्कृति में भी स्थिति इससे कोई अलग नहीं दिखाई देती। मुझे याद है कि हम सिर्फ़ रेखाओं में बना हुआ गांधी का एक कार्टून लगातार न जाने कितने वर्षों से देखते चले आ रहे हैं, जिसमें लाठी पकड़े बापू की पीठ दिखाई पड़ती है। इसी से मिलता-जुलता चित्र आर.के. लक्ष्मण के *टाइम्स ऑफ़ इंडिया* वाले कार्टून में आम आदमी की तस्वीर में दिखाई पड़ता है। हाँ! फ़ोटोग्राफ़ी के क्षेत्र में अवश्य ही गांधी की बहुत अच्छी और अर्थपूर्ण छवियाँ कभी अकेले में, कभी नेहरू के साथ और कभी दूसरे नेताओं के साथ हमेशा से उपलब्ध रही हैं। यहीं पर हम फ़िल्म्स डिवीज़न द्वारा बनाए गए कुछ वृत्तचित्रों को भी याद कर सकते हैं। मुझे मालूम नहीं, चित्रकला की दुनिया में गांधी को लेकर कभी कोई ठोस काम हुआ है—सिवाय गांधी जन्मशती वर्ष के—जब गांधी दर्शन, दिल्ली, में के.जी. सुब्रमण्यम और देश के कई अन्य महत्त्वपूर्ण कलाकारों ने विशेष रूप से काम किया था। यह अलग बात है कि गांधी की मूर्तियाँ न जाने कितने कस्बों, शहरों और महानगरों में लगी हुई हैं, किन्तु आज वे जिस हालत

में हैं किसी से छिपा नहीं है। यहाँ तक कि इंडिया गेट के पासवाली छतरी से जॉर्ज पंचम की मूर्ति को हटाए हुए भी लम्बा अरसा बीत चुका है। वहाँ पर शिल्पकार रामसुतार द्वारा बनाई जा रही गांधी की मूर्ति को स्थापित करने का निर्णय हुआ था लेकिन उसका क्या हुआ, कोई नहीं जानता।

इस दिशा में सबसे पहली और शायद आज तक की सबसे गम्भीर कोशिश रिचर्ड एटनबरो की फ़िल्म *गांधी* का बनाया जाना था, जिसे 1983 में सारी दुनिया में प्रदर्शित किया गया। इसका अर्थ यह नहीं कि इससे पहले या इसके आसपास गांधी को लेकर फ़िल्में नहीं बनाई गईं। यदि हिन्दी नाटक और रंगमंच का ही उदाहरण देना हो तो दिल्ली रंगमंच पर 1967 में *हत्या एक आकार की* नामक नाटक खेला गया था, जिसे ललित सहगल ने लिखा था और ठीक उसी वर्ष गठित नाट्यमंडली *अभियान* के लिए राजेन्द्र नाथ ने निर्देशित किया था। बाद में इसी नाटक पर विमल आहूजा ने *एट हाफ़ पास्ट फ़ाइव* शीर्षक से फ़िल्म भी बनाई थी। लेकिन उसकी बहुत ज़्यादा चर्चा नहीं हो पाई थी। *हत्या एक आकार की* बाद में भी कई बार अलग-अलग निर्देशकों और नाट्यमंडलियों द्वारा लगातार खेला जाता रहा है और आज भी प्रायः होता रहता है। देखा जाए तो यह पहला हिन्दी नाटक है जिसमें गांधी के विचारों और दर्शन को लेकर रंगमंचीय मुहावरे में विचार-विमर्श किया गया है। नाटक में यद्यपि गांधी के नाम की कहीं कोई चर्चा नहीं हुई है लेकिन तब भी जिस तरह से घटनाक्रम के भीतर से नाटक के कथानक की बुनावट तैयार की गई है, उससे साफ़ ज़ाहिर हो जाता है कि यह उन्हीं के बारे में है। नाटक में कुल जमा चार पात्र हैं और उनमें से एक को हत्या की ज़िम्मेदारी सौंपी गई है। लेकिन वह अपने आपमें आश्वस्त नहीं है कि वह इस काम को पूरा कर पाएगा या नहीं। उसे अपने उद्देश्य की पूर्णता में विश्वास दिलाने के लिए बाक़ी तीनों साथी मौखिक स्तर पर एक मुक़दमे की रचना करते हैं और अन्ततः उस मुक़दमे के फलस्वरूप एक अदृश्य व्यक्ति अथवा आकार की हत्या करते हैं।

आशय यही है कि मुकदमे के बहाने से गांधी के विचारों, मूल्यों और सिद्धान्तों की हत्या करना। एक तो अपने कलेवर के कारण, दूसरे कम पात्र संख्या के कारण, तीसरे नारी पात्र की अनुपस्थिति के कारण और अन्ततः बहुत ही कम मंचीय साधनों की सुविधा के बिना भी खेले जा सकने के कारण इस नाटक को रंगकर्मियों के बीच काफ़ी लोकप्रियता मिली। विशेष रूप से कॉलेज के छात्रों और शौक़िया नाट्य संस्थाओं के बीच इसकी माँग लगातार बनी रही। यद्यपि यह भी सच है कि अपने कथ्य में गांधी के परिप्रेक्ष्य में यह नाटक उस वक़्त काफ़ी ताज़गी का एहसास लेकर आया था। लेकिन अपने शिल्प और संरचना में अपने से पहले के भी बहुत से नाटकों की याद दिलाता है। विशेष रूप से आल्बेयर कामू के नाटक *द जस्ट एसेसिन* अथवा *जायज़ हत्यारे* का नाम लिया जा सकता है। इसी तरह विजय तेन्दुलकर का नाटक *ख़ामोश! अदालत जारी है*। जिस जर्मन उपन्यास *डेन्जरस गेम* पर आधारित है...उसमें

भी इसी नाटकीय संरचना का इस्तेमाल किया गया है। इसी से मिलता-जुलता एक और नाटक है शंकर शेष का *फन्दी*। पिछले लगभग 40 सालों में *हत्या एक आकार की* के बाद हिन्दी में ही बहुत से नाटक लिखे गए हैं और उनका मंचन भी होता रहा है। मसलन सुशील कुमार सिंह का *बापू की हत्या हज़ारवीं बार*, नन्द किशोर आचार्य का *बापू*, राजेश कुमार का *गांधी ने कहा था*। कन्नड़ में पन्द्रह साल पहले प्रसन्ना ने *गांधी* नाम से एक नाटक की रचना की थी। इधर अभी हाल में मोहन महर्षि ने महात्मा गांधी और नेहरू के पात्रों पर आधारित एक नाट्यप्रस्तुति *बापू* शीर्षक से ही तैयार की है। साहित्य के क्षेत्र में गिरिराज किशोर ने महात्मा गांधी के अफ्रीका प्रवास के दिनों को लेकर एक बहुत ही बड़ा उपन्यास *पहला गिरमिटिया* लिखा था। गुजराती में दिनकर जोशी का उपन्यास बहुत पहले से मौजूद है और उस पर आधारित *गांधी बनाम महात्मा* शीर्षक से गुजराती, मराठी, हिन्दी और अंग्रेज़ी में लगातार अलग-अलग अभिनेता-अभिनेत्रियों के साथ प्रदर्शन होते रहे हैं। इस उपन्यास में महात्मा गांधी के जीवन से सम्बद्ध एक दूसरे पहलू को उठाया गया है और वह है गांधी के सार्वजनिक जीवन और पारिवारिक जीवन के आपसी अन्तर्विरोध। विशेष रूप से उनके सबसे बड़े बेटे हरिलाल के साथ वाद-विवाद और संवाद का अन्तरंग संसार।

इसी तरह से फ़िल्मों की दुनिया में महात्मा गांधी बार-बार विषयवस्तु के रूप में आते रहे हैं। हम रिचर्ड एटनबरो की फ़िल्म *गांधी* का उल्लेख पहले ही कर चुके हैं जिसे राष्ट्रीय और अन्तर्राष्ट्रीय स्तर पर असाधारण प्रसिद्धि प्राप्त हुई। इससे पहले भी हमारे यहाँ गांधी को लेकर कई फ़िल्में बन चुकी थीं। एक फ़िल्म *हाफ़ पास्ट फाइव* के बारे में पहले से *हत्या एक आकार* की वाले प्रसंग में चर्चा हो चुकी है। एक और फ़िल्म पट्टाभि रामैया ने *नाइन आवर्स टू रामा* बनाई थी लेकिन उसकी बहुत ज़्यादा चर्चा नहीं हो पाई। अभी-अभी फ़िरोज ख़ान की फ़िल्म *बापू माई फ़ादर* दर्शकों के सामने पहुँची है। इसी बीच श्याम बेनेगल की एक फ़िल्म *द मेकिंग ऑफ महात्मा* भी आई जिस पर बहुत-कुछ लिखा जा चुका है। चाहे तो यहाँ एक और फ़िल्म *लगे राहो मुन्नाभाई* को भी साथ में जोड़ सकते हैं। यद्यपि यह फ़िल्म सीधे-सीधे उनकी ज़िन्दगी पर आधारित नहीं है लेकिन अपरोक्ष रूप से पूरी फ़िल्म उन्हीं के सिद्धान्तों को लेकर लड़ी गई लड़ाई की जीत से सम्बन्ध रखती है। इसी तरह से एक नाटक *मैं नाथूराम गोडसे बोल रहा हूँ* मराठी रंगमंच पर बहुत चर्चित हुआ और जिसका काफ़ी विरोध भी हुआ क्योंकि नाटक की विषयवस्तु गोडसे के कथन को सही साबित करती हुई प्रतीत होती है। यही नाटक गुजराती में इससे भी पहले से हो रहा है और अचरज की बात ये है कि उस पर कभी किसी विवाद की नौबत नहीं आई। इधर फिर एक फ़िल्म हमारे सामने आई है और वह है जाहनू बरुआ द्वारा निर्देशित और अनुपम खेर द्वारा निर्मित और अभिनीत *मैंने गांधी को नहीं मारा*। मुझे मराठी के एक और नाटक को भी पढ़ने का मौक़ा मिला जिसमें केवल दो मुख्य पात्र हैं और वे हैं गांधी और अम्बेडकर। इस

प्रकार हम देखते हैं कि नाटक हो, फ़िल्म हो, साहित्य हो, गांधी बार-बार इन विधाओं में लौटते रहते हैं। अपने आलेख के शुरू में हमने इस बारे में काफ़ी चर्चा की थी कि गांधी इस दुनिया में क्यों लौट-लौटकर आते-जाते रहते हैं और हमने अपने आज के समय और समाज में गांधी की प्रासंगिकता पर विचार-विमर्श किया था। मुझे लगता है कि प्रासंगिकता से भी ज़्यादा हमें इस बात की जाँच-पड़ताल करनी चाहिए कि आख़िर उनकी अपनी ज़िन्दगी में ऐसा क्या है जो नाटक और फ़िल्म से जुड़े रचनाकर्मियों को प्रभावित करता है। यों तो एक वक़्त में गांधी ने अपने आचार-व्यवहार और सिद्धान्तों से मात्र अपने देश के ही नहीं वरन् पूरी दुनिया के जनमानस को झकझोर डाला था और आज भी पुनः परोक्ष-अपरोक्ष रूप से यही हो रहा है।

यह स्वाभाविक है कि रचनाकार को अपने स्रोत के लिए वही सामग्री ज़्यादा-से-ज़्यादा आकर्षित करती है जो अपने आप में बेहद नाटकीय हो, लगातार उतार-चढ़ाव से भरपूर हो और सीढ़ी-दर-सीढ़ी अन्तरविरोधों को अपने साथ समेटे हुए हो। मैं समझता हूँ कि गांधी का जीवन भी इसका अपवाद नहीं वरन् आदर्श सामग्री का सबसे बड़ा उदाहरण है। यदि हम गहराई में न भी जाएँ तो भी सतही तौर पर उनके जीवन की तीन-चार चिरपरिचित घटनाओं-दुर्घटनाओं के विषय में चर्चा करने से बात साफ़ हो जाएगी। मसलन बचपन में बीड़ी-सिगरेट पीने और झूठ बोलने के प्रसंग हों, सत्यवादी *हरिश्चन्द्र* नाटक देखने का असर हो, युवावस्था में अफ़्रीका प्रवास के दौरान प्रथम श्रेणी के रेल डिब्बे से बाहर धकियाए जाने की घटना हो—ये सारे प्रसंग एक ऐसे आदमी का चित्र प्रस्तुत करते हैं जिसका सारा जीवन नाटकमय रहा है। यदि इसमें हम स्वयं महात्मा गांधी द्वारा उल्लिखित ब्रह्मचर्य के प्रयोगों को भी शामिल कर लें तो सहज ही यह सब किसी नाटक, फ़िल्म अथवा साहित्य रचना के लिए अपने आपमें काफ़ी है। मेरे विचार में नाटकीयता से भी बड़ी एक और चीज़ है जो गांधी को कला रचना के केन्द्र में लाने के लिए ज़िम्मेदार है और वह है गांधी का हम जैसा ही एक आम आदमी होना।

गांधी न तो पौराणिक पुरुष हैं किसी लोककथा या कहानी के नायक हैं और न ही मध्यकाल के ऐतिहासिक व्यक्तित्व हैं। देखा जाए तो वह हमारे अपने समय के कालखंड में इतने निकट हैं कि हम उन्हें जैसे छू सकते हैं, उनकी आवाज़ को सुन सकते हैं और उनकी साँसों की गरमाहट को महसूस कर सकते हैं। दूसरी तरफ़ यह भी उतना ही बड़ा सच है कि उनका जीवन-मृत्यु भी मिथ, लोककथा अथवा फंतासी में रूपांतरित होना शुरू हो गया है। कुछ-कुछ अमिताभ बच्चन के इस शताब्दी के महानायक बनते जानेवाले अन्दाज़ के समान। यह बात किसी तरह की तुलना के सन्दर्भ में हम नहीं कह रहे हैं, सिर्फ़ *लोकप्रियता* के आयामों के सन्दर्भों में ही कह रहे हैं। शायद यही कारण है कि जो गांधी को कथ्य के रूप में चुनने के लिए रचनाकार को लगातार उकसाता रहता है।

मुझे एक और भी बड़ा कारण समझ में आता है और वह है गांधी के बहाने से भारत के स्वाधीनता संग्राम के 50-60 वर्षों के लम्बे इतिहास के भीतर से होकर गुज़र जाने का अनुभव। अकारण नहीं है कि हिन्दी साहित्य और सम्भवतः दूसरी भारतीय भाषाओं में भी पिछले 50 सालों में जो भी बड़ी रचनाएँ सामने आईं उनके केन्द्र में स्वाधीनता संग्राम और उसके साथ-साथ गांधी भी मौजूद हैं। यशपाल का *झूठा-सच* हो, भगवती चरण वर्मा का *भूले-बिसरे चित्र* हो, कामतानाथ का *कालकथा* हो—हम बार-बार उस कालखंड को छूते हुए गुज़रते हैं। और ज़ाहिर है कि वहाँ गांधी अथवा उनके मूल्यों और सिद्धान्तों की उपस्थिति हमेशा रहेगी।

अभी तक हमने गांधी के परिप्रेक्ष्य में जितनी भी रचनाओं का ज़िक्र किया है उन सब में एक बात समान है और वह यह कि किसी भी रचना में उन्हें महिमामंडित करने की कोशिश नहीं की गई है और इसीलिए शायद ये रचनाएँ बहुत दिनों तक अपना असर क़ायम रखेंगी। यदि देखा जाए तो इसकी तह में गांधी के प्रति उस उदासीनता को रेखांकित किया जा सकता है जो 1950 से 1980 तक हमारे देश और समाज में उनके प्रति छाई रही अर्थात् यही वह समय था जब गांधीवादी चिन्तन का बहुत बुरी तरह से अवमूल्यन हुआ और समाज में नई-नई मिली आज़ादी के बाद अचानक ही सुख-सुविधाओं से लैस होकर विलासिता की ज़िन्दगी जीने की तरफ़ पहल हुई जो समय के साथ-साथ बढ़ती चली गई। ऐसे समय में यदि गांधी को देवता बनाकर पूजा नहीं गया तो एक तरह से अच्छा ही हुआ क्योंकि यदि ऐसा हो गया होता तो उस दौर के बाद आनेवाली अलग-अलग विधाओं की रचनाओं में भी उसका प्रभाव दिखाई पड़ता। यही कारण है कि आज यदि गांधी ज़्यादा प्रासंगिक लगने लगे हैं तो यह अपने आपमें एक सहज परिणति है।

यहाँ पर तुलनात्मक दृष्टि से एक अध्ययन की ओर संकेत किया जा सकता है कि 19वीं-20वीं शताब्दी में जितने भी विचारक, समाज सुधारक और सिद्धान्तकार हुए उन्होंने जिन मूल्यों की स्थापना की उनका परीक्षण सबसे पहले स्वयं अपने सन्दर्भ में किया। इस दृष्टि से हम महात्मा गांधी, मदर टेरेसा के काम का एक साथ अध्ययन कर सकते हैं। गांधी के जीवन का सबसे विवादास्पद पक्ष उनके सेक्स सम्बन्धी प्रयोगों को लेकर रहा है। लेकिन यह भी उतना ही बड़ा सच है कि जितने खुलेपन के साथ उन्होंने अपने इन प्रयोगों के बारे में लिखा है, उनके बारे में लिखे गए नाटकों, उपन्यासों, कहानियों अथवा फ़िल्मों में शायद ही उनके इस पक्ष को लेकर कहीं कोई चर्चा हुई हो। लोग उनको लेकर सही या ग़लत पर तो चर्चा करते हैं और उन्हें कठघरे में भी खड़ा करते हैं लेकिन उनके साहस या कहें कि दुःसाहस पर कभी कोई गम्भीर विमर्श कहीं दिखाई नहीं पड़ता।

क्या यह एक अन्तर्विरोधी स्थिति नहीं है कि हम गांधी के इन प्रयोगों की आलोचना तो करें लेकिन उन पर खुलकर कोई वक्तव्य देने से कतराएँ। इसीलिए

गांधी पर आई ढेर सारी रचनाओं के बीच मुझे अभी भी किसी उस रचना का इन्तज़ार है जो अपने विषय की स्रोत सामग्री को गांधी के इन्हीं प्रयोगों पर केन्द्रित करे। इसका यह अर्थ कदापि न लिया जाए कि मैं बाक़ी दूसरी रचनाओं के महत्त्व को कम करके आँक रहा हूँ। शायद इस बात को दोहराने की ज़रूरत नहीं है कि रिचर्ड एटनबरो की फ़िल्म गांधी सचमुच में ऐसी अविस्मरणीय कृति है जिसने पहली बार आज़ादी के बाद गांधी को हमारे लिए, हमारे समय के लिए और हमारी अपनी पहचान के लिए पुनर्व्याख्यायित किया और उससे भी बड़ी बात यह कि उसी अंग्रेज़ी सत्ता के एक फ़िल्मकार के माध्यम से जिसने गांधी जैसे व्यक्तित्व को उपहास का पात्र बनाने में कोई कसर नहीं छोड़ी थी।

हिन्दी फ़िल्मों में पंजाबियत की छाप

जब से हिन्दी फ़िल्मों में साउंड का आविष्कार हुआ तब से लेकर आज तक के लगभग अस्सी साल के इतिहास में हिन्दी फ़िल्मों ने कई तरह के उतार-चढ़ाव देखे हैं। कभी सामाजिक समस्याप्रधान फ़िल्मों का दौर, कभी रहस्यमयी फ़िल्मों का दौर, कभी एक्शन से भरपूर फ़िल्मों का दौर, कभी शुद्ध पारिवारिक परिवेश से जुड़ी फ़िल्मों का दौर और कभी धार्मिक फ़िल्मों का दौर और कभी युवावर्ग से जुड़ी रोमांटिक मनोरंजक प्रेम कहानियों का दौर—लगभग हर तरह की चाशनी और छौंक से हमारी फ़िल्में गुज़रती रही हैं। हर दौर में फ़िल्मों में कोई-न-कोई लोकप्रिय नायक और नायिका आते-जाते रहे हैं। इन्हीं के समानान्तर कला-फ़िल्मों की एक अलग कहानी है।

इन सबसे अलग हिन्दी फ़िल्मों की जिस विशेषता पर मैं बात करना चाहता हूँ, वह अपने आपमें कोई स्वतन्त्र दौर न होकर सब तरह की फ़िल्मों में समान रूप से दिखाई देती है और वह है हिन्दी फ़िल्मों में पंजाबीपन की महक। यद्यपि यह अध्ययन भी काफ़ी रोचक हो सकता है कि जहाँ हमारे देश में हर भाषा की फ़िल्मों ने कहीं-न-कहीं अपनी विशिष्ट पहचान बनाई है, वहाँ पंजाबी फ़िल्में कभी भी मुख्यधारा का हिस्सा नहीं रहीं जबकि आज़ादी से पहले फ़िल्म निर्माण के चार केन्द्रों, यथा—उत्तर, दक्षिण, पूर्व और पश्चिम भारत में सबसे ज़्यादा सक्रिय केन्द्र उत्तर भारत ही था जहाँ की प्रचलित भाषा पंजाबी थी और यदि उर्दू भी थी तो उस पर भी पूरी तरह से पंजाबियत का असर था। खड़ीबोली हिन्दी जिसे हम आज जानते हैं, लेखन की भाषा के रूप में भले ही उसका इतिहास उन्नीसवीं शताब्दी के मध्य से जाना जा सकता है, लेकिन बोलचाल की भाषा के रूप में उसका प्रचलन बहुत बाद में जाकर हुआ।

आज़ादी से पहले हमारी सारी सांस्कृतिक गतिविधियों का केन्द्र चाहे वह साहित्य हो, संगीत हो, नृत्य हो या फ़िल्में हों—लाहौर था और आज यह हाल है कि आज़ादी के बाद वह फ़िल्म उद्योग जो उत्तर भारत में बहुत गहरे तक अपनी जड़ें जमाए बैठा था, आज उसका देश के इस हिस्से में कहीं कोई नामो-निशान नज़र नहीं आता। कहने को आज़ादी के बाद भी कई बार उत्तर भारत में फ़िल्म उद्योग स्थापित करने के प्रयास होते रहे हैं, लेकिन उन्हें कोई सफलता नहीं मिल पाई।

यह बात अपने आपमें बहुत दिलचस्प जान पड़ती है कि बेशक उत्तर भारत में हिन्दी फ़िल्मों के निर्माण से सम्बद्ध कोई केन्द्र नहीं है, लेकिन उनकी सबसे ज़्यादा रचना पश्चिमी और दक्षिणी केन्द्रों में ही होती है जबकि वहाँ की अपनी भाषा हिन्दी नहीं है, भले ही हम उसे राष्ट्रभाषा मानते हैं। ऐसी स्थिति आज ही हो, ऐसा भी नहीं है। आज़ादी से पहले भी ज़्यादा-से-ज़्यादा हिन्दी फ़िल्में दक्षिण भारत में बनती थीं अथवा पूर्वी भारत नें, यों उनका मुख्य निर्माण केन्द्र उत्तर भारत ही था जैसा कि पहले भी कहा जा चुका है। अतः यह तो स्वाभाविक है कि हिन्दी फ़िल्मों का उत्तर भारत और उसमें भी पंजाब से बहुत ही गहरा रिश्ता रहा है। यदि हम उस दौर में बननेवाली फ़िल्मों के निर्देशकों, अभिनेताओं, लेखकों और इस विधा से जुड़े हुए लोगों के नामों पर एक नज़र दौड़ाएँ तो उनमें कम-से-कम सत्तर-अस्सी प्रतिशत लोग ऐसे मिलेंगे जो पंजाब (अब पाकिस्तान) में ही पैदा हुए थे अथवा वहाँ जाकर बस गए थे। इनमें से ज़्यादातर लोगों को भारत-विभाजन के समय अपने काम अथवा रोज़ी-रोटी की वजह से देश के दूसरे हिस्सों नें स्थानान्तरित होना पड़ा।

यह एक संयोग मात्र था कि लाहौर के बाद फ़िल्म निर्माण की दृष्टि से जो सबसे बड़े केन्द्र के रूप में उभरक्रर आया वह मुम्बई अथवा पश्चिमी भारत था। इसलिए उन सब लोगों को भी फ़िल्मों के सिलसिले में मुम्बई आना पड़ा और आज भी जब-जब किसी को हिन्दी फ़िल्मों में काम करने की इच्छा पैदा होती है तो उसे अनिवार्य रूप से मुम्बई ही जाना पड़ता है। ज़ाहिर है कि जब आज़ादी के बाद वे लोग अपना पंजाब छोड़कर मुम्बई पहुँचे तो अपने साथ उस पंजाब अथवा पंजाबियत को भी लेकर गए जो लगातार उनकी फ़िल्मों में दिखाई देती रही। चाहे वह चोपड़ा, कपूर, आनन्द, जौहर, बहल, सहगल, शर्मा, खन्ना, साहनी आदि परिवार हों, और चाहे वह दूसरे लोग जो स्वयं पंजाबी परिवार से नहीं भी थे तो भी बहुत दिनों तक पंजाब में रहने के बाद उनके काम में भी इसका असर देखा जा सकता है।

ऐसा नहीं कि उस दौर अथवा बाद में कोई पंजाबी फ़िल्म बनी ही नहीं, यदि कुछ नाम लेने ही हो तो *यमला जट्ट, नानक नाम जहाज है* जैसी फ़िल्में ज़रूर बनीं जो थोड़ी-बहुत बॉक्स ऑफिस पर भी सफल रहीं। लेकिन मज़े की बात यह है कि खुद पंजाबी फ़िल्मों से ज़्यादा वे हिन्दी फ़िल्में ज़्यादा यादगार रहीं हैं जिनमें कभी गीत, कभी संगीत और कभी नृत्य के अंश देश के उसी हिस्से से इस्तेमाल में आते रहे। राजकपूर की एक फ़िल्म *बरसात* का लोकप्रिय गीत *हवा में उड़ता जाए मेरा लाल दुपट्टा मलमल का,* राजकपूर की ही प्रयोगशील फ़िल्म *जागते रहो* में आसा सिंह मस्ताना द्वारा गाया हुआ बहुत ही सुप्रसिद्ध गीत *कि मैं झूठ बोलया* और उसके साथ तरदारों का भाँगड़ा-नृत्य पंजाबियत के शुरुआती दौर पर याद आते हैं। संगीत के क्षेत्र में ओ.पी. नय्यर का आगमन पूरी तरह से पंजाबियत के बहुत दिनों तक गीत-संगीत के रूप में छाए रहने का सूचक था। *नया दौर* में दिलीप कुमार, वैजयन्ती माला और

दूसरे कलाकारों द्वारा गाया गया समूह-गीत *यह देश है वीर जवानों का अलबेलों का मस्तानों का इस देश का यारो क्या कहना* किसे भूल सकता है। *फागुन* में भारतभूषण और मधुबाला का युगल गीत *इक परदेसी मेरा दिल ले गया जाते-जाते मीठा-मीठा ग़म दे गया* अथवा *उजाला* में माला सिन्हा और शम्मी कपूर का गाया *रेशमी सलवार कुर्ता जाली दा रूप सहा न जाए नखरे वाली दा*—जैसे न जाने कितने गीतों और नृत्यों की चर्चा की जा सकती है जिनकी पचास से साठ के बीच धूम मची हुई थी और जिनका सिलसिला उसके बाद भी लगातार आज तक वैसे का वैसा बरकरार है, फिर चाहे वह राजेश खन्ना का दौर रहा हो, अमिताभ बच्चन का दौर रहा हो और जब से शाहरुख केन्द्र में आया है, यह पंजाबियत अपने पूरे ज़ोर-शोर के साथ दिखाई पड़ती है।

मुझे याद नहीं कि पिछले पन्द्रह-बीस सालों में मैंने कोई ऐसी हिन्दी फ़िल्म देखी हो जिसमें कभी-न-कभी पंजाबी गाना नहीं आता। यह भी ज़रूरी नहीं कि पंजाबी समाज, पंजाबी रीति-रिवाज अथवा पंजाब की किसी समस्या से फ़िल्म की कहानी का ताल्लुक़ हो, लेकिन बस पंजाब हिन्दी फ़िल्मों के खून में इस तरह से घुल-मिल गया है जैसे कि किसी सब्ज़ी में नमक और मिर्च। आज तो हाल यह है कि बच्चा हो या बूढ़ा, रेडियो हो या टेलीविज़न, जब भी आप कुछ देखना चाहें तो हर तरफ़ *शाबा-शाबा, सोना-सोना, मोजाँ-मोजाँ और नगाड़ा-नगाड़ा* की धुन सुनाई और दिखाई पड़ती है।

बेशक यह सारा छौंक लोकप्रियता के लिए किया जाता है, लेकिन इस पर बहुत गहराई के साथ विचार किया जाना ज़रूरी है कि क्या इसके कुछ समाजशास्त्रीय कारण भी तलाश किए जा सकते हैं। मेरे विचार में इसका सबसे बड़ा कारण तो यही नज़र आता है कि देश के उस हिस्से में रहनेवाले लोग आज भी भारत-विभाजन जैसी त्रासदी से उबर नहीं पाए हैं। उनमें भी विशेष रूप से वे लोग जिन्हें विभाजन के बाद पंजाब के उस हिस्से से (जो अब पाकिस्तान के नाम से जाना जाता है) देश के दूसरे हिस्सों में जाना पड़ा। अतः यह स्वाभाविक है कि उनकी कलाओं में उस पंजाब का रंग प्रायः दिखाई देता रहता है। यही नहीं, हमारी लोककथाओं और इतिहास में जितनी भी प्रेम कहानियाँ आई हैं वह सब भी पंजाब के इसी हिस्से से पैदा हुई हैं। यदि एकमात्र *लैला-मजनू* को छोड़ दें तो *हीर-राँझा, सोहनी-महिवाल, ससी पुन्नू* जैसी कहानियाँ और उससे जुड़े गीत घर-घर में गाए-सुनाए जाते हैं। बड़े-बड़े चित्रकारों, रचनाकारों ने अपनी महान रचनाएँ इन प्रेम कहानियों के नायक-नायकों पर केन्द्रित करके रची हैं। सोभा सिंह जैसे चित्रकार की मशहूर पेंटिंग सोहनी-महिवाल पर केन्द्रित है। शिवकुमार बटालवी जैसा आधुनिक पंजाबी कवि अपने लघु प्रबन्ध काव्य *लूना* का आधार पूरन भगत और उसकी सौतेली माँ के बीच पनपनेवाली प्रेम कहानी को बनाता है। मध्यकालीन पंजाबी शायर वारिस शाह बार-बार हीर-राँझा की कहानी की तरफ़ लौटता है और फ़िल्मों की दुनिया में इन दोनों की कहानी पर कई फ़िल्में बनाई

जा चुकी हैं जिसमें सबसे ज़्यादा चर्चा चेतन आनन्द की फ़िल्म *हीर-राँझा* की होती है जिसकी सबसे बड़ी विशेषता थी एक ऐसी फ़िल्म जो पूरी तरह से कविता में चलती है। और उस पंजाबी गायिका रेशमा को कौन भूल सकता है जिसने पंजाबी गीत और संगीत को हमेशा के लिये लोगों के दिल में बसा दिया। इसी क्रम में सुरेन्द्र कौर, प्रकाश कौर और आसा सिंह मस्ताना के नाम लिये जा सकते हैं जिन्होंने बेशक फ़िल्मों से अलग अपनी गायकी की शुरुआत की लेकिन जब-तब फ़िल्मों के लिए भी गाते रहे हैं। यहीं पर हम बी. आर. चोपड़ा के साथ शुरुआत करनेवाले महेन्द्र कपूर का नाम भी ले सकते हैं। बेशक इन्होंने ज़्यादातर गीत हिन्दी फ़िल्मों के लिए गाए लेकिन उनमें पंजाब की खुशबू को महसूस किया जा सकता है।

पंजाब में सातवें-आठवें दशक में शुरू हुए आतंकवाद के दौर को भी इस छाप से जोड़ा जा सकता है। उस दौर में जब पंजाब पूरे देश से लगभग कट-सा गया था और एक दहशत में जी रहा था तब तो यह निहायत ही ज़रूरी था कि सांस्कृतिक तौर पर उसके गीत-संगीत और कहानियों को अलग-अलग माध्यमों में लाकर उस आतंकवाद के विरुद्ध वहाँ के सकारात्मक पक्ष को उभारा जाए। यह अकारण नहीं था कि उस वक़्त दूरदर्शन पर *बुनियाद, तमस* और *साँझा चूल्हा* जैसे सीरियलों का जन्म हुआ और इसी के समानान्तर बहुत-सी फ़िल्में बनकर सामने आईं। सन् 84 के दंगों ने तो जैसे इस असर में आग में घी का काम किया अर्थात् एक-दूसरे के नज़दीक आने की ज़रूरत बहुत शिद्दत से महसूस की गई। क्या यह एक नाटकीय विडम्बना नहीं है कि जिस कौम का जन्म समाज की रक्षा के लिए एक योद्धा के रूप में हुआ, वही आतंकवाद का सहारा लेकर उसी समाज के विरुद्ध हो जाए? ऐसे में सृजनात्मक कलाओं में इस पंजाबियत छाप ने बहुत ही सार्थक भूमिका अदा की।

पंजाब की अपनी भौगोलिक स्थिति को भी इसके लिए काफ़ी हद तक ज़िम्मेदार माना जा सकता है। पंजाब अर्थात् पंज आब यानी ऐसा देश जहाँ पाँच पानी एक-दूसरे में घुल-मिल जाते हैं, पाँच पानी यानि पाँच नदियाँ—रावी, चिनाब, जेहलम, व्यास और सतलुज। ज़ाहिर है कि पाँच नदियों का संगम एक मेल-मिलाप की भूमिका तैयार करता है और पूरे देश के लिए एक उदाहरण प्रस्तुत करता है। इतना ही क्यों, चाहे *महाभारत* जैसे महाकाव्य की कहानी से जुड़ा कौरवों और पांडवों का युद्ध हो, चाहे मौर्य युग में सिकन्दर का आगमन और राजा पर्वतेश्वर अथवा पोरस से उसका युद्ध हो और पानीपत की तीन बड़ी लड़ाइयाँ हों, यह सभी घटनाएँ इसी पंजाब की भूमि पर घटित हुईं और लगभग सभी कला माध्यमों में अभिव्यक्ति के लिए आधारभूत स्रोत सामग्री बनीं।

उपर्युक्त पूरी पृष्ठभूमि के सन्दर्भ में यदि पिछले एक दशक में हिन्दी फ़िल्मों में पंजाबियत की छाप बहुत तेजी से दिखाई पड़ रही है तो उसके पीछे आज के साम्प्रदायिक दंगों का भी बहुत बड़ा हाथ है। ये दंगे चाहे हिन्दू-मुस्लिम के बीच रहे

हों, ईसाइयों पर हमलों के रूप में रहे हों, चाहे सिक्खों के डेरा सौदा जैसे गुरुओं से जुड़ी घटनाओं के रूप में, लेकिन एक बात निश्चित है कि जहाँ समाज में एक तरफ़ इतनी हिंसा का माहौल बरकरार है वहीं दूसरी तरफ़ उसका एक सकारात्मक पहलू भी हमारी हिन्दी फ़िल्मों में इसी पंजाबियत की छाप में देखा जा सकता है। यूँ तो हमारे दर्शन में, हमारे संस्कारों में, हमारे धर्म में और हमारी जीवन पद्धति में शुरू से ही हर तरह के अवसर को एक उत्सव के रूप में मनाए जाने की प्रथा न जाने कब से चली आ रही है। बच्चे का जन्म हो, उसके उपनयन संस्कार हों, उसका विवाह हो और यहाँ तक कि मृत्यु को भी हमारे यहाँ शोक के रूप में न मानकर एक सेलिब्रेशन के रूप में ही देखा जाता है। कहा भी गया है कि हमारे यहाँ जीवन की गति वर्तुलाकार है अर्थात् जीवन का पूरी तरह से कभी अन्त नहीं होता और नए-नए रूपों में वह पुनः जन्म लेता रहता है। अतः यह अकारण नहीं है कि हमारे ज़्यादातर गीत खुशियों से भरे हुए गीत हैं और उनमें भी पंजाब का स्थान सर्वोपरि है। आप देश के किसी भी हिस्से में निकल जाएँ, कहीं-न-कहीं बातचीत में पंजाबी के दो-चार शब्दों से आपका सामना हो ही जाएगा। इसलिए अगर ऐसी पंजाबियत हिन्दी फ़िल्मों में बहुत गहरे तक अपनी जड़ें जमाकर बैठ गई है तो आश्चर्य नहीं होना चाहिए।

अभिनेता लौट रहे हैं फ़िल्म से रंगमंच की ओर

दादा साहब फालके ने जब 1913 में *राजा हरिश्चन्द्र* नामक पहली हिन्दी फ़िल्म बनाई थी तो उसका कोई अभिनेता रंगमंच से जुड़ा हुआ नहीं था। एक तरह से यह अपने आपमें इस बात का प्रमाण है कि फ़िल्म और रंगमंच दो स्वतन्त्र माध्यम हैं और यह क़तई ज़रूरी नहीं कि फ़िल्म में रंगमंचीय अभिनेताओं को जाना पड़े चूँकि रंगमंच का जन्म फ़िल्म से कई हज़ार वर्ष पहले हो चुका था। रंगमंच के अभिनेताओं को फ़िल्म के रूप में जब अभिनय का एक नया माध्यम मिला तो उन्होंने उस तरफ़ रुख किया। एक और व्यावहारिक कारण भी था कि जब हमारे यहाँ फ़िल्म का कला-माध्यम के रूप में विकास हुआ तो उस समय पारसी नाटकों का बोलबाला था। इनमें हर तरह के कारनामों को मंच पर दिखाया जाता था जिससे कितने दर्शक चमत्कृत हो उठते थे।

फ़िल्मों के आगमन के बाद कैमरा और दूसरे तकनीकी उपकरणों के सहयोग से पर्दे पर वह सब कुछ दिखाना बड़ा आसान हो गया जिसे दिखाने में पारसी रंगमंच को महारत हासिल थी। इससे पारसी नाटकों के मंचन की परम्परा को तो धक्का लगा ही, उसके अभिनेता और अभिनेत्रियाँ भी फ़िल्मों की तरफ़ रुख करने लगे और तब से यह सिलसिला जारी है।

रंगमंच से फ़िल्मों में गए कलाकारों की कई समस्याओं का समाधान अपने आप हो गया। मसलन उनकी रोजी-रोटी की समस्या सुलझ गई, उन्हें ज़्यादा बड़ी संख्या नें दर्शक मिले। सबसे बड़ी बात यह हुई कि अब अभिनेता को एक समय विशेष में दुनिया के हर हिस्से में देखा जा सकता है, जबकि रंगमंच में अभिनेता एक वक़्त में एक ही स्थान पर एक निश्चित दर्शक वर्ग के सामने ही अपनी कला का प्रदर्शन कर सकता है। इससे अभिनेता और दर्शकों के बीच एक नया रिश्ता भी विकसित हुआ। पहले ये एक-दूसरे के सामने सशरीर मौजूद रहते थे मगर फ़िल्मों में यह सम्भावना नहीं बनती थी। फ़िल्म देखते समय भी हम अभिनेता के अच्छे अथवा खराब अभिनय से ज़्यादा प्रभावित होते हैं लेकिन हमारी प्रतिक्रिया का तत्काल उस अभिनेता के ऊपर कोई असर नहीं पड़ता जबकि रंगमंच में ठीक इसका उल्टा होता है। नाम, पैसा, प्रसिद्धि पुरस्कार मिल जाने के बावजूद फ़िल्मों के कलाकार के पास उस जादुई अनुभव को महसूस करने का कोई रास्ता नहीं है जो रंगमंच के कलाकार को सहज उपलब्ध है।

पहले हिन्दी रंगमंच के अभिनेता पर यह आरोप लगाया जाता था कि वह फ़िल्मों की तरफ़ भागा चला जा रहा है लेकिन आज एक नई बात दिखाई पड़ रही है कि ज़्यादा-से-ज़्यादा फ़िल्मी अभिनेता रंगमंच में काम करने के लिए लालायित हैं। कुछ तो इतने ज़्यादा उत्साहित हैं कि वे स्वयं नाटक-निर्देशन करने के बाद उसके प्रस्तुतकर्ता की भूमिका भी निभाते हैं। इन अभिनेता-अभिनेत्रियों में नसीरुद्दीन शाह, शबाना आज़मी, ओमपुरी, अमरीश पुरी आदि अनेकानेक नाम लिये जा सकते हैं।

फ़िल्मों से रंगमंच की तरफ़ क्या सिर्फ़ वे अभिनेता लौट रहे हैं जो फ़िल्मों में असफल हो गए या फिर वे जिन्हें फ़िल्मों में सब कुछ मिल जाने के बाद अब समझ में नहीं आ रहा कि वहाँ क्या करें? एक कारण शायद यह भी हो कि अपनी परिणति में एक कलात्मक माध्यम होने के बावजूद अपनी निर्माण-प्रक्रिया में फ़िल्म बेहद ही नीरस, उबाऊ और थकानेवाला माध्यम है और इस फ़िल्म के पूरा होने में कई बार वर्षों लग सकते हैं। सबसे बड़ा कारण शायद यह है कि जो रचनात्मक सन्तुष्टि अभिनेता को रंगमंच-जैसे जीवन्त माध्यम में मिलती है, फ़िल्म में नहीं मिलती। इस रचनात्मक सन्तुष्टि के कई आयाम हैं। सबसे पहला तो वही कि सामने बैठे दर्शक, अभिनेता जैसे ही हाड़मांस के जीवन्त प्राणी हैं। दर्शकों की छोटी-से-छोटी प्रतिक्रिया भी किसी प्रदर्शन में जमीन-आसमान का अन्तर पैदा कर सकती है। दूसरे, सब कुछ पहले ही निश्चित हो जाने के बावजूद मंच पर कब, क्या कुछ नया घटित हो जाए, यह तय नहीं होता। तीसरी और सबसे महत्त्वपूर्ण बात यह है कि एक बार फ़िल्म प्रदर्शित हो जाने पर अभिनेता के लिए उसमें करने को कुछ नहीं बचता जबकि मंच पर वह बराबर रचनात्मक प्रक्रिया में वर्तमान रहता है।

फ़िल्म अभिनेता के लिए रंगमंच की तरफ़ लौटने का एक मनोवैज्ञानिक पक्ष भी है। फ़िल्म माध्यम अभिनेता को सामाजिकता से काटकर अपने घर, सिनेमा हॉल अथवा ड्राइंग रूम की चारदीवारी के भीतर सीमित कर देता है जबकि रंगमंच उसे इस बात की भरपूर सुविधा देता है कि वह सामाजिक गतिविधियों में अपनी छाया के रूप में नहीं वरन् अपनी काया के साथ उपस्थित रहे और शरीर की हर छोटी-से-छोटी हरकत से 'थ्रिल' का अनुभव कर सके। फ़िल्म अभिनेता को इस बात को नजरअन्दाज़ नहीं करना चाहिए कि एक बार रंगमंच का अनुभव प्राप्त करने के बाद जब वह फिर फ़िल्मों की तरह लौटेगा तो बहुत ही ताज़ा होकर लौटेगा।

जीवन में पहले तो अर्थ होता है और उसके बाद जीवन होता है

देवेन्द्र राज अंकुर से स्वामी प्यारी कौड़ा की बातचीत

स्वामी प्यारी कौड़ा : भौतिकता के युग में रंगमंच को अपनी मौलिक पहचान क़ायम रखने के लिए कहानी के रंगमंच से क्या प्राप्त हो सकता है?

देवेन्द्र राज अंकुर : मैं समझता हूँ कि बाज़ारवाद या भौतिकतावाद या उपभोक्तावाद या विज्ञापन के युग में कहानी का रंगमंच और भी महत्त्वपूर्ण इसलिए है कि कहानी मानवीय रिश्तों की गहरी पड़ताल करती है, गहरी संवेदना माँगती है। आदमी और कहानी का आज का रिश्ता नहीं है। मैं समझता हूँ कि अगर साहित्य से रंगमंच अपनी सामग्री ज़्यादा-से-ज़्यादा ले रहा है तो यह एक शुभ लक्षण है और इसका असर भी पड़ता दिखाई दे रहा है। जिस काम की शुरुआत मैंने 35 साल पहले 1975 में की थी, आज हम अगर रंगमंच पर नज़र डालें तो लगभग हर दूसरा निर्देशक अपनी सामग्री साहित्य से ही उठा रहा है, चाहे वह उपन्यास का नाट्यरूपान्तर हो, चाहे वह यात्रा संस्मरण हो और कहानियाँ तो हैं ही। सबके अपने अलग-अलग तरीक़े हैं। कई लोग रूपान्तरण के बहाने, कई लोग वैसे का वैसा, कई लोग उसी बहाने से अपना एक नया आलेख रचने की कोशिश में लगे हुए हैं, तो तरीक़े अलग हैं लेकिन यह बात महत्त्वपूर्ण है कि अब लोगों की समझ में आने लगा है कि रंगमंच पर हम उस टेक्नोलॉजी को, जो कि फ़िल्म या दूरदर्शन में सम्भव है, न तो रंगमंच की वह रिक्वायरमेंट है, न हम उसको क्रिएट कर सकते हैं तो अन्ततः रंगमंच का शक्तिशाली हथियार क्या है? जाहिर है कि आलेख, एक सशक्त आलेख और उसके शब्द और अभिनेता और अगर ये दोनों तत्त्व बहुत स्ट्रांग हैं, बाक़ी चीजें फिर आएँ तो आएँ, जितनी दूर तक आ सकती हैं, ज़रूर आएँ लेकिन अगर वे ह्यूमन के ऊपर ही हावी होने लगेंगी तो कभी-न-कभी रंगमंच खुद उनको नकार देगा और ऐसा लगभग होता ही रहा है।

स्वामी प्यारी कौड़ा : रंगमंच का सबसे महत्त्वपूर्ण घटक दर्शक है। सम्पूर्ण रंग आयोजन और प्रस्तुति संयोजन में प्रत्येक दृष्टि से दर्शक का ध्यान रखा जाता है। क्या कहानी का रंगमंच इस कसौटी पर खरा उतरता है?

देवेन्द्र राज अंकुर : मैं समझता हूँ कि अन्ततः रंगमंच पर जो भी चीज़ दिखाई जा रही है, चाहे वह कहानी है, चाहे कविता है, चाहे नाटक है, दर्शक तो उसका ज़रूरी हिस्सा है ही इसलिए कहानी और रंगमंच में अलग से दर्शक का विशेष ध्यान रखा जाना ज़रूरी नहीं है। कहानी का रंगमंच इस रूप में एक अलग तरह की संवेदना की माँग ज़रूर करता है कि यहाँ पर दर्शक को कई जिम्मेदारियाँ एक साथ निभानी पड़ती हैं क्योंकि कहानी के विवरण का भी एक-एक शब्द मंच पर मौजूद है, कहानी के संवाद अगर उसमें हैं, वे तो मौजूद हैं ही और अगर मंच पर कुछ दृश्य तत्त्व के रूप में, दृश्य सज्जा, मंच सज्जा या और कुछ साजो-सामान मौजूद नहीं है, कम-से-कम मेरे काम में तो जाहिर है कि दर्शक की कल्पना शक्ति के लिए उसे बहुत ज़्यादा सजग और सहृदय होने की ज़रूरत है और दूसरी सुविधा यह भी है कि इस तरह के रंगमंच में उसके पास भी अपना स्पेस है कि वह मंच पर घटित होते बिम्बों, प्रतीकों का अपने हिसाब से एक नया अर्थ भी खोज सकता है।

स्वामी प्यारी कौड़ा : नुक्कड़ नाटक के प्रस्तुतीकरण में भी कम-से-कम उपकरणों की आवश्यकता होती है और इसे प्रत्येक स्थान पर सुगमता से खेला जा सकता है। क्या कहानी का रंगमंच भी उसके समान ही खेला जा सकता है, यदि ऐसा है तो दोनों में मौलिक अन्तर क्या है?

देवेन्द्र राज अंकुर : दोनों में काफ़ी अन्तर है। नुक्कड़ नाटक की अवधारणा यह है कि वो इमीडिएट प्रॉब्लम्स डील करता है कि आप तुरन्त क़िसी चौराहे पर पहुँचिए और वहाँ पर जो गुजरता हुआ व्यक्ति है उसको, समस्या को आपको एडजस्ट करना है और दूसरी जो बात दोनों में अन्तर की जानी चाहिए वह ये है कि नुक्कड़ नाटक में चरित्र-चित्रण पर इतना ज़ोर नहीं है क्योंकि वह एक-दो-तीन-चार या इस तरह की भाषा, एक ही तरह की वेशभूषा और एक ही तरह का आलेख होता है क्योंकि उनको अपनी बात सीधे-सीधे, लोगों से ज़्यादातर एक स्लोगन के रूप में या मैसेज के रूप में देनी है। कहानी का मैसेज अगर उसी तरह के सीधेपन या डायरेक्टनेस पर उतर आएगा तब मुझे नहीं लगता कि फिर कहानी रह जाएगी, फिर वह एक भाषाणनुमा लहजे में तब्दील होकर समाप्त हो जाएगी और दूसरी तरफ़ कहानी ठहरकर, रुककर और थोड़े जिसे कहना चाहिए कि ठहराव के साथ पढ़ी जानेवाली या देखी जानेवाली या सुनी जानेवाली चीज है। अगर हम अपनी परम्पराओं पर भी लौटें तो कहानी सुनाने की लम्बी परम्परा है। जाहिर है कि एक व्यक्ति सुनाया करता था तो वह जो भीड़ थी, वह आती-जाती नहीं रहती थी। वे एक बार बैठ जाएँ तो पूरी तन्मयता से सारी रात भी उनको बैठाए रख सकता था। नुक्कड़ नाटक में यह है कि ठीक है कि जिसको जितनी देर तक देखना है, वह देखेगा, अगर उसको बात जम रही है, जम जाएगी, नहीं तो वह आगे बढ़ जाएगा और ज़्यादा-से-ज़्यादा वह पन्द्रह मिनट में अपनी बात कहकर अगले चौराहे पर पहुँच जाएगा तो दोनों में बेसिकली उनकी प्रकृति का ही भेद है।

स्वामी प्यारी कौड़ा : कहानी का रंगमंच विभिन्न चुनौतियों से जूझता हुआ एक मौलिक स्वरूप धारण कर चुका है। इस सन्दर्भ में हेंस क्रिश्चियन एंडरसन की कहानी *टिन का नन्हा सिपाही* को प्रस्तुत करने का अवसर आपको मिला तो उसका प्रस्तुतीकरण कैसा रहा और आपने कहानी का तकनीकी रूप में कैसा प्रयोग किया?

देवेन्द्र राज अंकुर : आपने एक बहुत ही अच्छे अनुभव की याद दिला दी। 1996 में मेलबर्न के शहर कोपनहेगन के 400 साल पूरे हो रहे थे और उस मौक़े पर उसकी 400वीं जयन्ती मनाई जा रही थी तो वहाँ की सरकार ने यह फ़ैसला किया था कि जितने भी अलग-अलग तरह के संस्थान हैं, वे अपने-अपने ढंग से उस सेलीब्रेशन को करें तो वहाँ का जो नेशनल थिएटर स्कूल था, उसने तय किया कि हम एक ही स्क्रिप्ट को दुनिया के अलग-अलग नाट्य विद्यालयों में भेजें और देखें कि एक ही कहानी जितने भी संस्थानों को हम भेज रहे हैं, वहाँ से वह क्या रूप लेकर आती है। इस क्रम में दो प्रस्तुतियाँ उन्होंने खुद तैयार कीं, दो अलग-अलग निर्देशकों के साथ और 6 देशों को शामिल किया, जिसमें हम लोग भी एक थे। इसके अलावा घाना से, कनाडा से, पेरू और इंडोनेशिया से और एक कोई और देश था, अब मुझे ध्यान नहीं आ रहा है लेकिन बहरहाल वह अनुभव वहाँ बहुत अच्छा रहा और दस-दस लोगों की टीम, (फिनलैंड से आई थी एक टीम, एक दक्षिण कोरिया से और एक टीम आई थी नार्थ फिनलैंड से) तो इस तरह से 6 बाहर की और दो उनकी अपनी प्रस्तुतियाँ थीं और अगस्त 96 में सारी टीमें एक साथ वहाँ पर 20-21 दिन के लिए रहीं। हर टीम के दस-दस लोग थे, जिसमें तीन प्राध्यापक और सात छात्र—इस तरह से कम्पोजीशन था। सबका एक ही टेक्स्ट था, जैसा कि आपने जिक्र किया। हेंस क्रिश्चियन एंडरसन वहाँ के बहुत ही मशहूर लेखक हैं और उन्होंने बच्चों के लिए बहुत ज़्यादा कहानियाँ लिखीं और इसको हर टीम ने अपने-अपने ढंग से पेश किया। किसी ने उसको नाट्यरूपान्तर के रूप में, किसी ने उसको सिर्फ़ आइडिया के रूप में लिया और उस पर कुछ भी नया किया। हर रोज प्रस्तुति होती थी।

दूसरे दिन उस पर डिस्कशन होता था। हम लोगों ने पूरी तरह से कहानी का एक अनुवाद करके, जिस रूप में वह अनुवाद लिखा हुआ होता था, उसको उसी तरह से किया क्योंकि वहाँ भाषा इतनी इम्पोर्टेंट नहीं थी। वैसे कहानी जानी-पहचानी थी इसलिए वह किसी भी भाषा में सबको समझ में आ रही थी। इसके बावजूद हमने इसके लिए थोड़ा सा मुद्राओं की भाषा, मूवमेंट की भाषा, कॉस्ट्यूम की भाषा, संगीत की भाषा उस रास्ते से जाने की कोशिश की और मंच हमारे लिए ख़ाली था। ज़्यादातर बाक़ी प्रस्तुतियों में बहुत सी साज-सज्जा, मंच सज्जा, प्रॉपर्टीज थीं तो लोग जैसी हम लोगों की प्रस्तुति के अनुभव से गुजरे, उनको बहुत आश्चर्य हुआ कि ये सात अभिनेताओं की टीम सभी संगीतकार हैं, अभी उसके सूत्रधार हैं, तुरन्त वे सूत्रधार हो जाते हैं और नाचते-गाते हुए लगभग 45 मिनट की प्रस्तुति की तो उसने काफ़ी

झकझोरा। एक प्रस्तुति के ज़्यादा-से-ज़्यादा आठ प्रदर्शन हो रहे थे। उसमें तीन अलग-अलग उन्होंने स्पेसेस बनाए थे—ए.बी.सी. इस तरह से तो एक जगह पर एक नाटक, फिर थोड़ी देर बाद दूसरी जगह, फिर तीसरी जगह, इक्कीस दिन में इस तरह से रिपीट होते रहते थे। हनें खुशी है कि हमें सबसे ज़्यादा प्रदर्शन मिले मतलब आठ तो करने को मिले ही, दो प्रदर्शन और हम लोगों ने बाहर के बच्चों के स्कूलों में जाकर किए तो इस तरह से हमें दस प्रदर्शन करने का मौक़ा वहाँ मिला और लोगों को यह भी सोचने के लिए बाध्य होना पड़ा क्योंकि घाना की टीम आई थी हवाई जहाज में। उनका सामान इतना लदकर आया था, बड़े-बड़े ड्रम्स और म्यूजिकल इंस्ट्रूमेंट्स और प्रॉपर्टीज और हम लोगों के पास कोई सामान नहीं होता था। अभी भी नहीं होता है तो लोग मजाक करते हैं कि आपने अपना सामान वगैरह समेट लिया? तो हम लोग कहते हैं कि हाँ हमारा पर्सनल सामान ज़्यादा होता है क्योंकि उसी में पहनने के कपड़े, उसी में नाटक के कपड़े तो बिलकुल जिसे कहना चाहिए मैं फिर उसी बात से इसको रेखांकित करना चाहता हूँ कि अन्ततः दर्शक को एक अनुभव चाहिए। एक इनटेक्श्ट एक्सपीरिएंस चाहिए देखने के स्तर पर जो उसके मर्म को छुए, फिर चाहे आप उसको ताम-झाम के साथ करें, चाहे आप सादगी के साथ करें। सवाल यह है कि अगर उसमें ताम-झाम हावी होगा तो दर्शक के सोचने के लिए उसमें कुछ नहीं बचनेवाला है और दर्शक को कहीं वह अन्दर से छूता नहीं है तब ये सारी कोशिशें मुझे बेकार लगती हैं, अर्थहीन लगती हैं, मैं यहाँ बार-बार अपने काम को नृत्य के साथ जोड़कर देखने की कोशिश करता हूँ। हमारे सामने एक नृत्यकार होता है, ख़ाली मंच है, उसकी अपनी वेशभूषा है और वह उसी के जरिए कितना कुछ हमारे लिए मंच पर क्रिएट देता है जबकि वहाँ सारी भाषा निश्चित है, मुद्राएँ निश्चित हैं और ताल निश्चित है।

इसके बावजूद एक-एक नृत्यकार का असर आपके ऊपर अलग पड़ता है तो ये सारा जो खेल है अगर हमारा अभिनेता भी सीख ले, जबकि वो आज प्रशिक्षित है और लोकरंग में भी यह खूबी है। तीजनबाई को अगर हम देखें, पंडवानी शैली में वे अकेली या उनके बाद की जो पीढ़ी है या उनके पहले की पीढ़ी, झाडूराम जैसे पंडवानी करनेवाले लोग। कुछ नहीं होता मंच पर, उनका इकतारा जैसा एक इंस्ट्रूमेंट होता है, वही उनके लिए गदा बन जाएगी, वही उनके लिए तलवार, वही उनके लिए तीर-कमान तो अगर वे हज़ारों की ऑडियेंस को बाँधकर रख सकते हैं तो फिर हमारे लिए यह क्यों नहीं सम्भव होना चाहिए। मेरी अपनी कोशिश लगातार रंगमंच में यह रही है। फिर इसमें ऐसी भी सम्भावनाएँ पैदा की हैं कि हम कहते हैं कि रंगमंच के सहारे आप ज़िन्दा नहीं रह सकते और रंगमंच आपको रोजी-रोटी नहीं दे सकता तो मैं समझता हूँ कि हमने वे सम्भावनाएँ भी क़ाफ़ी हद तक पैदा की हैं। जिस कहानी पर हम लोग कल ही बैठकर बातचीत कर रहे थे, जिस कहानी को हमने आपको दयालबाग इंस्टीट्यूट की वर्कशॉप में किया था, उसको हमने मई में ओपेन किया था।

तब उसका चौथा शो था वहाँ पर और आज की तारीख़ तक अभी मैसूर में हम लोग करके आए हैं 11 तारीख़ को तो उसके कुल जमा 18 प्रदर्शन हुए हैं और 18 प्रदर्शनों में मैं समझता हूँ कि सारे खर्चे-वर्चे सब मिलाने के बाद हर अभिनेता को पिछले सात महीने में 10,000 रुपए महीने की औसत आय प्राप्त हुई है। ये सिर्फ़ एक मंचन की बात कर रहे हैं। इस बीच उतनी ही शिद्दत से हमारी दूसरी प्रस्तुति भी चल रही है—*संक्रमण* नाम की कहानी। उसको अभी इसमें शामिल नहीं किया है। अगर वह भी शामिल करेंगे तो मैं समझता हूँ कि 15 से 20 हजार रुपए की औसत आय सिर्फ़ रंगमंच से है जबकि वे सब लोग अपने सारे काम अलग भी कर रहे हैं। जैसे मैं यहाँ पर अपनी जॉब में हूँ और वे लोग मुम्बई में अपना स्ट्रगल अलग कर रहे हैं, उसमें काम करनेवाले सारे लोग। उसमें जो लड़की काम करती थी, उसको अभी आप एक बहुत ही महत्त्वपूर्ण भूमिका में देखेंगे, *ट्रैफिक सिग्नल* नाम की एक फ़िल्म आनेवाली है, मधुर भंडारकर एक नए फ़िल्मकार हैं, जिन्होंने इधर *चाँदनी बार, पेज थ्री* इस तरह की कुछ अलग हटकर फ़िल्में बनाई हैं। तो ये स्थिति है।

स्वामी प्यारी कौड़ा : कहानी के रंगमंच को यदि शिक्षा का हिस्सा बनाया जाए तब हमें किन-किन मुद्दों पर ध्यान देना होगा। क्या इसका कोई सिद्धान्तशास्त्र रचा जा चुका है या रचने की प्रक्रिया में है?

देवेन्द्र राज अंकुर : मैं समझता हूँ मुझे नहीं मालूम कि इसका कोई सिद्धान्त रचा गया है या रचा जा सकता है क्योंकि मेरे लिए तो हर बार एक नया अनुभव होता है और शिक्षा के क्षेत्र में हम लोगों ने कोशिश की है। बच्चों की पुस्तकों में जो कहानियाँ टेक्स्ट के तौर पर पढ़ाई जाती हैं, हमने उनका भी मंचन किया है और पिछले साल मैंने अपनी ही टी.आई.ई. कम्पनी के साथ, जो थिएटर इन एजूकेशन कम्पनी है, वयस्कों द्वारा बच्चों के लिए रंगमंच करती है, उसके साथ प्रेमचन्द की 125वीं जयन्ती के मौक़े पर हम लोगों ने उनकी सात कहानियाँ तैयार कीं और हम लोग लगातार उनको बच्चों के स्कूलों में लेकर जा रहे हैं, जैसे—*बड़े भाई साब* शिक्षा पद्धति पर एक बहुत अच्छी कहानी है। उसी तरह से *लॉटरी, चोरी, ईदगाह* तो कहानियों का अनुभव ये कहता है कि बच्चे भी उतने ही जोर-शोर से, उत्साह से उसमें पार्टिसिपेट करते हैं, देखते हैं। आप इतिहास को कहानी के माध्यम से बहुत अच्छा पढ़ा सकते हैं और कहानी तो कहानी के माध्यम से आएगी ही, विज्ञान को पढ़ा सकते हैं और ऐसी कोशिशें शायद हो भी रही हैं। अब जो नया पाठ्यक्रम एन.सी.ई.आर.टी. की तरफ़ से स्कूलों के लिए तैयार किया जा रहा है, उसमें नाटक और रंगमंच की महत्त्वपूर्ण भूमिका होनेवाली है। उन्होंने यह तय किया है कि पहली क्लास से लेकर 10 + 2 तक यह भी एक रेग्यूलर सब्जेक्ट ही तरह कंटीन्यू करेगा और जैसे आप हिन्दी पढ़ते हैं, भूगोल पढ़ते हैं, इतिहास पढ़ते हैं, सोशल साइंस पढ़ते हैं, उसी तरह से नाटक और रंगमंच भी एक विषय होगा, जो 12वीं क्लास तक जाएगा। उसका बाकायदा एक

सिलेबस हम लोगों के साथ मिलकर तय किया गया, कुछ वहाँ के लोग आए थे।

स्वामी प्यारी कौड़ा : कहानी के रंगमंच के लिए कहानी का चुनाव किस प्रकार किया जाना चाहिए?

देवेन्द्र राज अंकुर : कहानी का कथ्य मेरे लिए सबसे ज़्यादा महत्त्वपूर्ण है। मैंने इसको बार-बार कहा है। फिर कथ्य चाहे पारिवारिक हो, सामाजिक हो, राजनीतिक हो, किसी भी तरह का कथ्य हो। अगर वो आपको कहीं भीतर पकड़ता है, उकसाता है, झकझोरता है, कहीं कोई सवाल उठाता है तो वह निश्चित रूप से अच्छी कहानी है और यही सबसे महत्त्वपूर्ण बात है। फिर वह कैसे लिखी गई है, किस शैली में लिखी गई है, उसका क्या फ़ॉर्म है, उसमें कोई डॉयलॉग है या नहीं है ये चीजें बाद की बात हैं क्योंकि कोई भी चीज हमें क्यों अच्छी लगती है, उसका सीधे-सीधे जवाब यही है कि पहले तो वह मेरे लिए रेलेवेंट होना चाहिए, मेरे लिए उसका कोई अर्थ होना चाहिए और फिर मेरे बहाने से मेरी मंडली के लिए उसका कोई अर्थ होना चाहिए और मंडली के बहाने से समाज के लिए उसका कोई अर्थ होना चाहिए। अन्यथा किसी भी कला का कोई मूल्य नहीं है।

स्वामी प्यारी कौड़ा : किसी कहानी को मंचित करते समय निर्देशक को उसे मंचन की दृष्टि से सहज बनाने हेतु परिवर्तन की कितनी स्वतन्त्रता है?

देवेन्द्र राज अंकुर : मैंने शुरू में ही बताया था अपनी बातचीत में कि किसी भी कहानी को प्रस्तुत करने के तीन तरीक़े हैं। जिस निर्देशक को परिवर्तन करना है, वह उसका नाट्यरूपान्तरण करता है। तब जाहिर है कि वह कहानी का मंचन नहीं कर रहा है, वह एक नाटक का मंचन कर रहा है। दूसरा रास्ता है कि वह कहानी का आइडिया लेकर पूरी तरह से एक नया आलेख रचे। यह भी एक ढंग है, जिस पर वहुत से निर्देशकों ने अपनी रचनाएँ लिखीं। तीसरा रास्ता जिससे मैं अपने आपको जोड़ता हूँ कि जब एक कहानी हमें अच्छी लगी और हमने उसे मंचन के लिए तय कर लिया फिर उसमें हमें परिवर्तन की ज़रूरत क्यों महसूस होती है? हो सकता है कि मंचीय दृष्टि से ऐसे परिवर्तन ज़रूरी हों, जैसे-सम्पादन अपने आपमें एक हो सकता है कि बहुत लम्बी कहानी है और आपको एक शाम में अगर कम-से-कम तीन कहानियाँ प्रस्तुत करनी हैं, तो जाहिर है कि तब आप उनको थोड़ा सा काटने-छाँटने की प्रक्रिया से गुजरते हैं और उसमें भी हम इस तरह की चीजों का सम्पादन करते हैं कि *उसने कहा* तो *उसने कहा था* को बोलने की ज़रूरत नहीं है, वह अगर डॉयलाग है तो वह बोल ही रहा है या 'उसने पानी का गिलास उठाया', उसने किसी चीज को कहीं उठाकर रखा', 'वह वहाँ तक गया'—ये चीजें बड़ी आसानी से दृश्य में परिवर्तित की जा सकती हैं तो इस तरह के सम्पादन ज़रूर होते हैं। अदरवाइज रूप से परिवर्तित करने के हक में नहीं हूँ अगर मुझे परिवर्तन ही करना है तो मुझे अपने आलेख को या तो खुद रचना चाहिए और या मुझे उस कहानी को पूरी तरह से छोड़ देना चाहिए।

स्वामी प्यारी कौड़ा : कहानी के रंगमंच में अभिनेता के चुनाव में क्या सावधानियाँ रखनी पड़ती हैं?

देवेन्द्र राज अंकुर : अभिनेता के चुनाव में यही है कि ऐसे अभिनेता होने चाहिए, जो बहुत ही स्वतःस्फूर्त हों। उनकी कल्पना शक्ति उनके पास होनी चाहिए और उससे भी ज़्यादा भाषा के संस्कार होने चाहिए क्योंकि हम मूलतः साहित्य की सामग्री को उठा रहे हैं। जाहिर है, वह अपने आपमें नाटकीय भाषा नहीं है, तो अभिनेता में यह क्षमता होनी चाहिए कि वह साहित्यिक भाषा को भी रंगमंचीय भाषा में तब्दील कर दे। शब्द वही है लेकिन वह उनको इस ढंग से इस्तेमाल करे कि वे एक तरह के नाटकीय अनुभव में तब्दील हो जाएँ। अभिनेता जितना संवेदनशील और साहित्य से जुड़ा हुआ होगा, उतना ही मैं समझता हूँ कि यह उसका एक पॉजिटिव पक्ष होगा।

स्वामी प्यारी कौड़ा : कहानी के रंगमंच में नैरेटर की कितनी और क्या आवश्यकता है? क्या उसके अभाव में भी कहानी के रंगमंच का प्रस्तुतीकरण सम्भव है?

देवेन्द्र राज अंकुर : नैरेटर तो कहानी की ज़रूरी चीज है लेकिन मैंने कभी उसको अलग से नैरेटर के रूप में नहीं रखा क्योंकि जैसे ही हम एक अलग से नैरेटर खड़ा कर देते हैं तब फिर कहानी बहुत ही सपाट होने का ख़तरा है। मैंने हमेशा नैरेटर और अभिनेता में कोई भेद नहीं रखा। अभिनेता ही नैरेटर है, नैरेटर ही अभिनेता है। मेरी प्रस्तुतियों में जितना भी विवरण, नैरेशन या इस तरह की चीजें हैं, वे सब लोग मिल-जुलकर आपस में निभाते हैं। अलग से जैसे ही आपने कथावाचक या नैरेटर की भूमिका किसी को दी तो फिर उसका काम चीजों को बताने का रह जाता है और उसी हिसाब से जो घटनाएँ घटती जा रही हैं, उन्हें हम डॉक्यूमेंट्री की तरह से दिखाते जाते हैं। उसमें कोई बहुत ज़्यादा क्रिएटिव चुनौती मुझे नजर नहीं आती। मेरे लिए चुनौती यह है कि नैरेशन का भी हर शब्द कैसे एक संवाद बन जाए और मान लीजिए कोई ऐसी कहानी आ गई, जिसमें संवाद है ही नहीं तब हम क्या करेंगे? तब क्या नैरेशन को सिर्फ़ एक वक्ता पढ़ देगा? तब तो हम लोग कहानीकार से कहानी बड़ी आसानी से सुन सकते हैं या इससे पहले जिसका हमने जिक्र किया कि एक कथावाचक कहानी सुनाया करता था लेकिन फिर वह रंगमंच नहीं है और यूँ भी पढ़ते हुए भी पाठक महसूस तो कर ही लेता है, तो नैरेटर को रखना एक बहुत ही आसान तरीका ढूँढ़ना है।

स्वामी प्यारी कौड़ा : जिस पाठक ने कहानी को पहले से पढ़ा हुआ है, वह उसके प्रस्तुति-प्रयोग को देखकर कैसी प्रतिक्रिया करेगा क्योंकि एक ओर पाठक ने कहानी को पढ़कर उसे अपने दृष्टिकोण से कल्पित किया है तो दूसरी ओर निर्देशक अपनी विशिष्ट शैली में उसे मंच पर प्रस्तुत करता है। ये दोनों प्रक्रियाएँ किस प्रकार एक-दूसरे का सामना करेंगी?

देवेन्द्र राज अंकुर : मैं समझता हूँ कि कला और साहित्य की पहचान ही यह है कि एक ही चीज के वह कितने अर्थ खोल दे और अलग-अलग लोगों के लिए अलग-अलग अर्थ होना चाहिए। यह भी हम लोगों के भीतर बैठा हुआ एक पूर्वग्रह है कि हर रचना का सिर्फ़ एक ही अर्थ होता है जबकि ऐसा कभी भी नहीं होता और मेरा तो यहाँ तक मानना है कि रचना में तो अर्थ होता ही नहीं, अर्थ हमारे अन्दर होता है और हम वही अर्थ उसमें ढूँढ़ना चाहते हैं, जो ढूँढ़ते हैं और कहानी क्या है, हम वही देखते हैं, जो हम देखना चाहते हैं और यह हमेशा से कला और साहित्य की ओपननेस है। अब बहुत जानी-पहचानी रचना *कफ़न* को ले लीजिए प्रेमचन्द की, *गोदान* ले लीजिए। उसका एक कथ्य क्या है? मैं तो इस बात को कभी निश्चित नहीं कर पाऊँगा *कफ़न* में घीसू और माधव, बाप और बेटा कैसे चालाकी से लोगों से पैसा ऐंठते रहते हैं—यह उसकी कहानी है या वह जमींदार, या जो बड़े-बड़े लोग हैं, उनके द्वारा शोषित होने के बाद उनके खिलाफ एक तरह का आक्रोश है—उसकी कहानी है, या वह आदत से ही आलसी लोगों की कहानी है तो आप कितने अर्थों को ढूँढ़ते रह सकते हैं। ये तो मैं समझता हूँ कि निर्देशक का अपना अर्थ है। उसके बावजूद जो देखनेवाला है, वह अपना अर्थ लेकर जाएगा।

अभिनेता का अपना अर्थ है और कहानीकार का अपना अर्थ होता है। इस विषय में तो बहुत अच्छे-अच्छे अनुभव कहानियाँ करते हुए आएँगे। हमने बड़े-से-बड़े कहानीकार को, हम लोगों को जब उनकी कहानी करने का मौक़ा मिला तो हमने उनको अपने छात्रों से बातचीत करने के लिए बुलाया। अब जैसा कि होता है, छात्रों के मन में बहुत सवाल होते हैं तो एक बार हम निर्मल वर्मा की कहानी कर रहे थे तो उनको बुलाया। उनसे छात्रों ने तरह-तरह के सवाल किए कि इसका क्या अर्थ है, इसका क्या अर्थ है तो उनका बहुत सीधा और सहज जवाब था कि अगर ये अर्थ मुझे ही मालूम हो जाएँ तो फिर मुझे कहानी लिखने की क्या ज़रूरत है, मैं एक निबन्ध क्यों न लिखूँ? और सारे कहानीकारों ने, रचनाकारों ने यही जवाब दिया। अब हमारे सामने यही चित्र लगा हुआ है। इसका कौन सा एक अर्थ हो सकता है? कोई निश्चित नहीं कर सकता तो इसलिए यह तो देखनेवाले पर, पढ़नेवाले पर निर्भर करता है कि वह उसमें से क्या अर्थ ग्रहण करता है और अब उत्तर-आधुनिकता के दौर में यह बात ही समाप्त हो गई है और वे कहते हैं कि रचना की इस हद तक चीर-फाड़ की जा सकती है कि उसमें कुछ भी शेष नहीं बचता। अर्थ अन्ततः हमारे भीतर होता है और रंगमंच की तो आधुनिक-से-आधुनिक सोच ही यह है कि हम मंच पर लाइफ को क्रिएट करें, अर्थ उसमें से अपने आप पैदा होगा। पहले तो जीवन में अर्थ होता है और उसके बाद जीवन होता है। उसमें से अपने आप पैदा होगा। ऐसा नहीं है कि जीवन है फिर उसमें अर्थ है। साहित्य में पहले तो साहित्य का रसास्वादन इम्पोर्टेंट है। रचना को पढ़ने के पहले ही उसके अर्थ के बारे में सोचने लगे। अब आज ज़्यादातर समस्या क्या है कि

हम पहले से ही एक दृष्टि को लेकर रचना को पढ़ना शुरू करते हैं। अब ठीक है वह भी एक दृष्टि हो सकती है। कबीर की मार्क्सवादी व्याख्या शुरू हो गई। उस वक़्त क्या मार्क्सवाद था, क्या उसका कोई नामोनिशान था? लेकिन अब पहले से ही मैंने अपना ढाँचा बना लिया तो जाहिर है अब मुझे हर चीज को उसमें फिट करना है बजाय इसके कि पहले कबीर को पढ़ लो फिर कबीर किधर लेकर जा रहा है। आज के हिसाब से अगर वह उस विचारधारा से जुड़ता है तब वह उस विचार को प्रभावित कर रहा है या किस अवधारणा, आइडियालॉजी को। उससे 500 साल बाद पैदा हुआ आदमी उसके ऊपर असर डाल रहा हो, ये गड़बड़ है, इसलिए रचना को खुला होना चाहिए। उसमें से जो जितने अर्थ ले सके, वह रचना उतनी ही बड़ी है और यही कालजयी रचना की पहचान है।

हमें अपनी प्रस्तुति का एक बहुत अच्छा अनुभव है। मन्नू भंडारी का एक उपन्यास *महाभोज* इस शैली में हम लोगों ने मंचित किया था। उसकी पहली चार लाइनें हैं—'लावारिस लाश गिद्ध नोच-नोचकर खा जाते हैं पर बिसेसर लावारिस नहीं।' उसके बेटे को मार दिया गया है और वह बैठा हुआ रो रहा है—यह नैरेशन है तो दस अभिनेताओं की एक्टिंग थी। अब लोग आकर एक अर्द्धगोलाकार दायरे में खड़े हो जाते थे जैसे कि उसके घर में संवेदना प्रकट करने आए हों। साथ-साथ दो अभिनेता ये नैरेशन बोल रहे थे। हमने इसमें कोई अर्थ नहीं डाला। देखनेवालों ने कहा कि हमको इसमें इतने अर्थ नजर आए जैसे कुएँ में झाँक रहे दस लोग खड़े हुए हैं, जो लोगों की लाशों से पटा हुआ है और ये सारे नेता लोग हैं और ये आम जनता को जैसे गिद्ध की तरह से नोच-नोचकर खा रहे हैं। ये राय हमें वे दे रहे हैं जबकि हमारा कोई डिस्कशन ही नहीं हुआ। हमें तो सीधे-सीधे एक कम्पोजीशन बनाना है। पहला ही बिम्ब है यह कि लोग आकर इस तरह से खड़े हुए हैं। अब यह सब दर्शक हमको बता रहे हैं। हमें बड़ी खुशी हुई कि अगर वे सारी चीजें खुद-ब-खुद देख रहे हैं, शायद यही साहित्य की शक्ति है।

स्वामी प्यारी कौड़ा : कहानी के रंगमंच का भविष्य क्या है?

देवेन्द्र राज अंकुर : ये तो आपके सोचने के लिए ज़्यादा है। मेरे लिए तो किसी भी चीज का भविष्य उज्ज्वल ही है क्योंकि जब तक आदमी ज़िन्दा है, तब तक कहानी ज़िन्दा रहेगी और अगर कहानी भी उसके साथ-साथ चल रही है तो अगर वह रंगमंच पर नहीं भी आती है तो भी ज़िन्दा है। रंगमंच पर आ रही है, अलग-अलग रूपों में आ रही है तो यह और भी खुशी की बात है और सबसे बड़ा भविष्य यह है कि जब ये सारे प्रयोग शुरू हुए थे, उस वक़्त जिन निर्देशकों ने इसकी जमकर आलोचना की थी, आज वही निर्देशक खुद साहित्य से अपनी सामग्री ले रहे हैं तो ये इस बात का बहुत अच्छा जवाब है कि कहीं-न-कहीं उन्होंने इस बात की अहमियत को समझा और उसको अपने रंगमंच का ज़रूरी हिस्सा बनाया क्योंकि कब तक हम

इन्तज़ार करते रहेंगे कि जब नाटक लिखा जाएगा, तभी रंगमंच होगा क्योंकि रंगमंच को हम लोगों ने नाटक से जोड़कर बहुत सीमित कर दिया।

स्वामी प्यारी कौड़ा : तब उसमें वो अभाववाली स्थिति खत्म हो जाएगी कि नाटकों का अभाव है?

देवेन्द्र राज अंकुर : ऐसी स्थिति कभी थी ही नहीं और आज भी अच्छे नाटक लिखे जा रहे हैं। लोग ये भी कहते हैं कि बहुत ज़्यादा कहानियाँ, उपन्यास होने लगे हैं और नाटक नहीं लिखे जा रहे हैं तो ऐसा बिलकुल नहीं है। तब भी अच्छे नाटक लिखे जा रहे हैं और वे भी हो रहे हैं तो सारी चीजें एक साथ चलनी चाहिए और शायद हमेशा से चलती रही हैं। एक ही पत्रिका में एक कहानी भी है, एक नाटक भी है, एक कविता भी है, एक यात्रा संस्मरण भी है और एक बहस भी है, एक परिचर्चा भी है। हम पत्रिका के स्तर पर तो स्वीकार कर लेते हैं। जब समाज में अलग-अलग कला रूपों में अलग-अलग चीजें दिखाई पड़ती हैं तब हमें कुछ उलझन होने लगती है कि रंगमंच पर कहानियाँ क्यों आ रही हैं? आप फिर कहो कि सिर्फ़ कहानियों की ही पत्रिका हो, केवल कविताओं की पत्रिका हो या तो इतना विशेषीकृत कर दो चीजों को। हर माध्यम में आप देखिए। वहाँ हमें सब कुछ स्वीकार है। यह तो सिर्फ़ सुविधा के लिए कुछ नाम हो गए हैं। लोगों ने यह सवाल भी उठाया कि इसका अलग से नाम क्यों होना चाहिए—कहानी का रंगमंच, तो मेरा उनसे यही पूछना था तो फिर नाटक में लोक नाटक क्यों कहते हैं, संस्कृत नाटक क्यों कहते हैं और आधुनिक नाटक क्यों कहते हैं, यथार्थवादी नाटक क्यों कहते हैं? नाटक कहो फिर। वहाँ उनके तरह का काम था, अलग पटरी पर चल रहा था तो उसके लिए उनको अपने तर्क ढूँढ़ने हैं उसकी किसी भी तरह की आलोचना के लिए तो फिर बताइए शास्त्रीय नृत्य और लोक नृत्य, इनमें क्यों अलग-अलग नाम होते जा रहे हैं? कहो कि नृत्य तो नृत्य है, नाटक नाटक है। हम सबको नाटक कह देंगे, हमें क्या प्रॉब्लम है।

स्वामी प्यारी कौड़ा : हिन्दी रंगमंच के विकास में राष्ट्रीय नाट्य विद्यालय की भूमिका, इस सम्बन्ध में आप क्या कहना चाहेंगे?

देवेन्द्र राज अंकुर : जाहिर है हिन्दी रंगमंच तथा भारतीय रंगमंच के विकास की भूमिका में राष्ट्रीय नाट्य विद्यालय का बहुत बड़ा योगदान है। एक तो प्रशिक्षण की अवधारणा विधिवत् है। ऐसा नहीं है कि इससे पहले अच्छा रंगमंच नहीं हो रहा था और आज भी नहीं हो रहा है लेकिन तब प्रशिक्षण अनुभव से सीखा जाता था—टोलियों में रहकर, मंडलियों के साथ जुड़कर, निर्देशकों के साथ काम करते हुए। अब पिछले 50-60 वर्षों में इस बात की सम्भावनाएँ पैदा हो गई हैं कि बाकायदा जैसे आप डॉक्टरी की शिक्षा लेते हैं, जैसे आप इंजीनियरिंग की शिक्षा लेते हैं, संगीत की, नृत्य की, यहाँ तक कि खेलों की भी तो क्यों नहीं रंगमंच को भी प्रशिक्षण के माध्यम से गुजरना चाहिए क्योंकि इसके भी अपने उपकरण हैं—आपकी आवाज़, आपका शरीर,

आपकी सोच तो इनको भी तो साधना ज़रूरी है और वह साधना या साधने की प्रक्रिया कैसे आएगी? जाहिर है कि आपको किसी-न-किसी सिस्टम में से गुजरना पड़ेगा तो पहला काम तो राष्ट्रीय नाट्य विद्यालय ने यह किया।

दूसरा पिछले साल हम लोगों ने गोल्डन जुबली मनाई। अपनी तरह से नई शैली, अपनी तरह से नई सोच, काम करने के नए तरीके और फिर रंगमंच को एक व्यावसायिक रूप मिले, इसकी शुरुआत की। इससे पहले वह पूरी तरह से एक शौक़िया एक्टिविटी थी कि आप दिन में कोई और जॉब कर रहे हो और शाम को आप पूर्वाभ्यास करके एक साल में एकाध नाटक या दो नाटक और बेशक चार भी कर रहे हों लेकिन अब एक ऐसी पीढ़ी, एक ऐसा दौर शुरू हुआ कि आप रंगमंच पर आश्रित रहकर भी अपनी रोजी-रोटी चला सकते हैं और फिर रंगमंच या कि राष्ट्रीय नाट्य विद्यालय ने इस तरह के अभिनेताओं को भी पैदा किया है, जिन्होंने दूसरे माध्यमों में जाकर भी एक नई किस्म की अभिनय शैली को दर्शकों के सामने पेश किया, उसी दायरे में रहकर भी अपनी तरफ़ से उन्होंने बहुत योगदान किया, जैसे—नसीरुद्दीन शाह हुए, ओमपुरी हैं और सुरेखा सीकरी हैं, उत्तरा बावकर हैं या मनोहरसिंह थे तो ये लोग, और अभी नए-नए लोग भी जा रहे हैं। आशीष विद्यार्थी या आशुतोष राणा भी हुए, 94 में यहाँ से गए। मैं समझता हूँ कि अब उन लोगों को भी रियलाइज होगा कि निश्चित से ये लोग कम समय में अच्छे परिणाम दे सकते हैं। पंकज कपूर हैं, रघुवीर यादव हैं। हम कम-से-कम 50 लोगों के नाम ऐसे ज़रूर ले सकते हैं, जो वहाँ पर भी उतने ही सफल अभिनेता साबित हुए, जितना उन्होंने रंगमंच पर रहते हुए काम किया था तो कहना चाहिए कि शिक्षक के रूप में और अभिनेता के रूप में और लेखक के रूप में, कुछ ऐसे नाटककार हमारे यहाँ आए, जिनमें त्रिपुरारी शर्मा ने नाट्य-लेखन में अपनी काफ़ी पहचान बनाई और एक निर्देशक के तौर पर भी तो ये जो सारी नाट्य-जगत् से जुड़ी हुई अलग-अलग शाखाएँ हैं, उनमें राष्ट्रीय नाट्य विद्यालय का योगदान हमेशा रहेगा।

स्वामी प्यारी कौड़ा : आप राष्ट्रीय नाट्य विद्यालय की गतिविधियों को प्रशिक्षण-प्रधान बनाने पर बल देंगे या प्रदर्शन-प्रधान बनाने पर?

देवेन्द्र राज अंकुर : जाहिर है हमारे यहाँ प्रशिक्षण पहले है, प्रदर्शन बाद में है और प्रदर्शन प्रशिक्षण के ही हिस्से के रूप में आएगा क्योंकि वह हमारी प्रायॉरटी नहीं है, वह तो नाट्य-मंडली का काम है तो वह हमारी रेपरट्री कम्पनी है, जो पूरी तरह से प्रदर्शन मंडली है। यहाँ के पासआउट लोगों की और जो बाहर काम कर रहे हैं, उनमें से कुछ हमारे साथ रंगमंडल के रूप में काम करते हैं। वह उनका काम है और छात्रों की प्रस्तुतियाँ प्रदर्शन के लिए आती हैं लेकिन फिर भी वह अन्ततः उनकी अभ्यास-प्रस्तुतियों का हिस्सा है। जैसे—पहले साल में तो हम कोई प्रस्तुति करते ही नहीं हैं। दूसरे साल की प्रस्तुतियाँ सिर्फ़ आमन्त्रित दर्शकों के लिए करते हैं और तीसरे

साल की प्रस्तुतियों में उनको धीरे-धीरे इस हद तक तैयार करके लाते हैं कि वह टिकट्स लेकर देखने वाली जो ऑडियंस है, उनके लिए भी की जा सकें हैं तो ये दोनों में फर्क तो रहेगा ही।

स्वामी प्यारी कौड़ा : नए नाटककारों के द्वारा लिखित मौलिक और अच्छे नाटकों के प्रकाशन की व्यवस्था से क्या हिन्दी में अच्छे नाटकों की कमी को दूर किया जा सकता है? इसमें राष्ट्रीय नाट्य विद्यालय का कोई रोल हो सकता है?

देवेन्द्र राज अंकुर : निश्चित रूप से क्योंकि हम लोग तो प्रकाशन संस्थान नहीं हैं। वह हमारे दायरे में उतना नहीं आता है। इसके बावजूद हम लोगों ने अपनी प्रकाशन योजना शुरू की लेकिन मुख्य रूप से जो पाठ्य-सामग्री है—टेक्स्ट बुक्स और विशेष रूप से आलोचनात्मक पुस्तकें, वे हमारे लिए प्रायॉरटी हैं क्योंकि मॉडर्न नाटकों और नए नाटकों में मैं समझता हूँ कि पहले उनको मंचित होने की प्रक्रिया से गुजरना चाहिए तब अगर वह प्रकाशित रूप में लोगों के सामने आएँगे तो वे ज़्यादा चर्चित होंगे। अदरवाइज आप देखिए तो हिन्दी साहित्य में लाखों की संख्या में प्रकाशित नाटक पड़े हैं लेकिन उनको कभी नहीं खेला गया तो यह एक खतरा है इसलिए नए नाटककार को भी इतनी जल्दबाजी नहीं करनी चाहिए कि उसने लिखा और वह तुरन्त छप जाए। छपना चाहिए, पहले वह पत्रिकाओं में ही उसको भेजकर उसके बारे में लोगों की राय लें या उससे भी अच्छी शुरुआत यह है कि थोड़े से अलग-अलग समूहों में बैठकर उसका पाठ करके लोगों की प्रतिक्रियाएँ उसे मिलेंगी और तब उसमें अगर अपेक्षित सुधार की गुंजाइश है तो वह कर सकता है तब अगर वह उसके प्रकाशन की तरफ़ बढ़ें तो ज़्यादा अच्छा होगा।

स्वामी प्यारी कौड़ा : अनेक निर्देशकों ने हिन्दी रंगमंच से सम्बन्धित महत्त्वपूर्ण कार्य किए हैं। फिर भी किसी आधुनिक रंग-शैली का उदय क्यों नहीं हो पाया?

देवेन्द्र राज अंकुर : हम किसे आधुनिक रंग-शैली कह सकते हैं—आज तो इसकी बात करना बहुत कठिन काम है। आज हम जिस बिन्दु पर खड़े हैं, उसमें हमारी पारम्परिक शैलियाँ पहला और जो पश्चिम से सम्पर्क में आने के बाद हमने उनसे लिया, वह दूसरा तो कोई भी रास्ता भारतीय रंगमंच का या हिन्दी रंगमंच का जब भी बनेगा, जैसा भी बनेगा—वह इन दोनों के बीच से ही निकलकर आएगा क्योंकि हमारी अपनी ज़िन्दगी भी इन दो रास्तों से होकर ही गुजरी है और रंगमंच ज़िन्दगी से अलग तो कहीं होनेवाला नहीं है। आज आधुनिक शिक्षा पद्धति भी हमारे साथ जुड़ी है। इसमें कोई सन्देह नहीं कि उसमें पश्चिम का बहुत बड़ा हाथ है।

दूसरी तरफ़ हम आज भी उतने ही अपने संस्कारों से, परम्पराओं से जुड़े हैं, अपने तीज-त्योहार, चाहे नई पीढ़ी उनको कितना भी छोड़ती चली जा रही है लेकिन फिर भी, उनका नया रूप भी अगर है तब भी वह कहीं बढ़ाए जा रहे हैं तो टकराव इन दोनों के बीच होने से जो एक नई चीज पैदा होगी, वही नया रंगमंच होगा, वही

आधुनिक रंगमंच होगा और वही भविष्य का रंगमंच होगा और अब उसका क्या स्वरूप बननेवाला है? मैं समझता हूँ कि 21वीं शताब्दी इसके लिए एक बहुत ही सही वक़्त है और अगले 50 सालों में इसकी कोई-न-कोई एक ऐसी तस्वीर सामने आ जाएगी क्योंकि समस्या यह होती है कि हम आज बैठकर बात कर रहे हैं तो एक परम्परा एक हज़ार साल की हमारे सामने होती है, जो शास्त्रीय नाट्यपरम्परा के नाम से आई और ख़त्म हो गई तो उसके पीछे एक हजार साल का इतिहास है। दूसरी परम्परा लगभग सात सौ साल या उसके भी पहले एक हज़ार साल की आप रख सकते हैं, जो लोक परम्परा है, उसमें अगर 1000 नहीं भी रख रहे हैं तो 600-700 साल की वह परम्परा है, और तीसरी परम्परा 18वीं, 19वीं, 20वीं शताब्दी, 300 साल में दूसरी दुनिया से हमारा लेन-देन शुरू हुआ तो 300 साल वह भी हैं। अब इन तीन तरह के रास्तों से गुजरते हुए जो चित्र बनेगा, वह इसमें ही नज़र आएगा और तभी वह रंगमंच कैसा होगा, क्या होगा—उस पर एक नई बहस शुरू होगी।

जब तक आदमी है, सृष्टि है रंगमंच ख़त्म नहीं होगा

देवेन्द्र राज अंकुर से आशीष त्रिपाठी की बातचीत

आशीष त्रिपाठी : पिछले समय यूरोप और अन्य विकसित दुनिया से विचारधाराओं, इतिहास और शब्द की मृत्यु की घोषणा हुई, उत्तर-आधुनिक विचार के तहत। दूसरी तरफ़ कम-से-कम हिन्दी में यह देखने में आ रहा है कि रंगकर्मी शब्देतर रंगमंच की दुनिया छोड़कर कहानी के, कविता के, लिखित नाटक के रंगमंच यानी कि शब्द की ओर वापस लौट रहे हैं। इसके बारे में आप क्या कहना चाहेंगे? ऐसा क्यों हुआ?

देवेन्द्र राज अंकुर : मुझे तो यही लग रहा है कि शब्द की मृत्यु जैसा नारा सिर्फ़ एक फ़तवा बनकर रह गया। यदि हम उन संचार-माध्यमों को भी देखें, जहाँ से यह घोषणा शुरू हुई, तो वहाँ आज भी तमाम चाक्षुष बिम्बों के रहने के बावजूद शब्द का ज़्यादा इस्तेमाल हो रहा है। एक तरह से जो रंगमंच में हो रहा था, अब उसी को उन्होंने बहुत सुविधाजनक तरीक़े से अपने माध्यम में ले लिया है। और इस नारे का जो फ़रेब था वो बहुत जल्दी ख़त्म हो गया। मैंने इस पर बार-बार ज़ोर दिया है कि शब्द को छोड़कर जब-जब रंगमंच की दुनिया में भी इस तरह के प्रयोग हुए हैं तो वो बहुत ज़्यादा स्थायी नहीं रहे हैं। आज भी हम यूनानी नाटकों को, संस्कृत नाटकों को या शेक्सपीयर अथवा कालिदास के नाटकों को या अन्य लिखित नाटकों को पढ़कर उनके भीतर से गुज़र सकते हैं, क्योंकि वो आज भी ज़िन्दा हैं। और दूसरे जितने भी माध्यम हैं उनको तो प्रीज़र्व करने की ही समस्या है। उनकी ज़िन्दगी कितनी देर तक है? फ़िल्म जैसा माध्यम भी, सौ साल पहले जिसका जन्म हुआ था, 1995 तक आते-आते एक तरह से उसकी मृत्यु की घोषणा भी कर दी गई।

आप देखें कि शब्द की ओर लौटना इसीलिए बार-बार होगा। नहीं तो इसको क्या कहेंगे कि एक तरफ़ प्रचार-माध्यम हैं, जिसमें दूरदर्शन, वीडियो, कम्प्यूटर हैं, दूसरी तरफ़ उतनी ही तेज़ी से कम-से-कम हिन्दी में इतनी ताज़ा और अच्छी पत्रिकाएँ, लघुपत्रिकाएँ, ख़ासकर व्यवसायी संस्थानों से अलग हटकर निकल रही हैं। वे छप भी रही हैं, बिक भी रही है और पढ़ी भी जा रही हैं। उनमें हिन्दी के अच्छे-से-अच्छे लेखक और विचारक लिख भी रहे हैं। ऐसा लगता है अव्यावसायिक निहितार्थोवाली पत्रिकाओं

का दौर लौट आया है। कुल मिलाकर मुझे कभी नहीं लगा कि शब्द की मृत्यु हुई होगी या होगी। रंगमंच में भी शब्द के बाहर जाने के जितने प्रयोग हुए हैं, आप पाएँगे कि दीर्घजीवी नहीं हुए हैं। नाटक या कहिए कि रंगमंच शब्दों से मुक्ति के लिए छटपटाता रहा, लेकिन उसको शब्दों से मुक्ति कब मिली? बादल सरकार का रंगमंच आप देखें, वहाँ उनके पास अब पहले से ज़्यादा शब्द हैं, उनके पिछले नाटकों से अलग। ग्रोतोव्स्की को आप देखें, वहाँ आपको आलेखों से ज़्यादा शब्द मिलेंगे। मैं तो स्पष्ट रूप से मानता हूँ कि ये जो कोशिशें हैं शब्द से मुक्ति की, ये व्यर्थ की कोशिशें हैं। शब्द हमेशा से नाटक और रंगमंच के केन्द्र में रहा है और रहेगा, क्योंकि उनमें अनन्तकाल तक जीवित रहने की सम्भावनाएँ हैं, फिर चाहे वो मौखिक शब्द ही क्यों न हो?

आशीष त्रिपाठी : रंगमंच एक कला समुच्चय की तरह रहा है। रंगमंच की जो परम्पराएँ हैं चाहे वह संस्कृत की हों या यूनानी, यथार्थवादी हों या यथार्थवाद-विरोधी, प्रायः सभी में दूसरी कलाओं से भी अन्तरावलम्बन बनता है। आप जिस कहानी के रंगमंच के लिए जाने जाते हैं, वह इन सारे इतर माध्यमों से मुक्त होने की कोशिश के तहत हो रहा है। आपको नहीं लगता कि यह दूसरी तरह का अतिवाद है, शब्द के पक्ष में।

देवेन्द्र राज अंकुर : मुझे नहीं लगता कि ये अतिवाद है। मेरा हमेशा से ये झगड़ा रहा है कि जैसा आपने अपने प्रश्न में ज़िक्र किया, अलग-अलग तरह के नाटकों के लिए अलग-अलग नामों का प्रयोग हो रहा है। संस्कृत नाटक, लोक नाटक, पारसी नाटक, ये तीनों नाटक ही हैं तो फिर तीन अलग-अलग शब्द क्यों चाहिए? आप सीधे-सीधे नाटक कहिए। वही मेरा कहना है। मूलतः उसकी प्रकृति के हिसाब से रंगमंच में कौन-से आलेख का इस्तेमाल कर रहे हैं, यही उनकी भिन्नता है। रंगमंच संस्कृत माध्यम शब्द पर आश्रित हैं तो सबको एक नाम से बुलाइए। आपको उनके लिए अलग-अलग नामों की आवश्यकता क्यों है? फिर आपको कहानी को कहानी और उपन्यास को उपन्यास कहने की ज़रूरत महसूस होती है, आख़िर ऐसा क्यों? क्या भेद है जो कविता, कहानी, उपन्यास, नाटक, निबन्ध, रिपोर्ताज़, संस्मरण कहते हैं। आख़िर इसके पीछे कोई ना कोई तर्क काम कर रहा है जो उनकी मूल प्रकृति के अनुसार हम इनको अलग-अलग नामों से अभिहित करते हैं। तो जब साहित्य के लिए यह स्वीकार्य है, तब फिर इन पर आधारित रंगमंच के लिए अलग-अलग नाम क्यों नहीं होंगे। आख़िर लोगों को कहानी के रंगमंच को भिन्न विधा का रंगमंच स्वीकार करने में क्यों दिक़्क़त हो, मुझे ये समझ में नहीं आ रहा। हर लोक रंगमंच का रंग अलग है। अगर आप लोक रंगमंच कहते हैं तो सबको यक्षगान कह दीजिए, सभी को तमाशा कह दीजिए, भवई कह दीजिए, फिर उत्तर प्रदेश के लोक रंगमंच को आप क्यों अलग नाम *नौटंकी* दे रहे हैं, राजस्थान के लोक रंगमंच को *ख्याल* और गुजरात के रंगमंच को *भवई* कह रहे हैं? दरअसल यह बहुत ही सतही विवाद है और ऐसे लोगों द्वारा उठाया जा रहा है जो अपनी अनपढ़ता को ज़ाहिर करते हैं, हास्यास्पद हैं ये।

इसमें क्या अतिवाद है, मुझे समझ में नहीं आ रहा है। झगड़ा मेरी तरफ़ से नहीं है, उनकी तरफ़ से है। वो तो यह भी कहते हैं, कहानी के लिए अलग रंगमंच क्यों? तो मैंने कब कहा? आप सबको एक नाम दीजिए, मुझे कोई मुश्किल नहीं है। सारी विधाओं को एक ही नाम से बुलाइए, झगड़े ख़त्म हो जाएँगे। कहानी में ही आप क्यों नई कहानी, सचेतन कहानी, ये अलग-अलग नाम दे रहे हैं। आप सब विधाओं में शब्द को देखकर शब्द कहिए, मुझे कोई समस्या नहीं है। किसी अलग विद्या को अलग ना मानकर हम इतिहास को झुठलाना चाहते हैं। शास्त्रीय नाटक, लोक नाटक, अभिव्यंजनावादी नाटक, असंगत नाटक, क्योंकि ये सारे पश्चिम से आए हैं, इसलिए उनको स्वीकार करने में हमें कोई परहेज़ नहीं है। पता नहीं क्यों यहाँ से कोई चीज शुरू हो गई तो उसको स्वीकार करने में लोगों को दिक़्क़त होती है। अब ये बहुत हो गया, ये बहस का मुद्दा ही नहीं है। प्रश्न ये है कि फ़र्क़ महसूस होता है या नहीं? और अगर नहीं होता है तो कोई झगड़ा नहीं है। दरअसल, ये पूर्वाग्रहों से ग्रसित विचारधाराएँ हैं। जिन लोगों द्वारा ये सवाल उठाए जा रहे हैं, उन्होंने लोककलाओं को लेकर बहुत तमाशा किया। वो सारी कोशिशें तमाम सरकारी आयोजनों, तमाम विदेशी सहायता मिलने के बावजूद अपने-आप न जाने कहाँ ग़ायब हो गईं। उनको आश्चर्य होता है कि बिना किसी सरकारी सहायता के एक ऐसी विधा शुरू हो गई और चल रही है। जाने-अनजाने लोग इसमें शामिल होते जा रहे हैं। उनके मन में सवाल है—ये कैसे हो गया, इसमें हम तो शामिल ही नहीं हैं। जो हमेशा इन चीज़ों के सर्वेसर्वा रहते थे, ये उनका दर्द है। मुझे इसके अलावा और कोई षड्यन्त्र नज़र नहीं आ रहा है।

आशीष त्रिपाठी : कहानी के रंगमंच पर आपने लगातार बातचीत की है, लिखा है। साहित्य की एक महत्त्वपूर्ण और प्रायः केन्द्रीय विधा कविता को लेकर भी रंगमंच पर लगातार प्रयोग हो रहे हैं। कविता के रंगमंच की आपको क्या सम्भावनाएँ नज़र आती हैं?

देवेन्द्र राज अंकुर : बहुत अच्छी सम्भावनाएँ हैं। मैंने तो यह बार-बार कहा है, अन्ततः रंगमंच पर जो आलेख आ रहा है, वो अपनी उपादेयता स्वयं साबित करेगा। कविता को लेकर कोशिशें भी आज नहीं शुरू हुई हैं। 1973 में रंगमंच पर पहली बार कविता एक तरह की स्वतन्त्र विधा के रूप में सामने आई, जहाँ कविता को लेकर प्रयोग शुरू हुए। कविता का रंगमंच भी एक तरह की ताज़गी की ओर संकेत करता है। व्यावहारिक रंगकर्मी के *प्वाइंट ऑफ़ व्यू* से देखें तो उसमें एक नए तरह की चुनौती रंगमंच को मिलती है। परन्तु यह नहीं भूलना चाहिए कि ये प्रयोग रंगमंच पर आज नहीं हुए हैं। मुझे इसीलिए हँसी भी आती है और क्रोध भी आता है। लोग इन प्रयोगों पर आज ही अपनी प्रतिक्रिया क्यों ज़ाहिर कर रहे हैं? लोग इस तरह से रिएक्ट कर रहे हैं कि मंच पर यह कविता पता नहीं कहाँ से आ गई। किन्तु वहीं देखिए, आज तक किसी आलोचक ने *मुद्राराक्षस* जैसे नाटक पर, उसकी रचना पर कोई रोष प्रकट किया जो आपकी भारतीय परम्परा से मेल नहीं खा रहा है? फिर उस पर पश्चिम का

असर उन्होंने क्यों नहीं साबित किया? आख़िर यूनानी लोग तब तक हिन्दुस्तान में आ चुके थे। *अन्धा युग* का लेखक खुद कहता है कि इस नाटक के ऊपर यूनानी नाट्यपरम्परा का प्रभाव है, इसके बावजूद हम उसे भारतीय साबित करने पर तुले हुए हैं। दरअसल, ये सवाल एक स्थिति के बाद निरर्थक हैं।

कविता हो या नाटक हो, रंगमंच करनेवाले को नया-से-नया, गहरे से गहरा एक आलेख चाहिए, वो कहीं से भी मिले। लोगों में यह आशंका होने लगी थी कि कहानियों के मंचन होने से नाटकों का लिखा जाना बन्द हो जाएगा तो नाटक का क्या होगा। पर ऐसा कुछ भी नहीं हुआ। इतना बड़ा दर्शक समुदाय है, इतने काम करनेवाले हैं। तरह-तरह की सम्भावनाएँ हैं तो हमेशा मुझको लगता है कि अपने को खुला रखना चाहिए। कविता का रंगमंच भी सशक्त हो सकता है बशर्ते उसमें लगातार काम किया जाए। हो क्या रहा है कि लोग शामिल हो जाते हैं। अगर आप करना चाहते हैं तो पाँच साल, दस साल तक कीजिए, तब तो उसके कुछ नतीजे मिलेंगे। अन्यथा आप उलझ जाएँगे। यहाँ कहानियाँ हो रही हैं, चलो हम भी इस बहती हुई गंगा में हाथ धो लें। कविता पर काम हो रहा है, उसमें भी काम कर लें। तो इससे कुछ होनेवाला नहीं है। क्या आप सचमुच में महसूस करते हैं कि यह क्या हो रहा है? मुझे क्या करना है? वास्तव में दिक़्क़त यही है। यह सारे सवाल उठते हैं कि हम चीज़ों को उठाना चाहते हैं। हम कविताएँ करना चाहते हैं, लेकिन हम अन्दर से यह नहीं जानते कि हमें कविताएँ क्यों करना चाहिए? आख़िर अन्दर से क्या विवशता है? अगर आपके पास उस विवशता का उत्तर है तो कोई कारण ऐसा नहीं है कि आप रंगमंच करें और वह सफल न हो, फिर भले वह लोक नाटक हो, शास्त्रीय नाटक हो, कहानी हो या कविता हो। असफलताएँ, सारी उदासीनताएँ, ख़राब रंगमंच अपने-आप ही ये सारे सवाल आपके सामने से ग़ायब हो जाएँगे। आप अपने को सृजनात्मकता की एक नई दुनिया में पाएँगे। दरअसल बेईमानी या खोट अपने अन्दर है।

हम लोगों ने *ख़ानाबदोश* जैसी प्रस्तुति की। पिछले सात सालों से वह चल रही है। हमने उसके बहुत ज़्यादा मंचन नहीं किए हैं, लेकिन मैं जानना चाहता हूँ कि रंगमंच में, और किस रंगमंच ने ऐसी सम्भावनाएँ पैदा की हैं कि वो अपने अभिनेता को एक मंचन का एक रात्रि का दस हज़ार रुपए पारिश्रमिक देने की स्थिति में हो। वो लोग जो बड़ी-बड़ी बातें करते हैं, मेरा ये सवाल उनसे है। एक प्रयोगशील रंगमंच होते हुए भी, कहानी पर आधारित रंगमंच होते हुए भी अगर कोई अपने अभिनेता के लिए इस तरह की सम्भावनाएँ पैदा कर रहा है तो निश्चित रूप से अभिनेता उसकी तरफ़ आकर्षित होंगे क्योंकि वो सहज है, उसके लिए आपको बहुत साधन नहीं चाहिए। ये नहीं है कि पैसों के अभाव में साधनों से काटा जा रहा है। दरअसल, कहानी में इसकी ज़रूरत ही नहीं है। कहानी एक *नैरेटिव* माध्यम है, शब्द पर आश्रित है जो कि आपकी बात पर लौट के आता है तो आपको किस चीज़ की ज़रूरत?

मुझे लगता है कि नाटकेतर विधाओं की तरफ़ रंगकर्मी बार-बार लौटता है तो अन्दर छिपी हुई नाटकीय सम्भावनाओं को ही और ज़्यादा-से-ज़्यादा तलाश करने के लिए। अपनी छटपटाहट के कारण, अपनी सृजनात्मकता को ज़्यादा-से-ज़्यादा सँवारने के लिए ही वह अलग-अलग विधाओं की तरफ़ लौटकर आता है। आज सारी विधाएँ आपस में मिल रही हैं। नहीं तो पहले क्या हो रहा था कि नाटक करनेवालों का अपना अलग वर्ग था, संगीतवालों का अपना अलग वर्ग था और साहित्यवालों का अपना अलग वर्ग था। अब स्थितियाँ बदल गई हैं। आज रंगमंच पर एक साहित्यिक विधा कहानी का मंचन होता है, उसमें लिखा जा रहा है कि इससे ज़्यादा भीड़ तो पहले कभी नहीं दिखाई देती थी। तो ये ज़्यादा पॉजिटिव संकेत हैं। स्थितियाँ सुधर रही हैं। दूरदर्शन को देखिए—जिसको लेकर इतना शोर मचाया गया, उसका क्या हुआ। साहित्य की कहानियाँ वहाँ पहुँचीं। *दर्पण* जैसा सीरियल, *कथासागर* जैसा सीरियल आया। दिलचस्प है कि वहाँ किसी ने ये सवाल नहीं किए कि दूरदर्शन में ये कहानी क्यों दिखाई जा रही है।

आशीष त्रिपाठी : लगभग तीन दशकों तक कहानी का रंगमंच करने के बाद क्या सोचना है आपका कि इससे रंगमंच के जो नाटक लिखे जा रहे हैं, इन पर कुछ प्रभाव पड़ा है?

देवेन्द्र राज अंकुर : ज़रूर पड़ेगा। आपस में चीज़ें एक-दूसरे को प्रभावित करती हैं। आज के नाटक ज़्यादा भारी-भरकम तामझाम की माँग नहीं करते। उनका मंचन कम-से-कम तामझाम के साथ हो रहा है। भारी-भरकम सेट ग़ायब हैं क्योंकि वैसे नाटक लोगों के पास पहुँच नहीं पाते हैं। आप एक जगह पर रहते हैं और ख़त्म हो जाते हैं। अन्तत: लोक नाटकों के अतिरिक्त अन्य नाटक भी बहुत ज़्यादा मंच-सज्जा और प्रकाश-सज्जा के बिना हुए। ये अनायास ही नहीं हो गया कि लोक रंगमंच आ गया, कि भारतीय रंगमंच की बड़ी कल्पना की बात बार-बार आई। उसमें प्रारम्भ से ये मौजूद था कि अभिनेता केन्द्रीय पक्ष है, बाक़ी किन्हीं चीज़ों की ज़रूरत ही नहीं। और फिर यह हिन्दुस्तान भर में नहीं हो रहा है वरन् विश्व में आज पुनः अपनी जड़ों की ओर लौट आने की प्रक्रिया जारी है। हम लोगों ने तो उस यान्त्रिकता को अभी पूरी तरह से झेला नहीं है लेकिन पश्चिम में तो वे लोग यान्त्रिकता को पूरी तरह इस्तेमाल करने के बाद, उससे ऊबने के बाद अब भारतीय रंग-परम्पराओं की तरफ़ लौटकर आ रहे हैं—कथकली और कूडियाट्टम की ओर। आख़िर यात्रा इस ओर हुई। कुछ भी मंच पर नहीं है, मंच ख़ाली है और इसके बावजूद सब कुछ मंच पर मौजूद है, तो यह होगा, आप इससे बच नहीं सकते हैं।

आशीष त्रिपाठी : आपने अपनी पुस्तक *पहला रंग* में लिखा है कि भारतीयता और भारतीयता की खोज जैसे नारे, मुहावरे कोई अर्थ नहीं रखते। आपसे बातचीत में कुछ परस्पर विरोधी सन्दर्भ उठ रहे हैं। हमारे आलोचकों द्वारा लगातार रेखांकित

किया गया कि पिछले 50 वर्षों का रंगमंच भारतीयता की खोज का रंगमंच है, आप का मत इसका विरोधी बैठता है।

देवेन्द्र राज अंकुर : मैंने इस बात पर हमेशा ज़ोर दिया है कि इस खोज को हम पचास वर्षों में ही रेखांकित क्यों करें। ये खोज भारतीय रंगमंच में कब शामिल नहीं थी। क्या भरत का *नाट्यशास्त्र*, जिसका समय हम लगभग 2000 वर्ष पहले मानते हैं, वो भारतीयता की खोज का हिस्सा नहीं है। किसी को पता नहीं कि इसके पहले यहाँ कैसा रंगमंच होता था, क्या होता था? भरत ने इसका उद्धार करके *नाट्यशास्त्र* बनाया। तो वो अपने आपमें ही भारतीयता की खोज है। इसके बाद का पूरा इतिहास आप देख लीजिए। क्या लोक नाटक भारतीयता की खोज का हिस्सा नहीं है? शास्त्रीय नाटक के बाद में मध्यकाल में एक फ़ेज़ आया, वो एक ढंग की भारतीयता की खोज है। आज शुद्ध भारतीयता क्या है? कब तक कहते रहेंगे। विदेशी लोग यहाँ आए, यहाँ पर रच-बस गए। आज चित्रकला में मुग़ल शैली को आप विदेशी मानेंगे या भारतीय मानेंगे। उसे तो हम बहुत ज़ोर-शोर से भारतीय शैली का हिस्सा मानते हैं। कत्थक को हमने भारतीय शैली का हिस्सा मान लिया। अब कौन-सी भारतीयता की खोज करना बाक़ी है। रंगमंच में जितने पाश्चात्य प्रभाव आए हैं तो आए हैं। अब आज उनको कैसे अलग कर सकते हैं और कहाँ-कहाँ से आप काट देंगे। वेश-भूषा तो वही रहेगी जो आपने वहाँ से ग्रहण की, हमारा रहन-सहन भी रहेगा। फिर जो ये अतिरिक्त आग्रह है, उसका क्या करें। जो कुछ हो रहा है, भारत में हो रहा है—भारतीय रंगमंच है। एक आदमी पर ज़िन्दगी भर प्रभाव पड़ता है। अब मैं कहूँ कि लोक कलाओं के साथ क्या हो रहा है। क्या वो अपने उसी शुद्ध रूप में चली आ रही हैं। पिछले पचास सालों में वहाँ पर स्पॉट आ गए हैं और संगीत के वाद्ययन्त्र बदल गए हैं। अब आप उसका भी शोर मचाना शुरू कर दीजिए, ये तो विदेशी हो गया। समस्त कलाओं को म्यूजियम का हिस्सा बनाकर रख दीजिए भारतीयता के नाम पर, और करते रहिए आप मृत रंगमंच। तो ये दृष्टिकोण है, इससे मैं पूरी तरह असहमत हूँ।

आशीष त्रिपाठी : सारे प्रभावों के बावजूद भारतीय रंगमंच की अपनी कोई-न-कोई निजता तो होगी?

देवेन्द्र राज अंकुर : उसकी निजता है ना जो उसने पूरी दुनिया में स्थापित की। नाट्यधर्मिता जिसको उसने ब्रेष्ट को भी दिया, जिसको उसने ग्रोतोव्स्की को भी दिया। हम कभी इसकी बात नहीं करते कि वो यहाँ से उठाकर ले गए और हम उनके बहाने से भारतीय रंगमंच को पहचानने की बात करते हैं, तो उल्टी गंगा बहाई जा रही है। वो कहाँ की चीज़ को उठाकर ले गए! पूरब की परम्पराओं से जिसमें भारत, जापान, चीन तीन बड़े-बड़े क्षेत्र हैं। हम अब उन्हीं चीज़ों को, अपनी ही चीज़ों को उनके माध्यम से खोज रहे हैं। हमारी निजता पूरी तरह से अभिनय पर केन्द्रित रंगमंच की है, आज से नहीं पिछले पाँच हज़ार सालों से और देखा जाए तो अभिनेता पर केन्द्रित

परम्परा पश्चिम में भी थी, लेकिन पश्चिम में औद्योगिक विकास होने से दूसरी चीज़ों पर आग्रह ज़ोर-शोर से होने लगा। जबकि भारतीय रंगमंच ने उसको कभी नहीं छोड़ा। यहाँ तक कि जिस पारसी रंगमंच को लोगों ने नकार दिया कि ये पश्चिम की नक़ल में पैसा कमाने के लिए शुरू किया गया था, आज वो ही पारसी रंगमंच भारतीय अभिनेता के प्रशिक्षण में ज़्यादा तेज़ी से लौटकर आ रहा है। हम आज आथेलो से कथकली में होकर बड़ी महान घटना मान रहे हैं, उस दौर में *अभिज्ञान शाकुन्तलम्* को पारसी नाटकवालों ने किया तो उसकी ऐसी आलोचना कर दी गई कि दुष्यन्त कमर लचका-लचकाकर अपने संवाद बोल रहा है। अब ओथैलो कथकली में अपनी कमर लचका रहा है, आँखें मटका रहा है, उसमें क्या प्रयोग है। या कि कारन्त की प्रस्तुति *बरनम वन* का इतना शोर मचा कि इसका यक्षमान में होना बहुत बड़ा तीर मान लेना है। यहाँ भी तो हुआ है–*अभिज्ञान शाकुन्तलम्* हुआ न पारसी रंगमंच में, उसको हमने विदेशी प्रभाव कह दिया।

विदेश की किसी रचना को भारतीय तरीक़े से करने में उन्हें कोई दिक़्क़त नहीं है, जितने सवाल आपके आ रहे हैं उनका जवाब मैं यही कहूँगा कि ये सवाल उनके हैं जिन्होंने ख़ुद तो कुछ किया नहीं व्यावहारिक रंगमंच में। उन्हें पता ही नहीं दिक़्क़तें क्या आती हैं। हाँ, चिन्तन के स्तर पर वो बड़ी-बड़ी बात कर सकते हैं और वो करते भी आ रहे हैं और उनके हाथ में झंडे भी रहे। अब तो झंडे उनके हाथ से छिन भी गए। ये तो पश्चिम में भी हुआ, ईश्वर के बाद राजा हुआ, फिर राजा के बाद जनता आई तो नाटक का पूरा स्वरूप बदल गया, तो यहाँ थोड़ा समय लग रहा है, उन्हें स्वीकार करने में, क्योंकि अब कोई मुद्दा नहीं मिल रहा है, तो अब मुद्दे ढूँढ़कर बहस करने के मूड में हैं। तो इससे कुछ नहीं होनेवाला और इसीलिए आप देखिए कि आज आलोचक या चिन्तक के स्तर पर बिलकुल चुप्पी छा गई है। नहीं तो ये भारतीय रंगमंच में ही सम्भव है कि यहाँ चिन्तन के नाम पर काम को दूसरा करे और व्यावहारिक रंगकर्मी काम करता-करता मर जाए, उसको कोई पहचान न मिले। पश्चिम में पीटर ब्रुक चिन्तक भी हैं और व्यावहारिक रंगकर्मी भी। ब्रेष्ट चिन्तक भी हैं, नाटककार भी हैं और निर्देशक भी हैं। उनके यहाँ सब कुछ एक साथ है। यहाँ ऐसे कुछ लोग जो केन्द्र में थे, उन्होंने अपने हाथ में उस सत्ता को ग्रहण कर लिया और वो लोग चलाते रहे। और आज चूँकि उनके हाथों से वो सत्ता छिन गई है, इसलिए अब उनकी समझ में नहीं आ रहा है कि क्या करें। सारी बात ये है।

आशीष त्रिपाठी : समकालीन हिन्दी रंगकर्म की दुनिया में छल-छद्म बहुत बढ़ गया है। इसने बहुत बाधित किया है रचनात्मकता को। क्या आप भी इस बात को महसूस करते हैं?

देवेन्द्र राज अंकुर : नहीं, ऐसा नहीं है। ये तो हमेशा से मौजूद था। अब बढ़ गया है, ऐसा नहीं है। और इसी वजह से किसी समूह की सामूहिकता, बहुत दिनों तक नहीं

रहती है। उसके बाद हम उसको ढोते रहने को विवश हैं। वह हमारा क्रिएटिव वर्क नहीं रह जाता है। इस मामले में मैं लेखन को सबसे अच्छी विधा मानता हूँ, क्योंकि वो अकेले आदमी की विधा है। क्रिएटिव वर्क है, उसके अन्दर जब तक ज़िन्दा रहती है वो उसमें जुटा रहता है। लोगों तक पहुँचता है, इसीलिए शायद कहानी की तरफ़ जाने का, कविता की तरफ़ जाने का झुकाव पैदा हुआ। रंगकर्म में ऐसी समस्या क्यों पैदा होती है ये समझ में नहीं आ रहा। आदमी एक साथ जीते हैं तो नाटक क्यों एक साथ नहीं जी सकते। कभी आपस में बैठकर आत्मालोचन की प्रक्रिया शुरू हो कि आख़िर क्यों ग़लत हो रहा है। लोग करते जा रहे हैं, लेकिन उसका कोई अन्त नज़र नहीं आ रहा है। ऐसा रंगमंच कब तक ज़िन्दा रहेगा?

मैं क़तई इस बात पर विश्वास नहीं करता हूँ कि ख़र्च की कोई आवश्यकता है। हम लोगों की अपनी एक संस्था थी, जब तक हम लोग काम कर पाए, किया। और जब नहीं कर पाए तो इस बात का कोई दुःख नहीं। अरे भई, ठीक है, आपने एक इमारत डाली, पूरे परिवार के साथ रहे, परिवार के लोग व्यवसाय के लिए या दूसरे साधनों के लिए इधर-उधर चले गए। हमें कोई अफ़सोस नहीं है कि काम नहीं कर पाए। जब तक हम लोग रहे तब तक काम किया, अब नहीं हैं तो नहीं कर रहे हैं। अब उसका रोना क्यों रोया जाए। वो इतिहास में चली गई। इसका मतलब ये नहीं कि रंगकर्म दूसरी संस्थाओं ने करना बन्द कर दिया। वो अपने हिसाब से करेंगी। लेकिन उस कोशिश में अगर सृजन का आनन्द मिल जाए तब उस कोशिश की सार्थकता है। सृजन नहीं दिखाई पड़ता। खुद भी राष्ट्रीय नाट्य विद्यालय से बाहर प्रस्तुति करना चाहता हूँ लेकिन इच्छा ही नहीं होती, किसके लिए किया जाए। ये कोई कारण नहीं है कि मैं व्यावहारिक रंगकर्म से लिखने की तरफ़ मुड़ा और थोड़ा-सा उसको लिपिबद्ध करना शुरू किया कि आख़िर हो सकता है कि अपने ही अन्दर खोट हो। मैं अपने आपको उससे अलग नहीं देखता। मैं भी टुच्चा आदमी हो सकता हूँ, क्षुद्र हो सकता हूँ। मेरे अन्दर भी वो छोटी-छोटी बातें भरी हैं, मैं जानता हूँ कि वो हैं, मैं स्वीकार करने की स्थिति में हूँ, लेकिन वो स्वीकार कहाँ तक है? हम भी कहीं-न-कहीं उन लाभों से जुड़े हुए हैं, उनका बोझ उठा रहे हैं, तो उनकी शिकायत करने से क्या हर्ज है। और मैंने *पहला रंग* की भूमिका में भी कहा है कि अगर मैं दूसरे निर्देशकों के काम की आलोचना करता हूँ या असन्तुष्ट हूँ तो क्या मुझे अपने काम का वार्षिक फल नज़र नहीं आता, उसमें दोहराव हैं, क्या मैं असन्तुष्ट नहीं हूँ और उसी को तोड़ने की कोशिश है ये लिखने की प्रक्रिया, आप और कौन-सा नया रास्ता तैयार कर सकते हैं। ये सारी जद्दोजहद होती है, और होनी चाहिए, अगर आप रचनाकार हैं।

लोग सवाल उठाते हैं कि 25 वर्ष से आप एक ही काम कर रहे हैं। अरे यार, जो आदमी जिस काम के लिए बना है तो वो वही करेगा ना! किसी डान्सर से आपने कभी नहीं पूछा कि आप 25 वर्ष से डान्स क्यों करते आ रहे हैं? कुमार गन्धर्व से किसी

ने नहीं पूछा कि आप 25 वर्ष से गाते चले आ रहे हैं, आपको ऊब नहीं लगती। अजीब बात है, एक आदमी कहानियाँ कर रहे हैं, उससे ये रोज़ सवाल कर दिया जा रहा है कि आप 25 वर्ष से कहानियाँ क्यों कर रहे हैं। लिखनेवाले से आपने कभी नहीं पूछा कि आप 25 वर्ष से कहानियाँ क्यों लिख रहे हैं। आख़िर लोग क्या चाहते हैं? अरे जो काम जिसे आता है, वो वही करेगा। अब उसमें गतिरोध आता है तो आने दीजिए, किस काम में गतिरोध नहीं आता। सत्यजित रे की सारी फ़िल्में एक जैसी हैं क्या? या कोई भी दुनिया का बड़े-से-बड़ा फ़िल्मकार या चित्रकार, या कि और किसी माध्यम का आदमी, आप उसका सारा काम एक ही स्तर पर देखेंगे, ये कैसे सम्भव होगा? लोग इस बात पर ध्यान देते हैं कि उतार-चढ़ाव आ रहे हैं। लोग डंडा लेकर आते हैं, कहते हैं कि राष्ट्रीय नाट्य विद्यालय का स्तर गिर रहा है, तो शान्ति निकेतन के साथ क्या हो रहा है, विश्वविद्यालयों के स्तर के बारे में किसी को कोई चिन्ता नहीं है। ये एक छोटा-सा संस्थान, जिसमें वर्ष भर में केवल 20 लोग आते हैं, वो लोगों की आँख का काँटा बन जाता है। यहाँ तो कोई छींकता भी है तो हंगामा मच जाता है कि यहाँ छींक क्यों है! करोड़ों इंजीनियर, डॉक्टर बेकार हैं, इस बात को लेकर कभी हम जूँ तक नहीं रेंगने देंगे। रंगकर्म में तो ये और अच्छी स्थिति है कि 60 ही लोग निकल रहे हैं। ये लोग मानें न मानें वो बहुत अच्छी स्थिति में हैं कम-से-कम वो काम कर रहे हैं। और लगातार काम कर रहे हैं और ज़िन्दा हैं। बाक़ी जगह तो आप उनका नाम तक नहीं जानते, बाक़ी क्या कर रहे हैं या कहाँ है वो? तमाम आलोचनाओं के बाद, तमाम प्रहारों के बाद, मैं बहुत पॉज़िटिव हूँ और मैंने बार-बार इस बात को जोर देकर कहा है कि जितना शोर-शराबा है कि रंगमंच ख़त्म हो गया है और अब आगे का भविष्य क्या है? आगे का क्या होगा? इन सवालों से क़ुछ नहीं होगा। न रंगमंच कभी ख़त्म हुआ, न होगा।

रंगमंच तभी ख़त्म होगा जबकि सृष्टि ख़त्म होगी। न ये सृष्टि ख़त्म होगी, न रंगमंच ख़त्म होगा। न तो आदमी को ख़त्म होना है और न रंगमंच को, इसलिए अब इस तरह के सवाल की कोई गुंजाइश नहीं बचती।

आशीष त्रिपाठी : व्यावहारिक रंगकर्मी से आगे बढ़कर उससे अलग एक नाट्य समीक्षक या आलोचक की तरह काम करने का विचार कहाँ से आया? ये प्रेरणा कहाँ से प्राप्त हुई?

देवेन्द्र राज अंकुर : आप जब तक ख़ुद अपने काम के बारे में सोच-विचार और उसको चिन्तन के स्तर पर अनालाइज नहीं करेंगे, तब तक आप चीज़ों के बारे में कैसे साफ़ होंगे कि आख़िर जो कुछ आप करते रहे हैं उसमें से आप ख़ुद क्या चीज़ तलाश कर रहे हैं। उसको लिखने से चीज़ें साफ़ होती हैं, आपकी दृष्टि भी साफ़ होती है और शायद लोगों तक भी चीज़ें पहुँचती हैं। जब से मैंने लिखना शुरू किया मैंने महसूस किया कि मैंने 25 साल से इतना रंगकर्म किया, फिर भी लोग मुझे बिलकुल नहीं जानते थे, और सिर्फ़ दो साल में 20-21 आर्टिकल लिखने पर मुझे पूरे हिन्दुस्तान में

लोग जानने लगे। आज ही पत्र आया है कि मैंने फलाँ पत्रिका में आपका लेख पढ़ा, मज़ा आ गया। इससे पहले मैं प्रस्तुति करता था तो दूसरे शहर के आदमी को क्या पता था। तो फिर क्यों न ये काम किया जाए जिससे लोगों के साथ अपने अनुभवों को शेयर करें। मैं पुनः उसी बात पर लौटकर आता हूँ कि क्यों ज़रूरी है? मुद्रित शब्द, उसका महत्त्व अपनी जगह बरकरार है और वो ज़्यादा महत्त्व रखता है, क्योंकि लोग कल को, इतिहास को कैसे जानेंगे? 25 वर्षों से रंगकर्म कर रहा हूँ, आज तक किसी विश्वविद्यालय में *कहानी का रंगमंच* पर शोध-कार्य नहीं हुआ। एक पुस्तक क्या राष्ट्रीय नाट्य विद्यालय ने छाप दी कि दिल्ली विश्वविद्यालय जैसे विश्वविद्यालय में इस समय चार पी-एच.डी. थीसिस इसी पर लिखे जा रहे हैं। ये चेतना कहाँ से आ गई उनके अन्दर, इसलिए अगर चीज़ों पर विचार किया जाए, लिपिबद्ध किया जाए तो बात आगे बढ़ती है। मुझे लगता है कि रंगकर्मियों को स्वयं यह काम करना चाहिए।

आशीष त्रिपाठी : क्या आपको ऐसा भी लगता है कि रंगकर्म की आलोचना या नाटक पर जो लगातार लिखा जा रहा है वो किन्हीं बाहरी लोगों के हाथ में था, इसलिए रंगकर्मियों का आलोचना में आना ज़रूरी है?

देवेन्द्र राज अंकुर : वो तो रहेगा। जो व्यक्ति लगातार रंगकर्म कर रहे हैं, अगर वो खुद उसके बारे में लिखना आरम्भ करेंगे तो वो रंगकर्म की ठोस ज़मीन पर आधारित होगा। उससे आप सहमत हो सकते हैं, वो दूसरी बहस है, लेकिन वो उसके अनुभवों का निचोड़ होगा और एक नई शुरुआत होगी। मराठी रंगकर्म में ये बात पहले से है, कुछ हद तक बंगाल में है। हिन्दी में अगर देखा जाए तो भारतेन्दु जैसे आदमी का लेखन हमारे सामने है, जितना उन्होंने व्यावहारिक रंगकर्म किया उतना ही उन्होंने लेखन के स्तर पर भी लिखा। जयशंकर प्रसाद को आप देखिए। ये हमेशा से रहा है। हम उन चीज़ों को लिखकर अपने आपको महिमामंडित करने की कोशिश नहीं कर रहे हैं। ये हमेशा से होता आ रहा है।

आशीष त्रिपाठी : आपने लिखा है कि संस्कृत परम्परा का अवसान भारतीय अभिनेता की मुक्ति के लिए वरदान साबित हुआ। किन अर्थों में?

देवेन्द्र राज अंकुर : अभिनेता को एक बँधी-बँधाई शास्त्रीयता से मुक्त होकर सहज भाव से अपने अभिनय से खेलने का मौक़ा मिला, क्योंकि लोक रंगमंच की प्रस्तुति किसी प्रकार के आलेख पर आधारित नहीं थी। नई बातें लोगों के अन्दर पैदा होती थीं और उसी के साथ वो आगे बढ़ती थीं। आप देखें, ये भारतीय रंगमंच में पहले नहीं हुआ। मध्यकाल में यह आशु अभिनय इम्प्रोवाइजेशन आया। इन सबको मिलाकर देखें तो लगेगा मुक्ति मिली।

शास्त्रीय रंगमंच में भी इस बात पर बहस हो रही है कि शास्त्र में बँधा होने के बावजूद क्यों नहीं नए-नए प्रयोग हो रहे हैं। नई-नई उपज व खोज की जानी चाहिए। यह इस अर्थ में 'मुक्ति' साबित हुई।

मैं और मेरा रचनाकर्म

परिस्थितिवश शुरुआती दिनों में हमारा परिवार किसी भी शहर में दो या तीन साल से ज़्यादा टिककर नहीं रह सका। बहुत बाद में आकर सन् 1962 में जब दिल्ली शहर में हम लोग बसे तब जाकर कहीं स्थिरता आई। तब से अर्थात् लगभग पिछले चालीस सालों से दिल्ली शहर मेरा स्थायी निवास-स्थल बना। उससे पहले मेरी शिक्षा लुधियाना, राजस्थान, उत्तर प्रदेश में हुई। आठवीं क्लास के बाद से फिर लगातार दिल्ली में रहे। यहीं से हायर सेकंडरी, हिन्दी साहित्य में बी.ए. ऑनर्स और एम.ए. किया और फिर राष्ट्रीय नाट्य विद्यालय गए। लेकिन व्यक्तिगत स्तर पर साहित्य से मेरा जुड़ाव तो बहुत पहले शुरू हो गया था। 7वीं क्लास तब आते-आते *कलम का सिपाही, भूले-बिसरे चित्र* और *गिरती दीवारें* पढ़ डाली थीं। मुझे याद है कि हमारे भाई जो दिल्ली विश्वविद्यालय में अंग्रेजी पढ़ाते थे, छुट्टियों में जब भी घर (उत्तर प्रदेश) आते थे तो अक्सर मेरी उनसे गुज़ारिश होती थी कि लाइब्रेरी से जितना साहित्य आप उठाकर ला सकें, ले आएँ। उस वक़्त हम लोग 'कैराना' नाम की एक बहुत छोटी-सी जगह में रहते थे। *धर्मयुग* जैसी पत्रिका का अंक वहाँ एक ही दुकान पर आता था। *सारिका* भी वहाँ आनी शुरू हो गई थी। तो यह सारी चीजें कुछ काम कर रही थीं। एम.ए. करते हुए एक लघु शोध प्रबन्ध लिखना होता था जिसके लिए मैंने विषय चुना था सन् 60 के बाद की हिन्दी कहानियाँ। उस दौर में साहित्य से और ज़्यादा जुड़ाव हुआ। हिन्दी का ऐसा कोई कहानीकार नहीं बचा, जिसे मैंने न पढ़ा हो। शौकिया रंगकर्म तो स्कूल-कॉलेज में करते ही रहते थे।

लेकिन 1972 में राष्ट्रीय नाट्य विद्यालय से बाकायदा प्रशिक्षण लेकर निकलने के बाद यह साफ था कि नौकरी नहीं करना है और रंगमंच को व्यवसाय के रूप में लेना है। रंगमंच मूलतः मेरे लिए एक व्यवसाय है। अगर यह नहीं कर रहा होता तो हिन्दी, अंग्रेजी या गणित विषय का कहीं अध्यापन कर रहा होता। वैसे आज भी रंगमंच का अध्यापन कर ही रहा हूँ। खैर, तो यह पहले से तय था कि रंगमंच को फुलटाइम इन्वॉल्मेंट के साथ एक प्रोफेशन के रूप में लेना है। नाटक अपनी शर्तों पर अपने किस्म का, अपनी मर्जी का और बिना किसी सरकारी सहायता के करना है। मुझे खुशी है कि इन बातों के लिए आज तक समझौता नहीं करना पड़ा।

तो...साहित्यिक पृष्ठभूमि और फिर रंगमंच का प्रशिक्षण। अचानक विचार आया कि क्यों न कहानियों को उसी रूप में खेला जाए जिस रूप में वह लिखी जाती रही हैं। उनका नाट्यान्तरण करके, एक अलग आलेख बनाकर तो वह न जाने कब से होती रही हैं। 1975 में राष्ट्रीय नाट्य विद्यालय रंगमंडल के साथ पहली प्रस्तुति करने का मौक़ा मिला। निर्मल वर्मा की तीन कहानियाँ थीं, जो अब *तीन एकान्त* नाम से छप भी गई हैं। लोगों ने खूब उत्साहवर्धन किया। इस तरह काम की शुरुआत हुई। अनुभव से पुष्ट हुआ कि सचमुच में बहुत सी विधाएँ आपस में मिल सकती हैं। शुरुआती दौर में बहुत से आलोचकों और रंगकर्मियों ने राय दी कि इसलिए कहानियाँ की जा रही हैं कि नाटकों के आलेखों की कमी है। तो दोस्तों मुझे ऐसा कोई भ्रम न था और न है कि आलेखों की कमी है। हमारी दिक्कत यह है कि हमें हमेशा आज़माए हुए नाटक चाहिए। मैंने अगर 200 कहानियाँ की हैं तो हिन्दी के 50 नाटक भी मंचित किए हैं, लेकिन उनमें से कोई भी विजय तेन्डुलकर, गिरीश कारनाड या फिर बादल सरकार का नाटक नहीं है। इसलिए अधिकतर लोगों को कोई जानकारी नहीं है। उनमें शिवमूरत सिंह, विभुकुमार जैसे नाटककार हैं। मैं अपने आपको सौभाग्यशाली मानता हूँ कि राष्ट्रीय नाट्य विद्यालय में पारसी नाटकों के मंचन की नियमित शुरुआत करने का मौक़ा मुझे मिला। उस दौरान *रुस्तम सोहराब, यहूदी की लड़की, खूबसूरत बला* आदि खेले गए। हालाँकि वहाँ बहुत पहले ही संस्कृत नाटकों के मंचन की शुरुआत हो गई थी परन्तु नियमित रूप से करने का अवसर मुझे मिला जिसके तहत *स्वप्नवासवदत्ता, मत्तविलास, मृच्छकटिक, अभिज्ञानशाकुन्तलम्* आदि का मंचन किया। इस प्रकार मेरा काम तीन हिस्सों में बँटा हुआ है। नाटकों के तौर पर वह नाटक जो समय के अन्तराल में बहुत दूर के नाटक हैं या फिर बिलकुल ताजे। दूसरा कहानियोंवाला काम है और तीसरा प्राध्यापन से जुड़ा है।

लोग कहते हैं कि व्यवसाय के माध्यम से रंगमंच में पैसा नहीं हैं। पैसे के अभाव में रंगमंच नहीं हो रहा है। मेरी इन सब बातों से घोर असहमति है। अगर पैसा सॉल्व कर सकता तो शायद इन समस्याओं पर बातचीत की ज़रूरत ही न पड़ती। मैंने खुद अपने घर के आँगन में एक प्रस्तुति की जिस पर सचमुच में एक पैसा भी खर्च नहीं हुआ। चाय का एक कप अगर आप उसे खर्चा गिनना चाहें तो गिन लें। आपको हैरानी होगी कि उससे पिछले आठ सालों में हमें इतना पैसा लौटकर वापस आया है जितना हिन्दुस्तानी फ़िल्मों में सबसे ज़्यादा सफल फ़िल्म *हम आपके हैं कौन* को भी नहीं मिला होगा। यह सिर्फ़ रंगमंच और वह भी प्रयोगशील रंगमंच करते हुए हम लोगों ने किया है। एक प्रदर्शन के चालीस हजार रुपए तक मिले हैं। आज रंगमंच में हमने एक अभिनेता को एक रात्रि का दस हज़ार रु. तक देने की सम्भावनाएँ पैदा की हैं। वैसे भी हन जितने लोग भी फ्री लासिंग कर रहे हैं, उनमें मैंने भूख से मरते हुए तो किसी को भी नहीं देखा और खूब अच्छी तरह से ज़िन्दगी की जो भी ज़रूरी चीजें हैं,

उनके साथ रह रहे हैं। यह सब अपने काम के माध्यम से तो कर रहे हैं। कला को आजीविका कैसे बनाया जा सकता है इसकी प्रेरणा मुझे ऐसे साहित्यकारों से मिली जिन्होंने पूरा समय साहित्य में लगाया और अपने साहित्य को आजीविका भी बनाया। प्रश्न यह है कि आप क्या करना चाहते हैं? और उस काम की आपके अपने लिए, दूसरों के लिए और समाज के लिए क्या सार्थकता है? हम कहाँ पहुँचना चाहते हैं, बहुत साफ होना चाहिए। रंगमंच को सीढ़ी की तरह इस्तेमाल करना चाहते हैं तो साफ कहिए। वैसे मुझे लगता है जिन्हें फ़िल्मों में जाना है, उन्हें सीधे चले जाना चाहिए। पूरा इतिहास उठाकर देख लें, फ़िल्म अभिनय के लिए आपको रंगमंच के अनुभव की कोई ज़रूरत नहीं है। अगर नाटक को सीढ़ी बनाकर सरकारी सहायता प्राप्त करना चाहते हैं तो बहुत आसान रास्ता है। इसे आप उनको देने को तैयार हों तो मुझे बताइए आपको कितना चाहिए, मैं दिलवाता हूँ। स्कूल में रहने के नाते उन कमेटियों में बैठने का अवसर हमें मिला है। सीधे-सीधे सौदे होते हैं। क़ाग़ज़ों पर संस्थाएँ बनी हैं, पैसा भी बँट रहा है। तो इस तरह पैसा कमाना कोई मुश्किल काम नहीं है। अगर आपका मक़सद यह है तो यह बहुत आसान है। मजा तब आता है जब आप काम करना चाहते हैं, वह भी अपनी इच्छा से चुना काम, किसी जबरदस्ती से नहीं। मेरे परिवार ने तो मुझे नहीं कहा था। मैं उनका शुक्रगुजार हूँ कि उन्होंने कभी टोका भी नहीं क्योंकि सब लोग पढ़े-लिखे थे।

ख़ैर, बहुत से घरों में ऐसी स्थितियाँ नहीं हैं। उसके बावजूद लोग सामने आ रहे हैं और काम करना चाहते हैं। उनके अन्दर यह स्पष्ट होना बहुत ज़रूरी है। अगर वह धुन्ध आपकी साफ़ है तो कोई कारण नहीं कि आप सफल न हों। जिससे भी बात करता हूँ, जहाँ भी जाता हूँ वहीं लोग समस्याएँ गिनाने लगते हैं। पिछले चालीस सालों से बड़ी शाश्वत समस्याएँ सुन रहा हूँ। सारी समस्याएँ अपनी जगह मौजूद होते हुए भी अच्छी से अच्छी प्रस्तुतियाँ हो रही हैं। इस बात को हमें स्वीकार कर लेना चाहिए कि जितना महत्त्वपूर्ण, जितना एक्सपेरिमेंटल, जितना रिस्क और जितना नये-से-नया काम जो आज मानक बना हुआ है उन लोगों द्वारा सम्भव हुआ है जो अपनी ज़िन्दगी के तीन ही घंटे रोज़ाना नाटक को पूर्वाभ्यास करते हुए देते हैं उतना किसी भी रंगमंडल के अथवा किसी भी व्यावसायिक तौर पर चलनेवाले ग्रुप के वश का नहीं है।

खैर, पिछले 25-26 सालों में मुझे सभी तरह की कहानियाँ करने का मौक़ा मिला। कहानियों के मंचन के सन्दर्भ में कुछ बातें ख़ासतौर पर बताना चाहता हूँ। पहला यह कि कहानी का कथ्य मेरे लिए सबसे ज़्यादा महत्त्वपूर्ण है। फिर चाहे उसमें संवाद हो या नहीं। वह कौन सी शैली में लिखी गई है, किस कहानीकार की है, इससे मुझे कोई मतलब नहीं है। अगर कहानी पढ़ने में अच्छी लगती है, भीतर कहीं छूती है, कहीं कोई सवाल उठाती है, उद्वेलित करती है तो वह मेरे लिए अच्छी कहानी है। आज भी *उसने कहा था* मेरे लिए उतनी ही अच्छी कहानी है, *हार की जीत* जैसी

कहानी मुझे भूलती ही नहीं, *चाची* जैसी कहानी करने की मेरी इच्छा बहुत दिनों से थी, आज तक नहीं कर पाया पर कभी-न-कभी वह होगी। संवेदना से पहले जुड़ना है, बुद्धि बाद में आएगी। मैं दिल से दिमाग़ की तरफ़ काम करनेवाला रंगकर्मी हूँ। यह नहीं कि पहले ही इतनी दिमाग़ी कसरत कर दी जाए कि देखनेवाले के लिए उसमें कुछ न बचे। फिर दूसरा सरोकार है, अभिनेता। वह मेरे लिए सबसे महत्त्वपूर्ण है क्योंकि अगर वह नहीं है तो रंगकर्म सम्भव ही नहीं है। इसलिए मैं पूरी ईमानदारी से रंगमंच को अभिनेता का माध्यम मानता हूँ। मेरी भूमिका एक उत्प्रेरक की रहती है। मेरी प्रक्रिया में शायद 75 प्रतिशत अभिनेताओं का होता है और 25 प्रतिशत मेरा, वह भी उनको पुश करने का। क्यों? यदि हमने कहानियों का या रचनाओं का चुनाव कर लिया और उनके ऊपर जितनी भी बातचीत हो सकती थी वह स्पष्ट है तो फिर उसके बाद बस एक इवॉल्विंग प्रॉसेस रहता है। मैं आज यहाँ बैठा हुआ हूँ, उधर पिछले एक सप्ताह से लखनऊ और दिल्ली में मेरी प्रस्तुतियों का पूर्वाभ्यास, चल रहा है। मैं ठीक ग्रैंड रिहर्सल पर पहुँचूँगा। जब-जब हम बीच में मिलते हैं, जितना काम हो गया है उसको आपस में मिलकर देखते हैं। कितना घटाया-बढ़ाया जा सकता है और उसमें क्या सुधार लाए जा सकते हैं, इन पर बातचीत के बाद वह फिर आगे बढ़ते हैं और फिर कुछ दिनों बाद हम लोग मिलते हैं। दरअसल हम ज़िन्दगी के सारे दूसरे काम करते हुए अपनी तरह से आगे बढ़ते हुए और अभिनेताओं को पूरी तरह से स्पेस देते हुए एक प्रस्तुति की तैयारी से गुजरते हैं।

हिन्दुस्तान में मुझे यह बहुत विरोध की स्थिति लगती है कि फ़िल्में जो निर्देशक का माध्यम हैं अभिनेता के नाम से बिकती हैं और रंगमंच जो पूरी तरह अभिनेता का माध्यम है, वह निर्देशक के नाम से जाना जाता है। आप गिनाइए कितने अभिनेताओं (रंगमंच) के नाम आप जानते हैं? रंग निर्देशक के हम 50 नाम गिनाने को तैयार हैं। इसका क्या मतलब हुआ? निर्देशक अपने नाम के लिए लगा है। अभिनेताओं को आगे लाने की उसने कभी कोशिश ही नहीं की। यह एक ग़लत स्थिति है, जिससे मुझे सख़्त विरोध है। कहानियाँ करने के पीछे शायद इस प्रक्रिया ने कहीं काम किया। आलेख भी केन्द्र में आया और अभिनेता भी केन्द्र में आया। यह शुभ लक्षण हैं। पहले आलेख की कमी आलोचना का विषय होता था। वहीं आज लोगों को आलेख की कोई कमी नहीं है। भंडार हैं...अथाह भंडार। मेरी प्रक्रिया बहुत सीधी-सीधी है कि सब कुछ अभिनेता को आगे लेकर चलना है। अपने लेटेस्ट विज्ञापनों में मैंने 'परिकल्पना और निर्देशन' लिखना भी छोड़ दिया है। सिम्पल पर्यवेक्षक लिखता हूँ क्योंकि पूरी प्रक्रिया मैं बस बैठकर देखता रहता हूँ।

मैं आपको अपने रंगमंडली के अनुभव से अवगत कराना चाहता हूँ। सन् 1984 में दिल्ली शहर में हम लोगों ने *सम्भव* के नाम से एक रंगमंडली बनाई। उसके कुछ आधारभूत नियम थे। पहला कि रंगमंडली का कोई पदाधिकारी नहीं होगा। न कोई

अध्यक्ष, न सचिव और न अन्य कोई पदाधिकारी। दूसरा, रंगमंडली में कोई एक निर्देशक नहीं होगा, बल्कि हर प्रस्तुति को संस्था के अलग-अलग सदस्य निर्देशित करेंगे। नम्बर तीन, हम साल के हर महीने में एक नई प्रस्तुति दर्शकों को देंगे। मतलब कि वर्ष भर में 12 प्रस्तुतियाँ। हम लोगों ने 13 प्रस्तुतियाँ भी की हैं। प्रस्तुति के पश्चात् दर्शकों के साथ संवाद किया। दर्शकों ने बहुमूल्य सुझाव दिए कि संख्या में मत जाइए, साल में छह नाटक कीजिए। अगले बरस से हम लोगों ने 6-6 नाटक करने शुरू किए। चौथा नियम था, किसी को पास नहीं भेजेंगे। प्रेसवालों को भी नहीं। मैं अगर प्रस्तुति में इन्वॉल्व नहीं हूँ तो मैं भी टिकट ख़रीदकर ही नाटक देखूँगा। बावजूद इसके प्रस्तुतियों के स्तर के कारण हमें प्रेस का भरपूर सहयोग मिला। हमने हिन्दुस्तान के लगभग सभी शहरों में प्रदर्शन किए और जहाँ जाते थे अपनी शर्तों पर जाते थे। 'आप इतना ले लीजिए', 'आप इतने में आकर कर दीजिए' हमने कभी स्वीकार नहीं किया। या तो आप पूरा दीजिए या बिलकुल मत दीजिए। हमारे वार्षिक सदस्य थे, जो हमें पैसा देते थे। शुरू में 50 रुपए सालाना जो बाद में 100 रुपए हो गया था। अगर कोई कपल है तो उनसे हम 75 रुपए सालाना लेते थे। पाँच साल तक हमने खूब जमकर काम किया। फिर सब लोग चले गए। तब भी अफ़सोस नहीं हुआ क्योंकि दूसरी संस्थाएँ जो काम 50 साल में करती हैं वह हमारे लोगों ने पाँच साल में किया। सभी साथी अब भी सक्रिय हैं। हम लोग मिलते रहते हैं। तो इस प्रकार मैंने काफ़ी काम किया है और अभी भी कर रहा हूँ, लेकिन इसका यह मतलब नहीं है कि मेरा सारा काम बहुत अच्छा ही हुआ। इतना कूड़ा काम भी हुआ है कि अपने ही काम को देखकर शर्म आती थी कि हम क्या कर रहे हैं।

दरअसल रंगमंच ऐसा माध्यम है जिसमें आप पहले से तय ही नहीं कर सकते हैं कि कोई प्रस्तुति कैसे निकलेगी? इस तरह की भविष्यवाणी तो ख़ैर फ़िल्मों के बारे में भी नहीं की जा सकती जबकि वह काट-काटकर, रुक-रुककर, देख-देखकर बनाया जानेवाला माध्यम है। रंगमंच में तो यह रिस्क उठाना ही पड़ेगा। यह सारा कुछ ज़िन्दगी का अनुभव है। इस सन्दर्भ में मैं अपनी प्रस्तुति *महानगर तीन संवाद* का उदाहरण देना चाहूँगा। यह प्रस्तुति सन् 1975 में हुई थी। उस दौर के जितने भी पुरस्कार और रिकग्निशन हो सकते थे, इसे मिले। प्रस्तुति को लोगों ने बहुत पसन्द किया। अभी दो साल पहले उन्हीं अभिनेताओं के साथ उस प्रस्तुति को दोबारा रिवाइव किया। चाह कर भी वह नए ढंग से नहीं हो पाई। सन् 75 से लेकर आज. ..आप कल्पना कीजिए अभिनेताओं की उम्र 23 साल आगे पहुँच गई। प्रस्तुति को जब दर्शकों ने लताड़ा तब समझ में आया कि यह जो उम्र का अन्तराल है इसमें बिलकुल वैसे का वैसा कहाँ से करने की कोशिश कर रहे हैं? अन्ततः हमें प्रस्तुति को बन्द करने का निर्णय लेना पड़ा। तो यह चीजें करके ही समझ में आती हैं। दरअसल वह डिज़ाइन इतना अच्छा था कि अभिनेता का उससे मोह हो जाना स्वाभाविक है।

वह उसी के अन्दर से उसको करने की कोशिश कर रहा था। मैं चाह रहा था कि टूटे। तभी की हुई प्रस्तुति को दोबारा करने का कोई अर्थ है। अन्यथा मैं कभी इसके हक में नहीं हूँ। मैं सोचता हूँ कि जब तक आप एक पुरानी प्रस्तुति को दोहराएँगे एक नई प्रस्तुति क्यों न कर ली जाए? मुझे नई प्रस्तुति करने में ज़्यादा मज़ा आता है, लेकिन यह एक ऐसा अनुभव था जिसने मुझे काफ़ी सिखाया।

(1 अप्रैल, 2001 में समानान्तर, इलाहाबाद द्वारा आयोजित गोष्ठी में दिए गए वक्तव्य पर आधारित)

राष्ट्रीय नाट्य विद्यालय की पचास यादगार नाट्यप्रस्तुतियाँ

राष्ट्रीय नाट्य विद्यालय ने 2009 में अपनी स्थापना के 50 वर्ष पूरे कर लिए। 1958 में सबसे पहले एक वर्षीय पाठ्यक्रम के रूप में एशियन थिएटर इंस्टीट्यूट के नाम से इस संस्थान की शुरुआत हुई और 1959 में इसके पाठ्यक्रम और प्रशिक्षण की अवधि को दो वर्ष का कर दिया गया। पहले दो वर्षीय सत्र की एक नाट्य प्रस्तुति को शुरू में ही याद कर लेना होगा क्योंकि ऐतिहासिक दृष्टि से भी यह प्रस्तुति अपना विशिष्ट स्थान रखती है और वह इसलिए कि *घासीराम कोतवाल* से भी पहले जगदीशचन्द्र माथुर द्वारा लिखित नाटक *शारदीया* की मंच प्रस्तुति है यह। इसमें ओम शिवपुरी ने राजेराव घाटगे की भूमिका निभाई थी जो चरित्र विजय तेन्डुलकर के नाटक *घासीराम कोतवाल* के घासीराम के रूप में प्रसिद्ध हुआ। लेकिन आधुनिक हिन्दी रंगमंच की पहली महत्त्वपूर्ण शुरुआत मोहन राकेश के *आषाढ़ का एक दिन* से मानी जाती है जिसे इब्राहिम अलकाज़ी ने ओम शिवपुरी के संयुक्त निर्देशन में कैलाश कॉलोनी वाले परिसर के पिछवाड़े खुले में एक अस्थायी मंच पर प्रस्तुत किया था। यह प्रस्तुति इसलिए महत्त्वपूर्ण साबित हुई क्योंकि यह हिन्दी के एक महत्त्वपूर्ण नाटककार मोहन राकेश के पहले सम्पूर्ण नाटक की प्रस्तुति तो थी ही, उससे भी ज़्यादा यथार्थवादी मुहावरे में सही मायने में एक भारतीय नाटक की प्रस्तुति थी जो मल्लिका की भूमिका में सुधा शिवपुरी के सूक्ष्म और मार्मिक अभिनय के कारण भी हमेशा अविस्मरणीय रहेगी।

इसके ठीक अगले वर्ष हिन्दी के एक और महत्त्वपूर्ण काव्यनाटक धर्मवीर भारती के *अन्धा युग का* मंचन हुआ जो रा. ना. वि. के शुरुआती वर्षों की सबसे महत्त्वपूर्ण घटना मानी जा सकती है, और वह है फिरोज़शाह कोटला के खँडहरों में इस नाटक की प्रस्तुति–खँडहरों के एक विराट लेकिन भग्नावशेष फलक की पृष्ठभूमि और उसी के सामने *अन्धा युग* मंचित रूप में घटित होता हुआ जो स्वयं भी नैतिक मूल्यों, अवधारणाओं और मान्यताओं के टूटने की महागाथा है। जिन दर्शकों ने इस प्रस्तुति को देखा था आज भी उनकी स्मृति में यह प्रस्तुति एक अद्‌भुत अनुभव के रूप में

सुरक्षित है। यदि हम रा. ना. वि. के पाँच दशकों की प्रस्तुतियों का पुनरावलोकन करें तो हर दशक में चुनी गई यादगार प्रस्तुतियों का लेखा-जोखा कुछ इस प्रकार किया जा सकता है।

पहले दशक में दस नाटक, दूसरे में सत्रह नाटक, तीसरे में दस नाटक, चौथे में पाँच नाटक और अन्तिम सात वर्षों में आठ नाटक। इस प्रकार 1959 से लेकर 2007-08 तक का सफ़र पूरा करती हैं ये प्रस्तुतियाँ। इन पचास नाटकों में पैंतीस भारतीय भाषाओं के नाटक हैं। जो पैंतीस भारतीय नाटक हैं, उनमें भी बारह नाटक से अलग, कहानी या उपन्यास पर आधारित प्रस्तुतियों के रूप में मंचित हुई हैं। कभी कहानी को ज्यों-का-त्यों अपने मूल रूप में उठा लिया गया तो कभी उपन्यास का नाट्यरूपान्तरण कर लिया गया और कभी कहानी या उपन्यास से प्रेरणा लेकर अपना स्वतन्त्र आलेख रचने की कोशिश भी की गई। मैं विद्यालय में होनेवाली प्रस्तुतियों का 1967 से एक प्रत्यक्षदर्शी गवाह रहा हूँ—कभी मात्र दर्शक के रूप में, 1969 से 1972 के बीच एक छात्र के रूप में, उसके बाद कभी एक भूतपूर्व स्नातक की तरह, कभी रंगमंडल के सदस्य के तौर पर, कभी संकाय के सदस्य और अन्ततः विद्यालय के निदेशक के रूप में भी। इनमें चालीस के आसपास नाटक मैंने स्वयं देखे हैं, और बाक़ी दस का चुनाव बहुत से ऐसे लोगों से बातचीत के बाद किया है जिन्होंने स्वयं विद्यालय की प्रस्तुतियों को शुरू से लेकर आज तक देखा है। ज़ाहिर है कि यादगार प्रस्तुतियों की यह सूची कोई अन्तिम सूची नहीं है। कोई और यह चुनाव करे तो कुछ नाम निश्चय ही बदल जाएँगे लेकिन कुछ ठोस निष्कर्ष शुरू में ही दिए जा सकते हैं। पहला तो यही कि विद्यालय में सिर्फ़ पश्चिमी नाटक खेले जाते हैं, यह एक निहायत भ्रामक धारणा है। विशेष रूप से अलकाज़ी के दौर (1962-77) के वारे में ऐसा हमेशा माना जाता रहा है लेकिन यदि उस दौर की यादगार प्रस्तुतियों पर भी एक नज़र डालें तो उन्नीस में से तेरह भारतीय नाटक हैं। यह बात केवल चुने हुए नाटकों पर ही नहीं, विद्यालय में हुए सारे प्रदर्शनों को लेकर भी कही जा सकती है। पूर्वी और पश्चिमी का यह प्रतिशत क्रमशः 70 और 30 अथवा 65 और 35 का रहा है। एक और बात बड़े ज़ोर-शोर से कही जाती है कि पिछले कई सालों से नाट्यप्रस्तुतियों का स्तर गिरता चला जा रहा है। आलोचक अपने आरोप की पुष्टि नें स्वयं मेरे चुनाव के उस दशक को उदाहरण के रूप में प्रस्तुत करेंगे जिसमें 1991 से 2000 के बीच मात्र पाँच नाटकों का चुनाव किया गया है। उनकी जानकारी के लिए यह बता देना पर्याप्त होगा कि 1990 के बाद विद्यालय में प्रस्तुतियों की संख्या कम होती चली गई क्योंकि पहले साल के छात्रों के साथ सम्पूर्ण नाट्यप्रस्तुति का किया जाना प्रशिक्षण के लिए पाठ्यक्रम के तहत बन्द कर दिया गया, जो आज तक लागू है। अतः इस बात पर अतिरिक्त आग्रह करने की ज़रूरत नहीं कि ऐसे में यादगार नाटकों की संख्या भी कम हो जाएगी।

एक और रोचक तथ्य को भी निष्कर्ष के रूप में प्रस्तुत कर देना होगा। हम पाएँगे कि 1971 से 1980 के दशक के बीच चुने गए नाटकों की संख्या सबसे अधिक है। इसका कारण यही है कि यह समय सिर्फ़ विद्यालय के इतिहास में ही नहीं, आधुनिक भारतीय रंगमंच के इतिहास में भी सबसे उर्वर काल के रूप में जाना जाता है। यही वह समय है जब भारतीय रंगमंच में अपनी जड़ों की तरफ़ लौटने की प्रक्रिया शुरू हुई, हिन्दी रंगमंच में 'आज के रंग नाटक' जैसे नाट्यसंकलन का प्रकाशन हुआ, जिसके माध्यम से विजय तेन्डुलकर, बादल सरकार, गिरीश कारनाड और मोहन राकेश के चार नाटक एक साथ छपकर आए जो भारतीय रंगमंच में अपनी प्रस्तुतियों के कारण पहले ही बेहद चर्चित हो चुके थे। यही वह समय है जब बांगलादेश के रूप में पाकिस्तान से अलग एक नए देश का जन्म हुआ, हमारे अपने देश में पहली बार आपातकालीन स्थिति लागू की गई, उसके बाद हुए चुनावों में अभूतपूर्व सत्ता परिवर्तन हुआ। यहाँ तक कि राष्ट्रीय नाट्य विद्यालय भी उससे अछूता नहीं रहा। राजनीतिक, सांस्कृतिक एवं सामाजिक क्षेत्रों में इतनी सारी हलचलों के प्रभाव रंगमंच पर न पड़ें, ऐसा हो नहीं सकता था और ऐसे में यदि सत्रह प्रस्तुतियाँ अलग से रेखांकित की गई हैं तो कोई आश्चर्य की बात नहीं होनी चाहिए।

पचास प्रस्तुतियों के माध्यम से एक तुलनात्मक अध्ययन और सामने आता है और वह है कि पच्चीस प्रस्तुतियाँ स्वयं विद्यालय के निदेशकों अथवा संकाय या रंगमंडल के सदस्यों ने की हैं और आधी बाहर से आमन्त्रित निर्देशकों ने, जिनमें देश-विदेश और स्वयं विद्यालय के वरिष्ठ स्नातक शामिल हैं। इनमें अलकाज़ी की पाँच, फ्रिट्ज़ बेनेविट्ज की दो, ब. व. कारन्त की दो, रामगोपाल बजाज की तीन, आमाल अल्लाना की दो, एम. के. रैना की दो, प्रसन्ना की दो, भानु भारती की तीन, रंजीत कपूर की तीन, रॉबिन दास की दो, ओम शिबपुरी, कुमार वर्मा, कार्ल वेबर, शान्ता गांधी, एडुआर्डो काबूस, सोज़ो सातो, बलराज पंडित, शिवराम कारन्त, अनिल चौधरी, उत्तरा बावकर, बैरी जॉन, राजेन्द्र नाथ, उषा बैनर्जी, राजेन्द्र गुप्ता, रिचर्ड शेखरन, सत्यदेव दुबे, बी. एम. शाह, त्रिपुरारी शर्मा, मोहन अगाशे, मोहन महर्षि, वामन केन्द्रे और सुरेश शर्मा की एक-एक प्रस्तुति शामिल है। मेरी अपनी दो प्रस्तुतियों को मिलाकर यह संख्या हो जाती है पचास जिन्हें कुल तैंतीस निर्देशकों ने किया है। इनमें इक्कीस स्वयं विद्यालय के भूतपूर्व छात्र रहे हैं। ये देश के बारह राज्यों का प्रतिनिधित्व करते हैं। ये सारे विवरण इसलिए ज़रूरी थे ताकि यादग़ार प्रस्तुतियाँ के बहाने से एक ऐसे इतिहास पर भी अँगुली रखी जा सके जिसे हम प्रायः अनदेखा कर जाते हैं, और राष्ट्रीय नाट्य विद्यालय को दिल्ली में स्थित होने के कारण उसे मात्र दिल्ली का स्थानीय विद्यालय मान लेते हैं। यहाँ सिर्फ़ हिन्दीवालों का वर्चस्व है, शायद यह धारणा भी इन तथ्यपरक आँकड़ों से टूट जाए।

अब हम यादग़ार प्रस्तुतियों के क्रम में *आषाढ़ का एक दिन* और *अन्धा युग* से आगे बढ़ सकते हैं। सन् 1964 पूरे विश्व में शेक्सपीयर की चार सौंवी जयन्ती का

वर्ष था और हर देश, भाषा, राज्य में उसके नाटकों के मंचन हो रहे थे। विद्यालय ने भी *किंग लियर* की प्रस्तुति के माध्यम से अपना सहयोग दिया। *किंग लियर* विद्यालय में शेक्सपीयर किसी भी नाटक की पहली प्रस्तुति थी और विद्यालय के रवीन्द्र भवन स्टूडियो थिएटर में होनेवाली पहली महत्त्वपूर्ण प्रस्तुति थी। यह वह प्रस्तुति भी थी जिसने ओम शिवपुरी को एक बड़े अभिनेता की पहचान दी, यद्यपि इससे पूर्व वह *आषाढ़ का एक दिन में* कालिदास की भूमिका भी कर चुके थे। इसे भी एक संयोग कहा जा सकता है कि अलकाज़ी की जिन पाँच प्रस्तुतियों को लिया गया है उनमें से तीन में मुख्य भूमिका ओम शिवपुरी ही कर रहे थे। *अन्धा युग* की प्रस्तुति में वह अलकाज़ी के साथ संयुक्त निर्देशक थे। इसमें वह किसी छोटी-बड़ी भूमिका में नहीं थे लेकिन गांधारी शाप के बाद कृष्ण को जो उन्होंने पार्श्व स्वर दिया वह आज भी हिन्दी रंगमंच में *स्पीच* के आदर्श प्रतिमान और उदाहरण के रूप में याद किया जाता है। *आषाढ़ का एक दिन,* किंग लियर और कंजूस—अलकाज़ी की बहुमुखी प्रतिमा के जितने श्रेष्ठ उदाहरण हैं, उतने ही ओम शिवपुरी के अभिनय की मिसाल भी हैं। निर्देशक और अभिनेता कैसे एक दूसरे के पूरक बन जाते हैं—ये तीनों प्रस्तुतियाँ इसे ज़बरदस्त ढंग से पुष्ट करती हैं। राष्ट्रीय नाट्य विद्यालय के रवीन्द्र भवनवाले परिसर में मेघदूत मुक्ताकाशी रंगमंच का बनाया जाना एक उल्लेखनीय घटना थी। विद्यालय के छात्रों ने स्वयं मिल-जुलकर विद्यालय के निर्देशक अलकाज़ी की देखरेख में कच्ची मिट्टी से मंच और देखनेवालों के लिए सीढ़ियाँनुमा प्रेक्षागृह का निर्माण किया था, और उसमें पहली प्रस्तुति के रूप में प्रेमचन्द के *गोदान* पर आधारित विष्णु प्रभाकर द्वारा किए गए नाट्यरूपान्तर *होरी* का कुमार वर्मा के निर्देशन नें मंचन किया गया। इस प्रस्तुति की मंच-परिकल्पना स्वयं इब्राहिम अलकाज़ी ने की थी और कच्ची मिट्टी से बने नए मेघदूत रंगमंच को ही एक गाँव के रूप में परिवर्तित कर दिया गया था। बाद में गाँव के लोगों के लिए बनी झोंपड़ियाँ, और घर ग्रीन रूम बनते चले गए। इस प्रस्तुति में उषा बनर्जी (तब साठे) ने अविस्मरणीय अभिनय किया था।

इससे भी दो वर्ष पहले मंचित हम *तुग़लक* की नाट्यप्रस्तुति का उल्लेख करना चाहेंगे। *तुग़लक* गिरीश कारनाड के कन्नड़ नाटक का ब. व. कारन्त द्वारा किया गया उर्दू अनुवाद था। मज़ेदार बात यह है कि तब तक *तुग़लक* की प्रस्तुति मूल कन्नड़ में भी नहीं हुई थी और पहली बार उसे ओम शिवपुरी के निर्देशन में राष्ट्रीय नाट्य विद्यालय रंगमंडल द्वारा खेला गया जिसकी स्थापना 1964 में हो चुकी थी। यह पहला अवसर था जब किसी बिलकुल नए नाटक की प्रस्तुति का जिम्मा रंगमंडल के एक सदस्य को दिया गया था और विद्यालय के निर्देशक ने इसकी मंच परिकल्पना को साकार किया था। इसमें दो राय नहीं कि ओम शिवपुरी ने पुनः एक बार अपनी अभिनय प्रतिभा का लोहा मनवाया और अपने सुघड़ निर्देशन कौशल का भी परिचय

दिया जो 1967 में विद्यालय का रंगमंडल छोड़ने के बाद *दिशान्तर* में की गई उनकी विभिन्न नाट्यप्रस्तुतियों में अपनी परिपक्वता तक पहुँचा।

सन् 1968 में विद्यालय की दो प्रस्तुतियों ने अलग-अलग कारणों से अपना ध्यान आकर्षित किया। पहली प्रस्तुति है गुजरात की भवई। लोकनाट्य शैलियों की दिशा में किए गए काम से यह पहला साक्षात्कार था जो आज तक नियमित रूप से पाठ्यक्रम का एक अनिवार्य हिस्सा बना हुआ है। लोकनाट्य शैली के लिए जिस तरह की अभिनय स्फूर्ति, सहजता और स्वतन्त्रता होनी चाहिए, उसका आनन्द छात्र अभिनेताओं ने खूब खुलकर उठाया। इसके बाद भी कई बार *जस्मा ओड़न* की प्रस्तुति को अलग-अलग छात्र समूहों के साथ मंचित किया गया, जिसके कारण इसके गीत और संगीत आज भी उतने ही लोकप्रिय हैं। इसी के समानान्तर दूसरी प्रस्तुति है जर्मनी के सुप्रसिद्ध रंग-चिन्तक नाटककार और निर्देशक बर्तोल्त ब्रेष्ट के नाटक *कॉकेशियन चॉक सर्कल* के कमलेश्वर द्वारा किए गए हिन्दी अनुवाद का मंचन जिसे कार्ल बेवर ने निर्देशित किया था। वह राष्ट्रीय नाट्य विद्यालय में एक आमन्त्रित निर्देशक के रूप में आनेवाले पहले विदेशी निर्देशक थे और उन्हीं के साथ विद्यालय के छात्रों को पहली बार ब्रेष्ट के नाटकों में उपलब्ध अलगाववादी अभिनय प्रक्रिया को अनुभूत करने का अवसर प्राप्त हुआ। इस प्रस्तुति के माध्यम से हमारे यहाँ के लोक रंगमंच, और ब्रेष्ट के रंगमंच के तुलनात्मक अध्ययन की भी शुरुआत हुई और यही वह प्रस्तुति है जिसमें ग्रूशा की मुख्य भूमिका के रूप में उत्तरा बावकर के अभिनय से दर्शकों का गहराई से परिचय हुआ।

इसी क्रम में 1970 में पुनः दो निर्देशक क्रमशः जर्मनी और ब्राज़ील से विद्यालय में आए। पहले थे—फ़्रिट्ज़ बेनेविट्ज़ और दूसरे थे—एडूआर्डो काबूस। बेनेविट्ज़ ने ब्रेष्ट के ही एक दूसरे नाटक *थ्री पैनी ओपेरा* का *तीन टके का स्वांग* नाम से हिन्दी अनुवाद प्रस्तुत किया। अनुवाद सुरेखा सीकरी का था और इसके गीत शीला भाटिया ने लिखे थे। मंच परिकल्पना अलकाज़ी की थी और संगीत वनराज भाटिया का। इस प्रस्तुति में पुनः एक बार उत्तरा बावकर ने पॉली के रूप में अपनी विशिष्ट पहचान स्थापित की, और उनके साथ-साथ मनोहर सिंह ने भी मैकीथ की भूमिका में अपनी अमिट छाप छोड़ी। मनोहर सिंह इससे ठीक एक साल पहले अलकाज़ी द्वारा निर्देशित *ओथैलो* की प्रस्तुति में ओथैलो के रूप में भी चर्चित हो चुके थे। एक तरह से ओम शिवपुरी के बाद हिन्दी रंगमंच में दूसरे बड़े अभिनेता के रूप में स्थापित होनेवाले अभिनेता मनोहर सिंह थे जिन्होंने बाद में *तुग़लक* के पात्र को भी जीवन्त बनाया। काबूस ब्राज़ील से भारतीय रंगमंच का अध्ययन करने आए हुए निर्देशक थे। उन्होंने एक साल राष्ट्रीय नाट्य विद्यालय के साथ बिताया और अपनी शोधवृत्ति के दौरान हम लोगों के साथ ब्राज़ील के नाटककार मारिया कलारा मिशाडो के बाल नाटक *नीला घोड़ा* का मंचन किया। राष्ट्रीय नाट्य विद्यालय के छात्रों द्वारा बच्चों के लिए किया

गया यह पहला नाटक था जो बेहद पसन्द किया गया। कहीं-न-कहीं बाद में स्थापित टी. आई. ई. कम्पनी के सूत्र इस प्रस्तुति से जोड़े जा सकते हैं, जो कारन्त के निर्देशन काल में बाल रंगमंच की एक अलग शाखा खोले जाने के रूप में प्रस्फुटित हुए।

अमेरिका, जर्मनी और ब्राज़ील के बाद एशियन रंगमंच से भी हमारे छात्रों का जल्दी ही साक्षात्कार हो गया जब जापान से आमन्त्रित सोज़ो सातो ने वहाँ की लोकप्रिय नाट्यशैली काबुकी में *इबारगी* का मंचन किया। वास्तव में 1973 का वर्ष इस दृष्टि से बहुत ही याद रखने लायक है कि एक तरफ़ जापान की लोकनाट्य शैली काबुकी, कर्नाटक की लोकनाट्य शैली यक्षगान और राजस्थान की लोकनाट्य शैली ख़्याल से विभिन्न प्रस्तुतियों के माध्यम से एक साथ परिचय हुआ। जापान के काबुकी नाटक इबारागी का जिक्र हम अभी ऊपर कर चुके हैं। यक्षगान का अनुभव वहाँ से आमन्त्रित निर्देशक के रूप में आए शिवराम कारन्त के *भीष्म विजय* नाटक की प्रस्तुति से हुआ। इस प्रस्तुति में ब. व. कारन्त ने एक सहयोगी निर्देशक की भूमिका निभाई थी और ओमपुरी, राज बब्बर और हटंगड़ी जैसे अभिनेताओं ने हिस्सा लिया था। ओमपुरी इससे पहले *इबारागी* में भी मुख्य भूमिका कर चुके थे। राजस्थान की लोकनाट्य शैली के उदाहरण के रूप में विद्यालय रंगमंडल द्वारा भानु भारती के निर्देशन में मणि मधुकर के नाटक *रस गन्धर्व* की मेघदूत में की गई प्रस्तुति का विशेष महत्त्व है। यह वही दौर है जब भारतीय रंगमंच में लोकतत्त्वों के समन्वय से आधुनिक नाटकों के खेलने की दिशा में जमकर काम हो रहा था और *हयवदन, घासीराम कोतवाल, जोकुमारस्वामी, बकरी* और *रसगन्धर्व* जैसे नाटक लिखे गए और हिन्दी रंगमंच की अलग-अलग मंडलियों द्वारा सफलतापूर्वक खेले भी गए।

विद्यालय में इस दौरान सर्वेश्वर दयाल सक्सेना द्वारा रचित *बकरी* और *रस गन्धर्व* का प्रस्तुतिकरण किया गया। *रस गन्धर्व* का मंचन मनोहर सिंह, उत्तरा बावकर, सुरेखा सीकरी और ज्योति देशपांडे जैसे दिग्गज अभिनेताओं के एकजुट अभिनय के कारण आज भी याद आता रहता है। इसी वर्ष की चौथी प्रस्तुति बलराज पंडित का नाटक *पाँचवाँ सवार* है जिसे उन्होंने स्वयं विद्यालय के छात्रों और रंगमंडल के कलाकारों के साथ निर्देशित किया था। आधुनिक हिन्दी रंगमंच में भुवनेश्वर के बाद पहली बार सही मायनों में एब्सर्ड कहे जा सकनेवाले नाटक का जन्म और उससे भी ज़्यादा विद्यालय के स्टूडियो थिएटर में नाटक की अद्भुत कल्पनाशील मंच प्रस्तुति, जिसमें कोई तामझाम नहीं था और मात्र दो-चार स्टूलों, कुर्सियों और प्रकाश के दायरों से काम चला लिया गया था। लेकिन जिस तरह से मनोहर सिंह, नसीरुद्दीन शाह और ओमपुरी जैसे अभिनेताओं के माध्यम से प्रस्तुति अपने पूरे निखार में दर्शकों के सामने आई, वह अनुभव आज भी भुलाए नहीं भूलता। बाद में यह नाटक हिन्दी रंगमंच में इतना लोकप्रिय हुआ कि स्वयं बलराज पंडित ने शहर-दर-शहर घूम-घूमकर इसकी न जाने कितनी प्रस्तुतियाँ कीं।

मोहन राकेश के बाद हिन्दी रंगमंच में जिस नए नाटककार ने अपनी ज़बरदस्त आहट दी वह थे सुरेन्द्र वर्मा जिनके नाटक *सूर्य की अन्तिम किरण से सूर्य की पहली किरण तक* की बेहद चर्चा हुई। इस नाटक को रा.ना.वि. रंगमंडल के लिए रामगोपाल बजाज ने निर्देशित किया था। इस नाटक में राजेन्द्र गुप्त, सुरेखा सीकरी, राजेश विवेक, उत्तरा बावकर जैसे मँजे हुए अभिनेताओं ने अभिनय किया था। यह नाटक रंगमंडल में इतना लोकप्रिय हुआ कि इन अभिनेताओं के चले जाने के बाद भी नए-नए अभिनेताओं के साथ इसका बार-बार मंचन होता रहा। बाद के प्रदर्शनों में विजय मोहन्ती और के. के. रैना ने ओक्काक और शीलवती की भूमिका हिमानी भट्ट और हेमा सिंह ने भी निभाई।

1975 में रंगमंडल का एक सदस्य होने के नाते मुझे भी एक प्रस्तुति करने का अवसर मिला और इसके लिए मैंने निर्मल वर्मा की तीन कहानियों को एक साथ एक शाम में प्रस्तुत किया और इसी प्रस्तुति में हिन्दी रंगमंच में कहानी का रंगमंच की शुरुआत हुई अर्थात् कहानी को अपने मूल रूप में मंच पर प्रस्तुत किया जाना। यद्यपि इससे पूर्व भी विद्यालय में प्रेमचन्द के उपन्यास *गोदान* का एक नाट्यरूपान्तर के रूप में मंचन हो चुका था लेकिन किसी साहित्यिक विधा के अपने मूल रूप में मंचन की यह पहली शुरुआत थी, जिसने दर्शकों को एक नए रंगमंचीय अनुभव का आस्वाद दिया। इसके बाद तो हिन्दी रंगमंच ही नहीं वरन् सम्पूर्ण भारतीय रंगमंच के परिप्रेक्ष्य में कहानी के रंगमंच का एक लम्बा इतिहास है जो आज तक सक्रिय है।

अलकाज़ी की पाँचवीं प्रस्तुति के रूप में मैंने जॉन ऑसबर्न के नाटक *लुक बैक इन एंगर* को चुना जिसे उन्होंने 1975 में विद्यालय के रंगमंडल के अभिनेताओं के साथ प्रस्तुत किया था। आज भी यह प्रस्तुति जिमी पोर्टर की भूमिका में मनोहर सिंह और उसकी पत्नी के रूप में सुरेखा सीकरी के अत्यन्त सूक्ष्म, मार्मिक और गहरे अभिनय के कारण दर्शकों की स्मृति में क़ैद है। वास्तव में यही वह प्रस्तुति है जिसने विद्यालय के शुरुआती दौर में ओम शिवपुरी और सुधा शिवपुरी की जोड़ी के बाद उतने ही सशक्त अभिनेताओं की एक दूसरी जोड़ी को स्थापित किया। मनोहर सिंह और सुरेखा सीकरी की इस जोड़ी ने बाद में उत्तरा बावकर द्वारा निर्देशित *सन्ध्या छाया,* आमाल अल्लाना के *आधे-अधूरे* और *महाभोज* और *तुग़लक़* की पुनर्प्रस्तुति में भी अपने अभिनय की ज़बरदस्त छाप छोड़ी।

1978 यदि भारतीय राजनीति में एक नए परिवर्तन का सूचक था तो रानावि में भी अलकाज़ी के त्यागपत्र देने के बाद ब. व. कारन्त निदेशक होकर आए और उन्होंने अपनी पहली ही प्रस्तुति के रूप में भारतेन्दु के सदाबहार नाटक *अन्धेर नगरी* का विद्यालय के प्रांगण में खुले में मंचन किया। *अन्धेर नगरी* को खुले में एक बहुत बड़े अभिनेताओं के समूह के साथ देखने का अनुभव अद्भुत था और जिस रूप में कारन्त ने नाटक का अन्त किया वह उनकी मौलिक सूझ-बूझ का परिचायक था अर्थात् राजा

को फाँसी पर चढ़ाने के बाद महन्त और उसके दोनों चेले स्वयं सिंहासन पर आसीन हो जाते हैं और फिर से वही पुरानी व्यवस्था शुरू हो जाती है जिसका उन्होंने अन्त किया था। बाद में भारतीय राजनीति के पटल पर भी उतना ही सत्य साबित हुआ।

इस बीच एक दूसरी प्रस्तुति का उल्लेख करना तो भूल ही गए। वह है उत्तर प्रदेश की लोकनाट्य शैली में प्रस्तुत *लैला-मजनू* जिसे अनिल चौधरी ने निर्देशित किया था और नौटंकी के विशेष प्रशिक्षण के लिए मथुरा से इस शैली के आचार्य पंडित गिर्राज प्रसाद को आमन्त्रित किया गया था जिन्होंने प्रस्तुति के गीत-संगीत की जिम्मेदारी को बखूबी निभाया। इसी प्रस्तुति से मजनू के रूप में अनिल (अब अन्नू के रूप में विख्यात हैं।) कपूर ने अपनी अलग पहचान बनाई। अनिल कपूर के ही अग्रज रंजीत कपूर की दो प्रस्तुतियाँ इस दौर में सामने आईं। 1978 में रंगमंडल का पुनर्गठन हो चुका था और रंजीत कपूर उसके सदस्य थे जिसकी पहली प्रस्तुति के रूप में उन्होंने पंडित आनन्द कुमार के उपन्यास *बेग़म का तकिया* का नाट्यरूपान्तर किया और स्वयं ही उसे निर्देशित भी किया। अभिनेताओं की एक सामूहिक प्रस्तुति के रूप में इसे उत्तरा बावकर, सुरेखा सीकरी, के. के. रैना, राजेश विवेक, रघुवीर यादव, सुधीर कुलकर्णी और विजय कश्यप के ज़बरदस्त अभिनय के कारण हमेशा याद रखा जाएगा। इसी क्रम में रंजीत कपूर ने पुनः एक उपन्यास को मंचन के लिए चुना जिसका नाम था *मुख्यमन्त्री* और जिसके लेखक थे चाणक्य सेन। *बेग़म का तकिया* विद्यालय के मुक्ताकाशी मंच मेघदूत में की गई थी तो इसके लिए रंजीत कपूर ने विद्यालय के अन्तरंग स्टूडियो थिएटर को चुना और दर्शकों को एक बहुत ही गहरा रंगमंचीय अनुभव दिया, विशेष रूप से मुख्यमंत्री की मुख्य भूमिका के रूप में वसन्त जोसलकर के अभिनय के कारण।

पहली बार बैरी जॉन भी एक निर्देशक के रूप में छात्रों के साथ काम करने आए और उन्होंने मेघदूत के खुले मंच पर *अन्तिम यात्रा* शीर्षक से एक बेहद ताज़ी और उत्तेजक प्रस्तुति दर्शकों के सामने प्रस्तुत की। इसी के आसपास रामगोपाल बजाज ने लियो तॉल्स्ताय के नाटक *पॉवर ऑफ डार्कनेस* का जैनेन्द्र कुमार द्वारा किया गया हिन्दी रूपान्तर *पाप और प्रकाश* विद्यालय की ओर से श्रीराम सेंटर में प्रस्तुत किया। उसके बाद भी बजाज ने विद्यालय के छात्रों के साथ इसे पुनः मंचित किया।

1970 के बाद फ्रिट्ज़ बेनेविट्ज़ पुनः एक बार विद्यालय में लौटे और उन्होंने रंगमंडल के अभिनेताओं के साथ इस बार ब्रेष्ट के नाटक *पुंटिला एंड हिज़ माती* को *चोपड़ा कमाल नौकर जमाल* शीर्षक से भारतीय रूपान्तरण में प्रस्तुत किया। यह रूपान्तरण हरियाणा की पृष्ठभूमि के साथ अनिल चौधरी ने किया था और इसमें पंकज कपूर और के. के. रैना ने क्रमशः मालिक और नौकर की भूमिकाओं में अद्भुत अभिनय किया था। आज भी जब रंगमंडल की कुछ पुरानी प्रस्तुतियों को दुबारा से करने की बात आती है तो *बेगम का तकिया*, *मुख्यमन्त्री* के साथ-साथ *चोपड़ा कमाल नौकर जमाल* को भी उतनी ही शिद्दत से याद किया जाता है।

विद्यालय ने लोकनाट्य शैलियों के अनुभव की दिशा में जस्मा ओड़न से जो शुरुआत की थी उसी क्रम में रंगमंडल के अभिनेताओं ने कर्नाटक के यक्षगान के तत्त्वों से युक्त शेक्सपीयर के *मैकबेथ* को *बरनम वन* के नाम से ब. ब. कारन्त के निर्देशन में और महाराष्ट्र की तमाशा शैली में बसन्त सबनीस के नाटक *सैंया भए कोतवाल* को उषा बैनर्जी के निर्देशन में प्रस्तुत किया। देश के दक्षिण और पश्चिम क्षेत्र का प्रतिनिधित्व करनेवाली दो अलग-अलग नाट्य शैलियाँ—एक लगभग शास्त्रीय जैसी दिखती हुई और दूसरी पूरी तरह से लोक, और इस तरह से दर्शकों को दोनों शैलियों को अनुभूत करने का अवसर मिला।

हम पहले ही उल्लेख कर चुके हैं कि भारतीय रंगमंच के सातवें-आठवें दशक में जिन चार नाटककारों ने अपने को पूरी तरह से स्थापित किया था उनमें विजय तेन्डुलकर भी एक थे और उनका भी सबसे ज़्यादा चर्चित नाटक *ख़ामोश! अदालत जारी है* जिसे छात्रों के साथ राजेन्द्र गुप्त ने विद्यालय के बहावलपुर हाउस परिसर में खुले में मंचित किया था और जिसके लिए रॉबिन दास ने बहुत ही मौलिक और कल्पनाशील मंच-सज्जा की थी। *ख़ामोश...* जैसे बन्द हॉल में होनेवाले नाटक को खुले में देखने का अनुभव सचमुच में एक अलग तरह का साबित हुआ। जैसे कि खुले में होकर भी बेणारे जैसा पात्र कितना क़ैद।

विद्यालय में जब कारन्त निर्देशक थे तब तीन वर्ष के पाठ्यक्रम को बिना किसी विशेषज्ञता के एक सामान्य पाठ्यक्रम बना दिया गया था और उसके बाद एक अतिरिक्त वर्ष को अभिनय एवं निर्देशन की विशेषज्ञता के लिए फेलोशिप योजना के तहत शुरू किया गया था। इसी योजना के छात्रों के साथ प्रसन्ना की प्रस्तुति *फ़ूशियामा* 1981-82 की महत्त्वपूर्ण प्रस्तुति रही। बाद में प्रसन्ना ने इस प्रस्तुति को रंगमंडल के कलाकारों के साथ भी किया लेकिन उसका उतना असर नहीं पड़ा जितना पहली बार छात्र अभिनेताओं के साथ की जानेवाली प्रस्तुति का हुआ था। ठीक यही कहानी भानु भारती की प्रस्तुति *चन्द्रमा सिंह उर्फ चमकू* के साथ भी घटित हुई। 1982 में भानु भारती ने एक आमन्त्रित निर्देशक के रूप में दूसरे साल के छात्रों के साथ विद्यालय के खुले प्रांगण में चीन के सुप्रसिद्ध कहानीकार लु शुन की कहानी *आह क्यू की सच्ची कथा* को स्वयं द्वारा किए गए भारतीय रूपान्तर *चन्द्रमा सिंह उर्फ चमकू* के नाम से किया जिसे दर्शकों ने सहज सरल और भोले पात्रों और उन पात्रों को निभानेवाले छात्र अभिनेताओं के अभिनय के कारण बेहद पसन्द किया। बाद में भानु भारती ने इसी प्रस्तुति को रंगमंडल के कलाकारों के साथ भी प्रस्तुत किया था लेकिन वह उतनी जानदार नहीं बन पाई।

हम जानते हैं कि विद्यालय में समय-समय पर विदेश के जाने-माने निर्देशक छात्रों अथवा रंगमंडल के कलाकारों के साथ काम करने शुरू से आते रहे हैं। इस दृष्टि से 1983 में एक विदेशी और एक देसी रंग निर्देशक पहली बार रानावि में काम करने

आए। विदेशी रंग निर्देशक थे—अमेरिका से आए हुए रिचर्ड शेखनर जिन्होंने अपने परिवेशमूलक रंगमंच की अवधारणा को साकार करने के लिए चेखव के लोकप्रिय नाटक *चेरी का बगीचा* को मेघदूत थिएटर के आसपास फैले खुले प्रांगण में मंचित किया जहाँ दर्शक भी प्रदर्शन का हिस्सा थे। इस तरह के रंगमंच की प्रेरणा शेखनर को *रामनगर की रामलीला* से मिली थी जिसका उन्होंने हिन्दुस्तान में काफ़ी दिन रहकर गहन अध्ययन किया था और उसके बाद अपनी नाट्यमंडली के साथ ब्रेष्ट के *मदर करेज़* की प्रस्तुति को अमेरिका और दूसरे देशों में प्रदर्शित करने के साथ-साथ 1976 में हमारे देश के कई नगरों में भी उसका मंचन किया था। जिस देसी निर्देशक की बात की गई है वह थे हिन्दी रंगमंच के सबसे विवादास्पद निर्देशक सत्यदेव दुबे जिन्होंने महेश एलकुंचवार के मराठी नाटक *वाड़ा चिरेबन्दी* को *विरासत* नाम से हिन्दी अनुवाद में प्रस्तुत किया। उनके साथ काम करने का अनुभव जितना कलाकारों के लिए यादगार रहा उससे कहीं ज़्यादा दर्शकों पर भी सत्यदेव दुबे के काम का असर पड़ा। उसके बाद आनेवाले वर्षों में दुबे रंगमंडल या विद्यालय में कई बार लौटे और उन्होंने अलग-अलग प्रस्तुतियाँ कीं।

भानु भारती की *चन्द्रमा सिंह उर्फ चमकू* की प्रस्तुति रंगमंडल के कलाकारों के साथ बेशक उतनी सफल प्रस्तुति नहीं थी लेकिन 1988 में जब उन्होंने उन्हीं कलाकारों के साथ बर्नार्ड शॉ के नाटक *पिगमेलियन* के भारतीय रूपान्तर *आज़र का ख़्वाब* को निर्देशित किया तो वह प्रस्तुति बेहद सफल और लोकप्रिय साबित हुई। विशेष रूप से मुख्य भूमिकाओं में नामदेव, हिमानी शिवपुरी (तब भट्ट) और रवीन्द्र खानविलकर के सशक्त और जीवन्त अभिनय के कारण। हिमानी भट्ट ने जो पहचान *आज़र का ख़्वाब* में बनाई थी उसी को उसने कृष्णा सोबती के उपन्यास *मित्रो मरजानी* में मित्रो की भूमिका के रूप में पुनः साबित किया। उपन्यास का नाट्यरूपान्तर और निर्देशन विद्यालय के तत्कालीन निदेशक बी.एम. शाह ने किया था। शाहजी इस प्रस्तुति को पहले भी दिल्ली के रंगमंच पर दिल्ली आर्ट थिएटर के कलाकारों के साथ प्रस्तुत कर चुके थे लेकिन रंगमंडलवाली प्रस्तुति सचमुच में ज़्यादा असरदार साबित हुई और इस तरह से शाहजी ने इस मिथ को भी तोड़ डाला कि यदि आप अपनी किसी पुरानी की गई प्रस्तुति को रंगमंडल में दोहराते हैं तो वह उतनी जानदार और असरदार नहीं रहती। यही बात राजेन्द्र नाथ की रंगमंडल के साथ की गई प्रस्तुति *घासीराम कोतवाल* के बारे में भी कही जा सकती है। राजेन्द्र नाथ अपनी संस्था अभियान के साथ 1973 में *घासीराम कोतवाल* का मंचन कर चुके थे, जिसमें शंकर सुहेल ने नाना, रामगोपाल बजाज ने घासीराम कोतवाल और उषा सुहेल ने गुलाबीबाई की भूमिकाओं में बहुत अच्छा अभिनय किया था। इतना ही नहीं, यह प्रस्तुति मोहन उप्रेती की संगीत रचना और विनोद नागपाल के गायन के कारण भी बेहद चर्चित हुई। जब ठीक बीस साल बाद राजेन्द्र नाथ इस नाटक को रंगमंडल के कलाकारों के साथ

करने आए तो मोहन उप्रेती पुनः एक संगीतकार के रूप में उनके साथ थे। यद्यपि यह प्रस्तुति निर्देशक की पुरानी प्रस्तुति का ही नया संस्करण थी लेकिन फिर भी नए अभिनेताओं के कारण काफ़ी कुछ बदल गया था। इस बार रामगोपाल बजाज घासीराम कोतवाल की भूमिका में न होकर नाना फड़नवीस के रूप में दर्शकों के सामने आए और उन्होंने इस भूमिका को भी उतनी ही कुशलता से अभिनीत किया। इस प्रस्तुति की ख़ास बात यह भी है कि पिछले पन्द्रह वर्षों में यह अकेली प्रस्तुति है जो पुराण कथाओं में वर्णित अग्नि पक्षी की तरह से बार-बार ख़त्म होकर भी दुबारा तैयार होकर मंच पर आती रही है और रंगमंडल द्वारा किसी भी प्रस्तुति के सर्वाधिक प्रदर्शनों का रिकॉर्ड कायम किया है और आज भी इसके प्रदर्शन होते रहते हैं।

यहाँ विद्यालय की प्रस्तुतियों के इतिहास में एक बहुत ही मज़ेदार घटना का उल्लेख करना अप्रासंगिक नहीं होगा। सुरेन्द्र वर्मा ने कभी ग़ालिब की ज़िन्दगी पर *क़ैद-ए-हयात* के नाम से एक नाटक लिखा था जिसे उन्होंने अलकाज़ी को पढ़ने के लिए दिया था। कहा जाता है कि यह सुरेन्द्र वर्मा का शायद पहला नाटक था और वह भी उर्दू में। लेकिन इसकी कभी कहीं कोई चर्चा नहीं हुई। एक बार कहीं रामगोपाल बजाज को रद्दी के काग़ज़ों में पड़ी हुई इस नाटक को पांडुलिपि मिल गई और उन्होंने इसे रंगमंडल के अभिनेताओं के साथ करने का मन बना लिया जो बाद में ग़ालिब की भूमिका में श्रीवल्लभ व्यास और उसकी प्रेमिका की भूमिका में रीमा विश्वास के अभिनय के कारण बहुत दिनों तक चर्चा में रहा। बहुत लम्बे अरसे तक लगातार पश्चिमी और भारतीय नाटकों की यथार्थवादी प्रस्तुतियों को करने के बाद प्रसन्ना संस्कृत नाटकों की तरफ़ लौटे और उन्होंने विद्यालय के छात्रों के साथ भवभूति के नाटक *उत्तररामचरित* की बहुत ही बेहतरीन प्रस्तुति दिल्ली के दर्शकों के सामने प्रस्तुत की। इस प्रस्तुति में मोहन उप्रेती के संगीत ने भी ज़बरदस्त योगदान दिया। इसी नाटक को इधर प्रसन्ना ने रंगमंडल के कलाकारों के साथ काफ़ी कुछ पुरानी प्रस्तुति को बरकरार रखते हुए भी बिलकुल नए रूप में प्रस्तुत किया। यद्यपि संगीत मोहन उप्रेती की मूल संगीत रचना पर ही आधारित था, फिर भी गोविन्द पांडे ने उसे एक नई ताज़गी के साथ प्रस्तुत किया। भारतीय शास्त्रीय नाटकों की तरफ़ ऐसी ही एक वापसी रॉबिन दास की भी हुई जब उन्होंने लगातार पश्चिमी नाटकों को करने के बाद शूद्रक के *मृच्छकटिक* को अपने यहाँ के छात्रों के साथ मंचित किया। यह प्रस्तुति आज भी इस बात का सबसे अच्छा उदाहरण है कि प्राचीन शास्त्रीय ढाँचे को ज्यों का त्यों बरक़रार रखते हुए भी उसे एक नए और आधुनिक अन्दाज़ में कैसे प्रस्तुत किया जा सकता है। यहीं पर हम रॉबिन दास की एक दूसरी प्रस्तुति *अनामदास का पोथा* को भी याद कर सकते हैं जिसे उन्होंने बिना किसी नाट्य रूपान्तर के हजारी प्रसाद द्विवेदी के इसी नाम के उपन्यास में से ज़रूरी अंशों को लेकर प्रस्तुत किया था। पहले इस प्रस्तुति को ब. व. कारन्त रंगमंडल के साथ करना

चाहते थे लेकिन उनकी अपनी व्यस्तताओं के चलते यह सम्भव नहीं हो पाया और उन्होंने इसकी संगीत रचना तैयार की। कहने की ज़रूरत नहीं कि हजारी प्रसाद द्विवेदी के उपन्यास के बहुत ही जटिल दार्शनिक कथ्य को निर्देशक ने प्रस्तुति के माध्यम से सहज ग्राह्य बना दिया। इसी क्रम में हम नाटक से अलग दो उपन्यासों और एक लम्बी कहानी की प्रस्तुति की चर्चा भी करते चलें। पहली प्रस्तुति है—विनोद कुमार शुक्ल के उपन्यास *दीवार में एक खिड़की रहती थी* का स्वयं निर्देशक मोहन महर्षि द्वारा किया गया नाट्यरूपान्तरण जिसे उन्होंने रंगमंडल के साथ प्रस्तुत किया। संयोग से इसी उपन्यास को उस साल साहित्य अकादेमी का पुरस्कार भी प्राप्त हुआ था और उसकी प्रस्तुति भी बेहद खूबसूरत थी। बेशक वह उपन्यास पर आधारित होकर भी निर्देशक के अपने रूपान्तरण में एक नई रचना का आभास भी देती थी।

दूसरी प्रस्तुति है—प्रेमचन्द का *गोदान* जिसे एम.के. रैना ने विद्यालय के छात्रों के साथ प्रेमचन्द की एक सौ पच्चीसवीं जयन्ती के अवसर पर 2005 में प्रस्तुत किया था। यद्यपि इस प्रस्तुति में भी ज़्यादातर हिस्सा विष्णु प्रभाकर द्वारा किए गए नाट्य रूपान्तरण *होरी* से ही लिया गया था लेकिन बहुत-कुछ निर्देशक ने अपनी तरफ़ से भी जोड़ा था। उदाहरण के लिए प्रेमचन्द की कहानियों में से *कफ़न* और *ठाकुर का कुआँ* के बहुत सारे अंश जिनके कारण यह प्रस्तुति अपने कैनवास में पूरे गाँव को समेट लेने में कामयाब हुई। इतना ही नहीं, कलकत्ता से अपने गाँव लौटने पर गोबर जो कपड़े और खिलौने लाता है उनमें आज बिकनेवाले हथियारनुमा खिलौनों को जोड़कर जैसे निर्देशक ने प्रेमचन्द के *गोदान* को पूरी तरह से समकालीन यथार्थ से जोड़ दिया था। लम्बी कहानी के रूप में कृष्णा सोबती की *ऐ लड़की* का उदाहरण मौजूद है जिसे मैंने ही रंगमंडल की मात्र तीन अभिनेत्रियों के साथ नाट्य रूपान्तर किए बिना प्रस्तुत किया था। कहानी अपनी फार्म में पूरी तरह से यथार्थवादी शैली में लिखी गई है। लेकिन अपने अभिनेताओं के साथ काम करते-करते अभिनय और मंच-सज्जा की जिस नई भाषा की तलाश हम लोग कर पाए वह दर्शकों के लिए भी बिलकुल नया अनुभव था। शास्त्रीय शब्दावली में बात करें तो रंगमंडल के साथ की गई कहानियों की पहली प्रस्तुति *तीन एकान्त* लोकधर्मी मुहावरे में की गई प्रस्तुति और *ऐ लड़की* नाट्यधर्मी शैली में प्रस्तुत की गई थी।

विद्यालय की प्रस्तुतियों के बारे में प्रायः यह बात भी की जाती है कि वे कलात्मक और सौन्दर्यपरक सरोकारों से ज़्यादा ताल्लुक़ रखती हैं और सामाजिक सरोकारों ते बहुत कम। इसके जवाब में मुझे यही कहना है कि अन्ततः कोई भी प्रस्तुति कितनी भी कलात्मक क्यों न हो उसका सामाजिक पक्ष उसमें निहित रहता ही है। लेकिन फिर भी यदि विद्यालय द्वारा मंचित नाटकों को लेकर ठोस उदाहरण देने ही हों तो मैं यहाँ विशेष रूप से तीन प्रस्तुतियों की अलग से चर्चा करना चाहूँगा। पहली प्रस्तुति है त्रिपुरारि शर्मा द्वारा लिखित और रति बार्थोलोम्यू एवं सुभाष उद्गाता

के साथ मिलकर रंगमंडल के अभिनेताओं के साथ एक विशेष शिविर के तहत तैयार की गई प्रस्तुति जो कुष्ठ रोगियों की सामाजिक स्थिति पर आधारित थी। इसे प्रस्तुत करने से पहले इस दिशा में पर्याप्त शोधकार्य किया गया और तब कहीं जाकर इस प्रस्तुति की तैयारी शुरू हुई। कहना होगा कि *काठ की गाड़ी* नाम से मंचित इस प्रस्तुति ने दिल्ली के दर्शकों को झकझोर कर रख दिया। ठीक ऐसा ही अनुभव रंगमंडल की एक दूसरी प्रस्तुति *जानेमन* के साथ हुआ जिसकी विषयवस्तु समाज से पूरी तरह से बहिष्कृत और तिरस्कृत हिजड़ों की अन्दरूनी ज़िन्दगी से सम्बद्ध थी। इस नाटक की रचना के लिए भी महाराष्ट्र के नाटककार मछिन्द्र मोरे ने खूब गहराई से उनके जीवन का अध्ययन किया था और हमारे अभिनेताओं ने भी हिजड़ों के हाव-भाव, चाल-ढाल और बातचीत की कला का बहुत ही अच्छा चित्र तैयार किया था।

विद्यालय में मुख्यधारा के रंगमंडल के साथ-साथ टी. आई. ई. कम्पनी अथवा संस्कार रंग टोली नाम से एक अलग तरह का रंगमंडल भी कई सालों से कार्यरत है जो वयस्क अभिनेताओं द्वारा बच्चों के लिए शैक्षिक रंगमंच की दिशा में सक्रिय है। छात्रों को इस तरह के रंगमंच का भी अनुभव प्राप्त हो, इसके लिए विद्यालय ने इस दिशा में लगातार सक्रिय सुप्रसिद्ध निर्देशक मोहन अगाशे को निमन्त्रित किया और उन्होंने मराठी के नाटककार राम गोडबोले के नाटक पर *हमें खेलना है* को हिन्दी में प्रस्तुत किया। देश में साम्प्रदायिक दंगों की पृष्ठभूमि में बच्चों की दृष्टि से इस समस्या को विश्लेषित किए जाने के अर्थ में यह प्रस्तुति बहुत ही सार्थक हुई। बाद में संस्कार रंग टोली ने इसे अपनी गतिविधि का भी ज़रूरी हिस्सा बना लिया।

बेगम का तकिया और *मुख्यमन्त्री* जैसी सफलतम प्रस्तुतियाँ देने के बाद रंजीत कपूर बहुत सालों के बाद पुनः विद्यालय में आमन्त्रित किए गए और उन्होंने पाँच-छह सालों में कई नाटक रंगमंडल और छात्रों के साथ किए। इस दौर के उनके एक प्रस्तुतीकरण की विशेष रूप से चर्चा करना चाहेंगे और वह है *आंटियों का तहखाना*। इसकी चर्चा इसलिए कि जहाँ रंजीत कपूर अपनी संगीतमय और गम्भीर प्रस्तुतियों के लिए जाने जाते हैं वहीं उनकी हास्य प्रस्तुतियाँ भी उतनी ही सफल हुई हैं—यह प्रस्तुति उसका एक ठोस उदाहरण है।

विद्यालय के अपने छात्रों में बी.एम. शाह, बलराज पंडित, त्रिपुरारि शर्मा, अभिराम भडकमकर नाटककार के रूप में भी चर्चित हुए तो इधर के वर्षों में आसिफ़ अली ने भी अपनी पहचान बनाई है और उनका नाट्यालेख *काफ़्का एक अध्याय* आलेख और प्रस्तुति दोनों स्तरों पर बहुत पसन्द किया गया। इस प्रस्तुति को वर्तमान रंगमंडल प्रमुख सुरेश शर्मा ने निर्देशित किया था और एक निर्देशक की परिकल्पना के रूप में उन्हें भी प्रस्तुति की सफलता का श्रेय दिया जाना चाहिए।

2006-07 हजारी प्रसाद द्विवेदी की जन्मशती का वर्ष था और यह सर्वथा उचित ही था कि जन्मशती को मनाए जाने के परिप्रेक्ष्य में विद्यालय के रंगमंडल ने उनके

अत्यन्त लोकप्रिय और चिरपरिचित *बाणभट्ट की आत्मकथा* को मंचन के लिए चुना। इसका नाट्य रूपान्तर अमिताभ श्रीवास्तव ने किया था और निर्देशन एम.के रैना ने। यह पहला अवसर नहीं था जब रैना ने रंगमंडल के कलाकारों के साथ किसी उपन्यास को लेकर काम किया था। *कभी ना छोड़े खेत, करमांवाली* और *गोदान* उनकी ऐसी ही दूसरी प्रस्तुतियाँ रही हैं। लेकिन जिस बड़े फलक पर *बाणभट्ट की आत्मकथा* को प्रस्तुत किया गया था निश्चय ही दर्शकों पर उसका बेहद गहरा असर पड़ा।

इस तरह से हमने 1959 से लेकर 2007 तक के बीच मंचित हुई 51 यादगार नाट्यप्रस्तुतियों की संक्षिप्त चर्चा की है। कोशिश यही रही है कि लगभग सभी महत्त्वपूर्ण प्रस्तुतियों का उल्लेख भी हो जाए और उनके बहाने से विद्यालय के रंगमंडल द्वारा किए जानेवाले काम के अलग-अलग रूप, रंग और छवियों की एक बानगी भी प्रस्तुत की जा सके। दिल्ली और दिल्ली से बाहर के दर्शक भी इन प्रस्तुतियों के इसी तरह के अनुभव से अवश्य गुज़रे होंगे, जहाँ-जहाँ इन प्रस्तुतियों को विद्यालय अथवा रंगमंडल की यात्राओं के दौरान जाना पड़ा। मैं यहाँ ऐसे दो अनुभवों की अवश्य चर्चा करना चाहूँगा जिनका विदेशी भूमि पर मैं स्वयं एक दर्शक रहा हूँ। यद्यपि 1982 से लगातार विद्यालय की प्रस्तुतियाँ—*तुग़लक़, जस्मा ओड़न, अन्धा युग,* टी.आई.ई. कम्पनी का एक पूरा फेस्टीवल और छात्र प्रस्तुतियों के रूप में *टीन का सिपाही, अभिज्ञानशाकुन्तलम्, मिड नाइट्स चिल्ड्रेन* और *अजीजुन्निसा* आदि दुनिया के कई शहरों में घूम आई हैं। लेकिन चीन में मंचित दो प्रस्तुतियों का अनुभव आज भी भुलाए नहीं भूलता। पहली है रंगमंडल की *ऐ लड़की* और दूसरी रंगमंडल की ही *काफ़्का*। इनकी चर्चा इसलिए कि किसी भी तरह के गीत-संगीत और आकर्षक वेशभूषा अथवा गतिविधान से रहित पूरी तरह से शाब्दिक आलेख पर आधारित होकर भी इन्हें चीन के दर्शकों का जो अद्भुत रिस्पांस मिला वह देखने लायक था। ऐसे अनुभवों से इस विश्वास को पुनः बल मिलता है कि अन्ततः भावना और संवेदना की अपनी एक रंगभाषा बनती चली जाती है जो शब्दों की बनी-बनाई सीमा को भी पीछे छोड़ देती है।

राष्ट्रीय नाट्य विद्यालय की एक अर्द्धशती

वर्ष 2008 में राष्ट्रीय नाट्य विद्यालय ने अपने पचास साल पूरे किए। बहुत कम लोगों को मालूम होगा कि इसका पहला नाम एशियन थिएटर इंस्टीट्यूट था जिसकी स्थापना भारतीय नाट्य संघ द्वारा यूनेस्को और संगीत नाटक अकादमी के सहयोग से प्रदर्शनी मैदान (आज का प्रगति मैदान) में की गई थी और तब इसका पाठ्यक्रम मात्र एक साल का था। दिल्ली के सुप्रसिद्ध रंग-निर्देशक राजेन्द्र नाथ और बाल रंगमंच विशेषज्ञ श्रीमती रेखा जैन इसी एक वर्षीय पाठ्यक्रम के छात्र रहे। राष्ट्रीय नाट्य विद्यालय के प्राध्यापक संकाय के दो प्राध्यापक देव महापात्र और शान्ता गांधी भी इसी पहले सत्र में छात्र के तौर पर सम्मिलित थे।

1959 में संगीत नाटक अकादेमी ने एशियन थिएटर इंस्टीट्यूट को नेशनल स्कूल ऑफ ड्रामा के साथ मिलाकर 'नेशनल स्कूल ऑफ ड्रामा एंड एशियन थिएटर इंस्टीट्यूट' नाम से निज़ामुद्दीन में एक किराए के भवन में इसकी शुरुआत की और दो वर्ष के पाठ्यक्रम की रूपरेखा बनाई। कहा जाता है कि इसके पहले निदेशक के रूप में सबसे पहले पश्चिमी बंगाल के चिर-परिचित रंग-निर्देशक शम्भु मित्र को विद्यालय का निदेशक बनने के लिए आमन्त्रित किया गया था लेकिन उन्होंने अस्वीकार कर दिया। इसके बाद मुम्बई से इब्राहिम अलकाज़ी को यही प्रस्ताव भेजा गया जो रॉयल अकेडेमी ऑफ ड्रामाटिक आर्ट, लन्दन से रंगमंच के विधिवत् प्रशिक्षण के बाद अपनी संस्था थिएटर यूनिट के साथ मुम्बई में नियमित रंगकर्म कर रहे थे और आधुनिक भारतीय रंगमंच में एक नई रंगभाषा और पद्धति में लगातार प्रयोग कर रहे थे जो बाद में राष्ट्रीय नाट्य विद्यालय के विकसित पाठ्यक्रम का भी आधार बनी लेकिन उस वक़्त उन्होंने भी इस प्रस्ताव को ठुकरा दिया। अन्ततः पहले दो वर्ष के लिए बंगाल से ही सत्तू सेन निदेशक होकर आए जो जर्मनी से लाइटिंग डिज़ाइन में विशेष रूप से प्रशिक्षित होकर भारत लौटे थे और इस दिशा में नए-नए प्रयोग कर रहे थे। लेकिन दो साल के बाद अपने ख़राब स्वास्थ्य के कारण सत्तू सेन को भी लौटना पड़ा और निदेशक बनने के लिए पुनः इब्राहिम अलकाज़ी से आग्रह किया गया जिन्होंने इस बार इसे स्वीकार कर लिया।

1962 में इब्राहिम अलकाज़ी ने विद्यालय के निदेशक के रूप में कार्यभार सँभाला तथा 1977 तक वे इस पद पर कार्यरत रहे। इन 15 वर्षों में विद्यालय ने उनके नेतृत्व

में नाट्यकला के शिक्षण-प्रशिक्षण की एक ऐसी पद्धति विकसित की जो भले ही काफ़ी दूर तक पश्चिमी सोच के साथ जुड़ी हुई थी लेकिन इसमें कोई सन्देह नहीं कि उसने इन 15 वर्षों में रंगकर्मियों की एक बड़ी पीढ़ी तैयार की जिसने रंगमंच को ही पूरी तरह से अपना ओढ़ना और बिछौना बनाया। दूसरी तरफ़ यह भी उतना ही बड़ा सत्य है कि उस वक़्त न तो दूरदर्शन था और न फ़िल्मों का ही वैसा आकर्षण था जो आज दिखाई पड़ता है। लेकिन फिर भी आँकड़ों के तौर पर राष्ट्रीय नाट्य विद्यालय के बारे में फैले हुए मिथकों को शुरू में ही तोड़ देना अच्छा रहेगा। आज तक राष्ट्रीय नाट्य विद्यालय से कुल मिलाकर 758 छात्रों ने प्रशिक्षण प्राप्त किया है जो देश के 28 राज्यों और 24 भाषाओं का प्रतिनिधित्व करते हैं। इनमें से मात्र 30-40 प्रतिशत मुम्बई की मायानगरी में अपनी किस्मत आज़माने के लिए पहुँचे और उनमें से बहुत से फ़िल्मी ऊँचाइयाँ हासिल करने में सफल हुए। बाक़ी 60 प्रतिशत के आसपास अपनी-अपनी भाषाओं, बोलियों और क्षेत्रों में स्वतन्त्र रूप से रंगकर्म कर रहे हैं, विश्वविद्यालयों के नाट्यविभागों में पढ़ा रहे हैं, सूचना और प्रसारण मन्त्रालय में कलाकार, व्यवस्थापक अथवा प्रस्तुतकर्त्ता की हैसियत से नौकरी कर रहे हैं और कुछ लोग रेडियो और दूरदर्शन में अच्छे पदों पर आसीन हैं। अतः यह कहना कि रंगकर्म का कोई भविष्य नहीं है, बिलकुल ग़लत होगा। यह बात निश्चित है कि यदि शुरू में ही हर राज्य में एक-एक व्यावसायिक रंगमंडल की स्थापना भी हो गई होती तो यह समस्या हमेशा के लिए ख़त्म हो गई होती।

1975 में राष्ट्रीय नाट्य विद्यालय संगीत नाटक अकादेमी से अलग शिक्षा मन्त्रालय के अधीन एक स्वायत्त संस्थान के रूप में रजिस्टर्ड हुआ और नेशनल स्कूल ऑफ ड्रामा सोसायटी के नाम से उसकी अपनी एक सलाहकार समिति बनी। आज तक राष्ट्रीय नाट्य विद्यालय के दस निदेशक हुए हैं जिनमें सत्तू सेन से लेकर वर्तमान निदेशक डॉ. अनुराधा कपूर भी शामिल हैं। संयोग की बात है कि इनमें पाँच निर्देशक क्रमशः बी.एम. शाह, कीर्ति जैन, राम गोपाल बजाज, देवेन्द्र राज अंकुर और डॉ. अनुराधा कपूर विद्यालय के ही प्राध्यापक संकाय से सम्बद्ध हैं और बाक़ी पाँच क्रमशः सत्तू सेन, इब्राहिम अलकाज़ी, ब. व. कारन्त, मोहन महर्षि और रतन थियम बाहर से आए थे। हर निदेशक का कार्यकाल किसी-न-कित्ती नई शुरुआत के लिए जाना जाता है। उदाहरण के लिए सत्तू सेन के दो वर्ष देश में पहली बार विधिवत् प्रशिक्षण पद्धति के पाठ्यक्रम की शुरुआत बने तो अलकाज़ी के 15 साल तीन वर्षीय पाठ्यक्रम, दो प्रेक्षागृहों के निर्माण (जो कि मेघदूत और स्टूडियो थिएटर के नाम से अभी भी रवीन्द्र भवन में स्थित है) के लिए तो जाने जाते ही हैं, इसके साथ ही तीन अलग-अलग शाखाओं में विशेषज्ञता की दृष्टि से भी चर्चित रहे अर्थात् अभिनय, निर्देशन और मंच-कला। ब. व. कारन्त का कार्यकाल विस्तार योजना और बाल रंगमंच की शुरुआत, रंगमंच में किसी एक विषय में विशेषज्ञता के स्थान पर रंगमंच

में समन्वित प्रशिक्षण पद्धति के रूप में जाना गया तो बी.एम. शाह के समय में एक वर्षीय फेलोशिप कार्यक्रम को लाया गया जिसके तहत छात्र अपने क्षेत्रों में जाकर शोधकार्य कर सकते हैं। मोहन महर्षि के समय में अभिनय के प्रशिक्षण में सीनवर्क की शुरुआत हुई तो रतन थियम का डेढ़ वर्षीय कार्यकाल एक बहुत बड़े दीक्षांत समारोह के लिए चर्चित हुआ जिसमें पिछले 14 वर्षों के स्नातकों को एक साथ उपाधि-पत्र प्रदान किए गए। कीर्ति जैन ने विद्यालय में एक दूसरे रंगमंडल—थिएटर इन एजुकेशन को जोड़ा जिसमें वयस्कों द्वारा बच्चों के लिए रंगमंच और उसका प्रशिक्षण देने की शुरुआत हुई। राम गोपाल बजाज का कार्यकाल भारत रंग महोत्सव जैसी महत्त्वपूर्ण घटना के लिए जाना जाता है तो देवेन्द्र राज अंकुर ने विद्यालय की प्रकाशन योजना को आगे बढ़ाया, वीकएंड थिएटर की शुरुआत की जिसके तहत बाहर की रंगमंडलियों को भी विद्यालय में मंचन के लिए अवसर मिला और देश भर में होनेवाले नाट्यसमारोहों में नाट्यसंस्थाओं को भेजने की पहल की। यह अच्छी बात है कि डॉ. अनुराधा कपूर के कार्यकाल का पहला वर्ष स्वर्ण जयन्ती समारोह के रूप में याद किया जाएगा जो विद्यालय के 50 भूतपूर्व छात्र-छात्राओं की प्रस्तुतियों को एक साथ देखने का अवसर उपलब्ध कराएगा जिसके बहाने से लगभग सम्पूर्ण भारतीय रंगमंच का एक खुला आकलन किया जा सकता है।

प्रायः राष्ट्रीय नाट्य विद्यालय को लेकर इधर के वर्षों में बहुत से सवाल उठाए जाते रहे हैं। उनमें सबसे अहम सवाल तो यही है कि अन्ततः रंगकर्म का सचमुच में क्या भविष्य है? इसका जवाब काफ़ी हद तक ऊपर दिया जा चुका है, फिर भी यह जोड़ना ज़रूरी लगता है कि रंगमंच ही क्यों, यही सवाल नृत्य, संगीत, चित्रकला, मूर्तिकला जैसी दूसरी कलाओं के सन्दर्भ में भी उतना ही ज़रूरी है। दूसरे 50 वर्ष के अस्तित्व के बाद भी राष्ट्रीय नाट्य विद्यालय का भारतीय रंगमंच में क्या योगदान है? इसे दोहराने की ज़रूरत नहीं है कि इस दिशा में यदि किसी एकमात्र संस्था ने कोई भी असर पैदा किया है तो निश्चित रूप से वह राष्ट्रीय नाट्य विद्यालय है और इस असर को कई रूपों में देखा जा सकता है। मसलन, दूसरी भाषाओं के अच्छे-से-अच्छे नाटकों को हिन्दी रंगमंच में प्रस्तुत करके एक बड़ा प्लेटफॉर्म प्रदान करना। भारतीय रंगमंच में पहली बार एकदम नई शुरुआत करना जैसे *कहानी का रंगमंच*। अपने देश के रंगकर्म को अन्तर्राष्ट्रीय स्तर पर दिखाना और विश्व रंगमंच के परिप्रेक्ष्य में उसकी अपनी एक निश्चित छवि और पहचान को स्थापित करना। रंगमंच को पूरी तरह से आजीविका के साथ-साथ प्रस्तुति के स्तर पर एक व्यावसायिक स्वरूप प्रदान करना। पश्चिमी और भारतीय रंगमंच के आपसी मेलजोल के बीच से एक ऐसे रंगमंच का विकास करना जो सभी दर्शकों को अनुभव के स्तर पर एक बहुत ही गहरी और मार्मिक दुनिया में से गुज़रकर उनके व्यक्तित्व और कृतित्व में निखार लाने की कोशिश करे। इसका पहला चरण इब्राहिम अलकाज़ी, शान्ता गांधी और ब. व.

कारन्त के काम में देखा जा सकता है जिसे बाद में आनेवाली पीढ़ियों ने आगे बढ़ाया।

राष्ट्रीय नाट्य विद्यालय के बारे में एक तथ्य और एक सत्य निश्चित तौर पर कहा जा सकता है कि आज तक यहाँ जितनी भी प्रस्तुतियाँ हुई हैं उनमें भारतीय भाषाओं के नाटकों का पलड़ा कम-से-कम 65 प्रतिशत और पाश्चात्य नाटकों का 35 प्रतिशत के आसपास है और उनमें से भी ज़्यादातर रूपान्तरित होकर ही प्रस्तुत हुए हैं। अतः यह मानना कि यहाँ सिर्फ़ पाश्चात्य नाटकों का ही वर्चस्व रहा है, बिलकुल ग़लत होगा।

एक निर्देशक की रचना-प्रक्रिया

[इस आलेख में वर्ष 2008 में राष्ट्रीय नाट्य विद्यालय में हुई ***पाँचवाँ ड्राफ़्ट*** *शीर्षक प्रस्तुति की तैयारी का पूरा विवरण दिया गया है। यह विवरण डायरी की फॉर्म में अर्चना अग्रवाल* ने तैयार किया था। इस निबन्ध-संकलन में इस आलेख को रखने का उद्‌देश्य युवा रंगकर्मियों और कहानी के मंचन में रुचि रखनेवाले पाठकों को उस पूरी प्रक्रिया से अवगत कराना है जिससे कहानी का रंगमंच दर्शकों के सामने आने से पहले गुजरता है।]*

अप्रैल 04, 2008

मैं आज सुबह ही दिल्ली पहुँची और जल्दी-जल्दी तैयार होकर स्कूल आ गई। लंच के बाद अंकुरजी की द्वितीय वर्ष के छात्रों के साथ क्लास थी। मैं भी साथ गई। अंकुरजी ने मेरा परिचय करवाया--ये आपके कार्य का--पूरे प्रोसेस का डाक्यूमेंटेशन करेंगी।

छात्रों के साथ अंकुरजी की थोड़ी बातचीत हुई जिसमें उन्होंने यह पता किया कि सबको प्रस्तुत होनेवाली कहानियों के फ़ोटोस्टेट मिल गए हैं न, और रिहर्सल शुरू करने में कोई शुरुआती अड़चन तो नहीं है। फिर रिहर्सल की जगहें तय की गईं और छात्रों को सात अप्रैल को पहला ड्राफ़्ट दिखाने की हिदायत के साथ विदा कर दिया गया। अंकुरजी ने एक छात्र को मेरे साथ कर दिया जो मुझे रिहर्सल की जगहें दिखा दे। मैंने तौक़ीर के साथ जाकर वे जगहें देखीं--स्टूडियो नं. 1; संगीत कक्ष; अन्तर्मुख; लाइट स्टूडियो और अभिकल्प। रिहर्सल की जगहों पर अभी छात्र पहुँचे नहीं थे या इक्का-दुक्का पहुँचे थे।

चूँकि कक्षाएँ वस्तुतः आज मेरे आने के कई दिन पहले 27 मार्च से ही चल रही थीं, अतः उन छूट गई कक्षाओं में क्या हुआ, इसकी जानकारी पाने के उद्‌देश्य से मैंने चाहा कि एक बार सब छात्रों से एक साथ मिलूँ। तो तय हुआ कि अगले दिन 2:00

---

* ***अर्चना अग्रवाल*** *: बनारस हिन्दू विश्वविद्यालय से एम.ए. तथा पी-एच.डी. की उपाधि। शोधकार्य के लिए जवाहरलाल नेहरू स्मारक निधि से दो वर्षों के लिए इंडोनेशिया में रहकर वहाँ की पारम्परिक नाट्यनृत्य कलाओं के अध्ययन के लिए छात्रवृत्ति। भरतनाट्यम की छात्रा, रंगमंच, अभिनय में गहरी अभिरुचि।* नाट्यशास्त्रीय अभिनय : सिद्धान्त एवं प्रयोग *नामक ग्रन्थ प्रकाशित।* ***सम्प्रति*** *: वाराणसी में आर्य महिला डिग्री कॉलेज में अध्यापन करते हुए स्वतन्त्र अध्ययन-चिन्तन और लेखन के साथ-साथ सामाजिक-सांस्कृतिक गतिविधियों में संलग्न।*

बजे हम सब वहीं मिलेंगे जहाँ आज कक्षा हुई थी—यानी कमेटी रूम में। इसके बाद मैं स्कूल से निकल आई। आज सुबह मेस के बाहर तौक़ीर मिला। उसने बताया कि आज उनका व्यस्त दिन है। पहले 11:00 बजे से निदेशिका महोदया के साथ मीटिंग है, फिर भास्कर चंदावरकरजी के साथ म्यूज़िक क्लास और फिर रात को नए-पुराने छात्रों का एक गेट-टुगेदर भी है, सो हो सकता है कि कोई रिहर्सल न हो पाए। और 2:00 बजे मिलने का कार्यक्रम तो रद्द था ही।

बाद में टीना मिली तो उसने भी यही बताया। तौक़ीर ने कहा था कि यदि रिहर्सल होती है तो वह मुझे फ़ोन करेगा। लेकिन मेरे पास कोई फ़ोन नहीं आया!

बाद में मुझे पता चला कि कुछ ग्रुप ने रिहर्सलें की थीं, लेकिन उसकी सूचना मुझ तक नहीं पहुँच पाई थी।

अप्रैल 06, 2008

आज सुबह-सुबह ही मैंने ब्वायज़ हॉस्टल में फ़ोन किया तो शाहिद ने बताया कि आज सब रिहर्सल करेंगे—11:00 बजे सुबह से शुरू करके अलग-अलग समयों पर। मैं ग्यारह बजे स्कूल पहुँच गई।

सबसे पहले मैं स्टूडियो नं. 1 पहुँची। वहाँ 11.00 बजे से राजेन्द्र, आशीष, विक्रम और प्रणामी उषा प्रियंवदा की कहानी *अकेली राह* का रिहर्सल कर रहे थे। यह ग्रुप मुझे बहुत मेहनती लगा। इन्होंने बताया कि इन्होंने कल भी रिहर्सल की थी। इन्होंने कहानी के हिस्सों को आपस में विभाजित कर लिया था और आज बिना स्क्रिप्ट लिए करने की कोशिश कर रहे थे। कहानी सिम्पल डिज़ाइनों के साथ फ़्लोर पर थी। इन्होंने सीधी-सादी रियलिस्टिक एप्रोच अपनाई थी और कहानी के दो मुख्य पात्रों—माँ और बेटी—को दो अलग-अलग अभिनेता—आशीष और गौरी—प्ले कर रहे थे। बाक़ी पात्रों और नैरेशन को उन्होंने सुविधानुसार आपस में बाँट रखा था।

दूसरी टीम मुझे *अन्तर्मुख* में मिली जो सुबह 11:30 बजे से मिथिलेश्वर की कहानी *बाबूजी* का अभ्यास कर रही थी। इस टीम में तीन लोग हैं—तुषार, शाहिद और सविता। इस टीम की ख़ास बात प्रॉपर्टी का इस्तेमाल है। ये लोग बाबूजी के प्रतीक के रूप में एक मूर्ति का भी इस्तेमाल कर रहे हैं। कहानी की प्रस्तुति को लेकर इनकी एप्रोच भी रियलिस्टिक है। मैंने इनकी रिहर्सल सुबह भी देखी और शाम को भी। सुबह जहाँ बहुत बिखराव था, शाम को वहीं काफ़ी कसाव आ गया था।

तीसरा ग्रुप मुझे 2:00 बजे के बाद अन्तर्मुख में ही मिला—दुष्यन्त, पलाश, प्रवीण और अनामिका। इन्हें गंगाप्रसाद विमल की कहानी *इन्तज़ार में घटना* करने को मिली है। इन्होंने कहानी को कुछ-कुछ अपने तरीक़े से विज़ुअल में ढाला था और इनकी दो-एक डिज़ाइनें तो मुझे सचमुच बहुत अच्छी लगीं, हालाँकि दो-एक रंगयुक्तियों से मैं अपना सामंजस्य नहीं भी बिठा पाई। फिर भी यह टीम मुझे काफ़ी मुक्त और क्रिएटिव लगी।

शाम 4:30 बजे लाइटिंग स्टूडियो में मुझे कुमार दास, बोलोराम, मानस और गगन का चौथा ग्रुप मिला। ये असग़र वज़ाहत की कहानी *अपनी-अपनी पत्नियों का सांस्कृतिक विकास* कर रहे हैं। इनकी कहानी की मैं सिर्फ़ रीडिंग देख पाई, फ़्लोर पर नहीं। हालाँकि ये भी कुछ डिज़ाइनें बनाकर फ्लोर पर हैं, ऐसा इन्होंने बताया। पर, मेरे पहुँचने से पहले ही ये एक रन कर चुके थे और तब एक बार फिर अपने-अपने हिस्से को पक्का करने की दृष्टि से रीडिंग कर रहे थे।

पाँचवाँ और अन्तिम ग्रुप तौक़ीर, गौरव, दुर्गेश और टीना का है। इन्होंने रात नौ बजे से योगा रूम में अपनी रिहर्सल शुरू की जो पौने बारह बजे मेरे उन्हें छोड़कर आने के बाद तक चलती रही। इन्हें यशपाल की *परदा* मिली है। इन्होंने पूरी कहानी को यूनिट में बाँट लिया है और यूनिट-दर-यूनिट काम कर रहे हैं। इन्होंने अपनी प्रस्तुति की दो विशेषताएँ बताईं—एक तो ये दर्शकों से कहीं भी सीधा संवाद स्थापित नहीं कर रहे। नैरेशन को भी ये डायलॉग की तरह इस्तेमाल करेंगे या फिर आपस में ही सुनाएँगे और दूसरा ये कि ये कहानी के अन्त से शुरू करेंगे और फिर वहीं तक पहुँचेंगे।

मैंने छात्रों से कहानियों की प्रस्तुति के सम्बन्ध में बात की। कुछ ने कहानियों को बिना नाट्यरूपान्तरण किए प्रस्तुत करने के सम्बन्ध में पहली बार जाना है; तो कुछ पहले भी कहानी प्रस्तुत कर चुके हैं, हालाँकि बिलकुल वैसे नहीं, जैसे अभी कर रहे हैं। कुछ ने तो अंकुरजी के साथ भी पहले काम किया हुआ है। फिर भी सभी ने माना कि इस बार इस तरह से काम करना कि अभिनेता भी स्वयं हैं और नरेटर भी, डिज़ाइनर भी ख़ुद हैं और निर्देशक भी—एक बिलकुल नया अनुभव है, जिसमें स्वतन्त्रता है—अभिनय के नए आयाम तलाशने की असीम सम्भावना। लेकिन साथ ही चुनौतियाँ भी हैं—लेखक की द्वि-आयामी कहानी को दृश्य का तीसरा आयाम देते हुए, लेकिन बिना अपनी तरफ़ से कुछ घटाए-बढ़ाए, उसके मन्तव्य को तीव्रता और गहनता से दर्शकों तक प्रक्षेपित करना!

सबने कहा कि कहीं-कहीं कुछ मुश्किलें तो हैं, पर काम में मज़ा आ रहा है। सविता ने कहा कि यह वैसा ही है जैसे बच्चे घर-घर खेलते हैं, जिसमें पूरी स्वतन्त्रता होती है, कल्पना की उड़ान होती है और यथार्थ का अनुकरण। शुरुआती दिक़्क़तें तो अंकुरजी और कुँवरजी के साथ बातचीत से कुछ हल हुई हैं। कहानी के प्रस्तुतिकरण की कुछ आधारभूत बातें कहानी-पाठ के बाद हुए तीन सेशनों में स्पष्ट हुईं। अब पहले ड्राफ़्ट को दिखाने के बाद शायद आगे का रास्ता खुले। वे मुझे बताते हैं।

कहानियाँ यद्यपि सर्वसम्मति से चुनी गई हैं, फिर भी ऐसा नहीं है कि करनेवालों को उनकी पसन्द की ही कहानियाँ मिली हों क्योंकि कौन-सी टीम कौन-सी कहानी करेगी इसका निर्णय लॉटरी से हुआ है। अधिकतर छात्रों ने कहा कि यदि उनकी चुनी हुई कहानी उन्हें करने को मिलती तो शायद वे बेहतर कर पाते क्योंकि उनसे उनका इन्वॉल्वमेंट ज़्यादा बन गया था। लेकिन फिर भी उन्हें तो करना ही है और उन्हें जो

मिला है उसे वे अपना सर्वश्रेष्ठ देना चाहेंगे। पर कुछ ने इस चयन प्रक्रिया पर सवाल उठाया। उनका कहना था कि आख़िर ये जो सौ कहानियाँ चुनी गईं उनका आधार क्या था और फिर जो कहानियाँ बँटी छात्रों के बीच और उनसे उनमें से एक चुनकर लाने को कहा गया, तो उसमें भी ड्रॉ बैक था। क्योंकि ऐसा हुआ कि किसी को जो पाँच कहानियाँ मिलीं, उनमें से एक भी खेलने लायक़ बढ़िया नहीं लगी, जबकि किसी के हिस्से में एक से ज़्यादा अच्छी कहानियाँ आ गईं। ऐसी स्थिति में एक कमज़ोर कहानी के मुक़ाबले एक अच्छी कहानी को छोड़ देना पड़ा। फिर जब कहानियों का पाठ हुआ और चार या पाँच कहानियों में से खेलने के लिए एक चुनी गई, वह भी हमेशा रैशनली नहीं हुआ। कुछ कहानियों के लिए तो अच्छा-ख़ासा विचार-विमर्श, तर्क-वितर्क, बहस-मुबाहिसे हुए, जबकि कुछ को बिना किसी ख़ास बातचीत के ही चुन लिया गया।

इस बार एक टीम उसे जो कहानी मिली है, उससे सन्तुष्ट नहीं है। मैंने कहा क्यों? ये तो सर्वसम्मति से चुनी गई हैं? तो उनका कहना था कि वास्तव में इस कहानी को जिस दिन पढ़ा गया, उस दिन कोई ख़ास चर्चा हुई ही नहीं। "क्यों? यह तो सर्वसम्मति से चुनी गई है?" तो उनका कहना था कि वास्तव में इस कहानी को जिस दिन पढ़ा गया, उस दिन कोई ख़ास चर्चा हुई ही नहीं। "क्यों? क्या थक गए थे? या मूड नहीं था?" "शायद! या फिर ठेलू प्रवृत्ति", "ओए निपटाओ यार! क्या फ़र्क पड़ता है।"—एक छात्र ने कहा।

उन्होंने सुझाव दिया कि यदि पहले ग्रुप निश्चित करके उन्हें ही कहानी लाने का काम सौंपा जाता और फिर उनकी चुनी हुई पाँच-दस कहानियों में से एक करने को दिया जाता तो शायद काफ़ी बेहतर परिणाम आ सकते थे।

छात्रों ने अपने काम करने के तरीक़े के बारे में मुझे बताया। कहानियाँ मिलने के बाद सबसे पहला काम उसे सभी के बीच बाँटना होता है—यानी कितना हिस्सा कौन पढ़ेगा। साथ ही यह भी तय हो जाता है कि कब-कब, कौन-कौन अभिनेता कौन-कौन-सा चरित्र निबाहेगा। इतना तय हो जाने के बाद कहानी फ्लोर पर जाती है और एक्शन शुरू होता है, डिज़ाइनें सोची जाती हैं और कहानी को एक्ज़क्यूट किया जाता है। इसमें सबकी बराबर की भागीदारी होती है। कभी-कभी कुछ नुक़्तों पर मतभेद भी हो जाते हैं। तब जितने सुझाव आए होते हैं, उन सभी का बारी-बारी से ट्रायल होता है और जो सबसे अच्छा लगता है वही सर्वसम्मति से स्वीकृत हो जाता है। एक छात्र ने कहा कि थिएटर के टीमवर्क होने का सबसे पुख़्ता उदाहरण यहीं देखने को मिलता है।

अप्रैल 07, 2008

आज सुबह स्कूल आने पर सबसे पहले मैं अंकुरजी के पास पहुँची, 04 तारीख़ को मेरे दिल्ली पहुँचने से पहले प्रस्तुति-प्रक्रिया सम्बन्धी जो कुछ हुआ था, उसके सम्बन्ध में

जानने के ख़याल से उनसे बातचीत करने। सबसे पहले मैंने कहानियों की चयन-प्रक्रिया के बारे में पूछा।

उन्होंने बताया कि पहले किसी एक व्यक्ति को—वह कोई भी हो सकता है—एन.एस.डी. का पासआउट, कोई कहानीकार, कोई कहानीप्रेमी, कोई अभिनेता या कोई भी जो इस काम में रुचि रखता हो—लगभग सौ कहानी चुनकर देने को कहा जाता है। इस बार इस काम को गीता गुहा ने किया, जो एन.एस.डी. की पासआउट हैं।

चुनने का आधार क्या होता है—पूछने पर अंकुरजी ने बताया कि पहली शर्त तो यह होती है कि कहानी को उन कहानियों के अतिरिक्त होना चाहिए जो पहले खेली जा चुकी हों। दूसरी बात यह कि उनके कंटेंट में कोई बात होनी चाहिए और तीसरी शर्त यह कि उनमें खेला जा सकनेवाला थोड़ा-बहुत मसाला हो या थोड़ा-बहुत पैदा होने की सम्भावनाएँ बन सकें। इसके बाद कोई बन्धन नहीं है। कहानी कहीं से भी उठाई जा सकती है—देशी-विदेशी-लोककथा-समकालीन-पुरानी—जो भी ठीक लगे।

इस बार गीता गुहा ने कुल 106 कहानियाँ चुनकर दी थीं जिनमें एक विदेशी लेखक—ओ. हेनरी की चार कहानियाँ थीं और बाक़ी भारतीय लेखकों अमरकान्त, असगर वजाहत, इस्मत चुगताई, उषा प्रियंवदा, तेजिंदर शर्मा, नीरजा माधव, पंकज मित्र आदि से लेकर भीष्म साहनी, यशपाल और प्रेमचन्द तक की कहानियाँ थीं।

द्वितीय वर्ष के 19 छात्रों के बीच ये कहानियाँ बँट गईं। अधिकतर लोगों ने पाँच कहानियाँ पढ़ीं, कुछ ने छह भी पढ़ीं। फिर वे उनमें से एक कहानी अपनी पसन्द की ले आए। इस तरह 19 कहानियाँ चुनकर सामने आईं। फिर 27 मार्च से अंकुरजी और कुँवरजी की उपस्थिति में पूरी कक्षा के सामने इन कहानियों का पाठ शुरू हुआ। हर सेशन में 2 कहानियाँ पढ़ी जातीं। फिर उन पर बहसें होतीं और सर्वसम्मति से उनमें से एक कहानी चुन ली जाती। कभी-कभी बहसें नहीं भी होतीं और यूँ ही कोई एक कहानी अलग हो जाती, जिसका बहुत विरोध न हुआ हो तो, 15 मार्च से 01 अप्रैल इन 15 दिनों तक इन कहानियों का पाठ चला (बीच में 30 मार्च को रविवार का अवकाश था) और पाँच दिनों में पाँच कहानियाँ निकलकर सामने आईं। फिर 5 ग्रुप बने—चूँकि लड़कियाँ 5 हैं इसलिए प्रत्येक ग्रुप में एक-एक लड़की गई और लड़कों के ग्रुप का निर्णय लॉटरी से हुआ। अब पाँच ग्रुप थे और उनके पास एक-एक कहानी जो उन्होंने नहीं चुनी थी, लेकिन फिर भी यह सर्वसम्मत निर्णय था।

2,3,4 अप्रैल को अंकुरजी और कुँवरजी ने क्लास ली और छात्रों को कुछ आधारभूत बातें बताईं—जैसे कि उन्हें कहानी के टेक्स्ट को नहीं बदलना है, हालाँकि आवश्यकतानुसार थोड़ा-बहुत सम्पादन किया जा सकता है। नैरेटर को अलगा नहीं देना है और चरित्रों को परम्परागत नाटकों की तरह स्टैबिलिश करने की आवश्यकता नहीं है। और सबसे ज़रूरी बात यह कि अपनी कल्पना को उन्मुक्त छोड़

देना है—हर बन्धन, हर वर्जना, हर नियम के परे। अंकुरजी का कहना है कि कहानी के रंगमंच के पीछे उनका उद्देश्य छात्रों को हर तरह से मुक्त कर देने का है। परम्परागत नाटकों में नहीं-नहीं करके भी छात्र बहुत-सारे शैलीगत नियमों और सीमाओं से बँधे रहते हैं, जबकि कहानी के रंगमंच की सबसे ज़रूरी शर्त किसी भी तरह के बन्धन से निकल जाने की है। यहाँ एकमात्र बन्धन सौन्दर्यबोध और थिएटर के पैदा होने का है—यानी आप जो कुछ करें वह थिएटर कहने लायक़ हो और अपने दर्शकों को लुभा सके—बस, बाक़ी जाने दीजिए अपनी कल्पना को जहाँ तक जा सकती है।

तो इन बातों के साथ और यह सुनिश्चित करते हुए कि पाठ सबके पास ठीक-ठीक उपलब्ध हैं, छात्रों को तैयारी के लिए छोड़ दिया गया। जो अपना पहला ड्राफ़्ट तैयार कर आज 2 बजे से लाइटिंग स्टूडियो में हमारे सामने थे!

इस बार खेले जानेवाले लेखकों में से एक गंगाप्रसाद विमल, आज हमारे साथ थे, सो सबसे पहले उन्हीं की कहानी—*इन्तज़ार में घटना* प्रस्तुत हुई और अनामिका, प्रवीण, पलाश और दुष्यन्त मंच पर थे। लाइनें किसी को याद नहीं थीं, सो सबके हाथ में स्क्रिप्ट थी और शायद इसी कारण आत्मविश्वास भी कम दिखाई दे रहा था। थोड़ी-बहुत डिज़ाइनें सोची गई थीं, लेकिन उन्हें आपस में ठीक से बाँधा नहीं गया था और कुल मिलाकर मंच पर एक आपाधापी-सी दिखाई दी और कुल 13 मिनट में कहानी समाप्त हो गई।

प्रस्तुति के बाद रचनाकार और निर्देशक की टिप्पणी आई। अंकुरजी ने कहा कि हालाँकि कहानी के प्रस्तुतिकरण की शैली को कुछ-कुछ आप लोगों ने पकड़ा है, पर अभी भी यथार्थ और स्टाइलाइजेशन के बीच भटकाव ज़ारी है। जब पचास लोगों की भीड़ को आप चार लोगों से दिखा रहे हैं तो यथार्थ तो यूँ ही टूट गया, फिर यथार्थ को क्या पकड़े रहना। दूसरी बात उन्होंने यह कही कि अहिन्दीभाषी पलाश शुरुआती नैरेशन न करे, क्योंकि शुरू में ग़लतियाँ होने पर पूरी कहानी का प्रभाव जाता रह सकता है। उनकी तीसरी टिप्पणी अनामिका की साड़ी पर यानी कॉस्ट्यूम पर थी। हालाँकि अनामिका ने स्पष्ट किया कि यह कॉस्ट्यूम नहीं है। इस पर अंकुरजी ने कहा कि ऐसा भी नहीं कि वहाँ पुरुषों को दिखाने के लिए उसे जींस ही पहनना ज़रूरी हो, सलवार-कमीज एक अच्छा ऑप्शन हो सकता है। चौथी बात उन्होंने कही कि अभी तक वे गति को नहीं पकड़ पाए हैं। नैरेशन और दृश्यों के बीच अबाध गति होनी चाहिए जो स्पष्ट नहीं दिखाई दे रही—वह उन्हें लानी होगी। उन्होंने प्रॉपर्टी के इस्तेमाल में क्रिएटिविटी पर भी ज़ोर दिया।

कुँवरजी ने कहा कि उन्हें अपनी ऊर्जा को बिखरने से बचाकर संगठित करने की आवश्यकता है। साथ ही स्पेस के इस्तेमाल पर ध्यान देना चाहिए। अपने को, अपने कंपोजीशनों को छोटे-बड़े स्पेस के हिसाब से अडॉप्ट करने की क्षमता होनी चाहिए।

स्वयं कहानीकार गंगाप्रसाद विमल ने कहा कि अंकुरजी के काम में नैरेशन एक्शन में ट्रांसलेट होता दिखाई पड़ता है। उन्होंने आशा जताई कि आगे के अभ्यासों में यह निखरकर आएगा।

आज की दूसरी प्रस्तुति टीना, तौक़ीर, दुर्गेश और गौरव के द्वारा यशपाल की कहानी *परदा* रही। इसमें प्रॉपर्टी का इस्तेमाल काफ़ी हुआ। प्रस्तुति के बाद अंकुरजी ने कहा कि प्रॉपर्टी का उतना ही इस्तेमाल करना चाहिए जितना किसी ख़ास बिम्ब को बनाने के लिए बहुत ज़रूरी हो। उन्होंने अन्त की त्रासदी को और उभारने पर बल दिया। कुँवरजी ने कहानी के फ्लो को पकड़ने की ओर ध्यान दिलाया जिसमें नैरेशन और एक्शन में एक तारतम्यता हो और घटनाएँ एक से दूसरे में ग्लाइड करें। यह प्रस्तुति लगभग 18 मिनट की रही।

तीसरी प्रस्तुति में प्रणामी, राजेन्द्र, विक्रम और आशीष उषा प्रियंवदा की कहानी *अकेली राह* लेकर आए। इन्होंने सपाट सादगी से प्रस्तुति के संवादों को यथार्थवादी बिम्बों के ज़रिए प्रस्तुत किया और नैरेशन को सीधे बोलते हुए। बस एक जगह सड़क पर बसों की आवाजाही में उनकी कल्पनाशीलता दिखाई दी हालाँकि इस प्रस्तुति में अच्छी बात यह रही कि इन्हें अपनी लाइनें लगभग याद थीं और स्क्रिप्ट किसी के हाथ में नहीं थी। यह कहानी 22 मिनट में खेली गई।

अंकुरजी इस प्रस्तुति की यथार्थवादी एप्रोच से प्रभावित नहीं दिखे। उन्होंने बसवाले दृश्य के जैसे मुहावरों की ओर बढ़ने का आह्वान किया और पिछले काम को पूरी तरह भूलकर नए सिरे से काम करने को कहा।

कुँवरजी ने कहा कि यदि संवादों को नैरेशन की तरह बोला जाए और नैरेशन को संवादों की तरह, तो भी बहुत फर्क पैदा हो सकता है। उन्होंने अन्तिम लाइन, जिसमें अम्मा गौरी के विधवा होने की कल्पना करती है, को भी जोड़ने के लिए कहा।

चौथी प्रस्तुति सविता, तुषार और शाहिद की थी जो मिथिलेश्वर की कहानी *बाबूजी* कर रहे हैं। इनकी लाइन भी लगभग अपने पूर्ववर्तियों जैसी ही थी—बहुत कुछ यथार्थवादी एप्रोच। इसे करने में 17 मिनट लगे।

अंकुरजी की इस पर टिप्पणी थी कि यह बहुत सिकुड़ी हुई प्रस्तुति है, जिसे फैलाने की ज़रूरत है। यह टीम एक *बर्स्ट* का इस्तेमाल कर रही है। अंकुरजी का कहना था कि यह बहुत स्टैटिक हो जा रहा है। कुँवरजी ने सलाह दी कि उसके साथ खेला जा सकता है, उसे हटाकर-गिराकर उसमें मूवमेंट पैदा किया जा सकता है, जिससे वह भी एक एक्टर हो जाए।

पाँचवीं और अन्तिम प्रस्तुति गगन, कुमार दास, मानस और बोलोराम की रही। ये असग़र वजाहत की कहानी *अपनी-अपनी पत्नियों का सांस्कृतिक विकास* कर रहे हैं। मेरी दृष्टि से यही ग्रुप सबसे सफल रहा जिसने बिम्बों का सुन्दर इस्तेमाल किया और लिखित शब्दों से परे जाकर भी कुछ कहने-दिखाने की कोशिश की। इसने भी

अपनी लाइनें याद कर ली थीं और कुमार को छोड़कर और कोई भी स्क्रिप्ट लिए हुए नहीं था।

अंकुरजी सम्भवतः इसे देखकर काफ़ी सन्तुष्ट हुए होंगे। लेकिन जैसा उनका तरीक़ा है कि वो छात्रों को ज़्यादा-से-ज़्यादा कल्पनाशील होने के लिए उकसाते हैं, उन्होंने इस डिजाइन को भूलकर दूसरी तैयार करने को कहा, जिसमें ज़्यादा सौन्दर्य हो और जो ज़्यादा मनमोहक हो। उसमें कसाव आना चाहिए, तेज़ी होनी चाहिए।

अंकुरजी ने पहले ही कहानी-प्रस्तुति-प्रक्रिया बताते हुए कहा था कि कई बार छात्र पहले ही ड्राफ़्ट में काफ़ी हद तक सही नुक्तों पर पहुँच जाते हैं, पर फिर भी उनसे पिछला भूलकर नए सिरे से करने को कहा जाता है, क्योंकि यदि ऐसा न हो तो वे उस एक चीज़ को ही दुहराते रह जाएँगे और प्रस्तुति तक पहुँचते-पहुँचते वह अपनी ताज़गी खोकर केवल बेजान-सी डिवाइस भर रह जाएगी। फिर दूसरे उनकी कल्पना के भी सीमित हो जाने का ख़तरा होता है। अतः हमेशा उनसे पिछला भूलकर नया करने को कहा जाता है।

कुँवरजी ने ग्रुप की कल्पनाशीलता की प्रशंसा करते हुए नैरेशन को भी उतने ही एम्फ़ेसिस के साथ बोलने की आवश्यकता की ओर ध्यान खींचा जिससे कि कहानी के शीर्षक के साथ न्याय हो सके।

अन्त में अंकुरजी ने सभी छात्रों को सम्बोधित करते हुए कहा कि हमारा तरीक़ा वो है जहाँ थिएटर के सभी बाहरी उपादानों को हटाकर हम अभिनेता के आन्तरिक ऊर्जा स्रोतों को बाहर निकालना चाहते हैं। आपको लाइटिंग, प्रॉपर्टी, सेट, कॉस्ट्यूम आदि किसी चीज़ की चिन्ता नहीं करनी। आपके लिए आप ही पर्याप्त हैं—कुछ भी बना सकने, क्रिएट कर सकने में सक्षम। अपनी उसी क्षमता की खोज आपको कहानियों के रंगमंच के माध्यम से करनी होगी।

अप्रैल 08, 2008

आज मैंने कल के प्रस्तुतीकरण के बाद की प्रतिक्रिया लेने की कोशिश की, लेकिन देर से निकलने के कारण (नैं कहानियाँ पढ़ती रह गई थी) मैं टीमों से उनकी रिहर्सल की जगह न मिल सकी—वे बिखर गए थे। फिर भी कुछ प्रतिक्रियाएँ मिलीं।

पहली टीम मुझे *परदा* की मिली। उनका मानना था कि उन्होंने सही राह पकड़ी है और इसे पकड़े हुए वे और आगे निकल जाएँगे। उन्होंने बताया कि कल के लिए उन्होंने सिर्फ़ कहानी का बाह्य स्ट्रक्चर तैयार किया था। एक्टिंग या स्पीच लेवल पर उन्होंने काम नहीं किया था। टीना और तौक़ीर ने कहा कि पहले ड्राफ़्ट में वे जो दिखाना चाहते थे—एक स्ट्रक्चर—वो दिखाने में कामयाब रहे और उसको एक तरह से स्वीकृति मिल गई, अब वे आगे का काम करेंगे। गौरव ने कहा कि बाहरी बातें साफ़ हो गई हैं और अब कहानी के अन्दर घुसने का वक़्त आ गया है। यानी बाहरी तफ़सीलों पर काम करते हुए भी अब कहानी के मर्म को और उभारने की कोशिश

हो सकती है। दुर्गेश ने कहा—"मुश्किल हो गई है।" मैंने पूछा—"किस बात की?" "हमसे किए हुए काम को भूल जाने को कहा गया है। यह कहानी पहले से ही मुश्किल लग रही थी, फिर जो एक स्ट्रक्चर किसी तरह बना उसे तोड़ने के लिए कहा जा रहा है। हालाँकि इस कहानी को करने के एक हज़ार स्ट्रक्चर हो सकते हैं, पर उनसे कहानी का मर्म कितना निकल पाएगा, इसमें शक है और यदि कहानी का मर्म ही सम्प्रेषित नहीं हो पा रहा है तो उन हज़ार स्ट्रक्चर्स से भी क्या करना?"

फिर भी टीम को विश्वास था कि दिशा उन्होंने पा ली है और उस पर काम करते हुए वे सार्थक नतीजे पर ज़रूर पहुँचेंगे।

अपनी-अपनी पत्नियों का सांस्कृतिक विकास से मुझे केवल बोलोराम मिला। उसने बताया कि वे लोग कल के परफॉरमेंस से बिलकुल सन्तुष्ट हैं। "जो कमियाँ बताई गईं, वे हमें भी महसूस हुई थीं। जैसे सीक्वेंसेज़ के बीच झटका लगना या भाषा की गड़बड़ियाँ।" उसने बताया कि पहला ड्राफ़्ट तैयार करते हुए उनके मन में बहतु-सी आशंकाएँ थीं। किसी को कुछ ख़ास पता नहीं था कि क्या करना है। बस आइडियाज़ जो कुछ भी आते गए, उन्हें करते चले गए और फिर जो चीज़ बनी तो लगा कि या तो ये बिलकुल ख़राब लगेगा देखने में या फिर बहुत अच्छा। "ख़ैर जो भी हो, काम करते हुए सबने बहुत एन्ज्वाय किया और फीडबैक भी अच्छा मिला। सहपाठियों ने कहा कि दो-तीन रिहर्सल के बाद इसे सीधे स्टेज पर उतारा जा सकता है। लेकिन हमने, जैसा अंकुरजी ने कहा—उसे भूलकर दूसरे ड्राफ़्ट पर काम करना शुरू कर दिया है। हाँ! रास्ता हमने सही पकड़ लिया है—इस बार इस बात की आश्वस्ति है।"

तीसरी टीम मुझे *अकेली राह* की मिली। इनका कहना था—"हमारा पड़ाव था कहानी को फ्लोर पर सीधे-सादे ढंग से ले जाना। करते समय परेशानी नहीं थी, हम उसे वैसा ही चाहते थे—कहानी को ज्यों-का-त्यों दर्शकों के सामने प्रस्तुत कर देना। हाँ! लेकिन कल अभिनय करते हुए कुछ क्लीशे हमने फॉलो कर लिये—वो बिलकुल अनजाने में हुआ। हम समझ नहीं पाए कि हम क्लीशे कर रहे हैं। ख़ैर, कहानी के बाद जब अंकुरजी से बात हुई तो हमें समझ में आया कि हमने जो भी किया वह चाहे जो भी जैसा भी हो, वह अंकुरजी का कहानी का रंगमंच नहीं था!"—ये राजेन्द्र था। आशीष बात आगे बढ़ाता है—"हमने दूसरों का परफॉरमेंस देखा। अंकुरजी ने उन पर जो टिप्पणी की उसे भी सुना और हमें समझ में आता गया कि हमसे कहाँ-कहाँ क्या-क्या छूट रहा है।" "अब हम लोग नए तरीक़े से काम कर रहे हैं। सीन-दर-सीन पर विचार करते हुए उसे मेटाफरिक लेवल पर लाकर देखने की कोशिश कर रहे हैं। शायद अब इससे कुछ बात निकले।"—विक्रम बात को समाप्त करता है।

इसके बाद *बाबूजी* की टीम से मेरा साक्षात्कार हुआ। इन्होंने कहा कि पहला ड्राफ़्ट करते समय दिमाग़ में ये था कि कुछ करके दिखाना है, जिसके आधार पर

फ़ीडबैक मिल सके और आगे के लिए रास्ता खुले। लेकिन साथ ही ऐसा भी नहीं है कि जैसे-तैसे टालने की कोशिश की।"—तुषार ने कहा—"हमने अपनी तरफ़ से पूरी कोशिश की—कुछ इस तरह कि यह ही फाइनल हो।" "लेकिन अब जब हमें फ़ीडबैक मिला है और हम दुबारा करने की कोशिश कर रहे हैं तो बहुत सारी ऐसी चीज़ें खुलकर सामने आ रही हैं जो पहले शायद हमारी नज़रों से चूक गई थीं।" सविता कहती है—"संवादों और नैरेशन के भी नए अर्थ खुलकर सामने आ रहे हैं।" कुल मिलाकर ये एक नई आधारभूमि का काम करने के लिए तत्पर दिखे।

इन्तज़ार में घटना की टीम से मुझे प्रवीण और दुष्यन्त मिले। दुष्यन्त ने अपने स्तर से प्रतिक्रिया व्यक्त करते हुए कहा कि उसे कल की प्रस्तुति से बिलकुल सन्तुष्टि नहीं हुई। "पूरी प्रस्तुति में अस्त-व्यस्तता थी, फिर चरम ये कि हमें हँसी आ गई और अचानक हम हँसने लगे, हालाँकि हँसने की कोई बात नहीं थी।" "फिर भी ये लगा कि कुछ-कुछ पकड़ा है फ़ॉर्म और अब आगे हम काम अच्छी तरह से कर सकते हैं।" ये प्रवीण था—"हाँ! हड़बड़ी थी, लाइनें याद नहीं थीं—ये सब बहुत कमियाँ थीं। लेकिन फिर भी करते हुए हमने जितना सोचा था उससे ज़्यादा ही निकलकर आया और अब आगे बेहतर काम हो सकेगा, ऐसा लगता है।"

छात्रों के साथ उनकी प्रतिक्रियाएँ लेते हुए कुछ और बातें भी हुईं—कुछ बहसें हुईं, कुछ सवाल खड़े हुए। इन्हीं में से एक अहम सवाल यह खड़ा हुआ कि हमें जो यह कहा गया कि आपने जो बनाया है, उसे भूल जाइए और दूसरा बनाइए। इस बार भी बिलकुल अपने से बिना कोई ठोस सुझाव दिए तो फिर उसमें अंकुरजी का निर्देशन कहाँ से? हमें उनके ज्ञान उनके अनुभव का फ़ायदा कहाँ मिल रहा है? इसका उत्तर भी छात्रों के बीच से ही आया कि अंकुरजी साक्षात् न होते हुए भी हैं। उनका काम करने का एक तरीक़ा है और वह तरीक़ा समय-समय पर छात्रों तक सम्प्रेषित होता रहता है। पहले दिन से, जब से कहानियों की बात शुरू होती है। और धीरे-धीरे हमें पता चलता जाता है कि वे हमसे कैसा काम चाहते हैं। उनके निर्देशों की वजह से हम इधर-उधर भटकने नहीं पाते। "अन्यथा हो सकता है/था कि यदि एक कहानी के साथ मुझे अकेला छोड़ दिया जाता तो मैं कुछ ऐसा तामझाम, ऐसी डिवाइस ले आता जो आमतौर पर नाटकों में इस्तेमाल होती है।"--एक ने कहा।

अंकुरजी की उपस्थिति ऐसी जगहों पर पता चलती है—जहाँ कल्पना की ऊँची उड़ान भरने के लिए स्वतन्त्र होने के बावजूद हमें उनके बनाए कहानी के रंगमंच के आकाश की सीमा में ही रहना होता है। फिर उनका अलग रहना भी हमारे लिए फ़ायदेमन्द है—उनका डंडा हमारे सिर पर नहीं होता, लेकिन जिम्मेदारियों का एहसास हमसे कड़ी मेहनत करवा लेता है। हम टेक्स्ट से सीधा जुड़ाव महसूस करते हैं किसी (निर्देशक) के मार्फ़त नहीं। नहीं तो कई बार ऐसा भी होता है कि निर्देशक पूरे समय

बैठा भी होता है, फिर भी काम हम लोग ही करते हैं और डोर उसके हाथ होती है, जिसे बैठा-बैठा वह गाहे-बगाहे खींचता रहता है। अंकुरजी के साथ काम करते हुए यह डोर भी हमारे हाथ ही है। वे हमारे गाइड हैं—रास्ता संकेतित करनेवाले—चलना हमें ही है—काँटों को हटाते और फूलों को चुनते हुए।

अप्रैल 09, 2008

आज मैंने छुट्टी ली थी—व्यक्तिगत कारणों से। और मैं किसी से नहीं मिली आज। बस, आते-जाते इतना पता चला कि सब रिहर्सल में व्यस्त हैं।

अप्रैल 10, 2008

आज मैंने तीन कहानियों के रिहर्सल देखे—*बाबूजी, अकेली राह* और *परदा। इन्तजार में घटना* का एक रिहर्सल तीन बजे से था, जो मैं दूसरे ज़रूरी कामों में व्यस्त रहने से नहीं देख पाई। दूसरा रिहर्सल, उन्होंने बताया कि 9 बजे से होना है, लेकिन 9 बजे जब मैं अन्तर्मुख की ओर जा रही थी तो अनामिका रास्ते में मिली। उसने बताया कि प्रवीण कहीं और व्यस्त हैं इसलिए उनका रिहर्सल नहीं हो सकेगा! मुझे बहुत आश्चर्य हुआ क्योंकि जहाँ तक मेरा ख़याल है, उनकी कहानी ही सबसे कम तैयार है। पिछली बार भी सबसे ज़्यादा पाँच-पाँच इनकी कहानी में ही थी और कल दूसरा ड्राफ़्ट दिखाना है! "देखिएगा हम कुछ कर ही जाएँगे!"—मैंने जब चिन्ता जताई तो अनामिका और दुष्यन्त ने मुस्कुराकर कहा। मुझे बहुत अर्थपूर्ण लगी उनकी मुस्कुराहट!

अपनी-अपनी पत्नियों का सांस्कृतिक विकास का तो कल दूसरा ड्राफ़्ट ही नहीं हो सकेगा क्योंकि मानस की तबीयत ख़राब हो गई है। अतः इन लोगों का तो रिहर्सल हो ही नहीं सका। फिर भी गगन और बोलोराम ने बताया कि शुरू में उन्होंने काम किया था और पिछला ड्राफ्ट पूरा भूलकर नए ढंग से आधी कहानी को तैयार भी कर लिया था।

बाबूजी में अभिनेता इमेजेस, स्ट्रक्चर आदि को लेकर जूझते नज़र आए। लेकिन उन्होंने भी अपना पुराना ड्राफ़्ट भूलकर बिलकुल नए तरीक़े से काम करना शुरू किया है।

अकेली राह में भी स्ट्रगल दिखा। उन्होंने पिछले स्ट्रक्चर को ही दूसरी इमेजेस में बाँधकर कुछ करने की कोशिश की और जिन चीज़ों को पिछले ड्राफ़्ट में पसन्द किया गया था उन्हें ज्यों का त्यों ले लिया।

परदा के रिहर्सल का मैं केवल अन्त देख पाई। लेकिन जैसा उन्होंने पहले ही बताया था कि स्ट्रक्चर वे बना चुके हैं। बस दृश्यों को और किन तरीक़ों से दिखाना सम्भव हो सकता है, यह सोचते हुए कुछ अलग तरीक़े से दिखाने की कोशिश की है। गौरव कहता है कभी हमसे पूछा गया था कि साहित्य और थिएटर में, थिएटर और पेंटिंग में क्या समानताएँ या असमानताएँ हैं? हमने उनकी समानताओं पर काम करने की कोशिश की है।

इस बार सभी टीमों से मेरा सवाल था कि क्या दूसरे ड्राफ़्ट पर काम करना पहले ड्राफ़्ट की तुलना में ज़्यादा मुश्किल साबित हुआ?

अधिकतर छात्रों का जवाब था—"हाँ! क्योंकि पहले बनाई हुई इमेजेस बार-बार सोच पर हावी हो जाती हैं और उनको तोड़कर दूसरा कुछ निकालना थोड़ा मुश्किल दिखाई पड़ता है।" एक ने कहा कि हम जो काम कर चुके होते हैं उससे मोह हो जाता है और वही सबसे ठीक और अच्छा लगता है। इसलिए उसके अलावा कोई दूसरा आइडिया जल्दी पसन्द नहीं आता।

सिर्फ़ एक टीम ने कहा कि उन्हें कोई परेशानी नहीं हुई, उल्टे आसानी ही हुई। क्योंकि स्ट्रक्चर तो पहले ही ड्राफ़्ट में अप्रूव हो चुका था, अतः उस पर सोचना ही नहीं था। बस इमेजेस को अल्टर करते जाना था, तो वह काम तो आसानी से होता चला गया।

अब देखना है कि क्या स्वरूप सामने आता है!!

अप्रैल 11, 2008

आज दूसरा ड्राफ़्ट अंकुरजी और कुँवरजी के सामने प्रस्तुत हुआ। निश्चय ही सभी टीमों ने अपने पिछले ड्राफ़्ट से आगे काम लिया था—पिछली बार की टिप्पणियों को ध्यान में रखते हुए। लेकिन फिर भी कोई भी ग्रुप अपनी प्रस्तुति में स्मूथनेस नहीं पा सका था।

आज चारों प्रस्तुतियाँ—*परदा, अकेली राह, बाबूजी, इन्तज़ार में घटना* (पाँचवीं—*अपनी-अपनी पत्नियों का सांस्कृतिक विकास* तो हो नहीं सकी थी)—लगातार हुईं और अन्त में सामान्य रूप से टिप्पणी आई। अंकुरजी ने कुछ चीज़ों की ओर ध्यान खींचा। जैसे 'सभी कहानियों में एंट्री-एक्ज़िट काफ़ी हो रही है जो प्रवाह को तोड़ती है।' 'प्रोपर्टी का इस्तेमाल अभी भी ज़रूरत से ज़्यादा हो रहा है।' 'विभिन्न दृश्यों के बीच के जोड़ या तो हैं ही नहीं या ढीले हैं।' 'एक से दूसरी घटना उगती नहीं दिखाई दे रही है। कटी-कटी सी है। एक ही रंगयुक्ति का दुहराव उसकी धार को भोथरा कर दे रहा है।' कुँवरजी ने *परदा* में स्टूल से *परदा* की इमेज बनाने की तारीफ़ की जो अन्त में एक तेज आवाज़ करते हुए गिरता है। अंकुरजी ने छात्रों से साउंड पर काम करने को कहा। लेकिन रिकॉर्डेड साउंड पर नहीं, बल्कि उस साउंड पर जो वे ख़ुद पैदा कर सकें—बिना किसी एक्सटर्नल डिवाइस के जैसे ताली या पैर की थपथपाहट। उन्होंने छात्रों से अपने पुराने पाठों को भी याद करने के लिए कहा, जो उन्हें अपने आंगिक-वाचिक के सशक्त उपयोग की सामर्थ्य देता है।

उन्होंने फिर ज़ोर दिया कि कहानी का रंगमंच अभिनेता को आत्मनिर्भर बनाने की दिशा में काम करता है। बाह्योपकरणों को यथासम्भव छोड़ते हुए अभिनेता की आन्तरिक ऊर्जा को निकालकर उसे दर्शकों तक इस तरह प्रक्षेपित करना कि दर्शक मंच और अभिनेता से सीधे जुड़ाव महसूस करने लगे।

अन्त में उन्होंने एक बार फिर छात्रों से पुराने किए को भूलकर नए सिरे से काम करने को कहा और 15 अप्रैल को पुनः मिलने का तय करते हुए विदा ली।

अप्रैल 12, 2008

आज का दिन विश्राम का रहा। छात्रों की भास्कर चन्दावरकरजी के साथ पूरे दिन लम्बी क्लास हुई और उसके बाद सफ़दर हाशमी के शहीद दिवस पर, उनको याद करने के लिए सफ़दर हाशमी मार्ग पर हुए एक कार्यक्रम में अधिकतर छात्र गए। सो आज रिहर्सल बिलकुल नहीं हो सकी।

अप्रैल 13, 2008

आज मैंने तीन टीमों को मेहनत से अभ्यास करते देखा—*बाबूजी* की टीम ने पहले स्टूडियो नं. एक में अभ्यास किया, फिर जब वहाँ दूसरी टीम पहुँची तो वे *अन्तर्मुख* में चले आए। ये फिर से कुछ अलग तरीक़े से काम करने की कोशिश कर रहे हैं और एक-एक इमेज को निकालकर सँवारने में बहुत मेहनत कर रहे हैं।

लाइट स्टूडियो में *अपनी-अपनी पत्नियों का सांस्कृतिक विकास* की टीम ने अभ्यास किया। मानस अभी भी स्वस्थ नहीं हो सका है, अतः अब ये तीन लोग ही मिलकर ड्राफ़्ट तैयार कर रहे हैं। लेकिन जैसा कि इन्होंने बताया ही था, ये काम बहुत मज़ा लेते हुए कर रहे हैं और वही मज़ा, वही उन्मुक्तता उनके काम में भी दिखाई पड़ रही है।

स्टूडियो नं. 1 में *अकेली राह* की टीम अभ्यासरत थी। इन्होंने भी नए ढंग से काम करना शुरू किया है और मेहनत से एक-एक सीन पर काम कर रहे हैं।

परदा और *इन्तजार में घटना* का रिहर्सल रात नौ बजे शुरू होना था, पर हुआ नहीं। *परदा* का तो इसलिए कि तौकीर के घर पर किसी की तबीयत अचानक ख़राब हो गई, उसे अस्पताल जाना पड़ा। लेकिन *इन्तजार में घटना* के साथ क्या हुआ, इसका पता मुझे नहीं चल पाया। अनामिका मुझे मिली तो उसने मुझे सिर्फ़ इतना बताया कि उन्होंने कल ही रिहर्सल करने का तय किया है।

आज मैंने छात्रों से कोई बात नहीं की क्योंकि वे अपने काम में तन्मयता से लगे हुए थे और मुझे डर था कि मेरी बातचीत उनके काम में खलल डाल सकती है, उन्हें डिस्टर्ब कर सकती है। अतः मैंने चुपचाप उनका रिहर्सल देखा और वापस आ गई।

अप्रैल 14, 2008

अंकुरजी ने मुझे ब्रोशर तैयार करने का काम भी सौंपा है, अतः आज मैं सारा दिन ब्रोशर की सामग्री एकत्र करने में ही व्यस्त रही। दोपहर 2:00 बजे से छात्रों को एक साथ मिलने को कहा था, ताकि उनके बायोडाटा ले सकूँ और प्रोडक्शन के नाम, कहानियों के क्रम के सम्बन्ध में कुछ बातचीत हो जाए।

2:05 पर जब मैं स्टूडियो नं. 1 पहुँची तो अधिकतर छात्र मौजूद थे, कुछेक को छोड़कर/एक टीम को तो समय-स्थान के सम्बन्ध में सही सूचना नहीं मिल पाई थी,

अतः वह पूरी टीम ही नहीं आई थी और दो-एक छात्र और ग़ायब थे। ख़ैर, बाक़ियों ने अपना बायोडाटा दे दिया।

नाम के सम्बन्ध में कुछ सुझाव आए—*पाँचवाँ ड्राफ़्ट, पंचानन, पंचामृत, पंज बावरियाँ* आदि। दो नाम मैंने सुझाए—*पंचमेल* और *पंचायत* जिसके आगे 'कथा' भी जोड़ा जा सकता है।

कहानियों के क्रम के सम्बन्ध में एक सुझाव ये आया कि किसी निश्चित क्रम के स्थान पर रोटेशन बेसिस पर रखा जाए, जिससे हर दिन अलग-अलग कहानियाँ पहले खेली जाएँ।

मैंने ब्रोशर के कवर-पेज और पोस्टर की डिज़ाइन के लिए भी सुझाव माँगे थे, पर वो कोई नहीं लाया।

इसके बाद मैं जुटी सामग्री को व्यवस्थित करने और नई सामग्री जुटाने चली गई और टीमें अपने-अपने अभ्यास में जुट गईं। कल तीसरा ड्राफ़्ट दिखाना है।

अप्रैल 15, 2008

आज जब तीसरा ड्राफ़्ट देखने हम लाइटिंग स्टूडियो पहुँचे तो अंकुरजी ने पहले छात्रों के साथ बैठकर प्रोडक्शन का नाम तय किया और सर्वसम्मति से नाम तय हुआ, *पाँचवाँ ड्राफ़्ट।*

क्रम निर्धारण को चक्राकार रखने की व्यावहारिक दिक़्क़तें अंकुरजी ने बताईं—एक तो ब्रोशर में हमें कहानियों को किसी-न-किसी क्रम में रखना ही पड़ेगा और दर्शक प्रस्तुतियों को उसी क्रम में देखना चाहेंगे। क्रम भंग होने से कन्फ़्यूज़न पैदा हो सकता है, ख़ासकर इसलिए क्योंकि प्रस्तुति के समय कहानियों के नाम तो पुकारे नहीं जाते। दूसरे, कहानी की लम्बाई और दर्शकों को बाँधे रखने की क्षमता को भी ध्यान में रखना पड़ेगा, जिसे रोज़ बदलना सम्भव नहीं है। अतः कुछ बिन्दुओं को ध्यान में रखते हुए, जैसे—''पहली कहानी बाँधनेवाली हो, मध्यान्तर के पूर्व वाली कहानी ऐसी हो कि दर्शक मध्यान्तर के बाद भी आना चाहे, कहानियों का क्रम निर्धारण हुआ—*इन्तज़ार में घटना, परदा, अकेली राह, बाबूजी* और अन्त में *अपनी-अपनी पत्नियों का सांस्कृतिक विकास। अकेली राह* के बाद दस मिनट का मध्यान्तर रखा गया।

आज की प्रस्तुति इसी क्रम से हुई। वैसे मज़ेदार बात यह है कि पहले ड्राफ़्ट में भी यही क्रम था और दूसरे ड्राफ़्ट में भी लगभग यही, केवल पहली कहानी अन्त में हुई थी और अन्तिम कहानी तो हुई ही नहीं थी।

ख़ैर, आज पहली कहानी *इन्तज़ार में घटना* जब शुरू हुई तो हम हतप्रभ रह गए! वे बाक़ायदा ग्लब्स पहनकर बॉक्सिंग कर रहे थे। मुझे तो लग रहा था आज ज़रूर किसी-न-किसी की नाक-आँख फूटेगी। हालाँकि ऐसा कुछ हुआ नहीं। बॉक्सिंग के बाद कबड्डी हुई। मुझे लगा कि मैं कहानी के रंगमंच के बजाय 'एशियाड' का लाइव टेलीकास्ट देख रही हूँ। लेकिन ये सिलसिला ज़्यादा देर तक नहीं चला। वे अपनी

लाइनें भूल गए और उन्हें आधे में ही छोड़कर आना पड़ा। मैंने तो राहत की साँस ली—चलो अभिनेता और दर्शक दोनों बच गए!

अब *परदा* सामने आई और इसने और भी आश्चर्य में डाल दिया—हम आगे जा रहे हैं या पीछे? इस बार इन्होंने जो फॉर्म पकड़ा था वो इतना एक्सपेरिमेंटल हो गया था कि उसमें से दृश्य तत्त्व ही ग़ायब हो गया था। इन्होंने पूरी कहानी को न्यूज़ चैनल की रिपोर्ट की तरह दिखाना चाहा, लेकिन कहानी का समय पुराना ही रखा, इससे एक ऐसा विरोधाभास पैदा हो गया, जिसे पचाना कम-से-कम मेरे लिए तो मुश्किल था।

अकेली राह ने शुरुआत संगीत से की और वह कुछ ज़्यादा ही लम्बा हो गया, जिससे कहानी के साथ एकतान न हो सका। फिर भी मुझे इनके कुछ बिम्बों का प्रयोग ख़ासा अच्छा लगा। मुझे लगता है कि ये टीम काफ़ी मेहनत और लगन से काम करती है, जो उनके काम में भी झलकती है। मेरे ख़याल से पहले से तीसरे ड्राफ़्ट तक इनमें एक पॉज़िटिव ग्रोथ हुई है। हालाँकि संगीत की अधिकता और रामायण-पाठ की तरह कुछ संवाद बोलने की शैली अंकुरजी को उतनी प्रभावशाली नहीं लगी, फिर भी इसने अलग तरह से करने की कोशिश तो की। इस ड्राफ़्ट में अन्त बहुत उभरकर आया जिसमें गौरी को सफ़ेद दुपट्टा ओढ़े विधवा रूप में चित्रित किया गया।

बाबूजी की टीम ने भी एक अलग तरह का ड्राफ़्ट प्रस्तुत किया इस बार। यह एकमात्र टीम रही जिसने कॉस्टयूम का इस्तेमाल किया। यह भी मेहनती टीम है हालाँकि इस ड्राफ़्ट में कुछ रूढ़िबद्ध मुहावरों का अनुगमन भी दिखाई पड़ा। फिर भी मुझे लगता है कि ये सही राह पर हैं और आगे बेहतर कर पाएँगे।

अपनी-अपनी पत्नियों का सांस्कृतिक विकास तो पिछले दिनों समस्याओं में फँसी रही थी। पहले मानस के बीमार हो जाने से ये कुछ दिन रिहर्सल ही नहीं कर पाए थे, फिर जब तीन लोगों के हिसाब से फ़ॉर्म बनाकर रिहर्सल की तो अन्त में मानस आ गया। निश्चय ही ठीक से तैयारी न कर पाने की कमी इनकी प्रस्तुति में दिखाई पड़ी। फिर इन्होंने अपना पहला ड्राफ़्ट इतना अच्छा दिखाया था कि अब उससे बेहतर की उम्मीद की जा रही थी। और अच्छे से अच्छा कर पाना आसान तो होता नहीं!

अन्त में अंकुरजी की सामान्य रूप से टिप्पणियाँ आईं। उन्होंने लाइनों को ठीक ढंग से याद करने के सन्दर्भ में कड़ी हिदायत दी। इस ओर फिर ध्यान दिलाया कि टेक्स्ट में ज़्यादा हेर-फेर नहीं करना है।

उन्होंने मंच पर दौड़-भाग, आपाधापी और शोरगुल के बीच मौन के क्षणों के महत्त्व और आकर्षण की ओर भी ध्यान खींचा। "अब तक आपने कई तरह से काम करके देख लिया। कहानी को जज़्ब कर लिया और उसे कई कोणों से परख भी लिया।

अब अपने पिछले सारे अनुभवों को संघनित कीजिए और तय कीजिए कि उनमें क्या सबसे अच्छा था। कौन से दृश्य, कौन सी इमेज, कैसा नैरेशन और डायलॉग कहानी को स्पष्टता और पूर्ण भावप्रवणता से दर्शकों तक पहुँचा सकता है, जो उन्हें अपने में बाँध ले। हम फिर 18 को मिलेंगे।" कहते हुए अंकुरजी उठ जाते हैं।

अप्रैल 16, 2008

आज मैं ब्रोशर तैयार करने में ही व्यस्त रही। सभी सामग्रियों को क्रमपूर्वक लगाना। लेखों को तैयार करना, पुनः उन्हें साफ़-साफ़ कॉपी करना। आज पूरा काम मैं समाप्त नहीं कर पाई और कल भी मुझे यही काम करना होगा।

अप्रैल 27, 2008

आज लंच के पहले तक तो मैं ब्रोशर के काम में ही उलझी रही। लंच के बाद प्रोडक्शन की मीटिंग थी। ख़ैर मीटिंग तो जल्द ही ख़त्म हो गई और मैंने ब्रोशर की सामग्री प्रेस को देने के लिए पराग शर्माजी को सौंप दी, सिवाय अपने लेख के अन्तिम हिस्से को छोड़कर, जिसे अंकुरजी ने कहा कि मैं 18 तारीख़ का चौथा ड्राफ़्ट देखने के बाद उसे सम्मिलित करते हुए पूरा करूँ। पोस्टर और ब्रोशर के मुखपृष्ठ की परिकल्पना उत्पल झा कर रहे हैं।

मैं आज भी रिहर्सलों के लिए नहीं जा पाई। बस, आते-जाते या मेस में किसी से मिलती तो पूछ लेती कि कैसा चल रहा है। "लगे हुए हैं—जवाब मिलता। "इस बार तो शायद नया नहीं सोच रहे होंगे?" मैं आगे पूछती। "नहीं...पूरा तो नहीं।"—उनका जवाब होता—"पिछले तीन ड्राफ़्टों में जो कुछ दिखाया उसे ही ठीक कर रहे हैं और सँवार रहे हैं।" "फिर भी कोई अच्छी नई चीज़ सूझ जा रही है, तो उससे भी परहेज नहीं है।" कोई बताता है।

अप्रैल 18, 2008

पराग शर्माजी का मैसेज आया—प्रूफ आ गया है, ले जाइए। सो, आज मैं प्रूफ देखने में ही उलझी रही, फिर शाम को *चौथा ड्राफ़्ट* देखने पहुँची।

आज असगर वजाहत साहब भी आए हुए थे, अतः उनकी कहानी सबसे पहले खेली गई। और मैं देखकर आश्चर्यचकित हो उठी कि दो दिनों में ही उन्होंने अपनी प्रस्तुति को कितना फिनिश कर लिया है। उन्होंने आरम्भ में कुछ म्यूज़िक भी जोड़ा जो उन्होंने किसी एक में नहीं अपितु अपनी आवाज में ही पैदा किया था। कॉस्ट्यूम पहना था जो ख़ासा सूट कर रहा था कहानी के मूड के साथ। कहानी काफ़ी अच्छी बन पड़ी थी और सबने एंज्वाय किया। वजाहत साहब भी सन्तुष्ट हुए। सिर्फ़ अन्त के एक नुक़्ते की ओर—जहाँ मलकानी की पत्नी उसे थाली बजाकर बुलाती हैं—ध्यान खींचा। उनके अनुसार इसमें ख़ासा ड्रामाई तत्त्व भी है और कथ्य के लिहाज से यह महत्त्वपूर्ण भी है। उन्होंने उन लोगों की प्रतिक्रिया लेने के लिए भी कहा, जिन्होंने कहानी नहीं पढ़ी है। इसके बाद वजाहत साहब ने विदा ली।

हम लाइटिंग स्टूडियो से 'सम्मुख' की ओर हो लिये—जहाँ वस्तुतः प्रदर्शन होना है और जो अब नादिरा ज़हीर बब्बर के नाटक की रिहर्सल से ख़ाली हो चुका है—उनके नाटक *1857 : एक सफ़रनामा* का तो आज से पुराने किले में शो है।

बाक़ी कहानियों का *चौथा ड्राफ़्ट* सम्मुख में ही प्रस्तुत हुआ।

सबसे पहले *परदा* सामने आई। *परदा* में प्रॉपर्टी का प्रयोग औरों की तुलना में ज़्यादा है और ये सारी प्रॉपर्टी मंच पर अभिनेताओं के आने से पहले ही लगी होनी चाहिए। अतः यह तय हुआ कि इसी कहानी को ही सबसे पहले खेला जाएगा और *इन्तज़ार में घटना* दूसरे नम्बर पर आ जाएगी, जबकि बाक़ियों का क्रम यथावत् बना रहेगा।

परदा ने अपने तीसरे ड्राफ़्ट की असफलता को जानकर उसे बिलकुल छोड़ दिया है और पहले और दूसरे ड्राफ़्ट के आधार पर वे चौथा ड्राफ़्ट सिरज लाए हैं। आज उनका चौथा ड्राफ़्ट काफ़ी ठीक लगा। प्रस्तुति के बाद अंकुरजी और कुँवरजी ने अपनी टिप्पणियाँ दीं।

इस बार ये टिप्पणियाँ अधिक स्पेसिफिक थीं। जैसे टीना का अन्त में परदे के पीछे सिकुड़ी-सिमटी औरतों के रूप में खड़ा रहना, जो उन्होंने पहले ड्राफ़्ट में दिखाया था—के अधिक स्ट्रांग इमेज होने की ओर इशारा करना; या कठपुतलियों का खेल जो ठीक से बन भी नहीं पा रहा था, का अनावश्यक होना।

इन्तज़ार में घटना ने भी अपने तीसरे ड्राफ़्ट को पूरी तरह छोड़ दिया था और मुख्य रूप से दूसरे ड्राफ़्ट को लेकर चले, जिसमें एक साइकिल से उन्होंने मुर्दे की इमेज बनाई थी। यह कहानी भी आज स्पष्टता और सुथरेपन की ओर बढ़ती नज़र आई। इस प्रस्तुति के बाद भी अंकुरजी ने अपनी टिप्पणी दी—"अच्छा हुआ जो आपने तीसरे ड्राफ़्ट को दुहराया नहीं, हालाँकि कुछ अवशेष अभी भी रह गए हैं। देखिए, कहाँ वे बहुत ज़रूरी हैं और कहाँ-कहाँ से हटाए जा सकते हैं।"

अकेली राह ने भी अपने तीनों ड्राफ़्टों में से सर्वश्रेष्ठ निकालकर सजाया था। शुरू में बारिश का खेल भी रोचक था, लेकिन पैरों की धप-धप कहीं-कहीं वाचिक को बाधा दे रही थी। अंकुरजी ने इस ओर ध्यान खींचा और एक्शन और वाचिक को इस तरह व्यवस्थित करने की सलाह दी कि वे एक दूसरे के बाधक न बनें।

बाबूजी की प्रस्तुति भी प्रभावशाली रही। इन्होंने भी अपने पिछले कामों से युक्तियाँ लेकर पूरे स्ट्रक्चर को नए ढंग से अरेंज किया था। कुछ टिप्स इन्हें भी मिले, ख़ासकर अन्त को और उभारकर लाने के सन्दर्भ में।

फिर हम सब बाहर आ गए। मैं सबसे मिलना चाहती थी, उनकी बातें सुनना चाहती थी, क्योंकि इसके बाद ही मैं ब्रोशर में अपने लेख का अन्तिम हिस्सा पूरा करके दे सकती थी।

सबसे पहले मैं *अकेली राह* की टीम से मुख़ातिब थी। मैंने उनसे पहले ड्राफ़्ट से चौथे ड्राफ़्ट तक की यात्रा के बारे में पूछा। उन्होंने बताया कि पहले ड्राफ़्ट में उनकी कोशिश सिर्फ़ कहानी को पकड़ने की थी। ''वस्तुतः अंकुरजी जो पहले यह कह देते हैं कि जाओ जो समझ में आता है, कर लाओ—यह बहुत महत्त्वपूर्ण है।'' आशीष कहता है तभी हमें कहानी को ज़्यादा-से-ज़्यादा समझने का मौक़ा मिलता है। यदि पहले ही हमसे ये करो, वो करो कह दिया जाता तो शायद हम कभी कहानी को समझने के फेर में न पड़ते और बाजीगरी दिखाने लग जाते। लेकिन पहले-पहल हम थे और कहानी थी और हमने कहानी को कई बार पढ़कर समझने की कोशिश की, यह जानने की कोशिश की कि आख़िर लेखिका कहना क्या चाहती है, कहानी कह क्या रही है। इसी पढ़ने-समझने के सिलसिले में पहला ड्राफ़्ट आया। फिर हमने इमेजेस पर काम करना शुरू किया। ''दरअसल हमने पहले इमेजेस का दूसरा कॉन्सेप्ट ही समझा था, कुछ वैसा-जैसा हम फर्स्ट ईयर में सीन वर्क्स में करते हैं।'' राजेन्द्र ने कहा। लेकिन फिर हमें समझ में आता गया कि हमें कैसी इमेजेस क्रिएट करनी हैं। ''हमने अपने को हाईलो परफॉरमेटिव रखा। करेक्टराइजेशन हमारे लिए उतना महत्त्वपूर्ण नहीं था जितना कि पूरी कहानी और उसका कथ्य।'' ये विक्रम का कहना था। शुरू में हम बिलकुल प्लेन थे—इतने कि उसमें से ड्रामा ही नहीं निकल पा रहा था। सिम्प्लीसिटी को तो हमने अभी भी बनाए रखा है, पर अब ये समझ में आ गया कि नैरेशन के साथ किस तरह के एक्शन किए जाएँ या विजुअल्स दिए जाएँ जो स्टोरी को और इनहेंस करे, उसके शब्दों के पीछे छिपे मन्तव्यों को उजागर कर सकें। ''हालाँकि विजुअल्स करने के लिए हमारे पास बहुत सी डिवाइसें थीं, लेकिन हमें लगा कि ये कहानी डेलीकेट है और हम ऐसा कोई धूम-धड़ाका नहीं करना चाहते थे जिससे कहानी की डेलीकेसी पर कोई आँच आए।''—विक्रम आगे कहता है। पूरी परफॉरमेंस में हनारा ध्येय रहा है कि हम कहानी को उसकी पूर्ण अर्थवत्ता के साथ दर्शकों तक सम्प्रेषित कर सकें, ''तीसरे ड्राफ़्ट में हमने प्रॉपर्टी को बिलकुल छोड़ दिया था''—प्रणामी कहती है—''क्योंकि हम देखना चाहते थे कि हम अपने मूवमेंट और बॉडी से कितना सिरज सकते हैं।'' ''एक डिजाइनर होने के नाते मेरी दिलचस्पी हमेशा इस बात में रही है कि कैसे चीज़ों को कम किया जाए। मैं किसी चीज़ से बँधा नहीं रहना चाहता। लोग किसी एक चीज़ के पीछे पड़ जाते हैं कभी-कभी जैसे वो न हो तो प्रस्तुति हो ही नहीं सकेगी, भले ही वह चीज़ कितनी ही दुःसाध्य क्यों न हो। पर मैं हमेशा अलटरनेटिव के बारे में सोचता हूँ। यदि ये नहीं तो ये सही। कहानी में इसका मौक़ा खूब है।''—राजेन्द्र अपने मन की बात बताता है।

कुल मिलाकर ये कि हमने कथ्य को गहनता से सम्प्रेषित करने का प्रण लेकर काम किया है और विजुअल्स को बिना क्लमज़ी बनाए सिम्पल नोट पर ही अपने को रखने की कोशिश की है। चौथे ड्राफ़्ट में हमने कुछ नए पर्सपेक्टिव भी जोड़े हैं जो

पहले हमसे चूक गए थे—जैसे रहमान के पक्ष को प्रस्तुत करना कि क्यों वह गौरी को वापस घर छोड़ आता है।

अगली टीम *बाबूजी* की थी। इन्होंने अपने काम को मेरे सामने खोला। तीसरे ड्राफ़्ट के लिए हमने ख़ूब अच्छी तरह कहानी के पाठ को फिर पढ़ा—कई बार पढ़ा। फिर सबके दिमाग़ में जो इमेजेज आई उनको डिस्कस किया—यह सब बिना फ्लोर पर गए। हमने पाया कि हमारा फोकस प्वाइंट *बाबूजी* को ही होना चाहिए। यह कहानी केवल उनकी कहानी है। लेकिन उनको स्टैबलिश करने के लिए कई बार उन चीज़ों को भी उभारने की ज़रूरत पड़ी जो कहानी में बहुत संक्षिप्त हैं। बाबूजी के प्रति एक प्रशंसात्मक रवैया कहानी में है, यह साफ़ समझ में आ रहा था। लेकिन फ़्लोर पर उसे स्टैबलिश करने के लिए हमें काफ़ी स्ट्रगल करना पड़ा। फिर हमने तय किया कि बाबूजी को खड़ा करने के लिए हमें यदि थोड़ा टेक्स्ट के बाहर जाने की ज़रूरत पड़ी तो वो भी हम कर देखेंगे। और हमने ऐसा ही किया—माँ को लांछन लग चुका था इस सन्दर्भ में और बाबूजी की श्रेष्ठ नौटंकी को स्थापित करने के सन्दर्भ में। लेकिन हमने कोशिश की यह कम-से-कम में हो जाए और ज़्यादा हेर-फेर करने से बचें। हमारी कोशिश कहानी को स्पष्ट रखते हुए *बाबूजी* को स्टैबलिश करने की रही।

"फिर जब हम फ्लोर पर गए तो एक छवि उभारी वो पक्की हुई तो अपने-आप समझ में आता गया कि फिर आगे क्या करना है और कैसे करना है।" सविता ने कहा।

"हमने स्टाइलाइजेशन किया लेकिन इस बात का खूब ध्यान रखते हुए कि कहानी उससे दब न जाए। हमने किसी भी विज़ुअल को उसके शानदार दिखने के मोह में नहीं पकड़े रखा, जब तक कि वह कहानी के मन्तव्य को उजागर करने में सहायक न बन रहा हो। हमसे रिएलिटी को छोड़ने को कहा गया, पर हमें लगा कि रिएलिटी में रहना इस कहानी की डिमांड है तो हमने रिएलिटी को छोड़ा नहीं। हाँ! उसे प्रस्तुत करने का ढंग अब बदल गया है। अब रिएलिटी का हमारा कॉन्सेप्ट कुछ एक्सपैंड हो गया है।" तुषार कह रहा था।

चौथा ड्राफ़्ट इन सब बातों को ध्यान में रखकर तैयार हुआ। और अब हम उस पर स्थिर रहकर उसे और स्टैबलिश करते जाएँगे पाँचवें ड्राफ़्ट तक! "क्यों लगा उसके बाद यह स्टैटिक हो जाएगा?" मैं पूछती हूँ। "नहीं! बिलकुल नहीं! शायद प्रत्येक शो में एक नया ही ड्राफ़्ट हो!" उनकी आँखों में चमक है।

परदा की टीम मेरी ही प्रतीक्षा में थी। हमने बातचीत शुरू की, "आपने पहले ड्राफ़्ट में स्ट्रक्चर अपूर्व कराया, फिर दूसरे ड्राफ़्ट में उसमें इमेजेस ले आए, तो फिर तीसरे ड्राफ़्ट में सारा मामला उलट कैसे गया? आपने तो पूरा स्ट्रक्चर ही बदल दिया।" "हाँ! क्योंकि हमने यही सोचा कि 'नया लाओ' का मतलब है, पूरा का पूरा नया लाओ। तो हमने एक बिलकुल नए तरीक़े से काम करने के लिए सोचा।" हमें इससे पहले कहानी के रंगमंच के सम्बन्ध में बहुत थोड़ा पता था। इतना ही कि

कहानी को ड्रैमेटाइज़ नहीं किया जाता, बल्कि नैरेटर नैरेशन को नरेट करता है। और हमने सोचा कि हम नया यही करेंगे कि नरेट नहीं करेंगे। हमने आपको पहले भी बताया था कि हम दर्शकों को सीधे कहानी नहीं सुनाएँगे। बल्कि नैरेशन को भी डायलॉग की तरह आपस में ही बोलेंगे। तीसरे ड्राफ़्ट में हमने नैरेटर को रिपोर्टर बना दिया, जो दर्शकों को नहीं कैमरे को फेस कर रहा है। (हालाँकि एक दर्शक के नाते मुझे ऐसा नहीं लगा कि वह कैमरा फेस कर रहा है। मेरे लिए तो वह कहानी नैरेट कर रहा था जो काफ़ी मोनोटोनस और बोर था) "वैसे कुछ व्यक्तिगत परेशानियों से हम ठीक तरह से रिहर्सल नहीं कर पाए थे और केवल एक बार की निहर्सल के बाद हम आपके सामने थे।"–टीना बता रही है–"यदि हमें थोड़ा समय मिल गया होता और हम इसे ठीक से डेवलप कर पाते तो शायद यह उतना बुरा कॉन्सेप्ट भी नहीं था।" "मैं मानता हूँ कि हमारा यह एक्सपेरिमेंट अच्छा नहीं रहा। शायद हम अच्छी तरह से एक्जीक्यूट नहीं कर पाए। लेकिन मैं यह मानने के लिए कभी तैयार नहीं हूँ कि ये एप्रोच ही ग़लत थी–जैसा कि हमसे कहा गया।" "कभी-कभी मुझे लगता है कि काम करने की स्वतन्त्रता देने के बावजूद अंकुरजी और कुँवरजी दोनों ही अपने तरीक़े में हमें खींच लेना चाहते हैं। वे अपने समय के हिसाब से सोचते हैं शायद, और हो सकता है हम उनसे एकमत न हों, हमें वे चीज़ें आउटडेटेड लगें।"

"लेकिन इस तीसरे ड्राफ़्ट के सम्बन्ध में हमें एक बहुत अनुकूल प्रतिक्रिया मिली कि यह कहानी अच्छी तरह कम्युनिकेट हुई। पहली प्रायरिटी यही है–कहानी का पूरी तरह से सम्प्रेषित होना।" पिछले वर्ष चार कहानियों की प्रस्तुति हुई थी जिनमें से दो तो कुछ समझ में आई थीं, पर दो तो पूरी सर के ऊपर से चली गईं थीं। तो इस बार हम अपनी कहानी के साथ ऐसा बिलकुल नहीं चाहते थे। चौथे ड्राफ़्ट पर जब हमने काम शुरू किया तो इन्हीं चीज़ों को ध्यान में रखा। कहानी पूरी की पूरी ठीक से सम्प्रेषित हो–शुरू से आख़िर तक उसके लिंक सही बैठे; नैरेशन सीधे दर्शकों से न हों और विज़ुअल कहानी के मर्म को चोट न पहुँचाए। "गौरव ने बहुत से, बहुत अच्छे विज़ुअल-डिज़ाइन बनाए जो देखने में सचमुच अच्छे लगते, लेकिन हमें लगा कि उनसे कहानी का मर्म मार खा जाएगा और उन्हें हमने नहीं लिया।"–दुर्गेश ने बताया।

अब चौथा ड्राफ़्ट हमने उन चीज़ों को लेकर बनाया है जिन पर हमें पॉज़िटिव रिमार्क मिले थे। जैसे *परदा* के लिए स्टूल का पिरामिड खड़ा करना और उसके गिरने पर पीछे टीना की सहमी-सिकुड़ी इमेज। बाक़ी भी इसी लाइन पर है नैरेशन में कही जा रही बातों को उभारती हुई। जैसे जो हम मुहरें लगाने बैठते हैं तो वो उस समय कही जा रही बात कि दरोगा साहब के एक बेटे डाकख़ाने में बाबू हो गए थे–से जुड़ती है। "शुरू का खेल इसलिए है कि हम दुनिया की संवेदनहीनता दिखाना चाहते थे। वे लोग जो बिलकुल शुरू में आकर पीरबख़्श की बरबादी देखते हैं–एक क्षण स्तब्ध

खड़े रहने के बाद फिर अपने काम—खेल में मशगूल हो जाते हैं—उन्हें कोई फ़र्क नहीं पड़ता।"

हमें बातें करते हुए देर हो गई। *इन्तज़ार में घटना* की टीम से दुष्यन्त और प्रवीण आए ही नहीं थे। अनामिका और पलाश उनका इन्तज़ार कर वापस जा चुके थे। मैंने अनामिका से हॉस्टल में मिलने के लिए कहा था, लेकिन जब मैं हॉस्टल पहुँची तो वह नहीं मिली। इस तरह इस टीम से मेरी कोई बातचीत नहीं हो पाई।

अपनी-अपनी पत्नियों का सांस्कृतिक विकास की टीम से मैंने पहले ही खड़े-खड़े बातें कर ली थीं—जब वेन्यू लाइट स्टूडियो से 'सम्मुख' में चेंज हो रहा था। उन्होंने बताया कि उन्होंने एक ही बेसिक पर काम किया कि कहानी का मूड लाइट है, सिर्फ़ अन्त में उसका मॉरल कम्यूनिकेट करना है। "सो हमने भी पूरी कहानी को लाइट मूड में पेश करने की कोशिश की और अन्त में पूरी गम्भीरता से उसके मन्तव्य को सम्प्रेषित किया। कहानी की सेटिंग चूँकि फ़िल्मी है, सो हमें काम करने, क्रिएट करने की पूरी स्वतन्त्रता, पूरी स्पेस मिली और उसका भरपूर फ़ायदा हमने उठाया। सबसे बड़ी बात, काम करते हुए हमने एन्ज्वाय ख़ूब किया और अब परफॉर्म करते हुए भी एन्ज्वाय कर सकें और एन्ज्वायमेंट दे सकें यही कोशिश रहेगी।

अप्रैल 19, 2008

आज तो पूरा दिन मेरा लिखने में ही गया—पहले अपनी डायरी पूरी की, फिर ब्रोशर के मुताबिक़ उसे ढालकर लिखा। और अन्त में जब सब पूरा कर परागजी के पास पहुँची कि लीजिए भिजवा दीजिए प्रेस में, तो उन्होंने कहा कि अब तो भिजवाना सम्भव नहीं, फिर शायद वहाँ टाइप करनेवाला लड़का भी चला गया हो। अब कल मैं ही लेकर जाऊँगी। कल मुझे एक बार प्रेस जाना होगा—सारी सेटिंग कराने।

आज से पाँचों कहानियों की बारी-बारी से 'सम्मुख' में अंकुरजी और कुँवर के सामने मंचन शुरू हुआ है, पर मैं तो वहाँ जा नहीं सकी।

अप्रैल 20, 2008

आज मेरा सारा दिन प्रेस में गया। ब्रोशर की पूरी सेटिंग कराकर—फोटो लगवाकर रात साढ़े नौ बजे लौट पाई।

अप्रैल 21, 2008

आज भी मैं ब्रोशर के काम में ही लगी रही। कल जो अपने लेख का बचा हुआ हिस्सा दिया था, उसका प्रूफ आया। उसे देखकर फ़ोन से करेक्शन करवाना पड़ा, फिर बाक़ी पृष्ठों के भी दूसरे-तीसरे प्रूफ आए और मैं प्रोडक्शन में बैठी फोन से उन्हें इन्स्ट्रक्शन देती रही।

बाद में मैं आख़िरी रिहर्सल देखने गई। सब शायद थक चुके थे। रिहर्सल दमदार नहीं हुई। अंकुरजी ने कहा कि सुबह एक रनथ्रू और लेना पड़ेगा।

अप्रैल 22, 2008

आज शो ओपेन होना है। सुबह एक रनथ्रू हुआ। एकदम परफ़ेक्ट तो नहीं। अंकुरजी ने हँसकर कहा कि 'चलो अच्छा हुआ—सब इसी समय दे देते तो शाम के लिए क्या बच जाता।'

मैं सुबह से दस चक्कर प्रोडक्शन ऑफ़िस के लगा आई। ब्रोशर नहीं आया अभी तक। मेरा दिल धक-धक करने लगा यदि शो शुरू होने तक नहीं पहुँचा तो? आख़िर मेरी ज़िम्मेदारी है! लेकिन 5:30 बजे ब्रोशर पहुँच गया—शो शुरू होने के ठीक एक घंटा पहले!

ठीक साढ़े छह बजे पहला शो शुरू हुआ। दर्शक ठीक-ठाक ही थे। 'सम्मुख' पूरा भरा तो नहीं था, पर ख़ाली भी नहीं था। अंकुरजी और कुँवरजी दोनों ही आगे की सीट पर थे। मैं सबसे पीछेवाली लाइन में बैठी थी। मैंने पूरे परफॉरमेंस का भरपूर मज़ा लिया। मेरे ख़याल से सब अच्छा रहा। अभिनेता भी ख़ुश थे। अनुराधा मैम [निदेशिका महोदय] भी तो देखने आई थीं।

आज मुझे शिरीष डोभालजी मिले। वे उत्तराखंड के वरिष्ठ रंगकर्मी हैं और अपने तरीक़े से कहानियाँ भी प्रस्तुत करते हैं। जब मैं 2002 में *भारंगम* देखने आई थी, तब उनसे मुलाक़ात हुई थी। उन्होंने मुझे देखते ही पहचान लिया। मेरे पूछने के पहले ही उन्होंने प्रस्तुति पर अपनी प्रतिक्रिया दे दी—"मध्यान्तर पूर्व की तीनों कहानियाँ मुझे बाँध नहीं सकीं। दरअसल मैं अंकुरजी के तरीक़े से बहुत इत्तफाक़ नहीं रखता, मेरा तरीक़ा कुछ अलग है। हाँ! बाद की दोनों कहानियाँ अच्छी बन पड़ी हैं। छात्रों से काम कराने में यही होता है। अभी कुछ बढ़िया निकलकर आ जाता है तो कभी नहीं भी और अंकुरजी इंटरफीयर करते नहीं।"

अप्रैल 23, 2008

आज के शो में दर्शक कुछ कम आए। अंकुरजी और कुँवरजी भी नहीं थे।

मैं आज शो शुरू होने के पहले ग्रीन रूम में गई। कल नहीं जा सकी थी क्योंकि बाहर फ़ोटो एक्ज़ीबीशन लगवाना था और ब्रोशर देखना था।

ग्रीन रूम में हर तरह की बातें हो रही थीं। बाहर कौन आए हैं कौन नहीं। दर्शक कितने हैं और साथ ही आपस के हँसी-मज़ाक! बस मैंने *अकेली राह* की टीम को अपनी लाइनें दुहराते देखा।

दूसरी बेल के बाद मैं ऑडिटोरियम में आ गई। आज तीसरी बेल बजने में कुछ विलम्ब हुआ। बाद में अंकुरजी ने बताया कि उनके निर्देश पर ही ऐसा हुआ क्योंकि दर्शक बाद तक आते रहते हैं।

आज के शो में जान नहीं थी। न कोई इंटेंसिटी न इन्वाल्वमेंट, वे जैसे करने के लिए किए जा रहे थे। मैं हतप्रभ थी। क्या दर्शकों की कमी इस क़दर असर डाल सकती है—प्रोफेशनल एक्टर्स पर भी?

बाद में सबने माना कि हाँ! शायद यह ख़ाली कुर्सियों का ही असर था। सिर्फ़ एक ने कहा कि ये असर केवल ख़ाली कुर्सियों का ही नहीं ग्रीन रूम कल्चर का भी

है। जब परफॉरमेंस के पहले सब दूसरे तरह की बातें करते रहेंगे परफॉरमेंस के अलावा तो नतीजा यही होना है जो हुआ। "और बातें करनेवाले ये नहीं समझते कि वे अपने साथ दूसरों को भी डिस्टर्ब कर रहे हैं।"

आज मेरे बगल में एक मिस्टर मोहन कुमार बैठे थे। एल. आई. सी. से रिटायर आदमी हैं और पिछले करीब चालीस वर्षों से रंगमंच के नियमित दर्शक। "शो कैसा लगा?" मैं उनके जाने से पहले पूछती हूँ। "ठीक था। अच्छा था।"—वे संक्षिप्त-सा उत्तर देकर निकल जाते हैं।

उस दिन के बाद कुछ और दर्शकों की प्रतिक्रिया मुझे बाद में मिली थी—कहानियों का रंगमंच क्या है और क्यों है की बहस के साथ। मैंने बताया कि उस दिन हमारे अभिनेताओं का एनर्जी लेवल लो हो गया था, और प्रस्तुति स्तरीय नहीं हो पाई थी; तो उन्होंने कहा कि वो अपनी जगह। "पर उनके पास सिरजने को कुछ होना तो चाहिए, जब वे चुटकियों में नैरेटर से करेक्टर, करेक्टर से नैरेटर, आदमी से औरत, बूढ़े से जवान बनते रहेंगे तो स्टैबलिश क्या कर पाएँगे।"

अप्रैल 24, 2008

आज तीसरा शो था। कल के परफॉरमेंस के बाद आज ग्रीन रूम अपेक्षाकृत शान्त था। जिन टीमों के सभी सदस्य इकट्ठा थे, वे अपनी लाइनें ले रहे थे। थोड़ी देर वहाँ बैठ मैं बाहर आ गई।

आज दर्शकों की संख्या ठीक-ठाक ही थी। गंगाप्रसाद विमल भी आए थे आज। कुँवरजी की तबीयत ख़राब होने की वजह से नहीं आ पाए थे। अंकुरजी को भी कुछ काम था।

आज शो कल की अपेक्षा तो ठीक गया। हालाँकि पहली कहानी में मुझे आज भी एनर्जी लेवल कुछ कम ही लगा।

गंगाप्रसाद विमल से मैंने प्रतिक्रिया लेनी चाही। उन्हें अपनी कहानी पसन्द आई—"मंच पर उन्होंने अच्छा सिरजा है कहानी को। कहानी इनहैंस हुई है। कुछ ऐसे पहलू भी खुले हैं जो केवल पढ़ने से नहीं निकलते।" बाक़ियों की प्रस्तुतियाँ भी उन्हें अच्छी लगी हैं।

आज अनामिका हक्सर ने भी देखा। "अच्छी प्रस्तुति रही,"—उनका कहना था। "बस कहीं-कहीं नैरेशन ज़्यादा फ़्लैट लगा। उसके लिए कुछ करना चाहिए। *बाबूजी* में गाते हुए नैरेशन करने का तरीक़ा मुझे पसन्द आया।"

अप्रैल 25, 2008

आज ठीक-ठाक भीड़ हुई। असग़र वजाहत आए, राजेन्द्र यादव आए। आज कुँवरजी भी आए थे। अंकुरजी हॉल के बाहर मौजूद थे।

आज भी परफॉरमेंस ठीक ही हुए। असग़र वजाहत तो अपनी कहानी की प्रस्तुति से काफ़ी खुश थे। उनके सुझाव को भी अभिनेताओं ने प्रस्तुति में शामिल कर लिया

था और पूरी कहानी काफ़ी निखरकर मंच पर आ गई थी। उनके साथ के सज्जन ने कहा कि बाक़ी कहानियाँ भी अच्छी रहीं, केवल दूसरी कहानी से वे संगति नहीं बैठा पाए।

राजेन्द्र यादव को भी असग़र साहब की ही कहानी सबसे ज़्यादा पसन्द आई। बाक़ी भी ठीक-ठीक लगीं। हालाँकि उन्हें लगा कि *परदा* में मामला बिखर गया।

अप्रैल 26, 2008

आज दो शो थे—पहला 3:30 बजे से दूसरा 6:30 बजे से। मैं केवल पहला—3:30 बजे वाला शो देख पाई। 6:30 बजे से *गुलाब बाई* देखा।

3:30 बजे वाले शो में ठीक-ठाक दर्शक थे। कुछ रानावि के भी लोग थे। इस शो में भी परफॉरमेंस ठीक ही हुआ।

गुलाब बाई देखने जाते हुए मुझे प्रकाश झा मिले। मैंने पूछा कि *पाँचवाँ ड्राफ़्ट* कैसा लगा तो उन्होंने सामान्य-सा उत्तर दिया—"अच्छा।" "कौन-सी कहानी सबसे अच्छी लगी,"—मैंने यूँ ही पूछ लिया तो रोचक उत्तर आया—"उत्तरोत्तर अच्छी लगीं—यानी पहली उतनी अच्छी नहीं थी, दूसरी उससे बेहतर लगी फिर इसी तरह क्रमशः बढ़ते हुए अन्तिम सबसे अच्छी लगी।"

बाद में आशीष ने बताया कि 6:30 बजे वाला शो काफ़ी अच्छा गया। ख़ासकर उनकी कहानी—"हमने करते हुए बहुत एंज्वाय किया और दर्शकों ने देखते हुए,"—आशीष ने कहा। इसी समय किसी ने सूचना दी—"तुषार के घरवाले देखने आए थे। उन्हें सबसे अच्छी प्रस्तुति *अकेली राह* की लगी।

अप्रैल 27, 2008

आज अन्तिम दिन था। कुँवरजी ने सबको 2:45 पर हॉल में बुलवाया—"तो अब कहानी आप में गहरे उतर गई होगी।" "जी?"—उत्तर आया। "लाइनें बिलकुल पक्की हो गई होंगी," "जी," "तो अब करने को कुछ बाक़ी नहीं रहा—अब आपसे टहलते हुए आकर प्रस्तुति करने को कहा जाए तो आप कर सकते हैं।" "जी बिलकुल,"—आत्मविश्वास से भरा उत्तर एक स्वर में आया। "चलिए बहुत बढ़िया बात है। मैं जब अभिनय करता था और काफ़ी अभिनय किया है मैंने अपने समय में, तब मैं कभी ये सोच भी नहीं सकता था कि टहलते हुए मंच पर पहुँचकर प्रस्तुति कर सकूँगा। क्योंकि मंच पर अभिनेता को जिस ऊर्जा की आवश्यकता होती है उसे संघनित करना पड़ता है। और संघनन का तरीक़ा है—शान्त बैठकर अपनी लाइनों को बार-बार दुहराना। अपनी शक्ति को सँजोकर रखना और फालतू टहलकर या बातें कर उसे बिखरने और बर्बाद होने से बचाना। अपने दिमाग़ को हर तरफ़ से हटाकर एकमात्र प्रस्तुति पर लगाना। इस तरह से ऊर्जा एकत्र कर फुल चार्ज्ड होकर जब अभिनेता मंच पर जाता है, तब उसका जलवा ही कुछ और होता है।"..."चलिए, मैं एक टोटके में विश्वास करता हूँ और यदि आपको आपत्ति न हो तो यहाँ आप पर मैं

वह टोटका आजमाना चाहूँगा।" छात्रों को कोई आपत्ति नहीं थी। कुँवरजी उठे और एक-एक के सिर पर हाथ रखा। साथ ही कान में वे कुछ फुसफुसाते जाते। बाद में पता चला कि वे प्रत्येक अभिनेता के सबसे अच्छे सीन की तारीफ़ कर रहे थे। "जाइए, ऊर्जा भर गई आप में। अब इसे बिखरने-बर्बाद होने से बचाइएगा।" इसके बाद वे बाहर आ जाते हैं।

अभिनेताओं पर इसका तत्काल तो असर नहीं दिखता पर आज ग्रीन रूम में एक गम्भीरता दिखाई पड़ रही है।

साढ़े तीन बजे वाला शो शुरू हो जाता है। मेरे भी परिचित पाँच लोग आए हुए हैं। मैं पीछे बैठी देख रही हूँ। कुँवरजी भी बगल में ही हैं। *परदा* बहुत अच्छी गई। *इन्तज़ार में घटना* का टेम्पो कुछ डाउन है। *अकेली राह* ठीक गई। लेकिन *बाबूजी* और *अपनी-अपनी पत्नियों का सांस्कृतिक विकास* को क्या हुआ? उतने जोश में नहीं दिखे।

मेरे पाँचों अतिथियों को प्रस्तुति बहुत पसन्द आई जबकि ये नाटक देखने पहली ही बार आए थे, फ़िल्में देखनेवाले ज़्यादा हैं। "एक क्षण भी बोरियत का एहसास नहीं हुआ।" "मुझे लगता है कि सड़ी-गली फ़िल्म देखने से अच्छा है कि नाटक ही देखना चाहिए।" सभी कहानियाँ अच्छी थीं, पर पहली सबसे ज़्यादा पसन्द आई—*परदा,* ख़ासकर जब परदा धड़ाम से गिरता है तब...। 'साइकिल' का मुर्दे की तरह तथा और भी कई तरह से कितना क्रिएटिव इस्तेमाल किया। प्रॉपर्टी का इस्तेमाल सचमुच बहुत अच्छा रहा।" वे मुझे बार-बार धन्यवाद दे रहे थे कि मैंने उन्हें बुलाकर इतनी अच्छी चीज़ देखने का मौक़ा दिया।

शाम 6:30 बजे का शो आख़िरी था और यह सचमुच हाउसफुल गया। अभिनेताओं ने इस आख़िरी शो में अपनी सारी ताक़त झोंक दी और सचमुच प्रस्तुति हर बार से कहीं ऊपर चली गई।

अन्त भला तो सब भला!

कुँवरजी शो के बाद अन्दर ग्रीन रूम में पहुँचे, सबको व्यक्तिगत बधाइयाँ दीं। सब खुश थे—शो के सकुशल सम्पन्न हो जाने से। बस, मैं दुखी थी, जैसे कोई बड़ा उत्सव सम्पन्न हो गया हो और मैं पीछे छूट गई होऊँ। कुल सात शो देखे मैंने इसके और उसके पहले के रिहर्सल। लेकिन प्यास अभी भी बाक़ी है। अभी तो शायद समझना शुरू किया है!

पाँचवाँ ड्राफ़्ट सम्पन्न हो गया लेकिन मेरी यात्रा यहाँ से शुरू हो रही है...!

परिशिष्ट

कुछ बातें और थीं जिन्हें मैं पहले लिखना भूल गई, यहाँ लिखती हूँ।

कॉस्ट्यूम

परदा कहानी में कॉस्टयूम यूँ ही तय हो गई। "बस, ये लगा कि कुछ बेहद साधारण पहनना है और फिर जिसे जो ठीक लगा, उसने पहना।"

इन्तज़ार में घटना का कास्ट्यूम तय था—'जींस और कुर्ता।' "इससे ज़्यादा सोच-विचार करने की ज़रूरत हमें नहीं समझ आई।"

अकेली राह ने कॉस्ट्यूम तय करने में कुछ वक़्त लगाया। "हम क्या पहनें—इस पर हम विचार कर रहे हैं।" "पहले सोचा था सब सफ़ेद पहनेंगे, पर वह जमा नहीं।" "मुझे सफ़ेद कुर्त्ता सूट कर रहा है, मैं वही पहनूँगा।"—आशीष बताता है। "हम कुछ ऐसा पहनने की सोच रहे हैं—जो आरामदायक हो और स्टेज पर भद्दा न लगे।" "और हाँ, उस पर ज़्यादा कुछ लिखा नहीं होना चाहिए क्योंकि वो अपने आपसे सांकेतिक अर्थ देने लगता है।"

बाबूजी में तय था कि धोती पहनेंगे। फिर तय हुआ कि सब सफ़ेद कपड़े पहनें। अन्त में सविता ने सफ़ेद साड़ी पहनी और लड़कों ने सफ़ेद धोती-कुर्ता।

अपनी-अपनी पत्नियों का सांस्कृतिक विकास में जैसे सब हँसते-खेलते तय हुआ, वैसे ही कॉस्ट्यूम भी। पिंडलियों तक की, जेबोंवाली पैंट, रंगीन टीशर्ट और उस पर ढेर सारी जेबोंवाली जैकेट साथ में हैट-फ़िल्मवालों को चित्रित करने में पूरी तरह से कामयाब रही।

मेकअप

मेकअप कुछ नहीं हुआ। ज़रूरत ही नहीं थी। हॉल छोटा है और ऑडियंस एकदम पास इसलिए बेस मेकअप की भी ज़रूरत नहीं थी। सिर्फ़ लड़कियों ने फ़ेशियल आदि करवा कर चेहरे चमका लिए थे।

प्रॉपर्टी

परदा में प्रॉपर्टी शायद सबसे ज़्यादा लगी—ग्यारह स्टूल, एक छोटी चारपाई, एक साड़ी और एक बटुआ-भरनी। स्टूल *परदा* की इमेज बनाने के लिए बहुत आवश्यक थे और बाक़ियों की भी थोड़ी-बहुत उपयोगिता थी ही। ख़ासकर साड़ी ने परदे से लेकर पठान के साफ़े तक बहुत-सी इमेजेस बनाने में सार्थक योगदान किया।

इन्तज़ार में घटना में चार अदद कुर्सियाँ और एक साइकिल ने गली का सारा माहौल रचने में मदद की। साइकिल का तो कई तरह से क्रिएटिव इस्तेमाल हुआ।

अकेली राह ने भी दो ब्लॉक और कुछ कपड़े, रस्सी, घंटी आदि का प्रयोग किया जिनका समायोजन कहानी में अच्छी तरह से हो रहा था।

बाबूजी में सबसे प्रमुख प्रॉपर्टी घुँघरू थे और एक साड़ी। इसके अलावा छोटी-मोटी दो-एक चीज़ें और रहीं। मुझे सबसे अच्छा लगा कि ये अपने पीछे कोई प्रॉपर्टी नहीं छोड़ जाते जिसे अलग से उठाकर ले जाना पड़े।

अपनी-अपनी पत्नियों का सांस्कृतिक विकास में शायद सबसे कम प्रॉपर्टी यूज़ हुई—बस एक फूल, एक किताब और एक झुनझुना, जिसका इस्तेमाल सबसे ज़्यादा क्रिएटिव रहा। इसके अलावा दो-एक चीजें और थीं जिनका समय-समय पर सुन्दर इस्तेमाल दिखाई पड़ा, जैसे एक मुखौटा जो मलकानी के बदले हुए चरित्र को दिखाने के काम आता है।

सेट

कहानी का रंगमंच खुला रंगमंच देता है, कोई सेट नहीं। अभिनेता स्वयं ही सिरज लेता है—कभी अपनी बॉडी, कभी मूवमेंट तो कभी नैरेशन से।

संगीत

संगीत की अलग से परिकल्पना नहीं होती। पाँच में से केवल दो ने थोड़ा-बहुत संगीत का इस्तेमाल किया। *बाबूजी* में बैकग्राउंड से तबला, हारमोनियम और आरम्भ में वोकल से भी कक्षा के अन्य साथियों की मदद से हल्के से संगीत का पुट दिया गया।

अपनी-अपनी पत्नियों का सांस्कृतिक विकास में सारा म्यूज़िक मुँह से ही उत्पन्न किया गया।

अकेली राह में भी शुरू में पैर की थपथपाहट से कुछ लय बाँधी गई।

लाइट

लाइट व्यवस्था उत्पल देख रहे थे। मैंने उनसे पूछा कि किस तरह की लाइट सेटिंग की गई है तो उन्होंने बताया कि कहानी के रंगमंच की प्रकाश-व्यवस्था बहुत सादी होती है। बस एंट्री-एक्ज़िट के समय थोड़ा ध्यान रखना होता है—कम या किसी निश्चित प्वाइंट पर लाइट दी जाती है। बाक़ी समय तो आमतौर पर सादी पूरी लाइट होती है जिससे अभिनेता साफ़ नज़र आते रहें। बाक़ी तो कहानी के मूड्स तो पल-पल में बदलते रहते हैं। यदि उनके हिसाब से लाइटें बदली जाएँ तो बहुत जर्क लगने लगें।

मैंने भी लाइट का कोई महत्त्वपूर्ण रोल कहानी के रंगमंच पर नहीं सोचा था। लेकिन जब एक दिन लाइट न होने की वजह से फ्लैट हैलोजन में प्रस्तुति करनी पड़ी, तब समझ में आया कि भले ही मामूली पल-दो पल के लिए ही सही, पर लाइट का महत्त्वपूर्ण योगदान कहानी को उभारने में रहता है।

कहने को तो अभी बहुत-कुछ बाक़ी रहा है। जितना कुछ लिख पाई मैं उससे ज़्यादा बिन-लिखा ही रह गया। लेकिन इस बार के लिए इतना ही! अब यहाँ विराम लेती हूँ।

दिनांक : 30 अप्रैल, 2008

●●●